Android
Internals Vol.1

Android
Internals Vol.1

파워 유저 관점의 안드로이드 인터널

조나단 레빈 지음 | 이지훈 옮김

i!i
에이콘

| 지은이 소개 |

조나단 레빈^{Jonathan Levin}

10대 때부터 해킹(대부분 좋은 의미의 해킹)을 시작했고, 1993년에는 셸상에서 2400 전송 모뎀을 가진 XT의 작동 방식을 알기 위해 노력했다. 오로지 리눅스 man 페이지에만 의지한 채, 이 모든 과정을 통과해야만 했다.

그 후로 20년 동안 OS 분야에는 많은 변화가 있었다. 이 기간 동안 유닉스, 리눅스, 윈도우 및 OS X를 다루었다. 초창기에 보안 컨설팅 및 교육 분야에 종사했으며, 지금은 OS 전반에 걸친 컨설팅 및 교육을 하고 있다. 이 과정에서 보안은 결국 '내부를 보호하는 것'이라는 사실을 깨달았다. 지금은 몇몇 사람들과 함께 시작한 테크놀로직스 닷컴^{Technologeeks.com}의 최고 기술 책임자^{CTO}로 일한다.

책을 쓰는 일은 다소 새로운 것이었다. 처음에는 애플의 OS와 관련하여 『Mac OS X and iOS Internal』(John Wiley & Sons Inc. 2012)을 썼는데, 매우 좋은 평을 받았다. 힘든 과정이기는 했지만, 굉장한 즐거움을 느끼기도 했다. 이제는 책을 쓰는 즐거움에 중독되어 안드로이드에 관련된 작업을 하게 되었으며, 이에 대한 첫 결과물이 바로 이 책이다.

이 책은 셀프 출판에 대한 첫 시도이기도 했다. 이 작업을 마치고, MOXil의 2판을 쓰는 도중에 "마시멜로"가 출시되었다. 이제는 안드로이드 마시멜로가 안정화되었기 때문에 이 책의 시리즈인 2권("The Developer's View")도 곧 출간될 예정이다.

| 기술 감수자 소개 |

모셰 크라프체크^{Moshe Kravchik}

시스코에서 일하고 있으며, 이전 책에 이어 이 책 역시 흔쾌히 검토해주었다. 꼼꼼하고 정확한 눈으로 이 책의 내용 배치를 돕고 독자가 궁금해할 만한 내용들을 정리해주었으며, 오탈자를 잡아주거나 분명하지 않은 부분을 지적해주었다. 이 모든 수고에 감사를 보낸다.

애리 해널^{Arie Haenel}

시스코에서 일하고 있으며, 지금까지 내가 만나본 리버스 엔지니어 중 가장 재능 있고, 이 시대의 가장 똑똑한 사람 중 하나다. 이 책에 대한 검토를 부탁하게 된 것은 이전 책에 대한 검토자였기 때문이다. 그는 현재 MOXil의 2판을 검토하는 즐거움을 누리고 있다.

| 옮긴이 소개 |

이지훈(mhb8436@gmail.com)

아이폰/안드로이드 앱 및 서비스로 다양한 수익 모델을 창출하기 위해 노력하고 있지만, 뜻대로 되지 않아 번역 및 저술에 전념하고 있는 40대 개발자다. 한국에서 60대까지 개발자로 일하는 것이 목표다.

저서로는 『나 홀로 개발자를 위한 안드로이드』(에이콘, 2011), 『Java 프로그래밍 입문』(북스홀릭퍼블리싱, 2013), 『프로그래머를 위한 안드로이드』(정보문화사, 2015) 등이 있다.

| 옮긴이의 말 |

2003년 시작된 안드로이드는 이제 스마트폰 사용 인구의 82%가 사용하는 대중적인 모바일 OS로 발전하였다. 스마트폰 이외에도 셋톱 박스 등 다양한 디바이스에 포팅된 안드로이드를 더하면 이 비율이 더욱 높아진다.

안드로이드 OS 시장이 커짐에 따라 안드로이드를 해킹하는 기법도 교묘해졌다. 오픈소스인 안드로이드는 누구나 쉽게 소스에 접근할 수 있기 때문에 보안을 위협하는 해킹도 다양하게 시도되고 있다.

안드로이드는 리눅스 OS를 기반으로 하기 때문에 리눅스 OS와 안드로이드 가상 머신의 해킹 기법이 모두 적용될 수 있다. 또한 안드로이드는 오픈소스기 때문에 소스를 자세히 살펴보면 누구나 디바이스에 포팅할 수 있고 이를 해킹할 수도 있다.

이 책은 안드로이드 기반인 리눅스 시스템 및 구성 요소와 안드로이드 가상 머신을 소스 레벨에서 설명한다. 이 책은 주로 안드로이드 기반 시스템을 좀 더 깊이 공부하고자 하는 사람들에게 적합하다.

다시 말해서 리눅스 OS와 자바, 안드로이드 가상 머신에 대한 기본 지식이 있는 사람들을 대상으로 하는 책이다. 저자는 이 책을 약 3권의 시리즈로 출판할 계획이라고 한다.

그 첫 번째인 이 책은 안드로이드 운영체제의 디자인, 파일시스템의 구조, 부트 순서 및 네이티브 서비스와 함께 안드로이드 동작에 영향을 미치는 리눅스 및 관련 내용에 대해 살펴본다. 2권과 3권에서는 개발자의 관점에서 안드로이드 프레임워크 구조를 소스 코드 레벨에서 살펴본다. 이 책의 내용은 최신 안드로이드 N 업데이트가 반영되어 있다.

번역할 때마다 느끼는 점은 결코 쉬운 작업이 아니라는 것이다. 프로그램 언어 자체가 영어로 만들어졌기 때문에 단어 자체가 외국어일 수밖에 없지만, 가능한 한 원래의 의미를 해치지 않는 범위 내에서 한국어로 번역하였다. 마지막으로 이 책을 번역할 기회를 주신 에이콘 출판사와 IT 전문 번역 커뮤니티인 GoDEV에 감사드린다.

| 차례 |

| 들어가며 |

개요 ──────

이 책을 읽고 있는 독자는 대부분 안드로이드의 중요성에 대해 잘 알고 있을 것이다. 안드로이드는 2003년부터 시작되었고, 구글에 인수되었으며, 구글의 가장 큰 무기 중 하나가 되었다. 안드로이드는 애플의 iOS와 정면 대결을 하면서 전 세계 모바일 운영체제 시장에서 주도권(놀랍게도 이 책이 출판되는 시점에 시장의 82%가 안드로이드를 사용하고 있다.)을 차지하였고, 웨어러블 디바이스, TV 및 임베디드 디바이스의 운영체제로 보급되기 시작했다.

안드로이드는 자유롭게 사용할 수 있는 오픈소스이다. 이는 누구나 모든 플랫폼에 안드로이드를 적용할 수 있다는 것을 의미한다. 안드로이드는 바로 이러한 점 때문에 많은 인기를 얻고 있다. 안드로이드가 대중에게 공개된 지 몇 년이 지났지만, 아직 안드로이드 내부 구조를 해석하거나, 설명하거나, 문서화 작업을 한 책이 한 권도 없다는 사실은 매우 놀랍다. 카림 야크무르가 쓴 『임베디드 안드로이드』(한빛미디어, 2015)라는 책은 OS의 일반적인 구조에 대해 상세히 설명하고 있지만, 새로운 플랫폼에 소스를 적용하거나 빌드하는 방법을 설명하는 데 집중하고 있을 뿐, 운영체제의 구조에 대한 설명은 부족하다. 사실 카림 야크무르는 그의 책 2장, '안드로이드 내부 들여다보기'에서 "안드로이드 시스템 서비스의 내부를 완벽히 이해한다는 것은 마치 고래를 삼키는 것과 같다."라고 표현했다.

이는 매우 절제된 표현이다. 이 말은 안드로이드 내부를 살펴보는 작업은 한 권이 아니라 여러 권을 통해서만 가능하다는 사실을 피력하고 있다. 첫 번째 (여러분이 현재 읽고 있는) 책은 파워 유저와 관리자의 관점에서 안드로이드에 집중한다. 여기에서는 운영체제의 다양한 관점(운영체제의 디자인, 파일시스템의 구조, 부트 순서 및 네이티브 서비스와 함께 안드로이드 동작에 영향을 미치는 리눅스 및 그와 관련된 내용)에 대해 살펴본다. 이 책에서는 위의 모든 내용을 코드 없이 그림 및 개념도를 사용하여 표현하고자 노력하였다. 이 책은 안드로이드의 내부를 탐색하는 데 도움을 주는 도서이자, 훌륭한 리소스인 카림 야크무르의 작품을 어느 정도 계승한 도서라고 할 수 있다.

두 번째 책(출판 예정)에서는 안드로이드의 내부를 좀 더 깊게 들여다보고, 안드로이드 프레임워크 구조(여기는 개발자들에게 매력적인 곳이다.)를 자세히 조사한다. 개발자들은 풍부한 자바 프레임워크를 통해, 그리고 입력 디바이스, 센서, 그래픽 등에 대한 강력한 추상화를 통해 안드로이드에 쉽게 접근할 수 있다. 하지만 이러한 추상화 덕분에 대부분의 개발자는 "엔진룸"의 내부를 자세히 알지 못하더라도 앱을 개발할 수 있다(아마도 엔진룸의 내부를 알고 싶지 않을 수도 있다.). 쓸모없는 지식은 없다. 프레임워크에 익숙해지면 시스템의 로우 레벨 구현과 성능 최적화 및 하드웨어, 보안을 다루는 데 많은 도움이 된다.

안드로이드는 끊임없이 변화하고 있다. 이 책은 킷캣KitKat의 중간 버전부터 쓰기 시작했는데, 이후 롤리팝Lollipop, (L) 버전이 될 때까지 안드로이드의 끊임없는 변화 때문에 출간을 몇 번이나 연기하였다. 안드로이드의 지속적인 개선은 지금도 계속 이루어지고 있으며, 롤리팝 버전이 가진 몇 개의 버그가 수정되는 동안에도 안드로이드 M이 발표되었다. 이 책은 롤리팝 버전이 안정화되는 징후가 보일 때 출간되었다. 이러한 이유 때문에 이 책이 안드로이드의 최신 내용을 담고 있다고 자부한다. 이 책은 내가 직접 자가 출판을 하였기 때문에 최신 버전인 안드로이드 M 프리뷰 릴리즈 1(2015년 6월)까지 업데이트되어 있다.

이전에 출판한 『Mac OS X and iOS Internals』(MOXiI)의 실패를 통해 많은 교훈을 얻었다. 내가 들었던 이 책의 비평 중 하나는 너무 기술적이고 소스 코드가 너무 많아 개발자가 아닌 사람이 읽기에 매우 어렵다는 것이었다. 나의 신념은 "소스를 읽자, 루크!(스타워즈 주인공인 루크 스카이워커를 의미한다. 루크 스카이워커는 스타워즈 4편에서 제다이에 입문하는 사람이었다. 여기서는 초보자, 입문자를 의미한다 – 옮긴이)"이다. 소스 코드는 사람의 언어와 같이 불명확한 의미를 담고 있지 않기 때문에 사실을 표현하기에 적합하다. 그럼에도 불구하고 안드로이드 내부의 상세 표현에 부합하는 그림과 도형을 가능한 한 많이 포함시키고자 노력하였다(또한 올해 말에 출간된 MOXiI 2판에 이 책의 내용을 포함할 예정이다. 이 책의 내용을 포함하는 이유는 안드로이드, 아이폰 양쪽 시스템의 깊고 어두운 측면을 좀 더 깊숙하게 살펴보기 위함이다.).

이 책에는 실험의 형태로 안드로이드를 재구성하고 연습하는 데 도움을 주는 수행 예제가 많이 포함되어 있다. 관심 있는 주제가 있는 경우, 예제를 직접 수행하면 주제를 빠르게 이해할 수 있다. 안드로이드는(리눅스에 의해) UN*X 시스템에서 파생되었다. 따라서 UN*X 시스템을 배우기 위한 가장 빠른 방법은 눈이나 귀가 아니라 직접 손으로 연습하는 것이다. 실험을 통해 안드로이드 커맨드라인 인터페이스 CLI에서 다수의 유용한 명령어를 설명하고, 운영체제를 좀 더 깊게 살펴보기 위한 기술에 대해 설명한다. 게다가 실험을 통해 안드로이드의 다른 변형에 따른 출력도 만들 수 있다. 다른 벤더나 OS 버전에서 변경된 구현물이나 다른 부분을 확인하기 위해 디바이스에 변형된 안드로이드를 설치해볼 수도 있다.

콘텐츠 한눈에 보기 ─────────

이 책은 처음부터 끝까지 순차적으로 읽어도 되고, 원하는 곳만 선택하여 읽어도 된다. 각각의 장은 독립적으로 구성되어 있으며, 전자책e-book 형태로 읽고자 하는 독자들을 위해 토픽에 관련된 내부 링크 또는 URL(외부 링크), 그리고 이 책에서 참조한 AOSP^{Android Open Source Project}의 경로를 제공하였다. 경로가 매우 긴 경우에는 표의 공간을 절약하기 위해 축약된 경로를 제공하였다.

1장에서는 운영체제를 소개한다. OS 버전별로 (지금은 사용되지 않는 프로요^{Froyo}부터 L 버전까지) 개선된 내용을 살펴본다. 또한 고수준의 관점에서 아키텍처를 설명하고, 안드로이드 스택의 각 레이어들을 알아보면서 리눅스의 토대를 살펴본다. 그런 다음 구글과 다른 벤더(예를 들면, 아마존 FireOS)의 안드로이드 변형 제품을 살펴보고, 이후의 방향과 몇 가지 논의에 대한 결론을 내린다.

2장에서는 좀 더 기술적으로 들어간다. 특히 안드로이드 파티션과 파일시스템을 다룬다. 안드로이드에서 사용되는 파티셔닝 스키마(불행하게도 표준화되어 있지 않다.)와 파일시스템(Ext4와 F2FS)을 살펴본다. 다음으로 특정 시스템 디렉터리나 파일이 포함되어 있는지 알아내고자 할 때 유용한 '파일시스템 내용을 탐색하는 방법'을 알아본다. 그리고 포렌식을 수행할 경우에 편리하게 이용할 수 있는 내장 앱 데이터 디렉터리를 살펴본다. 또한 이 장에서는 안드로이드의 '보호된 파일시스템(OBB와 ASEC)'을 다룬다. 물론 루팅된 디바이스에서는 이 파일시스템이 보호되지 않는다. 마지막으로 리눅스의 가상^{pseudo} 파일시스템인 cgroupfs, debugfs, procfs, sysfs 등을 설명한다.

3장은 이전에 배운 내용을 토대로 한다. 특히 파티션을 주로 다루면서 안드로이드 부트 프로세스 내에서의 파티션 역할에 대해 설명한다. 또한 안드로이드 부트 이미지(일부에서는 'ROM'이라는 용어로 사용되는데, 이는 틀리다.)에 대해 설명하고, 디바이스 부트 파티션으로 전송하는 방법을 알아본다. 이 밖에 기본 안드로이드 부트 로더를 설명하고(좀 더 깊이 있는 내용은 이 책과 관련된 웹사이트에서 찾아볼 수 있다.) 부트 이미지의 다른 컴포넌트(커널, 디바이스 트리, initramfs)를 상세하게 설명한다. 그리고 실험을 통해 이 컴포넌트들을 풀거나, 커스터마이즈하거나, 다시 묶는 방법을 설명한다(부트로더는 언록되어 있다고 가정한다.). 또한 OTA 업데이트를 통해 이미지를 전송하는 방법과 백업 및 복구 프로세스, 셧다운 프로세스에 대해서도 살펴본다.

4장에서는 하나의 프로세스(/init)에 대해서만 살펴본다. 이 프로세스는 UN*X에서와 같이 유저 모드에서 시스템을 시작할 책임이 있다. /init.rc 파일 구문을 상세히 살펴보면서 시동 프로세스에 대해 설명한다. 또한 시스템 속성 관리 및 하드웨어 변경 내용 감시(ueventd)와 같은 /init의 다른 역할을 자세히 설명한다.

5장에서는 네이티브 서비스에 대해 논의한다. 예를 들면 네이티브 서비스는 /init.rc에 나와 있고, 리눅스 바이너리로 적재된다(system_server 내의 스레드로 적재되는 달빅-레벨 프레임워크와 대비된다. 달빅-레벨 프레임워크는 2권에서 다룬다.). 또한 이번 장에서는 디바이스에서 볼 수 있는 모든 데몬에 대한 참조를 다룬다.

6장에서는 안드로이드에서 모든 프레임워크의 기반 역할을 하는 servicemanager 및 system_server 프로세스를 설명하면서 안드로이드 프레임워크 서비스 아키텍처에 대해 다룬다. 이번 장에서는 바인더에 대해 설명하지만, 대부분의 내용은 2권에서 살펴볼 것이다. 하지만 독자들이 안드로이드 인터널 커뮤니케이션과 리모트 프로시저 호출이 동작하는 방식에 대한 충분한 통찰력을 얻을 수 있도록 상세히 설명한다.

7장에서는 리눅스의 관점에서 안드로이드를 바라본다. 즉, 리눅스 레벨의 도구와 /proc 파일시스템을 통해 안드로이드 시스템 프로세스와 앱을 살펴본다. 또한 네이티브 레벨에 디버깅하기 위한 리눅스 시스템의 거의 모든 기술을 다룬다.

마지막 장인 8장에서는 보안에 대해 논의한다. 이 장은 미리보기용으로 만들었다(원래는 이 책을 21장으로 구성된 한 권의 책으로 만들려고 했다.). 여기서는 리눅스 레벨과 프레임워크 레벨에서의 보안 기능에 대해 자세히 알아본다. 또한 '승인된' 방법 및 '승인되지 않은' 방법으로 안드로이드 디바이스를 루팅하는 방법을 살펴본다.

이 책에서 사용된 규약 ───────

간단한 규칙

- commands(1), systemCalls(2) 또는 프레임워크 classes는 다음과 같이 지정된다. 괄호 안의 숫자는 리눅스의 man에서 이들을 설명하는 매뉴얼 섹션을 참조한다.

또한 이 책에는 그림, 리스트 및 콘솔 출력들이 많이 담겨 있다. 그림은 컴포넌트와 메시지 흐름을 묘사한다. 리스트는 일련의 명령어로(실험의 일부로 포함되기도 한다.) 구성된 출력과 달리, 정적인 파일이다. 출력은 명령의 사용법 이외에 아이디어를 보여주기 위해서도 사용되기 때문에 모두 주석이 포함되어 있다. 예를 들면 다음과 같다.

출력 0-1 샘플 출력

```
# 무슨 작업인지 설명하는 주석
user@hostname    (directory)    User input
Output...
Output..    # 출력에 대한 설명 주석
Output..
```

여기서는 세부사항에 주목해야 한다. 명령어가 셸 또는 루트 권한이 필요한 경우, @ 앞에 있는 사용자 이름(프롬프트 표시 $ 또는 #)을 보면 된다. hostname은 명령어가 실행되는 디바이스를 보여준다. 'generic'으로 표시되면 에뮬레이터, 'flounder'로 표시되면 넥서스 9(L)이며, 나머지 경우에는 디바이스 이름(s3, s4, kindle, nexus5 등)으로 표시되고, 리눅스 호스트는 'Forge'로 표시된다. 1권에서는 가능한 한 코드를 사용하지 않으려고 노력했지만, 반드시 필요한 곳에서는 주석이 덧붙여진 코드 조각을 사용했다.

마지막 ————

이 책의 내용은 무척 방대하다. 안드로이드 소스를 꼼꼼하게 살펴보는 것은 마치 유기체를 세포 조직 단위로 살펴보는 것과 같다. 안드로이드를 소스 레벨로 살펴보고자 하는 독자를 위해 각 주제에 해당하는 파일의 정확한 위치를 알려주고, 테이블의 형태로 넣었다. 이 책의 내용에 흥미가 있는 독자들은 깃git 또는 repo에서 반드시 최신 버전의 소스를 구해야 한다. 소스를 다운로드하거나 설치하는 방법은 http://source.android.com/ 또는 구글의 안드로이드 소스 웹사이트에서 찾을 수 있다.

책 표지를 제외한 모든 내용은 한 사람이 저술했다. 책 표지는 뛰어난 엔지니어이자, 훌륭한 일러스트레이터인 디오 치오파나스가 제공해줬다. 이 책의 텍스트, 이미지, 구성 및 편집은 스스로 했다. 나를 항상 도와주는 리뷰어인 모셰 크라프체크와 애리 해넬은 이번에도 많은 도움을 주었다. 『안드로이드 시큐리티』(한빛미디어, 2015)를 저술한 니콜라이 옐렌코프도 이 책에 도움이 되는 통찰력과 피드백을 제공해줬다. 마지막 순간에 브린지 리딩binge reading(하루 만에 책을 집중적으로 읽는 작업 – 옮긴이)을 통해 도와준 아비브 그린버그에게도 감사한다. 또한 어느 누구의 눈에도 띄지 않을 것 같은 오타를 잡아주고, 나를 편견에 사로잡히지 않게 해준 에디 코네이호에게도 감사한다. 그리고 정말 마지막으로 모두가 놓칠 수 있는 오타를 꼼꼼하게 잡아준 니콜라 엘코빅에게 감사한다.

한 번 더 요하브 체르니티에게 감사한다. 그는 내가 저자로서의 경력을 쌓는 데 많은 도움을 줬다. 그 덕분에 이 일을 시작할 수 있었다. 이전 책(안드로이드 M 업데이트 이전)에서는 그에게 이런 인사를 하지 않았다. 하지만 이번 책의 경우, 요하브가 안드로이드 내부에 대한 책을 쓰도록 이끌었기 때문에 그가 특별한 인사를 받는 것은 당연하다고 생각한다. 그는 테크놀로직스(technologeeks.com)에서 'Linux to Android'와 'Android Internals' 과정을 이끌고 있다. 베스트셀러인 이 두 과정은 이번 책의 기반이 되었다. 로니 페더부시가 없었다면 자가 출판을 할 수 없었을 것이다. 나는 이제 이 책의 2판과 MoXiI 2판과 작업하려고 한다.

특히 이전 책에서(그리고 다른 모든 것들에서) 무한한 지원과 용기를 준 나의 반쪽 에이미에게 감사한다. 이는 영원히 잊지 못할 그녀에 대한 감사 표시다.

이 책은 vim을 사용했으며, HTML5의 표준에 맞게 손으로 직접 타이핑해 저술했다(정말로 직접 손으로 타이핑하였으며, 다시는 이렇게 하고 싶지 않다.). 일러스트는 SVG(또 다른 트라우마가 생기게 하는 시련이었다.) 또는 파워포인트로 그렸다. 그 덕분에 이 책은 출간되기까지 꽤 오랜 시간이 걸렸다. 하지만 2권은(1권의 두 배 크기) 곧 출간된다. 이 책에 사용된 페이지는 표준 A4 크기와 다르다. 즉, 일반적인 기술 서적보다 페이지가 적지만, 각 페이지에는 더욱 많은 내용이 들어가 있다. 이 책의 인덱스를 만드는 작업은 끝이 없다. 이 책을 읽다가 스타일의 오류를 발견하거나 기술적인 오점을 발견하면 이를 기록해주기 바란다.

이 책과 관련된 웹사이트(http://NewAndroidBook.com/)를 운영하고 있으며, 이 웹사이트를 통해 부가 교재와 몇 가지 커스텀 도구를 제공한다. 이 책에 대한 업데이트(오탈자 또는 오류)는 이 웹사이트에 공지된다.

트위터를 사용하는 경우, 나의 회사 트위터 계정인 @Technologeeks를 팔로우하면 내가 저술한 책에 대한 업데이트 내용이나 추가 자료에 대한 정보를 얻을 수 있다. 테크놀로직스는 안드로이드, OS X, iOS, Linux 등에 대한 교육과 컨설팅 서비스를 제공한다. http://Technologeeks.com/을 방문하면 더욱 많은 정보를 얻을 수 있다. 특히 안드로이드와 OS X/iOS 교육 서비스는 이 책을 교재로 사용한다. 우리 회사는 링크드인의 'Android Kernel Developers' 그룹에 나와 있고, 원하는 독자는 그룹에 참여하여 인사를 나누고 질문을 해도 된다.

독자들이 이 책을 통해 흥미와 재미를 모두 찾게 되기 바란다(아마도 다른 기술 서적보다는 재미있을 것이다.). 앞에서 알려준 웹사이트의 전용 포럼을 통해 코멘트와 피드백을 주고받을 수도 있다.

이 책의 한국어판에 관한 질문은 이 책의 옮긴이나 에이콘출판사 편집 팀(editor@acornpub.co.kr)으로 문의해주기 바란다. 정오표는 에이콘출판사의 도서정보 페이지 http://www.acornpub.co.kr/book/android-internals-vol1에서 관련 내용을 찾아볼 수 있다.

1

안드로이드 아키텍처의
진화

안드로이드는 리눅스를 기반으로 만들어져 있고, 리눅스 인프라스트럭처에 많이 의존하지만(대부분의 커널은 안드로이드이다.), 안드로이드는 그 자체만으로 독자적인 운영체제가 되고 있다. OS X과 iOS는 그들의 코드 기반을 모두 공유하고 있지만(UI와 몇 개의 클래스는 예외이다.), 안드로이드는 달빅^{Dalvik}을 지원하는 런타임 및 방대한 프레임워크의 모음을 가지고 있다. 실제로 각 버전이 가지고 있는 사용자와 관련된 기능과 확장성은 추가 프레임워크 및 API와 관련되어 있지만, 시스템 레벨적인 측면에서 바라보면 사용자 레벨에서의 변경은 극히 일부에 불과하다.

이번 장에서는 안드로이드의 진화된 모습과 아키텍처에 대해 살펴본다. 안드로이드는 컵케이크^{Cupcake} 1.5, 마시멜로^{Marshmallow} 6.0을 뛰어넘어 이 순간에도 계속 진화하고 있다. 여기에서는 각각의 버전별로 시스템에 관련된 기능과 그 개선 내용을 살펴본다. 그런 다음, 리눅스와 비교하거나 대조하면서 안드로이드 아키텍처에 대해 살펴본다. 그리고 다음 장(또는 2권)에서 다루게 될 내용을 탐구하기 위한 기반을 쌓기 위해 아키텍처 내의 각 레이어를 자세히 살펴본다. 마지막으로 빠르게 진화하고 있는 OS의 다음 버전에서 개선될 기능과 다양한 안드로이드의 파생물에 대해 살펴본다.

이 책이 처음 영문으로 출간될 즈음에는 안드로이드 5.0 롤리팝이 구글의 넥서스에 보편적으로 적용되어 있었고, 다른 벤더들도 출시 스케줄을 잡고 있었다. 롤리팝이 매우 느리게 퍼져 나가고 있는 사이(아직도 킷캣 4.4가 적용)에 마시멜로가 출시되었다. 안드로이드 OS 버전은 매우 빠르게 업데이트되고 있기 때문에 독자가 이 책을 읽는 시점에는 크게 문제가 되지 않을 것이다. 안드로이드의 새로운 OS는 모바일 OS의 치열한 업데이트 경쟁으로 인해 얼마 가지 못할 것이다. 이 책에는 마시멜로(2015년 10월) 및 N(PR5, 2016년 5월)의 업데이트 내용이 담겨 있다. 하지만 안드로이드는 지금도 계속 진화하고 있기 때문에 이 책의 웹사이트인 NewAndroidBook.com에서 새로운 업데이트 관련 사항을 지속적으로 확인하기 바란다.

안드로이드 버전의 이력 ―――――

지난 7년 동안 안드로이드는 약 12개의 버전을 거치면서 진화하였다. API의 버전(내부 API 세트를 기억하기 쉽게 만든 형태)으로만 보면 23개 버전까지 진화하였다. 각 버전에서 소개된 많은 프레임워크의 기능을 모두 열거하려면 매우 지루한 작업이 될 것이고, 몇 개의 기능은 빠뜨릴 수 있기 때문에 이번 절에서는 버전별로 주목할 만한 차이점과 시스템 레벨에서 버전별 API의 차이를 살펴보는 데 집중하면서 좀 더 기술적인 관점을 제공하는 데 목적을 둔다. 버전별로 변경된 내용에 대한 좀 더 자세한 내용을 알고 싶다면 위키피디아[1]를 방문하거나 각 OS 버전별로 제공되는 안드로이드 문서를 확인하기 바란다.

표 1-1은 안드로이드 버전의 이력을 나타낸 것이다. 이 버전은 API와 커널의 공식 릴리즈 버전을 연결해준다. 일부 벤더는 자신만의 커널을 컴파일하거나 새로운 커널을 백 포트(이전 버전에 현재 버전의 새로운 기능을 추가하거나 버그 패치를 소급 적용 - 옮긴이)할 때 커널 버전이 모든 디바이스와 매치되지 않는다는 점에 주목하기 바란다.

표 1-1 지금까지의 안드로이드 버전

릴리즈	코드명	버전	API	커널	비율
2016년 9월	너겟? 누텔라? 미정	–	24	3.4(arm7) 3.10(arm64)	
2015년 10월	마시멜로	6.0–6.0.1	23		13%
2015년 3월	롤리팝	5.1–5.1.1	22		35.1%
2014년 11월		5.0–5.0.2	21		
2013년 10월	킷캣	4.4–4.4.4	19(20)	3.4	30.1%
2013년 7월	젤리빈(MR2)	4.3	18		17.8%
2012년 11월	젤리빈(MR1)	4.2–4.2.2	17		
2012년 7월	젤리빈	4.1–4.1.1	16	3.0.31	
2011년 12월	아이스크림 샌드위치(MR1)	4.0.3–4.0.4	15		1.7%
2011년 10월	아이스크림 샌드위치	4.0–4.0.2	14	3.0.1	
2011년 7월	허니콤(MR2)	3.2–3.2.6	13	2.6.36	<0.1%
2011년 5월	허니콤(MR1)	3.1	12		
2011년 2월	허니콤	3.0	11		
2010년 12월	진저브레드(MR1)	2.3.3–2.3.7	10	2.6.35	1.9%
2010년 10월	진저브레드	2.3–2.3.2	9		
2010년 5월	프로요	2.2–2.2.3	8	2.6.32	0.1%
2009년 10월	에클레어	2.0–2.0.1,2.1	5–7	2.6.29	<0.1%
2009년 9월	도넛	1.6	4	2.6.29	<0.1%

위 데이터는 구글에서 공개한 실제 사용 데이터(아마도 행동에 관한 데이터)이고, 안드로이드 개발자 웹사이트의 대시보드에서 볼 수 있다. 위 테이블의 % 비율 데이터 또한 안드로이드 개발자의 웹사이트[2]에서 볼 수 있다(2016년 6월까지 업데이트). 사실상 프로요^{Froyo}보다 오래된 버전의 OS를 설치한 기기는 이제 더 이상 남아 있지 않기 때문에 프로요 이전 버전의 OS는 다루지 않는다.

프로요

프로요(프로즌 요거트)는 외부 저장 매체(SD 카드)에 애플리케이션을 설치할 수 있게 된 최초 버전이다. 또한 외부 매체에 파일을 저장할 때 보안을 제공하기 위해 안드로이드 시큐어 컨테이너 ^{ASEC}라는 개념이 도입되었다. 프로요의 특성상 외부 매체의 파일 포맷에는 일반적으로 FAT이 사용되었다. ASEC 메커니즘은 2장에서 다룬다. 프로요에서 소개된 또 다른 유용한 기능은 USB

테더링(USB에 디바이스를 연결하고 인터넷 연결을 사용할 수 있다.)이다. 마지막으로 프로요에서 전용 스레드인 JIT^Just-In-Time 컴파일의 도입으로 인해 달빅의 속도 개선이 이루어졌다.

진저브레드

진저브레드^Gingerbread는 현재 널리 적용되어 있는 안드로이드의 최초 버전으로, 최근 들어 시스템이 상당히 개선되었다. 달빅 레이어에서 병렬 가비지 콜렉션이 소개되기도 했다. 이를 통해 GC시에 애플리케이션을 중단시키는 기존 방식과 달리 GC를 병렬로 처리하면서 애플리케이션의 응답 시간을 개선시켰다. 더욱이 JIT 메커니즘은 프로요에서보다 더욱 개선되었다. 센서 API는 더욱 많은 센서를 지원하기 위해 하드웨어 추상화 레이어^HAL, Hardware Abstraction Layer를 확장하고 네이티브 코드로 접근성을 향상시킴으로써 완벽하게 개선되었다. 오디오, 그래픽, 스토리지 및 액티비티 매니저와 같은 다른 곳에서도 네이티브 코드에 접근할 수 있도록 지원한다. 또한 진저브레드에서는 근거리 통신^NFC, Near-Field-Communication이 처음으로 소개되었다. NFC는 아이스크림 샌드위치^ICS 버전에 이르러 많은 안드로이드 벤더에서 채택되었다.

또 한 가지 주목할 만한 기능은 OBB^opaque binary blob(APK 확장 파일)의 지원이다. OBB 파일은 애플리케이션 크기 제한을 회피하는 방법으로 사용되고, 암호화 기능도 제공한다. OBB 파일은 2장에서 다룬다. 마지막으로 중요한 점은 진저브레드가 기본 파일시스템으로 YAFFS 대신 Ext4를 채택하였다는 것이다.

진저브레드는 이렇듯 수많은 개선을 이루었음에도 불구하고 가장 보안에 취약한 안드로이드 버전이라는 오명을 가지고 있다. 주식 SMS 앱의 조그만 결함 이외에도 공격을 당하기 쉬운 결함을 많이 가지고 있었다. 이러한 결함은 루트킷 멀웨어의 급증을 초래하였다.

허니콤

허니콤^Honeycomb은 안드로이드에 태블릿을 적용하였다. 소스는 전체로 릴리즈된 적이 없고, 폰에서는 사용될 수 없는 것으로 여겨졌기 때문에 사실 태블릿 전용 릴리즈였다(그럼에도 불구하고 일부 벤더에서는 폰에 적용하려는 쓸데없는 노력을 하기도 했다.). 허니콤에서의 가장 큰 변화는 프래그먼트가 소개된 것이다. 프래그먼트는 단일 레이아웃 아키텍처보다 동시에 몇 개의 영역이 화면에 표시되는 윈도우의 MDI^Multiple Document Interface와 비슷하다.

또한 허니콤은 그래픽적인 측면에서 상당한 개선을 이루었다. 2D 렌더링에서는 OpenGL의 하드웨어 가속 기능과 렌더 스크립트^Renderscript를 소개하였다. 렌더 스크립트는 안드로이드의 GL 스타일의 언어이다.

중요한 허니콤의 또 다른 기능은 스토리지 암호화 기능의 출현이다. 허니콤은 사용자 데이터 파티션의 로우 레벨 암호화를 제공하는 첫 번째 안드로이드 버전이었다. 또한 iOS4에서도 이 기능이 소개되었다. 안드로이드 내의 디스크 암호화는 리눅스 디바이스 매퍼를 이용하여 수행되고, 프로요에서 소개된 안드로이드 시큐어 스토리지의 다음 단계로 생각될 수 있다.

사용자 저장 공간보다 더욱 중요한 것은 안드로이드에서의 멀티 코어 지원이다. 멀티 코어를 지원하기 위해서는 SMP를 지원하는 리눅스 커널을 재컴파일해야 했다(BusyBox uname 도구 또는 /proc/version에서와 같이). 태블릿은 멀티 코어 아키텍처를 이용한 첫 번째 아키텍처이다. 가장 저렴한 디바이스를 제외하고 거의 모든 디바이스는 멀티 코어를 사용한다. 안드로이드 문서의 SMP에 안전한 코드(이러한 종류의 코드는 주로 네이티브 코드이며, 자바에도 일부 존재한다.)를 만들기 위해 필요한 사항을 담고 있다.

허니콤은 소스 코드가 공개되지 않는 유일한 안드로이드 버전이다(일부는 제외). 이 때문에 일부 벤더는 우려를 하게 되었고, 비록 안드로이드가 무료라고 하더라도 구글이 시스템을 통제하고 있으며, 구글이 적합하다고 판단

할 경우, 라이선스 정책 또한 미래에 언제든지 바뀔 수 있을 것이라는 걱정을 하게 되었다.

아이스크림 샌드위치

4.0 릴리즈에서 예상했던 바와 같이 아이스크림 샌드위치^{ICS, Ice Cream Sandwich}는 안드로이드에 많은 변화를 가져왔다. 수많은 UI 개선 이외에도 사용자에게 가장 가치 있는 개선은 커넥티비티와 관련된 개선 사항이다. 그 대표적인 예로는 안드로이드 VPN 프레임워크, 와이파이 다이렉트 및 안드로이드 빔을 들 수 있다.

ICS에는 개발자가 간과할 수 있는 중요한 API도 추가되었다. 메모리 압력이 증가할 시점에 호출되는 `onTrimMemory()` 콜백이 대표적인 예이다. 정수를 지정하면 애플리케이션은 가능한 한 많은 메모리를 해제한다. 하지만 여기서 주목해야 할 점은 '이 API는 단지 애플리케이션에 충고만 해줄 뿐'이라는 사실이다. 애플리케이션은 이 콜백을 무시할 수 있다(사실 실제로도 매우 많이 무시한다.).

젤리빈

젤리빈^{JellyBean}에서 가장 눈에 띄는 사용자 측 기능은 동일한 디바이스에서 여러 명의 사용자를 지원하는 것이다. 이 기능은 폰보다 태블릿에서 더욱 유용한데(그리고 공식적으로 이전 버전에서만 활성화된다.), 여러 명의 사용자가 디바이스를 공유하여 사용할 수 있다. 한 번에 한 명의 사용자만 로그인할 수 있고, 각각의 사용자는 서로 다른 위젯과 애플리케이션 및 독립적인 애플리케이션 데이터(이 부분이 가장 중요)로 분리된 서로 다른 UI를 가질 수 있다. 이에 대해서는 8장에서 자세히 다룬다.

젤리빈은 이 기능 이외에도 프로요의 ASEC 컨테이너 위에 구축된 애플리케이션 암호화 및 포워드 록을 제공한다. 안드로이드 오픈소스의 주요 결함 중 하나는 SD 카드를 여러 디바이스에서 사용할 경우, 앱을 해킹할 수 있다는 점이다. ASEC는 애플리케이션에서 데이터를 암호화할 수 있는 보안 컨테이너를 제공한다. 그리고 애플리케이션의 uid를 가지고 있어야만 읽을 수 있다(하지만 루팅된 디바이스에서는 보호되지 않는다.). 이에 대해서는 2장에서 다룬다.

젤리빈에서는 세 가지의 API 버전이 거쳐 갔다. 이를 통해 내외부적으로 많은 변화가 소개되었다. API 17에서는 SELinux를 안드로이드에 처음 적용하였고(8장에서 상세히 소개한다.), ADB를 통해 강제 인증을 함으로써 USB 디버깅의 구멍을 메웠다. API18에서의 주목할 만한 변화로는 OpenGL ES 3.0, 블루투스 오디오-비디오 리모트 컨트롤 프로 파일^{AVRCP}1.3 및 블루투스 에너지 절전^{LE}과 애플리케이션 권한을 수정할 수 있는 App Ops 서비스(4.4.1에서는 이 UI가 삭제되었다.) 지원을 들 수 있다.

킷캣

킷캣^{KitKat}은 안드로이드 4.4 버전의 코드명이다(실제로 허시와 공동 출시되기도 했다.). 킷캣은 시장에서 안드로이드 OS 버전의 단편화 문제가 불거졌을 때 가장 선두에서 싸우기도 했다. 젤리빈이 가장 인기 있는 버전이기는 하지만, 시장에서는 여전히 이전 버전의 안드로이드를 그대로 사용하고 있다. 이 중에서 특히 진저브레드가 많이 사용되는데, 이 버전은 시대에 뒤처졌을 뿐만 아니라 오래된 API 때문에 앱을 실행하는 데 방해가 되고 있었다. 또한 중간 또는 고가 시장은 이미 포화 상태에 이르렀고, 저가 시장에서는 파이어폭스 OS와 다른 OS와의 경쟁이 심화되고 있다.

킷캣에서의 "주요 사업"은 "세련되고 멋진 경험"이다. 킷캣은 512MB 메모리의 저사양 디바이스를 포함한 사실상의 모든 디바이스에서 부드러운 사용자 경험을 할 수 있게 만들어졌다. 이러한 배경에는 더 적은 리소스 요구 사항을 가진 부드러운 OS를 사용하여 모든 벤더의 디바이스(특히 저사양의 디바이스도)에 최신의 OS를 제공함으로써 안드로이드 OS의 단편화를 끝내겠다는 구글의 의지가 담겨 있다. 프레임워크를 재작성하여 메모리를 덜 사용하도록 하였고, 메모리 압력을 줄이기 위해 순차적인 방법으로 서비스를 시작하는 것과 같은 내부적인 변화를 꾀했다. 새로운 API에는 메모리가 적은 디바이스를 감지할 수 있는 API(ro.config.low_ram 속성값을 반환하는 ActivityManager.isLowRamDevice())가 추가되었다. 이 API를 사용하면 개발자들은 가용한 메모리의 양을 알 수 있고, 이에 따른 메모리 사용 계획을 세울 수 있다. 킷캣에는 애플리케이션이 차지하는 공간에 대한 정보를 개발자에게 제공하는 procstats 서비스가 추가되었다.

킷캣에서는 RAM을 가진 디바이스를 위해 'zRA'이라는 리눅스 커널의 새로운 기능을 이용한다. 이 기능은 사실 킷캣 자체보다 새롭다. 리눅스의 zRAM은 안정화된 3.14 버전을 병합하였다(킷캣은 3.4 사용). 하지만 구글은 초기에 크롬 OS와 안드로이드 양쪽 모두에 적용하였다. 이 기능은 메모리를 교환할 수 있고, 모바일 디바이스의 가장 큰 약점(플래시 디바이스의 스와프 메모리 부족)을 극복할 수 있다. RAM을 스와프할 경우 다소의 역효과가 있을 수 있지만, 성능은 극적으로 개선된다. 왜냐하면 스와프된 페이지가 압축되고 매우 빠르게 가져올 수 있기 때문이다. 압축된 RAM을 사용하는 디바이스는 /proc/swaps 파일에 지정된 특별한 블록 디바이스(예를 들면 /dev/block/zram0)를 가진다.

압축 메모리 기능은 킷캣이 나오기 몇 달 전에 출시된 iOS 버전 7.0에 처음으로 탑재되었다. 몇 개의 킷캣이 가진 흥미로운 기능은 iOS 7.0에서 차용하였다. 그 예로는 스텝 카운터(애플 M7과 같은 소프트웨어 정의 센서), 타이머 병합, 센서 배치를 들 수 있다. 타이머 병합과 센서 배치는 배터리 사용 기간을 극대화하는 데 도움을 준다. 안드로이드는 타이머의 주기와 센서에서의 업데이트 주기를 더욱 길게 했다. 이를 통해 직접적(좀 더 긴 CPU 유휴 시간)으로나 간접적(파워와 성능 모두에 비용적으로 영향을 미치는 웨이크업 개수를 축소)으로 배터리 시간을 더욱 늘릴 수 있었다.

블루투스 MAP 지원을 포함한 킷캣의 또 다른 기능은 적외선 블래스터(컨슈머 IR) API, 새로운 프린팅 프레임워크 및 NFC 호스트 카드 에뮬레이션이다. 발표되지는 않았지만, 내부적으로 가장 큰 영향을 가져올 변화는 바로 달빅을 대체할 안드로이드 런타임(ART, Android RunTime)의 소개이다.

이 글을 쓰는 시점에서 킷캣은 네 가지의 마이너 개편을 겪었고, 가장 최근 버전은 4.4.4이다. 이 개편은 대부분 버그 수정 및 카메라 기능 강화이며, 내부 API는 변경되었지만 API 버전 자체는 변경되지 않았다. 킷캣은 2015년 이후 가장 인기 있는 안드로이드 버전이다.

롤리팝

가장 최신의 안드로이드 버전(이 책을 쓰는 시점)은 안드로이드 롤리팝이다. 이 버전에서는 "머터리얼 디자인"이라 소개된 디자인 측면의 변화가 가장 컸다. 머터리얼 디자인은 사실적인 조명과 모션 효과를 제공하기 위한 목적을 가진 플랫 디자인이고, iOS7의 외관을 연상시키는 이상한 프린트 기반의 디자인이다. 롤리팝의 또 다른 특징은 크게 확정되어 지원되는 노티피케이션이다.

안드로이드 시스템 내부의 중대한 변화 중 가장 두드러진 점은 안드로이드 런타임ART의 적용이다. 안드로이드 런타임을 적용함으로써 JIT(Just In Time)보다 AOT(Ahead Of Time)로 달빅 코드를 네이티브 코드로 컴파일하여 성능 개선을 가져왔다. 성능을 제외한 ART는 안드로이드 앱이 64비트 아키텍처의 이점을 활용할 수 있게 해준다. 이와 관련된 내용은 2권에서 자세히 다룬다. 그래픽 스택은 OpenGLES 3.1로 업데이트되었고, 오디오 프레임워크도 업데이트되었다. 특히 오디오 입력 처리가 업그레이드된 것은 주목할 만하다. 이 밖에 카메라 API도 개조되었다. 센서 지원(HAL, 하드웨어 추상 레이어) 또한 좀 더 복잡한 제스처를 지원하도록 업그레이드되었고, 심장 박동 모니터도 업그레이드되었다. 이번 릴리즈의 "주요 사업"은 "프로젝트 볼타Volta"이다. 이 프로젝트의 목적은 배터리 수명을 개선(새로운 잡 스케줄링 API를 통해)하고 좀 더 개선된 전원 모니터링 도구(특히 batterystats 서비스)를 제공하는 것이다. 롤리팝에서는 새로운 "안드로이드 TV"를 위한 토대를 제공한다.

롤리팝 릴리즈는 매우 길었고, 다소 고통스러운 작업이었다. 구글이 발표한 시점(2014년 6월)에서 공식 런치(2014년 11월)까지 총 6개월이 걸렸고, 적용에는 더 많은 시간(거의 1년 뒤)이 걸렸다. 롤리팝은 안드로이드 디바이스 중 25%보다 적은 디바이스에 설치되어 있다. 주요 버그(아이러니하게도 전력 관리 및 성능과 관련되어 있다.)는 초기 릴리즈에서 발견되었고, 구글은 롤리팝의 수많은 버그를 수정한 API 레벨 22의 5.1 버전으로 재빨리(2015년 3월) 업데이트하였다. 2016년 3월 이후, 롤리팝은 킷캣을 추월하여 가장 인기 있는 안드로이드가 되었다. 5.1 버전(별칭은 롤리팝 MR1)에서는 수많은 UI가 개선되었고, HD급 보이스 콜링, 듀얼-SIM 지원 및 디바이스 보호(잃어버린 디바이스를 잠그거나 공장 초기화를 금지하기 위한 "킬 스위치")와 같은 좀 더 중요한 기능 개선도 이루어졌다. 하지만 2015년 8월에 5.1을 포함한 모든 디바이스에서 두 개의 큰 취약점이 발견되었다.

마시멜로

안드로이드 마시멜로^{Marshmallow}는 구글의 안드로이드 최신 버전이다. 2015년 5월 28일에 구글 I/O에서 발표되었고, 거의 두 달 뒤에 마시멜로라는 이름이 정해졌다. 구글은 L에서 배운 실수를 바탕으로 세 번의 개발자 검토를 거쳐 2015년 10월에 릴리즈하였다. 구글은 에뮬레이터와 공장 이미지를 모두 제공한다. 이에는 안드로이드 SDK를 지원하는 QEMU 에뮬레이터에 있는 ARM64 이미지가 포함되어 있다.

M은 기능적인 관점에서 볼 때 혁명적이라기보다 점진적인 업데이트이다. 업데이트에 추가된 몇 개의 주목할 만한 기능들은 주로 iOS에 대응하는 것들이며, 특히 결제 지원, 지문 인증 기능 및 텍스트를 선택했을 때 나타나는 플로팅 툴바가 추가된 것이 특징이다.

이 버전의 가장 중요한 개선점은 앱 퍼미션 모델이다. 앱 퍼미션을 실행하는 시점이 설치 시에서 런타임 시로 이동하였다. 이를 통해 안드로이드가 iOS와 비슷해졌다. 설치할 때 수많은 퍼미션 목록을 승인하지 않고 퍼미션이 필요한 시점에 사용자가 퍼미션을 승인하는 방식이다(이는 8장에서 논의한다.). 이 방식은 플라핑 버드 게임을 하는 도중에 카메라와 개인 정보를 훔치려고 시도하는 트로이 목마 앱의 잠재적인 위험성을 완화시켜준다.

또한 M의 목적은 이전 버전의 두 가지 결함을 개선하는 것이었다. 첫 번째 데이터 암호화는(이는 허니콤 버전에서 소개되었고, 롤리팝부터 적용되었다.) 외부 저장 매체로 확장되었다. 전력 관리(이는 항상 도전적인 이슈이다.)는 "Doze" 모드에서 더욱 좋아졌다. 이는 동기화 작업이나 백그라운드 작업을 하기 위해 주기적으로 앱을 깨울 때까지의 긴 주기 동안 잠자는 모드이다. M에서는 사용하지 않는 앱을 중단시키는 앱 아이들 감지 기능(OS X의 "앱냅^{App Nap}" 기능과 비슷하다.)이 소개되었다.

다이렉트 공유, 앱 링킹, 오디오/비디오 싱크, MIDI 지원, 다이렉트 플래시 라이트(터치) 지원, 카메라 API 익스텐션, 개선된 노티피케이션 및 "Android for Work"를 위한 중요한 향상이 이 버전에 포함되어 있다. 이번 버전에서 변경된 전체 내용은 안드로이드 개발자 사이트(http://developer.android.com/about/versions/marshmallow/android-6.0-changes.html)에서 확인할 수 있다.

M은 출시한 지 한 달이 안 된 시점에 몇 가지 버그를 수정하고 6.0.0_r26 버전으로 업그레이드되었다. 비록 넥서스와 HTC A9 이외에는 M을 적용하는 경우가 거의 없었다. 6개월이 지난 지금, M은 여전히 극소수의 단말에 설치되어 있고, 버전은 6.0.1_r32로 업그레이드되었다. N은 이미 출시 예정이기 때문에 M은 점차 감소할 것이다. 벤더의 경우 M으로 업그레이드한 뒤에 다시 N으로 업그레이드하는 방식이 시간이 매우 오래 걸리기 때문에 M을 건너뛰고 N으로 바로 업그레이드하는 방법을 선택할 수 있다.

실험: 디바이스의 안드로이드 버전 파악하기

벤더에서 다양한 방법으로 커스터마이징한 경우라 하더라도, 기본적으로 사용되는 시스템은 동일하다. 대부분 안드로이드 사용자는 설정 〉시스템 〉폰 정보 GUI 화면의 "Android 버전" 항목에서 안드로이드 버전을 쉽게 찾을 수 있다. 이와 관련된 클래스는 android.os.Build 클래스에서 사용하는 com.android.settings.DeviceInfoSettings(AOSP의 packages/apps/settings에서 찾을 수 있다.)이다. 이 값은 시스템 속성에서 쉽게 얻을 수 있기 때문에 getprop 툴을 사용하면 된다. 그림 1-1은 이 값을 얻는 방법을 나타낸 것이다.*

그림 1-1 설정 앱의 DeviceInfoSettings와 시스템 속성 간의 관계

AOSP에서 생성되고 /system/build.prop에 존재하는 이 속성은 수정된 빌드에서도 true로 둔다. 이는 매우 많이 커스터마이즈된 아마존 파이어 OS에서도 마찬가지이다. 여기서 가장 유용한 속성은 ro.build.version.sdk(API 버전)와 ro.build.fingerprint이다. 이 속성은 몇 개의 다른 속성들이 혼합되어 있다. 예를 들면,

```
generic/sdk_ phone_arm7/generic:5.0/LRX09D/1504858:eng/test-keys
```

속성	설명
ro.product.manufacturer	벤더 ID
ro.product.name	디바이스 코드명(예를 들면 구글-물고기 이름)
ro.build.product:version.release	프로덕트명과 안드로이드 베이스 버전
ro.build.id	첫 번째 문자: 버전(나머지는 문서 11에 설명되어 있다.)
ro.build.version.incremental	내부 빌드 번호, AOSP 빌드 시스템에서 자동으로 증가
ro.build.type	user: 사용자, eng: 엔지니어/내부
ro.build.tags	release-key: 프로덕션 시스템, 실제 인증 test-key: 개발

---

* "Build Version"은 젤리빈에서 개발자 설정(ADB 포함)으로 들어가는 백도어를 제공한다. 이 메뉴를 일곱 번 클릭하면 개발자 설정으로 들어간다.

N

프리뷰 릴리즈 1이 된 N은 2016년 3월에 갑작스럽게 발표되었다. 구글은 통상 안드로이드 릴리즈를 하반기에 발표하기 때문에 이는 매우 이례적인 상황이다. 구글은 2016년 10월에 N을 출시하겠다고 선언하였다. N은 이 책에서 예견한 바와 같이 멀티 윈도우 기능이 추가될 예정이다. 이 기능은 iOS 9 및 일부 삼성 단말에서 구현되었다. 또한 iOS의 3 터치를 따라한 것처럼 포스 터치^{forcetouch} 기능도 계획되어 있다. 노티피케이션 번들 및 Doze 개선이 이루어진 것 이외에도 불칸^{Vulkan} 3D 렌더링 API 및 VR 앱을 위한 지원 기능이 추가된다. 무엇보다 중요한 업데이트는 OpenJDK 및 자바 8의 기능(클로저)과 새로운 Jack 컴파일러를 사용한 것이다. N의 개발자 프리뷰와 새로운 SDK는 http://developer.android.com/preview/overview.html에서 볼 수 있다.

안드로이드 대 리눅스 ————

리눅스의 또 다른 배포판이 아니다

안드로이드의 코어인 리눅스는 안드로이드가 만들어지기 수십 년 전부터 존재하고 있었다. 리눅스는 완벽한 오픈소스 운영체제이고, 리눅스 커널은 리누스 토발스의 석사 학위 논문에서 시작하여 전 세계적인 명성을 얻었으며, 여러 군데에서 채택되었다. 커널은 독자적으로 되돌아갈 수 있지만, 그것만으로는 완벽한 운영체제를 이루지 못한다. 그래서 토발스는 커널을 오픈소스로 공개하기로 하였고, 이 오픈소스는 이를 확장하고, 커널을 하기 위한 컴포넌트(리눅스뿐만 아니라 다른 유닉스 시스템에서 포팅된 바이너리)를 제작하기 위해 개발자들을 유혹하였다. 무료인 리눅스는 매우 비싼 유닉스 시스템의 대안으로 인기를 끌었고, 유닉스를 효과적으로 대체하기 시작하였으며, 결국에는 유닉스의 종말까지도 이끌게 된다.

리눅스의 급속한 발전은 "상용화"에도 영향을 미쳤다. 추가 바이너리를 가진 커널을 패키징하는 회사들이 성장하기 시작하면서 리눅스의 "배포판"을 제공하기 시작한 것이다. 이 회사들은 리눅스를 무료로 제공하였고, "지원"을 비즈니스 모델로 삼았다. 이와 동시에 커스텀으로 수정되거나 특별한 툴이 포함된 "프로페셔널" 또는 "엔터프라이즈"급의 배포판을 돈을 받고 제공하였다.

리눅스는 임베디드 분야에서 매우 빠른 속도로 산업계 표준 운영체제로 자리매김하였다. 리눅스는 윈도우 CE(매우 많은 리소스가 필요), PSOS 또는 VxWorks와 같은 실시간 운영시스템(이들은 매우 많은 라이선스 비용이 든다.) 등의 다른 플레이어들과 달리 플랫폼을 무료로 제공하고, 커스터마이징을 완벽하게 구현할 수 있을 뿐만 아니라 가볍기까지 했다. 몬타 비스타와 같은 회사는 임베디드 시스템(특히 ARM, MIPS 및 PowerPC 아키텍처)에 리눅스를 포팅하는 비즈니스 모델을 기반으로 한다. 임베디드 시스템에 포팅된 리눅스는 데스크톱에 설치된 버전과 동일한 기능(완벽한 기능을 가진 셸 환경)을 제공한다. 이 또한 라이선스 비용이 무료이다.

하지만 개발자들은 무엇인가가 더 필요했다. 셸 인터페이스는 오래전에 사라졌고(개발자들은 셸을 여전히 사용하지만 사용자의 입장에서는 더 이상 사용하지 않는다. - 옮긴이), 대부분의 사용자는 운영체제에서 그래픽 사용자 인터페이스를 지원하기 바란다. 임베디드 시스템에 GUI를 설정하는 것은 직관적인 것과는 거리가 멀다. X-윈도우 API를 사용하는 그래픽 프로그래밍은 매우 부담스럽다. 더욱이 몬타 비스타와 같은 벤더는 기본적인 플랫폼만 제공했다. 개발자들은 처음부터 새로 그들만의 컴포넌트를 만들거나 직접 추가 컴포넌트를 포팅해야 했다.

그러고 나서 안드로이드가 왔다

구글은 2005년에 모바일 운영체제의 가능성을 발견하고, 앤드 루빈이 만든 스타트업인 안드로이드를 인수하였다. 안드로이드는 몇 년 뒤에 재기할 때까지(애플의 "아이폰 OS"가 나온 뒤) 구글의 지도상에서 완벽하게 사라져 있었다. 디바이스에 혁신을 적용하려고 시도하던 모바일 벤더는 재빨리 비슷한 기능이 제공되기를 원하였고, 구글은 이러한 요구를 재빨리 수용하였다.

안드로이드는 단지 다른 리눅스 배포판이 아니라 완벽한 소프트웨어 스택을 제공하려는 목적을 가지고 시작되었다. "스택"이라는 용어는 몇 개의 레이어가 포함되어 있다는 것을 의미한다. 안드로이드는 기본 커널과 셸 바이너리 이외에도 자체 GUI 환경 및 이와 관련된 풍부한 프레임워크 세트를 가지고 있다. 안드로이드는 자바를 개발 언어로 차용함으로써 개발자에게 진정한 RAD(Rapid Application Development) 환경을 제공해주었다. 개발자들은 구글에 의해 사전에 철저히 만들어졌고, 완벽하게 테스트된 프레임워크를 통해 카메라, 모션 센서, GUI 위젯과 같은 고급 기능에 몇 줄 안 되는 코드로 쉽게 접근할 수 있게 되었다. 처음에 나온 기능들은 상당수가 iOS에서 차용되었지만 나중에 점차 개선되었고, 안드로이드는 데스크톱에서의 윈도우와 같이 산업계의 OS 표준이 되었다.

안드로이드는 주도권을 얻은 뒤로 안드로이드 에코시스템의 피드백 루프를 통해 한층 더 강화되고 있다. 안드로이드 에코시스템에는 "앱 마켓 플레이스"(애플의 "앱 스토어"를 재빨리 따라했다.)가 있는데, 구글은 정책적으로 앱 마켓 플레이스인 구글 플레이스토어에 앱을 배포하고자 하는 개발자들이 별다른 장애물 없이 앱을 배포할 수 있도록 하였다. 그 결과 구글 플레이스토어는 앱 스토어를 추월하였고, 수백만 개의 앱을 제공하고 있다. 구글 플레이스토어에서 앱을 배포하면 모바일 벤더에게의 즉시 접근 및 앱과의 호환성을 제공하는데, 이는 벤더가 구글의 모바일 애플리케이션 배포 규약(MADA, Mobile Application Distribution Agreement)에 동의하고, 구글의 앱과 서비스에 통합하는 것을 위임해야만 가능하다.

어떤 의미에서 보면 안드로이드는 몬타 비스타와 다른 임베디드 리눅스 회사들이 리눅스와 유닉스 및 다른 경쟁자들과 경쟁했던 모습과 비슷하다. 대체재를 무료로 제공함으로써 경쟁 OS를 도태시킨 것이다. 구글은 라이선스 요금 없이 안드로이드를 무료로 제공하고(적어도 지금까지는) 합법적으로 매우 완화된 이용 약관을 제공한다(더디기는 하지만 점점 엄격해지고 있다.). 안드로이드는 몇 년 내에 글로벌 모바일 마켓의 80%를 장악할 것이고, 나머지는 iOS가 차지하고 있으며(현재 20%), 그 밖의 극소수 시장을 윈도우 모바일과 블랙베리가 차지하고 있다. 모바일 벤더는 운영시스템을 선택하는 데 있어서 자체 개발을 하는 방법과 이미 만들어진 운영체제를 적용하는 방법 중에서 선택할 수밖에 없다. 대부분의 벤더들은 후자*를 선택하였고, 그 선택은 안드로이드 또는 윈도우 모바일로 더욱 좁혀졌다. 마이크로소프트는 안드로이드의 사업 모델을 본받아 운영체제를 무료로 제공하고 있지만, 이러한 노력은 너무 늦은 데다 미미하기까지 했다. 특히 에코시스템이 너무 부족하였다. 자신의 OS를 만든 블랙베리는 자신의 OS에 안드로이드 런타임(Dalvik VM)을 포팅하였고, 수많은 안드로이드 앱과 런타임 호환성을 제공함으로써 암시장에서의 점유율을 높이고 싶어했다.

리눅스와의 공통점과 차이점

안드로이드는 리눅스 기반으로 만들어졌지만, 실질적으로는 많이 변경되었다. 어떤 부분은 리눅스의 주류와 호환되지 않는다. 안드로이드 커널 소스 트리는 2.6.27 버전 커널의 주류에서 분기되었지만, 3.3까지는 호환될 수 있다. 사용자 모드 측면의 소스는 구글에서 AOSP(안드로이드 오픈소스 프로젝트)의 런타임과 프레임워크를 별도의 레파지토리에서 유지한다. 더 높은 관점에서 두 개의 OS가 얼마나 다른지는 정확히 계량하기 힘들지만, 안드로이드

---

* 안드로이드의 결점에 대해 알고 있는 모바일 디바이스 벤더들은 불안해하고 있다. 첫째, 일반적인 기능의 관점에서 그들의 제품과 다른 제품을 구별하기 힘들다는 점 때문이다. 둘째, 구글에 대한 의존성이 점차 증가하고 있다는 점 때문이다. 구글은 디바이스에 안드로이드의 룩앤필을 적용하기 위해 노력하고 있다. 셋째, 구글의 모바일 애플리케이션 배포 계약(MADA) 때문이다. 이 계약에는 플레이 마켓에 접근하려면 구글 앱을 포함시켜야 한다고 강제하고 있다. 이러한 점들 때문에 일부 벤더(특히 삼성)들은 다른 대안(예를 들면 타이젠)을 검토하고 있다. 현재 시점에서 안드로이드는 완전히 뿌리를 내리고 있고, 조만간 주도권을 잃게 될 가능성은 적어 보인다.

와 리눅스는 커널 수준에서 약 95% 정도가 비슷하고, 사용자 모드 수준에서는 약 65% 정도가 비슷하다고 봐도 무방하다.

이러한 추정치는 몇 가지 차이점(ARM 플랫폼과 드라이버 포함)을 제외한 커널 수준에서 고려했을 때 평가되는 것이고, 커널 소스의 나머지는 변경되지 않았다. 이러한 차이점들(IPC, 메모리 및 로깅 확장 기능)은 모두 "안드로이디즘Androidisms"이라고 하는데, 이들 중 대부분은 리눅스 주류에 반영되었으며, 비슷한 커널 기능으로 대체되거나 drivers/staging/android 디렉터리에 포함되었다.

사용자 모드 수준에서도 많은 변화가 있었다. glibc을 대체한 Bionic, init의 커스텀 버전 및 시스템 스타트업 데몬 이외에도 완전히 새로운 프레임워크인 달빅Dalvik 런타임과 하드웨어 추상화 레이어가 있다. OS 내부적으로는 리눅스 위에서 동작하는 네이티브 바이너리, 프로세스 및 스레드와 같이 여전히 변경되지 않는 부분이 많다. 이 책의 목적은 이러한 부분을 안드로이드와 함께 설명하기 위한 것이다. 7장에서 디버깅 및 추적을 위한 로우 레벨 리눅스 기반의 접근법을 살펴본다.

데스크톱 리눅스 배포판에서는 사용되지 않는 채로 남아 있지만, 안드로이드는 리눅스에 있는 기능들을 좀 더 영리하게 사용한다. 그룹 제어, 낮은 메모리 조건(안드로이드에서 LMKLow Memory Killer로 확장한 리눅스 OOM), 보안 기능(8장에서 자세히 논의한다.)과 같은 것들이다.

안드로이드에서도 리눅스에서 많은 인기를 얻지 못한 소수의 오픈소스를 사용하지만, 소수의 오픈소스는 기능 세트의 핵심을 구성한다. 이 프로젝트(AOSP의 external/ 폴더 내에 있다.)는 안드로이드 네트워크 기능을 구현하는 데 크게 이바지하였다. 그 예로는 racoon(VPN), mdns(서비스 디스커버리 및 와이파이 다이렉트), dsnmasq와 hostapd(테더링과 와이파이 다이렉트) 및 wpa_supplicant(와이파이) 등을 들 수 있다. 다른 오픈소스 프로젝트는 라이브러리 수준 지원을 제공한다(표 1-3에서 보여주고 있다.).

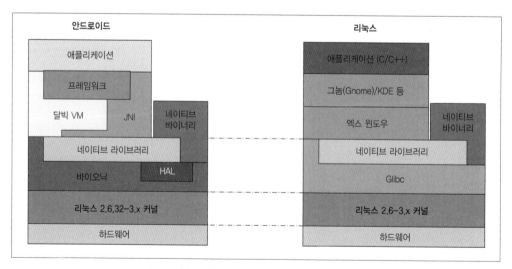

그림 1-2 안드로이드 아키텍처와 리눅스 주류 시스템의 비교

대부분의 개발자는 구글에서 제공하는 아키텍처 다이어그램("Android Architecture"로 검색하면 나온다.)에 익숙할 것이다. 이 다이어그램은 조금 지겹다(사실상 안드로이드를 다루는 모든 책에서 소개 부분에 이 다이어그램을 사용하고, 어떤 책은 정확하게 동일한 색을 사용한다.). 이 다이어그램은 매우 단순하고 레이어에 대한 표현이 전혀 정확하지 않다(예를 들면 JNI는 완전히 간과되어 표현되어 있다.). 레이어를 펼치면 전통적인 다이어그램 정도는 아니지만 그만큼 "정확해진다."(이 책이 출간될 즈음에 구글은 안드로이드 소스 웹사이트[12]에 좀 더 정확한 다이어그램을 제공하였다.)

안드로이드 프레임워크

안드로이드의 핵심 성공 요인은 풍부한 프레임워크이다. 이 프레임워크가 없었다면 안드로이드는 다른 임베디드 리눅스 배포판과 같은 길을 걸을 가능성이 높다(안드로이드가 데뷔하기 이전에 매우 인기가 있었던 MontaVista와 같은 길을 갈 수 있었다.). 안드로이드는 프레임워크를 제공함으로써 개발자가 로우 레벨의 C/C++로 작업하지 않고 고수준의 자바 언어를 사용함으로써 안드로이드 애플리케이션 생성 작업을 편리하게 해준다. 프레임워크의 추가 기능들은 개발자가 그래픽, 오디오 및 다른 하드웨어를 다루는 풍부한 API를 다룰 수 있도록 함으로써 신속하게 개발할 수 있게 해준다. 안드로이드는 X-윈도우나 그놈GNOME/KDE와 달리 좀 더 간단하고, 직관적인 방법으로 동작한다.

안드로이드 프레임워크는 자바 패키지 이름을 사용하기 때문에 기능에 따라 별도의 네임스페이스로 나뉜다. android.* 네임스페이스에 있는 패키지는 개발자가 사용할 수 있다. com.android.* 패키지는 내부적으로 사용되는 패키지이다. 또한 안드로이드는 대부분 표준 자바 런타임 패키지인 java.*도 지원한다. 표 1-2는 운영체제 기능의 진화를 살펴보기 위해 일반적으로 사용되는 프레임워크를 패키지별로 구분하고, 소개된 API 버전별로 정렬하여 나타낸 것이다. 표에서는 프레임워크가 데뷔를 했을 때만 보여주고, 클래스가 추가된 경우와 같이 API 버전에서 변경된 경우는 보여주지 않는다.

표 1-2 안드로이드 프레임워크

패키지명	API	콘텐츠
android.app	1	애플리케이션 지원
android.content		콘텐츠 프로바이더
android.database		데이터베이스 지원(대부분 SQLite)
android.graphics		그래픽 지원
android.opengl		OpenGL 그래픽 지원
android.hardware		카메라, 입력 및 센서 지원
android.location		위치 지원
android.media		미디어 지원
android.net		java.net API 기반 위의 네트워크 지원
android.os		코어 OS 서비스 및 IPC 지원
android.provider		내장 안드로이드 콘텐츠 프로바이더
android.sax		SAX XML 파서
android.telephony		코어 텔레포니 지원
android.text		텍스트 렌더링
android.view		UI 컴포넌트(iOS UIView와 비슷한)
android.webkit		웹킷 브라우저 컨트롤
android.widget		애플리케이션 위젯
android.speech	3	음성 인식 및 음성을 텍스트로 변환 지원
android.accounts	4	계정 관리 및 인증 지원
android.gesture		커스텀 제스처 지원
android.accounts	5	사용자 계정 지원
android.bluetooth		블루투스 지원
android.media.audiofx	9(G)	오디오 이펙트 지원
android.net.sip		SIP(Session Initiation Protocol)를 사용하는 VoIP 지원(RFC3261)
android.os.storage		OBB(Opaque Binary Blobs) 지원
android.nfc		NFC(Near Field Communication) 지원

패키지명	API	콘텐츠
android.animation	11(H)	뷰와 오브젝트 애니메이션 지원
android.drm		DRM(Digital Rights Management) 및 복사 방지
android.renderscript		렌더 스크립트(OpenCL 스타일의 컴퓨팅 언어)
android.hardware.usb	12	USB 주변 장치 지원
android.mtp		커넥티드 카메라 연결을 위한 MTP/PTP 지원
android.net.rtp		RTP(Real-Time-Protocol) 지원(RFC3501)
android.media.effect	14(I)	이미지 및 비디오 효과 지원
android.net.wifi.p2p		와이파이 다이렉트 지원(P2P)
android.security		키 체인 및 키스토어 지원
android.net.nsd	16(J)	멀티캐스트 DNS(Bonjour)를 이용한 NSD(Neighbor-Service-Discovery) 지원
android.hardware.input		입력 디바이스 리스너
android.hardware.display	17	외장 또는 가상 디스플레이 지원
android.service.dreams		"Dream"(화면 보호기) 지원
android.graphics.pdf		PDF 렌더링
android.print[.pdf]		외부 프린트 지원
android.app.job	21(L)	잡 스케줄러
android.bluetooth.ie		블루투스 저전력(LE, Low Energy) 지원
android.hardware.camera2		새로운 카메라 API
android.media.[browse/ projection/session/tv]		미디어 브라우징 및 TV 지원
android.service.voice		음성 명령 지원(예를 들면 "OK Google")
android.system		uname( ), poll(2) 및 fstat[vfs](2) 지원
android.service.carrier	22	SMS/MMS 지원(CarrierMessagingService)
android.hardware.fingerprint	23(M)	핑거프린트 센서 지원
android.security.keystore		암호화 키 생성 및 저장
android.service.chooser		애플리케이션 직접 링크 지원

실제로 프레임워크 전체 세트는 /system/framework 디렉터리 밑에 자바 아카이브(.jar) 파일로 묶여 있고, L에서는 boot.art 파일에 프리컴파일precompile되어 있다. AOSP가 오픈소스이지만 JAR 파일 내에서 패키지를 직접 찾는 데 유용하다. JAR 파일 내에 있는 classes.dex를 dexdump(또는 dextra 도구)로 돌려서 찾을 수 있다.

달빅 가상 머신

안드로이드에서 도입된 또 다른 기능은 달빅 가상 머신의 소개이다. 안드로이드는 달빅 VM 덕분에 256MB 메모리를 가진 모바일 디바이스에서 제대로 동작할 수 있게 되었다. 달빅은 모바일 디바이스에서 시도된 첫 번째 가상 머신은 아니다. 썬마이크로시스템즈(지금은 오라클에 인수됨)에서는 자바2 모바일에디션(Java2 ME)을 밀었지만, 거의 성공하지 못했다.

달빅은 댄 본스타인Dan Bornstein의 발명품으로, 디자인은 Google I/O 2008 프리젠테이션에서 공개되었다. 달빅Dalvik이라는 이름은 북부 아이스랜드의 어촌을 기념하기 위해 붙여졌다.

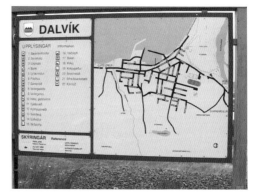

그림 1-3 달빅, 아이스랜드

달빅 VM은 외관상 자바의 형태를 띠고 있지만, 정확히 말해서 자바 가상 머신은 아니다. 달빅은 자바 가상 머신과 동떨어져 있지는 않지만, 다른 형태의 바이트 코드DEX, DalvikExecutable로 실행되고, 오라클에서 디자인된 JVM보다 메모리를 공유하거나 이를 효율적으로 사용하는 데 최적화되어 있다. 이러한 최적화 덕분에 모바일 플랫폼의 제약 조건에도 불구하고 안드로이드가 널리 퍼질 수 있었다. 하지만 이전에 시도된 자바(특히 J2ME)는 세력 확장에 실패하였다.

안드로이드는 핵심 클래스에 아파치 하모니 파일의 서브 셋을 사용한다. 하모니는 JVM(이전에는 썬마이크로시스템즈, 지금은 오라클)의 오픈소스 복제품으로, 무료(아파치 라이선스)로 제공된다. 오라클은 2010년에 자바 클래스 라이브러리의 라이선스를 받지 않았다는 이유로 구글을 고소하였고, 2015년 후반기까지도 결론이 나지 않고 있다.

이 책이 출간될 즈음에는 달빅이 안드로이드 런타임으로 대체될 것이다. 이는 이번 장의 후반부에서 설명한다. 달빅은 일반적인 생각과 달리 아주 사라지는 것은 아니다. JIT 컴파일만 변경되고, 핵심 아키텍처 개념과 파일 포맷DEX은 그대로 사용된다. 3권에서 달빅과 ART를 모두 설명한다.

JNI

안드로이드 애플리케이션은 가상 머신 위에서 동작한다. 하지만 때로는 가상 머신을 벗어날 필요가 있는 경우도 있다. 그 예로는 하드웨어나 다른 디바이스(또는 칩셋)에 접근할 때를 들 수 있다. 그래서 달빅은 JNIJava Native Interface 애플리케이션에서 네이티브 라이브러리(ELF 공유 오브젝트)를 포함하는 것을 허용한다.

안드로이드는 얼마 동안 JNI와 애증의 관계에 놓일 것으로 보인다. 벤더들은 틀림없이 순수한 달빅 애플리케이션(VM 위의 한정된 장소)을 사용하여 내부 아키텍처는 모른 채 작업하는 방식을 좋아할 것이다. 안드로이드 애플리케이션은 이러한 방식을 사용하여 인텔, ARM, MIPS 및 다른 아키텍처에서 특별한 변경 없이 보편적으로 잘 실행된다. 다른 한편으로 VM 환경에서는 제약(특히 그래픽 관련)이나 결함(특히 역컴파일)이 전혀 없지는 않다. 따라서 애플리케이션 성능을 최적화하거나 리버스 엔지니어링을 막는 작업을 하기 위해 JNI를 사용하는 것은 전혀 이상한 일이 아니다. 구글은 NDKNative Development Kit, Android Developer14를 제공하기 때문에 개발자가 네이티브 라이브러리(또는 바이너리)를 빌드할 수 있다.

모든 애플리케이션에서 JNI를 사용하는 것은 아니지만, JNI를 사용할 수 있고, 별도의 폴더(/lib/architecture)에 있기 때문에 패키지 파일apk에 포함시킬 수 있다. 드롭박스 앱(갤럭시 탭 3의 콘솔 출력이다.)에 JNI가 사용된 좋은 예제가 있다. 이 앱에서는 자그마치 4개의 서로 다른 아키텍처를 위한 JNI를 제공하고 있다.*

출력 1-1 APK 안에 있는 JNI 라이브러리

```
root@Tab3:/ # % unzip -l /system/app/Dropbox.apk | grep lib/
  . 17532  05-14-13 23:11   lib/armeabi-v7a/libDbxFileObserver.so
   17528  05-14-13 23:11   lib/armeabi/libDbxFileObserver.so
    9352  05-14-13 23:11   lib/x86/libDbxFileObserver.so
   71076  05-14-13 23:11   lib/mips/libDbxFileObserver.so
```

JNI는 일반적으로 ARM 디바이스(대부분이 이에 포함된다.)에서 원활하게 동작하지만, 서로 다른 프로세스 버전(ARMv6, ARMv7)에서 서로 다른 라이브러리("armeabi"와 "armeabi-v7a")가 필요하다. 좀 더 많은 디바이스에서 자신들의 칩셋을 퍼뜨리고 싶어 하는 인텔에서 만든 x86 아키텍처의 경우, JNI는 가장 골치 아픈 문제였다. 인텔은 x86 버전으로 컴파일하도록 안드로이드 배포판의 일종이자, ARM 에뮬레이터인 후디니Houdini(달빅/ART를 확장한 것

---

* 클라우드 스토리지에서 사용되는 동일한 이름의 앱과 혼동하지 말자.

으로, 3권에서 논의한다.)를 제공한다. 이 에뮬레이터(달빅에서 약간 수정된 것과 마찬가지로)는 ARM 네이티브 라이브러리를 인텔 아키텍처에서 동작시킬 수 있도록 해준다.

네이티브 라이브러리

리눅스의 관점에서 보면, 모든 실행 가능한 파일은 ELF 바이너리이다. 안드로이드의 핵심 시스템 컴포넌트는 C/C++로 구현되어 있고, 네이티브 라이브러리에 컴파일되어 있다. 사용자 애플리케이션은 달빅 바이트 코드로 컴파일되지만, 바이트 코드는 달빅 가상 머신 위에서 실행된다. 달빅 가상 머신은 그 자체로 ELF 바이너리이다. 대부분의 개발자는 바이너리를 염두에 두고 개발하지는 않지만 안드로이드에서는 중요한 역할을 한다.

바이너리는 일반적으로 /system/bin 폴더와 /system/xbin 폴더에 있고, 몇 개의 중요한 바이너리는 /sbin에 있다. AOSP 바이너리의 대부분은 모든 디바이스의 동일한 곳에 있지만, 벤더나 칩셋 제조사에 따라 추가 바이너리가 있다(예를 들면 퀄컴 MSM 멀티 코어 디바이스의 mpdecision). ps 명령어를 필터링해보면 네이티브 바이너리에 적재된 프로세서 목록을 볼 수 있다. 이는 출력 1-2(HTC One M8)에서 볼 수 있고, AOSP 바이너리는 하이라이팅되어 있다.

출력 1-2 스플래시 화면 소스 이미지를 저장할 경로

```
shell@htc_m8wl:/ $ ps | grep " /" | cut -c1-22,55-
root         1     0   /init
root       218     1   /sbin/ueventd
root       365     1   /sbin/healthd
system     367     1   /system/bin/servicemanager
root       368     1   /system/bin/vold
radio      369     1   /system/bin/rild
system     370     1   /system/bin/surfaceflinger
root       371     1   /system/bin/pnpmgr
nobody     373     1   /system/bin/rmt_storage        # QCOM 특화
radio      375     1   /system/bin/qmuxd              # QCOM 특화
radio      376     1   /system/bin/netmgrd
root       379     1   /sbin/tpd
root       380     1   /system/bin/netd
root       384     1   /system/bin/debuggerd
drm        387     1   /system/bin/drmserver
media      388     1   /system/bin/mediaserver
install    389     1   /system/bin/installd
keystore   390     1   /system/bin/keystore
shell      391     1   /system/bin/dumpstate
root       393     1   /system/bin/thermal-engine     # QCOM 특화
root       395     1   /system/bin/memlock            # HTC 특화
root       397     1   /system/bin/clockd             # HTC 특화
system     400     1   /system/bin/qseecomd           # QCOM TrustZone
root       404     1   /system/bin/cand
system     505   400   /system/bin/qseecomd           # QCOM TrustZone
media_rw   844     1   /system/bin/sdcard
system     847     1   /system/bin/time_daemon        # QCOM 특화
root       848     1   /system/bin/dmagent            # HTC 특화: QCOM DIAG
nobody     850     1   /system/bin/hvdcp              # QCOM 급속 충전 지원
system     851     1   /system/bin/wcnss_service       # QCOM WLan
root       852     1   /system/bin/htc_ebdlogd        # HTC 특화
root       868   852   /system/bin/logcat2
media      919     1   /system/bin/adsprpcd           # QCOM 애플리케이션 DSP
root      1170     1   /system/bin/logwrapper
wifi      1171  1170   /system/bin/wpa_supplicant
media_rw  1631     1   /system/bin/sdcard
root      1637     1   /system/bin/mpdecision         # QCOM SMP 정책
shell    12277 12149   /system/bin/sh
camera   23853     1   /system/bin/mm-qcamera-daemon  # QCOM 카메라 지원
```

ELF는 표준 파일 포맷이기 때문에 리눅스 ELF 파싱 툴(readelf, objdump 또는 binutils 세트 내의 다른 툴)을 사용할 경우, 안드로이드 바이너리를 다룰 수 있다. 안드로이드 NDK는 toolchains/directory에서 x86, MIPS, ARM 및 ARM64(r10d)를 지원하는 전체 툴세트(호스트에서 실행될 수 있도록 크로스 컴파일되어 있다.)를 제공한다. 출력 1-3은 이를 나타낸 것이다.

출력 1-3 안드로이드 NDK bintils의 위치

```
# 64비트 ARM에서는 "arm-linux-androideabi-4.9" 대신 "aarch64-linux-android-4.9"를 사용
morpheus@Forge (~)$ ls $NDK_ROOT/toolchains/arm-linux-androideabi-4.9/prebuilt/linux-x86_64/bin
arm-linux-androideabi-addr2line    arm-linux-androideabi-gcc-4.6    arm-linux-androideabi-objcopy
arm-linux-androideabi-ar           arm-linux-androideabi-gcov       arm-linux-androideabi-objdump
arm-linux-androideabi-as           arm-linux-androideabi-gdb        arm-linux-androideabi-ranlib
arm-linux-androideabi-c++          arm-linux-androideabi-gprof      arm-linux-androideabi-readelf
arm-linux-androideabi-c++filt      arm-linux-androideabi-ld         arm-linux-androideabi-size
arm-linux-androideabi-cpp          arm-linux-androideabi-ld.bfd     arm-linux-androideabi-strings
arm-linux-androideabi-elfedit      arm-linux-androideabi-ld.gold    arm-linux-androideabi-strip
arm-linux-androideabi-g++          arm-linux-androideabi-ld.mcld
arm-linux-androideabi-gcc          arm-linux-androideabi-nm
```

바이오닉(Bionic)

안드로이드는 핵심 런타임(libc.so)으로 GNU의 LibC(GLibC)를 사용하는 리눅스 배포판과 달리 Bionic이라는 C 런타임 라이브러리를 사용한다. 이 개념은 주로 단순성에서 동기를 부여받아 만들어졌다. 하지만 실제로는 법적인 문제도 함께 고려한 것이다. GPL(GNU Public License)은 GLibC을 사용할 수 있는 코드에 제한을 두었고(커널에 GPL 코드가 포함된 것이다.), 구글은 이를 피하려고 했다. Bionic은 오픈소스이지만 안드로이드 라이선스와 함께 BSD 라이선스 조합으로(서드파티 링크에 좀 더 관대하다.) 사용한다.*

생략된 부분

법적인 문제는 둘째 치더라도 바이오닉은 불필요하다고 여겨지는 기능이나 복잡한 기능은 배제하였기 때문에 GLibC보다 가볍고 안드로이드의 목적에도 걸맞다. 이번에는 생략된 기능에 대해 살펴본다.

- 간소화된 시스템 호출 지원: 시스템 호출은 자주 발생하기 때문에 바이오닉은 가능한 한 매우 얇은 래퍼를 제공하여 최적화한다. 시스템 호출 스텁은 bionic/libc/SYSCALLS.TXT를 이용하여 생성할 수 있다. 일부 시스템 호출은 전혀 내보내지 않을 수도 있다.

- 시스템 V IPC 미지원: 바이오닉에서 지원하지 않는 시스템 호출은 유닉스 시스템 V의 IPC(Intel-Process-Communication, sem[ctl|get|op])와 셰어드 메모리(shm[at|dt|get|ctl])를 이용한 호출이다. 이는 안드로이드 내부의 설계 방식이고, 안드로이드를 위해 모든 IPC가 삭제되었다(2권의 ASHMem과 바인더에서 설명한다.).

- 제한된 P 스레드 기능: 한편으로 P 스레드는 바이오닉에 내장되어 있고(별도의 libpthread.so가 아니다.), P 스레드는 완벽하게 지원되지 않는다. 가장 중요하지만 빠진 것은 pthread_cancel을 이용한 스레드 취소 기능이다. 뮤텍스^{Mutex} 지원도 축소되었고, 커널의 빠른 뮤텍스(futex(2) 시스템 호출)에 의존하여 좀 더 효율화되었지만, 고수준 IPC 오브젝트(예를 들면 rwlocks)는 빠져 있다.

---

* 구글은 바이오닉과 다른 컴포넌트(예를 들면 udevd)에서 GPL과의 라이선스 문제를 피해 가고 있다. GPL은 GPL 오픈소스 컴포넌트와의 연결이 필요한 엄격한(법적인) 제한을 가진다. GPL을 피하기 때문에 이후 언제든지 소스를 공개하지 않을 수 있다(허니콤의 경우, 소스를 공개하지 않은 적이 있다.).

- 제한된 C++ 지원: 비록 C++이 지원되지만(실제 안드로이드 코드의 대부분은 C++로 작성되어 있다.), 예외는 지원되지 않는다. 이와 비슷하게 STL^{Standard Template Library}도 포함되어 있지 않다. 수작업으로 연결하는 것에는 제한이 없다(external/stlport 프로젝트에서 찾을 수 있다.).

- 로케일 및 확장 문자 미지원: 바이오닉은 원래 ASCII만 필요하고 유니코드는 libutils.so를 통해 지원된다.

대부분의 코드가 가상 머신 위에서 실행되고, VM 자체는 이 기능이 필요 없도록 작성되었기 때문에 어찌 보면 일부분이 생략된 것이 당연하다고 할 수 있다. 예를 들면 VM은 자체 스레드 관리와 유니코드를 지원(ICU를 통해)하고 있다. 이렇게 생략된 기능은 네이티브 개발자에게 있어 도전이다. 특히 리눅스에서 안드로이드로 라이브러리나 실행 파일을 포팅하는 개발자를 어렵게 만든다. 이에 대해서는 나중에 다시 논의한다.

추가된 부분

바이오닉에는 표준 LibC에 안드로이드에 최적화된 몇 가지 기능이 추가되었다. 이는 다음과 같다.

- 시스템 프로퍼티: 프로퍼티는 안드로이드의 독특한 기능이다. 프로퍼티는 키/밸로 저장소에서 다양한 설정과 운영 파라미터를 시스템뿐만 아니라 애플리케이션에서 공급할 수 있도록 해준다. 이는 자바의 프로퍼티 개념과 비슷하다(사실 자바의 System.properties를 통해 접근할 수 있다.). 안드로이드는 프로퍼티 메커니즘에 크게 의존하는데, 이 메커니즘은 셰어드 메모리를 사용하고, 시스템상의 모든 프로세스들이 읽을 수 있으며, /init를 통해서만 쓰기가 가능하다. 프로퍼티의 구현에 대해서는 4장에서 논의할 것이다.

- 하드 코딩된 UID/GID 구현: 안드로이드는 일반적인 유닉스 시스템처럼 패스워드와 그룹 파일에 의존하지 않고, 하드 코딩된 ids와 getpwnam(3)을 통해 보안을 적용한다. 안드로이드 보안 모델을 고려해 볼 때, 이렇게 적용한 이유는 명확하다. 모든 애플리케이션은 자신의 UID와 GID(10000부터 시작)를 할당받고 이 아이디는 사람이 읽을 수 있는 포맷(app_uXXX 또는 젤리빈에서는 uXX_aYY)으로 매핑된다. 이 밖에도 안드로이드는 낮은 범위의 UID/GID(1000~9999)까지 자신의 하위 시스템들을 위해 예약해두었다. AID(android_filesystem_config.h에 디렉터리 퍼미션으로 정의)는 보안을 다룰 8장에서 좀 더 자세하게 설명한다.

- 내장 DNS 변환: 바이오닉은 DNS 호스트 명을 IP로 매핑하는 코드를 통합하고 있다(일반적으로 libresolv.so). 바이오닉에서 사용하는 코드는 보안이 좀 더 강화되어 있고(생일 공격^{birthday attack}을 회피하기 위해 소스 포트와 쿼리 ID가 무작위로 구성되어 있다.). 새로운 기능(프로세스당 DNS 처리)도 추가되었다. 이 기능을 이용하여 net.dns.pid 시스템 프로퍼티에 지정된 애플리케이션에서 요청된 DNS를 캡처하거나 리다이렉트할 수 있다. DNS 설정 자체도 프로퍼티(net.dns#)에 저장된다. 리눅스의 nsswitch.conf 파일은 다른 프로토콜(예를 들면 NIS, LDAP)을 통한 이름 변환을 허용하는 것인데, resolv.conf는 안드로이드에서 계속 지원되지만(/system/etc 내), nsswitch.conf 파일은 당연히 지원되지 않는다.

- 하드 코딩된 서비스 및 프로토콜: 안드로이드는 libresolv.so를 완전히 제거하고 프로토콜과 서비스 파일 지원(일반적으로 유닉스에서는 /etc 밑에 있다.)도 모두 제거하였으며, __res_get_static()을 통해 getservent(3)을 에뮬레이트한다. getprotoent(3)과 같은 다른 API도 지원하지 않는다.

포팅 문제

안드로이드로 포팅되면서 생략된 부분과 함께 추가된 부분도 코드를 다른 방향(즉, 안드로이드에서 리눅스로)으로 포팅될 때 문제가 발생한다. 이렇게 된다면 표면상으로 달빅에서 리눅스 또는 다른 OS로 포팅된 것(실제로 어떤 개발자는 이 작업을 했고, 3권에서 논의한다.)이고, 안드로이드 앱은 데스크톱에서 동작할 수 있다.

바이오닉은 리눅스에서 안드로이드로 포팅하거나 안드로이드를 리눅스로 포팅할 때 가장 큰 문제로 대두된다. 어떤 기능은 GNU LibC와 호환되는 반면, 위에서 설명한 일부 발전된 기능(주로 멀티스레딩)은 포팅되지 않는다. 일부 소스 패키지의 경우, NDK를 가지고 모두 재컴파일한다. 이렇게 하면 설정 스크립트와 Makefile을 수정하여 많은 타르볼 패키지가 안드로이드에 포팅될 수 있다.

안드로이드와 리눅스 양쪽 모두 동일한 시스템을 호출한다는 사실을 명심해야 한다. 고정적으로 연결된 바이너리는 종종 완전히 호환된다. 정적 링크는 실행의 핵심으로 특정 의존성을 다양한 라이브러리에서 가져올 수 있다. 여기서 주목할 만한 예제는 안드로이드의 x86/64 아키텍처 버전을 제공하는 인텔의 후디니(2권에서 다룬다.)이다. 좀 더 일반적인 예제는 다양한 셸 커맨드를 제공하는 일체형 바이너리인 BusyBox이다. ARM으로 컴파일된 임베디드 리눅스 버전의 Busybox 정적 바이너리는 대부분 안드로이드와 호환된다. 하지만 일부(안드로이드 AID로 표시)는 제대로 동작하지 않을 수 있다.

time_t(32비트 시간)와 off_t(32비트 파일 오프셋)와 같이 잠재적으로 중요한 데이터 타입임에도 불구하고 문제를 야기할 수 있는 bionic/ABI-bugs.txt에 지정된 바이오닉의 타입들에 주목할 필요가 있다. 또한 바이오닉 자체는 32비트에 최적화되어 있고, 애플이 64비트로 바꿨기 때문에 바이오닉(실제 모든 안드로이드)이 64비트로 포팅될 것이다. 이미 L에서는 64비트로 포팅하였고, 이는 이번 장의 후반부에서 다시 논의한다.

안드로이드 네이티브 라이브러리

바이오닉 이외에도 안드로이드는 달빅, 프레임워크 및 시스템 프로세스를 위한 런타임 지원을 제공하는 다른 중요한 라이브러리를 포함하고 있다. 이 라이브러리들은 소스 트리상에 흩어져 있기 때문에 다음과 같이 디렉터리별로 분류하여 살펴본다.

핵심 라이브러리

system/core 내에 있는 라이브러리는 안드로이드의 커널의 래퍼를 제공하고, 사용자 모드의 추가 기능을 구현하고 있으며, 이 라이브러리는 다음과 같다.

- libcutils: 커널에서 추출한 데이터(예를 들면 /proc/cpuinfo), 소켓 지원 및 ASHMem과 같은 안드로이드 특화 기능을 지원하는 편리한 함수를 제공한다.
- liblog: 로그를 위해 링-버퍼 메커니즘에 바탕을 둔 빠르고 효율적인 안드로이드 /dev/log 메커니즘을 감싼 라이브러리이다.
- libion: 아이스크림 샌드위치 버전에서 소개된 ION 메모리 얼로케이터를 감싼 라이브러리이다.
- libnl_2: 리눅스 NetLink 소켓 메커니즘을 감싼 라이브러리이다.
- libpixelflinger: SurfaceFlinger(안드로이드 그래픽 스택의 핵심이며, 2권에서 설명한다.)에서 우선 사용하는 라이브러리이다. "Flinging"은 두 개 이상의 입력을 조합하는 행위이며, 예를 들면 그래픽에서는 여러 개의 입력 컬러 조합으로 결과 픽셀이 나온다.
- libsuspend: 전원 관리 라이브러리이다. 특히 운영체제의 잠자기 및 중단과 관련이 있다.

다음은 조금 덜 중요한 라이브러리이다.
- libdiskconfig: 디스크(플래시) 설정 및 파티션 관리 라이브러리이다.
- libcorkscrew: 심볼릭 애플리케이션 충돌("tombstones") 및 스택을 풀어 디버그를 하는 데 사용하는 라이브러리이다.

- libmemtrack: 하드웨어의 도움을 받아 메모리 추적 서비스를 제공하는 라이브러리이다.
- libmincrypt: 디지털 서명 프로세스에 필요한 RSA 및 SHA-[1|256] 알고리즘이 구현된 라이브러리이다.
- libnetutils: 인터페이스 설정 및 DHCP 설정을 간소화시켜주는 라이브러리이다.
- libsync: 안드로이드 커널의 sync를 래핑한 라이브러리이다.
- libsysutils: 시스템 유틸리티에서 사용되는 가장 기본적인 기능을 제공하는 라이브러리이다. Framework [Client|Listener|Command], Netlink[Event|Listener], Socket[Client|Listener] 및 ServiceManager
- libzipfile: zip 파일을 다루는 zlib를 래핑한 라이브러리이다. 안드로이드는 zip 파일을 광범위하게 사용한다. 애플리케이션 패키지(.apk 파일)도 zip의 특별한 형태이다.

프레임워크 지원 라이브러리

frameworks/ 폴더 내의 라이브러리는 안드로이드 프레임워크를 위한 지원 서비스를 제공한다. 이 라이브러리들은 "핵심"이 아님에도 불구하고 매우 중요하고, 다음과 같은 하위 디렉터리로 분류되어 있다.

- frameworks/base/core/jni 디렉터리는 매우 중요한 libandroid_runtime.so를 가지고 있다. 이 파일은 달빅 VM을 지원하기 위한 로우 레벨 JNI를 제공한다. 이 디렉터리에는 JNI 관련 85개 프레임워크 클래스가 있다.
- frameworks/base/services/jni 디렉터리는 위와 마찬가지로 중요한 libandroid_servers.so 파일을 포함하고 있는데, 이 파일은 안드로이드 서비스를 지원하는 로우 레벨의 JNI를 제공한다.
- framework/base/native/android 디렉터리는 libandroid.so 파일을 가지고 있는데, 에셋 관리 및 스토리지 관리를 위한 인터페이스를 제공한다.
- base/libs 내의 라이브러리에는 libandroidfw.so 및 libhwui.so 파일이 있다. libandrodfw.so는 zip 파일 파싱 및 에셋 관리와 같은 잡다한 기능을 제공하고, libhwui.so는 OpenGL 및 SKIA를 이용하여 하드웨어 가속 UI 렌더링을 제공한다.
- av 내의 라이브러리는 미디어, 오디오 및 비디오 등을 처리하며, 다음과 같은 라이브러리를 포함하고 있다.
  - 카메라 HAL 라이브러리 - libcamera_client.so 및 libcamera_metadata.so
  - DRM 프레임워크 지원(libdrmframework.so) 라이브러리는 안드로이드 디지털 서명 관리 메커니즘을 제공한다.
  - 미디어 지원 라이브러리 - libeffects.so, libmedia.so, libnbaio.so, libmediaplayerservice.so 및 libstagefright.so를 포함하고 있다.

하위 디렉터리인 av/services는 서비스에 대한 추가 지원 라이브러리(libcameraservice.so, libaudioflinger.so 및 libmedialog.so)가 포함되어 있다.

- native/libs 내에는 다음과 같은 라이브러가 있다.
  - libbinder: 바인더 지원 함수이며, 2권에서 자세히 다룬다.
  - libdiskusage: 디렉터리 크기 함수를 제공하는 조그만 라이브러리이다.
  - libgui: GUI 추상화(Surface와 같은)를 제공하는 라이브러리이며, libui.so 기반 위에 빌드된다.
  - libinput: 안드로이드 입력 스택에서 사용하는 기본 라이브러리이다.
  - libui: 윈도우와 버퍼에 대한 네이티브 API를 제공하며, Surfaceflinger에서 사용된다.

native/ 하위 디렉터리에는 opengl/ 디렉터리가 포함되어 있고, EGL 및 OpenGLES(2권에서 설명한다.) 등이 있다.

외부 네이티브 라이브러리

안드로이드는 꽤 많은 "외부" 라이브러리에 의존한다. 안드로이드 소스 트리에서 이들의 이름을 찾을 수 있지만, 공식적으로 안드로이드에 포함되지는 않는다. 그 대신 이 라이브러리들은 운영체제에 강력한 능력을 제공해주는 오픈소스 프로젝트이다.

안드로이드 소스 트리에는 150개가 넘는 외부 프로젝트가 있기 때문에 여기서는 모두 다루지 않는다. 표 1-3 에서는 중요한 라이브러리 위주로 설명한다.

표 1-3 안드로이드 소스 트리의 외부 프로젝트

디렉터리	내용
bluetooth	사용자 모드 블루투스 기능을 지원하는 Bluedroid 라이브러리(libbluedroid.so)이다.
icu4c	유니코드와 국제화를 지원하는 libicuuc 및 libicui18n 라이브리이다.
mdnsresponder	애플의 멀티캐스트 DNS(Bonjour)를 지원하며, 데몬(mdnsd) 및 라이브러리(libmdssd.so)를 가지고 있다.
libselinux libsepol	SELinux를 지원한다(젤리빈 이후).
skia	SKIA 2D 그래픽 라이브러리(2권에서 다룬다.)이다.
sqlite	안드로이드 데이터베이스의 핵심인 SQLite3 DB를 지원한다.
svox	SVOX Pico 문자–음성 변환 엔진을 위한 라이브러리인 libttspico및 libttscompat이다.
tinyalsa	ALSA(Linux Advanced Sound Architecture)의 저용량 버전이다.
webkit	웹킷 브라우저의 코어이며, WebView 컨트롤에서 사용된다.
zlib	gzip 압축을 지원하는 라이브러리인 Zlib이 있다.

외부 라이브러리는 디바이스에 배포될 때 /system/lib 폴더에 서로 합쳐지기 때문에 AOSP 라이브러리와 구 분하기 힘들다. /system/lib 내에는 벤더에 특화된 추가 라이브러리를 포함시킬 수 있다(규칙상 벤더 특화 라이브러 리는 /vendor/lib에 위치하고 있어야 한다.).

하드웨어 추상화 레이어

안드로이드는 태블릿, 폰, STB 등의 다양한 디바이스에서 실행된다. 디바이스의 하드웨어는 서로 크게 다를 수 있다. 안드로이드는 이러한 문제에 대처하기 위해 어댑터를 정의하여 표준화해주는 하드웨어 추상화 레이어HAL, Hardware Abstraction Layer를 정의한다. 하드웨어 밴드는 커널 모드에서 자체 드라이버를 자유롭게 구현해도 되지만, 반드시 안드로이드(특히 달빅)와 인터페이스할 수 있는 심shim을 제공해야 한다. 하드웨어 추상화 레이어는 추상 카메라, GPS, 센서 및 다른 컴포넌트를 안드로이드처럼 보일 수 있도록 정의한다. HAL의 기능을 벤더가 확장하거 나 변경하는 것을 막지는 않는다. 벤더가 심을 system/lib/hw에 넣기만 하면 되고 HALlibhardware.so은 자동으로 이 들을 로딩한다. 출력 1-4는 갤럭시 S5에서 사용된 HAL 라이브러리를 나타낸 것이다.

출력 1-4 갤럭시 S5의 하드웨어 추상화 레이어

```
root@S5:/ # ls -l /system/lib/hw
..   9448 2014-03-09 18:21 audio.a2dp.default.so       # a2dp BT 오디오 프로 파일
..   5308 2014-03-09 18:21 audio.primary.default.so
.. 116348 2014-03-09 18:21 audio.primary.msm8974.so
..  17708 2014-03-09 18:21 audio.r_submix.default.so
..   9476 2014-03-09 18:21 audio.usb.default.so         # USB를 통한 오디오
..  13552 2014-03-09 18:21 audio_policy.msm8974.so      # 오디오 정책
. 1306732 2014-03-09 18:21 bluetooth.default.so         # BT, AOSP 스톡
. 280728 2014-03-09 18:21 camera.msm8974.so             # 카메라
...  5412 2014-03-09 18:21 consumerir.default.so        # IR
...  17640 2014-03-09 18:21 copybit.msm8974.so          # 가속된 하드웨어 복사본
...  26260 2014-03-09 18:21 flp.default.so              # 퓨즈드 로케이션 프로바이더
...  21756 2014-03-09 18:21 gps.default.so              # GPS
...   9736 2014-03-09 18:21 gralloc.default.so          # 그래픽 메모리 할당, AOSP 스톡
...  14328 2014-03-09 18:21 gralloc.msm8974.so          # 그래픽  메모리  할당, 퀄컴
.. 107820 2014-06-06 13:32 hwcomposer.msm8974.so        # 하드웨어 가속 서피스 컴포지션
...   5308 2014-03-09 18:21 keystore.default.so         # 암호화 스토리지
...   5308 2014-03-09 18:21 local_time.default.so
...  65412 2014-03-09 18:21 nfc_nci.MSM8974.so          # NFC(Near-Field-Connectivity)
...   5316 2014-03-09 18:21 power.default.so            # 전원 관리 AOSP 스톡
...  21924 2014-03-09 18:21 sensorhubs.msm8974.so       # 센서
...  54640 2014-06-06 13:32 sensors.msm8974.so
```

하드웨어 추상화 레이어는 안드로이드에서 중요한 부분이다. 왜냐하면 이는 리눅스와의 차이를 의미하고, HAL 덕분에 다수의 안드로이드 디바이스를 지원할 수 있기 때문이다. 2권에서 하나의 장을 모두 HAL을 설명하는 데 할당한 이유는 바로 이 때문이다.

리눅스 커널

오픈소스이자, 무료 라이선스인 리눅스 커널은 안드로이드*에 탄탄한 기반을 제공한다. 현재 버전은 리눅스 토발스가 만든 리눅스 초기 버전과는 매우 다르다. 커널의 속도는 현저히 향상되었고, 매주 또는 매월 새로운 기능이 계속 추가된다. 안드로이드 자체의 성능은 커널에 크게 의존한다. 램 압축과 64비트 지원이 그 대표적인 예이다. 후자는 롤리팝의 최소 버전으로, 3.10 커널 버전을 표시한 표 1-1을 설명하는 데 도움이 된다. 커널은 공식적으로 3.7에서 ARM64(AArch64)를 지원한다. 구글은 커널 버전을 선택함에 있어서 다소간의 제약을 두어 http://www.kernel.org/에서 장기간 지원을 받을 수 있게 하였다.

안드로이드 커널은 리눅스와 약간 다르게 컴파일되어 있다. 안드로이드의 기반을 병합하여 생성된 설정 파일과 기본 커널 배포본의 추천 구성 템플릿을 가지고 컴파일된다(source.android.com 웹사이트의 커널 섹션에서 볼 수 있다.).

앞에서 언급한 바와 같이 안드로이드는 커널에 자신만의 특징 또는 안드로디즘을 추가하였다. 이들 중 몇 가지는 커널의 코어에 있고, #ifdef 조건문에 감싸여 있으며, 나머지는 drivers/staging/android 디렉터리에 있다. 이 3.10 버전 이후의 안드로드즘은 다음과 같은 컴포넌트를 가지고 있다.

- ASHMem(Anonymous Shared Memory): 이 메커니즘은 공유 메모리를 허용한다. 애플리케이션은 캐릭터 디바이스(/dev/ashmem)를 열 수 있고, 이에 해당하는 메모리 영역을 메모리에 생성할 수 있다. 이를 위해서는 전역으로 쓸 수 있는 디렉터리 및 시스템 V IPC 제한을 비활성화해야 한다.

- 바인더^{Binder}: 바인더는 모든 안드로이드 IPC의 핵심이고, 이는 BeOS의 유산이다. 바인더는 모든 애플리케이션에서 열 수 있는 캐릭터 디바이스(/dev/binder)이다. 안드로이드 서비스는 바인더에 등록되고, 클라이

---

* 사실 커널은 삼성 타이젠, 졸리아 세일피시, 파이어폭스 OS 및 우분투 온 스마트폰과 같이 무수한 리눅스 파생을 제공한다. 이들을 마켓 셰어는 비록 2015년 전반기까지 미미할 정도로 작았지만 잠재적인 안드로이드의 경쟁자이다.

언트는 `servicemanager`를 통해 여기에 연결할 수 있다. 바인더는 좀 더 효율적이고 향상된 IPC를 제공한다. 바인더에 대해서는 6장에서 다루고, 2권에서는 이를 더 깊이 있게 설명한다.

- 로거^{Logger}: 로거는 속도 및 파일 없는 로깅을 위해 커널 기반의 링 버퍼를 제공한다. 안드로이드 로그는 캐릭터 디바이스 /dev/log에 의해 유지된다. 안드로이드 L에서는 로거를 사용자 모드 데몬 logd로 확장하였다. 이는 5장에서 자세히 설명한다. logd는 M에서 완벽하게 자리 잡았다.

- ION 메모리 할당기: 이는 ICS에서 소개되었고, 커널 드라이버와 사용자 모드에서 메모리를 효율적으로 할당해준다. ION은 오래된 안드로디즘인 PMEM을 대체하고, 다양한 SoC 아키텍처에서 메모리 관리의 표준화를 제공한다.

- 메모리 부족 킬러: 메모리가 부족할 경우에 프로세스를 종료할 수 있는 리눅스 자체의 아웃 오브 메모리(OOM) 킬러이다. 후자는 체험적으로 획득되는 방법인 반면, 전자는 좀 더 결정론적인 방법이며, 메모리 프레셔 수준의 정의를 할 수 있도록 해준다. 안드로이드 L에서는 유저 모드 데몬인 `lmkd`로 확장시켰다.

- RAM 콘솔: 문제가 발생했을 때의 출력을 보존하는 메커니즘이다(스레드 덤프 및 `dmesg(1)` 로그). 새로운 릴리즈에서는 리눅스 커널 자체 pstorefs(2장에서 논의한다.)를 사용하기 때문에 이 기능은 삭제되었다.

- 싱크 드라이버: 안드로이드 그래픽 스택에서 주로 사용하며(특히 `surfaceflinger`), 생산자(producer)와 소비자(consumer) 사이에 빠른 동기화를 가능하게 해주는 마지막 안드로디즘이다.

- 일정 시간 뒤 출력 및 GPIO: 사용자 모드 프로그램에서 GPIO 레지스터에 접근할 수 있도록 해주고, 일정 시간이 지나면 값을 자동으로 리셋한다. 이를 주로 사용하는 곳은 디바이스 바이브레이터^{vibrator}이다. 프레임워크(HAL을 통해)가 밀리초 값을 sys/class/timed_output/vibrator/enable에 사용하면 디바이스 진동이 시작되고, 지정된 시간이 흐른 뒤에 진동이 꺼진다.

- 웨이크록: 본래 전원 관리 및 커널 슬립을 금지하기 위한 별도의 안드로디즘이다. 웨이크록은 점차 커널 자체의 웨이크업 소스 메커니즘으로 통합되고 있다(전원 관리는 2권에서 자세히 다루고, 이 책의 웹사이트에서 관련 초록을 볼 수 있다.).

안드로이드 파생물 ──────

구글에서 만든 파생물

구글은 스마트폰이나 태블릿뿐만 아니라 모든 종류의 디바이스에 안드로이드를 적용한다는 비전을 가지고 있다. 이들은 이 비전에 충실하기 위해 세 가지 안드로이드 파생물을 발표하였다.

안드로이드 웨어

애플이 "아이워치"를 출시한다는 소문이 돌자, 구글이 재빨리 킷캣을 이용한 "안드로이드 웨어"를 발표한 것은 그리 놀랄 만한 일이 아니다. 안드로이드 웨어는 웨어러블 디바이스에 최적화된 안드로이드 버전이다(다른 웨어러블 디바이스에 안드로이드 웨어를 확장할 수 있지만, 이 책을 쓸 시점에는 워치만 출시된 상태이다.). 핵심 부분만을 살펴보았을 때 안드로이드 웨어는 폰과 태블릿에서 사용된 안드로이드와 동일하다. 하지만 워치의 조그만 화면 때문에 홈 액티비티(메인 화면)는 좀 더 단순한 인터페이스로 대체되었다. 여기에는 음성 명령(구글 아이콘을 탭해서), 노티피케이

그림 1-4 안드로이드 웨어 런처 UI

션 및 큐 카드와 같은 기능이 강조되었다. 일부 안드로이드 웨어 디바이스는 라운드 스크린도 지원한다.

ro.build.fingerprint 속성에 "clockwork"로 지정된 안드로이드 웨어는 안드로이드의 축소된 버전으로 생각할 수 있다. 불필요한 프레임워크나 서비스는 제거되었고 CPU와 메모리를 더욱 절약하였다(웨어러블 장치의 가장 큰 제약 조건인 배터리 수명 때문에). 킷캣 버전의 폰과 웨어러블 디바이스를 비교해보면, 모든 텔레포니 서비스(phone, iphonesubinfo, simpleonebook, isms)와 프린트, 앱 위젯, 백업, USB, 월페이퍼, device_policy는 모두 존재하고, 웨어러블 디바이스에서는 drmManager가 제거되었다. 애플리케이션 역시 180MB(60개의 패키지)에서 16개의 패키지(12MB)로 대폭 줄어들었고, 시계에 관련된 애플리케이션(ClockworkSetup.apk, ClockworkSettings.apk 및 PrebuildClockworkHome.apk 런처)만 있으며, 이들은 소형 화면에서 동작할 수 있는 앱이다(다른 말로 하면 KK의 com. android.* 기본 패키지는 웨어러블에서 적재되지도 않고 표현되지도 않는다.). 웨어러블을 위한 SDK는 안드로이드 개발자 사이트 17에 도큐멘테이션과 함께 공개되어 있다.

현재 안드로이드 웨어 디바이스는 스마트폰 또는 태블릿과 같은 디바이스의 위성 장치로 사용될 수 있도록 설계되어 있다. 그들은 블루투스를 통해 연결되고, 프레임워크의 대부분은 전체 기능을 가진 폰 애플리케이션에 연결되는 스텁을 가진다. 얼리어댑터 격인 삼성의 "갤럭시 기어" 워치는 자사가 자체 개발한 타이젠에 이익이 되도록 웨어와는 동떨어지게 마이그레이션되어 있다. 갤럭시 기어는 배터리 수명 문제 및 제한된 기능을 가지고 있다.

안드로이드 오토

구글은 애플이 iOS7에 통합된 "카플레이"를 발표하자마자 "안드로이드 오토"를 발표하였다. 내비게이션, 뮤직 플레이 및 폰과 같은 유용한 애플리케이션을 자동차에 있는 모바일 디바이스에서 사용할 수 있는 편리한 인터페이스를 제공한다. 안드로이드 오토는 안드로이드 웨어와 마찬가지로 음성 명령과 노티피케이션이 강조되었다. 안드로이드 오토의 경우 화면상의 제한 때문이 아니라 손을 쓰지 않고 이용할 수 있어야 하는 요구사항이 있었기 때문이다.

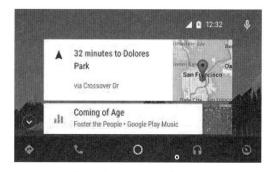

그림 1-5 안드로이드 오토 UI(소스: 구글)

개발자 관점에서 보면 자동차에 특화된 별도의 UI가 필요하지 않다는 점이 가장 큰 차이이다. 빌트인 시스템 UI가 앱의 기능의 특정 부분과 통신하고 목록 메뉴에서 "드로어즈drawers"로 표시되기 때문에 사실 안드로이드 오토는 UI가 필요 없다. 이 기능은 드라이버가 운전대의 내비게이션 버튼을 이용하여 선택할 수 있다. 빌트인 UI는 앱에서 아이콘이나 배경 이미지를 지정하여 수정할 수 있지만, 일반적으로는 커스텀 UI 뷰를 표시할 필요는 없다. 개발자는 automotiveApp 엘리먼트를 가진 추가 XML 파일을 선언해야 하고, 여기에서 사용되는 기능을 지원하는 "media"와 "notification"을 이용해서 지정해야 한다.

XML 파일은 이름 속성의 예약 값인 com.google.android.gms.car.application에 지정된 앱의 AndroidManifest.xml 내의 meta-data 엘리먼트를 통해 앱과 연결된다.

구글은 안드로이드 오토 웹사이트에서 런처 및 드로어즈-기반 UI와 같은 인터페이스 변경사항에 대해 자세히 설명하고 있다.

안드로이드 TV

TV 제작업체들은 자신들의 디바이스에서 실행되는 적절한 OS들을 선택하여 사용해왔다. 삼성의 타이젠, LG의 WebOS(공식적으로 Palm/HP)가 그 대표적인 사례라고 할 수 있다. 구글은 안드로이드가 이 시장에서도 주도권을 잡기를 희망하고 있다(사용자 시청 특성에 대한 귀중한 자료에서 부가 혜택을 얻기 위해). "구글 TV"를 기반으로 한 텔레비전 OS는 구글의 두 번째 시도이다. "구글 TV"는 "애플 TV"보다 덜 신선한 제품이다.

안드로이드 TV는 안드로이드 L과 함께 출시된 제품이다. 안드로이드 TV 웹사이트[19]에서 관련 문서를 찾을 수 있다. 에뮬레이터 이미지에서 눈에 띄는 가장 큰 차이점은 런처(/system/app/LeanbackLauncher.apk 내의 com.android.mclauncher), 내장된 TV 앱(/system/priv-app/TV.apk 내의 com.android.tv) 및 TV 콘텐츠 프로바이더(/system/priv-app/TvProvider.apk 내의 com.android.providers.tv)이다. 콘텐츠 프로바이더는 android.media.tv에서 input(리모컨), channel, program 및 watched_ program을 위한 URI를 추출한다. 후자 3개는 프로바이더 데이터베이스인 /data/user/0/com.android.providers.tv/databases에 저장된다. 또한 리모컨 기반 내비게이션 및 큰 화면 크기에 맞는 TV 특화 기능을 위한 다른 기능도 함께 제공된다.

안드로이드 TV는 나중에는 상당히 발전할 가능성이 많다(아마 애플 TV 및 iOS의 발전 계획에 맞춰 진화할 것이다.). 미래에 확장될 기능에는 개선된 스트리밍 지원 및 확장된 EPG(Electronic Programming Guide) 기능, 크롬 캐스트 통합 및 게임 플랫폼 지원과 같은 기능이 포함될 것이다. 하지만 TV 시장에서의 또 다른 복병은 아마존이 될 수도 있다.

구글이 아닌 곳에서 만든 파생물

벤더는 오픈소스의 특성상 안드로이드를 매우 다양한 방법으로 커스터마이징할 수 있다. 대부분의 커스터마이징은 "또 다른 안드로이드"로 그들의 디바이스를 차별화하고자 하는 노력의 일환이며, 표준 UI를 강화(또는 약화)시켰다. 그 대표적인 사례가 HTC의 "Sense"와 삼성의 "TouchWiz" UI이다. 이와 다른 경우는 안드로이드를 새로운 디바이스 타입에 포함시키는 것이다. 엔비디아(NVidia)의 Shield 콘솔이 대표적인 예이다. 위에서 언급한 바와 같이 모든 기반 시스템은 여전히 안드로이드이다. 또한 구글에서는 "Compatibility Test Suite"(AOSP 하위의 cts/)를 제공하고, 벤더에서는 공식적인 구글의 지원을 얻기 위해 이 테스트를 통과해야 한다(그리고 벤더는 앱이 제대로 동작하도록 보장해야 한다.). 구글은 이와 별도로 다른 서비스로부터 분리된 플레이 마켓을 만들었다. 벤더는 안드로이드 에코시스템에 넣을 때 반드시 디바이스가 구글 계정과 연결하는 데 사용할 수 있는 구글 유틸리티(맵, 메일 등)를 묶어 제공해야 한다.

하지만 어떤 벤더의 경우, 안드로이드의 핵심만 가져다 쓰고 나머지는 크게 변경한다. 이 경우, 벤더들은 안드로이드 에코시스템을 과감히 포기한다. 그 대표적인 사례는 최신의 디바이스를 가장 낮은 가격에 판매하여 중국의 가장 큰 스마트폰 업체(전 세계에서 가장 큰 업체일 수도 있다.)로 성장한 샤오미이다. 샤오미는 자체 에코시스템에 투자하여 비즈니스를 구축하였고, 중국 내에서 거의 차단된 구글 서비스를 과감히 포기했다. 이 때문에 구글은 매우 실망했을 것이다(100만 명 이상의 주문을 빼앗겼기 때문에). 하지만 이는 안드로이드가 오픈소스였기 때문에 초래된 결과이다. 이 밖에 더욱 안 좋은 상황도 발생했다. 예를 들면 노키아는 마이크로소프트 클라우드 서비스로 "변환"한 안드로이드 버전을 실험하였다. 그리고 이러한 업체 중 구글의 가장 큰 경쟁자는 바로 아마존이다.

파이어 OS

아마존은 안드로이드에서 가장 큰 이득을 얻는 업체임에 틀림없다. 이 거대한 소매업체는 사설 임베디드 리눅스 배포판과 e-잉크 디스플레이를 기반의 킨들 제품군을 이용하여 태블릿 시장에 진출하였다. 또한 아마존은 안드로이드를 핵심 시스템으로 사용한 킨들 파이어를 이용하여 그들의 태블릿을 개선하였다.

구글은 조금 억울하겠지만 아마존은 그들의 안드로이드를 완벽히 커스터마이징하였고, "파이어 OS"라는 이름으로 새로운 브랜드를 만들었다. 인터페이스는 완전히 개조되었고("회전목마" 형태의 앱 선택), 디바이스는 아마존

42

에 맞게 제작되었으며(아마존 ID가 없이는 제대로 사용할 수 없다.), 구글의 모든 서비스(검색, 플레이스토어, 계정 등)는 모두 사용할 수 없다.

기술적인 측면에서 볼 때 파이어 OS의 핵심은 여전히 안드로이드이다. 이 변화는 매우 급진적이고, 구글의 모든 서비스를 제거하였으며, 이를 아마존 서비스로 대체하였다. 특히,

- 회전목마 스타일 홈 액티비티: 안드로이드에 익숙한 런처는 아마존의 커스텀 런처인 com.amazon.kindle.otter로 바뀌었다.
- "실크"를 기본 웹브라우저로 사용: "com.amazon.cloud9"이라고도 한다. 이는 웹브라우저 기반의 웹킷이며, 아마존 EC2(Elastic Compute Cloud, 아마존 클라우드 서비스의 물리적인 단일 서버 - 옮긴이)를 사용하여 웹브라우징을 최적화하도록 크게 변경되었다.
- 구글 플레이 대신 아마존 앱스토어 사용: 내부적으로 com.amazon.windowshop과 com.amazon.venezia를 참조하도록 변경되었다.
- 화면 보호기로 아마존 상품 제안 화면 사용: 안드로이드의 "Dreams"를 활용하여 광고로 채워진 화면 보호기를 설치한다. 이를 위해 내부적으로는 com.amazon.dcp 패키지의 몇 개 컴포넌트 및 /data/securedStorageLocation/dtcp/ 내에 저장된 광고를 사용한다.
- 공격적인 OTA 업데이트: com.amazon.dcp 패키지는 디바이스가 항상 최신의 상태를 유지할 수 있는 서비스 호스트를 가지고 있다. 파이어 OS는 다른 안드로이드 버전과 달리 업데이트를 수행할 것을 요청하지 않는다. 그냥 자동으로 업데이트된다(자동 업데이트에 관련된 내용은 3장에서 자세히 다룬다.).

아마존은 애플의 사례에서 몇 가지를 차용하였다. 특히 업데이트가 설치된 뒤에(대개는 자동으로 설치) 운영체제의 다운그레이드를 막는 것 이외에도 루팅을 당하지 않도록 시스템을 잠그는 기능을 차용하였다. 파이어 OS 전체로 보면, 아마존은 별도의 인터페이스와 API를 가진 "파이어폰"과 "파이어 TV"를 런칭함으로써, 안드로이드에 대한 구글의 비전에서 점점 멀어져 가고 있다.

헤드리스^Headless 안드로이드(headless는 "머리 없는"의 뜻이며, 여기서는 안드로이드에서 GUI를 포함하고 있는 풍부한 기능을 빼고 핵심 기능만 남겨 놓은 안드로이드라는 뜻으로 사용되었다. - 옮긴이)

안드로이드를 가지고 온 뒤 달빅, 프레임워크와 관련된 소스를 제거하면 GUI가 지원되지 않고 에코시스템을 사용할 수 없는 운영체제만 남게 된다. 이러한 OS는 그 자체만으로도 ARM과 MIPS 프로세스에 적용할 수 있는 임베디드 리눅스 배포판으로 이용할 수 있는 충분한 가치를 가지고 있다. 임베디드 리눅스는 안드로이드가 출현하기 이전에 크로스-컴파일러 툴 체인 및 사용자 모드 라이브러리의 빌드가 복잡했기 때문에 매우 어려운 환경에 직면해 있었다. 이러한 툴 체인과 환경(그에 따른 지원)을 제공하는 회사는 매우 잘 나갔다.

하지만 안드로이드는 이 시장에서 메이저 임베디드 리눅스 제조사들을 물리치고, 기존 시장을 완전히 붕괴시켰다. 이제는 임베디드 리눅스 라이선스를 얻는 데 수만 달러를 소비하지 않고도, 완전히 공짜로 얻을 수 있다. 안드로이드 소스와 NDK만 다운로드하면 되고, 누구나 필요에 따라 자신만의 시스템을 빌드하고 커스터마이즈할 수 있다. 이렇게 GUI 또는 머리를 제거한 안드로이드 배포판은 GUI가 필요 없는 많은 시스템들의 기반을 형성하였다. 이러한 시스템들은 어디에서나 실행될 수 있는 임베디드 ARM 및 MIPS 프로세서 위에 구동되면서, 센서, 어플라이언스 및 IOT(Internet of Things) 혁명의 주된 플레이어가 될 수 있는 역할을 담당하고 있다.

안드로이드는 UI를 가진 풍부한 프레임워크 및 UI가 없는 시스템 모두의 세계에서 즐겁게 사용될 수 있다. ro.headless 시스템 속성을 통해 UI 없이 시스템이 동작하도록 할 수 있다. 이렇게 하면 개발자는 달빅과 ART 환경의 우수한 측면과 객체 지향 작업의 이점을 그대로 사용하면서 UI와 관련되지 않는 다양한 작업(센서를 이용한 작업)을 위해 프레임워크를 사용할 수 있다.

생각해보기 ─────

예언은 바보의 선물이라고 했지만, 안드로이드에서 다음에 공부할 방향을 살펴보는 데는 도움이 된다. iOS와 안드로이드의 전쟁은 계속 맹위를 떨치고 있다. 어떤 경우에는 안드로이드가 iOS의 기능을 차용할 때도 있고(노골적으로 베끼는 경우도 있다.), 어떤 경우에는 iOS가 안드로이드를 차용할 때도 있다. 현재 상황에서는 다음 번 버전의 안드로이드에 포함될 기능은 명확해 보인다. 구글은 마카롱^{Macaroon}, 머랭^{Meringue} 또는 마시멜로^{marshmallow} 등과 같은 이름을 선택할 것이다.

64비트 호환성

아이폰 5S가 소개되었을 때 애플은 최초로 64비트 아키텍처를 선보이면서 모바일 전체 산업계에 충격을 줬다. 이 아키텍처는 64비트가 소용없는 마케팅이라고 치부해 버리던 사람들을 당황하게 만들었다. 64비트를 지원한다는 것은 4GB보다 많은 공간을 사용해야 한다는 것을 의미하기 때문에 초기에는 효과가 반감되었다. 특히 이 아키텍처를 모바일 환경에서 사용한다는 것은 의문시되었다. 일부 태블릿은 2GB의 RAM을 사용하기도 했지만, 4GB 메모리는 여전히 대부분의 디바이스 요구를 넘어서는 것이었다. 64비트 메모리 접근은 32비트 메모리 접근보다 비효율적이기 때문에 대부분의 사람들은 애플을 "부족한 혁신" 또는 "쓸모없는 기교"라고 비난하였다.*

사실 64비트 아키텍처에는 보이는 것보다 깊은 의미가 숨어 있다. ARM 64비트 프로세서는 여전히 32비트 코드를 지원하지만, 네이티브 64비트(ARMv8) 명령어 세트는 좀 더 효과적으로 수행될 수 있도록 완벽하게 재작성되었다. 추가로 길어진 64비트 레지스터의 폭(그리고 레지스터 세트도 길어졌다.)과 이점은 금세 효과를 드러냈다. 64비트 아키텍처(애플의 커스텀 A7 칩의 주목할 만한 설계와 함께)는 저전력으로 실행되면서 다른 모바일 프로세서의 성능을 쉽게 넘어섰다. 사실 이 아키텍처는 "쿼드" 및 "옥타" 코어에서 별로 효용이 없다는 것이 입증되었다. 또한 더 많은 코어가 추가되면 전력 성능에 직접적인 영향을 미치게 되고, 대부분의 코어는 디바이스 수명 시간의 대부분을 사용되지 않게 된다. 그래서 요즘에 애플의 최고사양 프로세서는 여전이 듀얼-코어(A9) 또는 트리플-코어(A9X)에 머물러 있게 되었고, 결과적으로 모바일 산업계를 놀라게 했다.

이러한 애플의 움직임(수평적인 확장보다는 수직적인 확장)은 현명한 선택 또는 효과적인 책략으로 판명되었다. iOS 64비트로 포팅할 때는 앱에서는 앱을 재컴파일하는 것 이외에는 할 일이 없지만, 안드로이드를 64비트로 포팅하는 데에는 좀 더 긴 시을간이 필요하다. 안드로이드의 핵심 컴포넌트(특히 달빅과 바이오닉)는 32비트로 최적화되었기 때문에 코드를 완전히 새로 작성해야 한다. 인텔은 자사의 모든 프로세서가 64비트이기 때문에 64비트로 재빠르게 이동하였다. 다수의 ARM 벤더에서는 이러한 변화를 받아들일 필요가 있었다(삼성은 재빨리 "다음 번 큰 변화"가 64비트 아키텍처라고 발표하였다.). HTC의 넥서스 9은 첫 번째 64비트 ARM 프로세서(엔비디아 Tegra K1)이었고, 퀄컴은 스냅드래곤 810(HTC One M9)으로 그 뒤를 이었으며, 삼성은 엑시노스(갤럭시 S6)를 발표하였다. 구글의 넥서스 5X와 6P의(64비트 디바이스, 각각 헥사 및 옥타코어이며, 새로운 산업계의 64비트 표준이 되었다.) 발표와 동시에 QEmu(안드로이드 에뮬레이터 업체)는 M 프리뷰 릴리즈 SDK를 가진 ARM64 에뮬레이터를 지원하도록 업데이트하였다.

---

* 이러한 움직임에 대한 가장 큰 비난을 한 사람은 퀄컴의 시니어 VP/CMO이다. 그는 "애플은 마케팅 술책을 쓰고 있고, 소비자에게는 전혀 이득이 없는 아키텍처다."라고 말하였다. 몇 주 후에 퀄컴은 이러한 발언을 취소했으며, 그는 곧 해임되었다.

안드로이드 런타임

안드로이드는 여전히 몇 개 분야(적어도 전원 관리 분야에서는)에서 iOS보다 뒤처진다는 평가를 받고 있다. 그 이유는 리눅스가 많은 계층으로 이루어져 있기 때문이다. 초기 리눅스의 기본 개념(모바일이 아닌 데스크톱에 최적화되어 있으며 전원은 그다지 문제가 되지 않았다.)으로 거슬러 올라가면, 좀 더 명확한 이유를 찾을 수 있다. 각 계층들은 훌륭한 추상화를 제공해주지만, 더 많은 프로세싱이 필요하기 때문에 휴대적인 측면이나 다른 설계 측면상 성능이나 전원 관리 분야에서 취약점을 드러낸다. 안드로이드의 핵심 계층인 달빅은 매우 중요한 프로세싱을 포함하고 있고, 심지어 더 많은 확장 기능(예를 들면 JIT 컴파일) 때문에 네이티브 코드보다 많은 작업이 필요하다. iOS와 비교해보면 iOS의 런타임과 프레임워크는 C의 확장판인 오브젝티브 C로 구현되어 있고, 여전히 네이티브 코드로 구동된다.*

안드로이드 런타임(ART, Android RunTime)은 대안을 제공한다. ART는 킷캣에서 조용히 소개되었고 "실험적으로" 데뷔하였다. ART는 AOT(Ahead-of-Time) 컴파일(LLVM 및 네이티브코드 조차)을 사용할 목적으로 만들어졌기 때문에 iOS와 대동소이한 성능을 제공한다. ART는 달빅에 비해 전원 및 성능 측면에서 약간의 이득(10~20%)만 제공하고, 몇 가지 테스트는 실패하였다. 그럼에도 불구하고 ART는 롤리팝에서 런타임으로 선택되었고, 안드로이드가 64비트를 지원하기 위한 핵심이 되었다.**

ART가 소개된 이후, ART는 매우 빠른 속도로 변화되고 있다. 각 버전별로 많은 개선이 이루어지고 있으며 이전 버전과는 다른 기능이 추가되거나 때로는 매우 많은 변화가 있기도 하다. 이 과정에서 내부적으로 이전 버전과의 호환성이 깨지고, 이에 대한 문서화가 이루어지지 않기도 한다. 가장 최근의 변화는 N에서 사용된 ART 027(M의 경우 017)이고, 여기서는 자바 8 및 "Jack" 컴파일러를 지원한다.

이번 장의 서두에서 언급한 바와 같이, 달빅은 점점 사라지고 있지만 애플리케이션은 여전히 달빅 바이트 코드(classes.dex)로 패키지되고 있고, ART는 달빅 바이트 코드를 받아 디바이스에 배포되기 전에 네이티브 코드를 컴파일한다(일반적으로 온-디바이스 옵티마이제이션 단계에 dexopt에 의해 수행된다.). 달빅과 ART 모두 2권에서 심도 있게 논의한다.

분할-화면

안드로이드는 분할된 화면에서 서로 병렬로 실행될 수 있는 서로 다른 액티비티를 가질 수 있도록 만들어져 있다. 삼성은 윈도우 8에서도 지원하는 이 기능을 위해 GUI를 확장하였다. 또한 iOS 8.1에서 아이패드에 이 기능이 추가될 것이라는 소문도 돌고 있다(이 책이 한국에 출간된 시점에는 iOS 8.1에 화면 분할 기능이 탑재되어 있다. - 옮긴이). 이 기능이 안드로이드에서 대세가 된 것은 어찌 보면 당연한 결과라고 할 수 있다. 이 기능은 네이티브 레벨에서 변경된 것이 아니라 순전히 프레임워크 레벨에서 추가된 것이다. 액티비티는 어쨌든 실행된다. 안드로이드는 이 기능으로 인해 데스크톱 OS의 대체재로 자리매김하는 중요한 단계에 들어섰다고 볼 수 있다. 또한 안드로이드 N(2016년 3월)은 실제 이를 "혁신적인 기능" 중 하나로 발표하였다.

---

* 애플은 iOS8에서 스위프트를 소개함으로써 오브젝티브 C에서 탈피하려 하고 있다. 스위프트는 매우 많은 기능을 가지고 있고, 경량 프로그램 언어이며, 컴파일 및 인터프리터될 때도 인상적인 런타임 성능을 보여주었다.

** 달빅 코드는 64비트보다 32비트에 최적화되어 있다. 달빅이 "wide" 데이터 타입을 지원하는 반면, 대부분의 작업은 32비트에서 이루어진다. 네이티브 코드로 컴파일할 때에는 64비트 아키텍처를 이용하는 것이 약간의 이점이 있지만, 코드는 "순수한" 64비트 만큼 효율적이지 않다.

데스크톱 OS로서의 안드로이드

지금까지 가장 많이 팔린 태블릿은 데스크톱 대체재로서 데스크톱과 경쟁하고 있고, 안드로이드가 데스크톱 OS가 되지 못할 이유도 없다. 마이크로소프트는 데스크톱 OS이며, 모바일 디바이스(태블릿, 폰)를 좀 더 잘(?) 지원하는 윈도우 8을 소개하였다. 안드로이드는 모바일에서 수행되는 앱을 데스크톱에서 지원하는 윈도우와 다른 역방향의 변화가 필요하다.

안드로이드를 데스크톱 OS로 만드는 것은 그리 어려운 일이 아니다. 이에 대해서는 2권에서 논의할 것이다. 달빅 오픈소스의 특성상 안드로이드는 다른 OS(특히 리눅스뿐만 아니라 윈도우, OSX 및 iOS조차)보다 가볍게 만들어졌다. 다른 OS들은 구글에서 후원하지도 않고 지원되지도 않지만, iOS와 OS X은 서로 가까워지고 있다. 일부 사람들은 OS X에서 iOS 앱이 실행될 것이 분명하다고 가정한다(일부는 애플이 맥의 CPU를 ARM 바꿀 것이라는 점을 시사하기도 한다.). 이것이 사실이라면 생태계 시스템의 결합은 iOS의 강력한 차별점이 될 것이기 때문에 구글은 분명히 오랫동안 이를 무시하지 못할 것이다.

하지만 이에는 몇 가지 장애물이 있다. 이들 중 한 가지는 전체 데스크톱 애플리케이션을 지원하는 것이 쉽지 않다는 점이다. 리눅스 오픈 오피스와 대부분의 앱은 엑스 윈도우(X-Window, GNOME 또는 KDE)의 기반 위에 빌드되어 있고, 안드로이드에 적용되어야 한다. 또한 안드로이드는 마우스를 지원(틀림없이 InputManager는 이미 커서 입력 장치를 지원하지만)해야 하며, 여러 개의 윈도우를 지원해야 한다(기술적으로는 이미 WindowManager에 의해 어느 정도 지원된다.).

마지막으로 중요한 것이 크롬 OS이다. 이는 구글에서 윈도우의 대안으로 개발 중이며, 구글은 크롬이 전 세계에서 가장 인기 있는 브라우저가 된 것과 똑같은 방식으로 크롬 OS가 윈도우의 자리를 빼앗기를 바라고 있다.

안드로이드와 프로젝트 아라

아라^{ARA}21는 구글에서 개발 중인 프로젝트 코드명이다. 이 프로젝트의 목표는 완벽하게 모듈화된 스마트폰을 생산하는 것이다. 이 프로젝트의 핵심 아이디어는 마치 조립 PC에서 간단한 방식으로 새로운 하드디스크나 그래픽 카드를 교체할 수 있듯이 스마트폰의 모든 시스템 컴포넌트(CPU, 화면, 저장 장치)를 모두 교체할 수 있는 것이다. 아라는 구글의 모토로라 모빌리티(이후 레노버로 판매)의 ATAP(Advanced Technology and Projects) 디비전에서 가져온 유산이었다.

아라는 PC와 달리 디바이스를 샤시(좀 더 정확히 말하면 "내부 골격") 및 컴포넌트가 분리되는 형태로 만들었다. 전기 영구 자석(전기적으로 켜고 끌 수는 있지만, 전기가 매일 필요하지는 않다.)을 이용해서 모듈을 제자리에 붙여 놓는다. 이론적으로 모든 컴포넌트는 핫 스와프(디바이스가 동작하는 도중에도 교체 가능)가 가능하다(CPU는 불가능, 화면은 가능). 3D 프린터를 이용하면 이는 다운로드해서 "프린트가 가능한" 폰 디자인과 다수의 업그레이드가 가능한 모듈을 이용해서 일년에 한 번씩 최신 스마트폰으로 교체할 수 있다.

ARA는 구글에 의해 개발되었기 때문에 자연스럽게 아라를 위한 OS를 선택하였다. ARA를 지원하려면 안드로이드를 많이 바꿔야 한다. 프레임워크와, 리눅스 계층에서도 많이 바뀌어야 한다. 이는 커널 계층으로 내려가서도 마찬가지이다. 그래서 구글은 리나로^{Linaro} 업체와 파트너십을 체결하여 아라의 모든 모듈을 표준화할 때 필요한 소프트웨어와 하드웨어를 개발하는 데 많은 투자를 하고 있다. 이 책이 처음 출간될 시점에는 아라가 인큐베이팅 단계였고, 많은 문제가 발생하여 출시가 2017년 뒤로 연기되었다(2016년 구글 I/O). 이 프로젝트가 성공한다면 진짜 모듈화된 모바일 디바이스가 두 번째 모바일 혁명이 될 것이다. 이 시점에서 구글은 모바일에서 승자가 되고 싶어할 것이다.

브릴로

브릴로Billo22는 IoTInternet of Things 분야에서의 안드로이드 코드명이다. 구글은 이 분야에서 핵심 플레이어로 성장하기를 기대하고 있다. 구글은 더 나아가 무료 임베디드 OS로 브릴로(이는 앞에서 논의했던 "헤드리스 안드로이드"와 비슷한 아이디어다.)를 제공한다. BSPBoard Support Package는 사실상 모든 보드에 브릴로가 적용될 수 있도록 해주고, 구글은 "브릴로와 호환되는" 보드를 위한 지원을 무료로 제공한다. 개발 환경은 안드로이드와 비슷하며, 브릴로는 OTA 업데이트를 간소화하고 디바이스에서 다량의 정보를 가져온다. "Weave"라고 부르는 특별한 커뮤니케이션 계층은 모든 디바이스를 결합하기 쉽도록 설계되어 있고, 커뮤니케이션 및 상호 운용을 쉽게 할 수 있다.

브릴로는 2015년 구글 I/O에서 발표되었고, 2015년 11월 현재 여전히 "초대 모드"이다. 임베디드 분야에서는 아직 구글의 경쟁자가 없는 상태이며(물론 애플도 아니다.), 앞으로 브릴로가 어떻게 발전하는지를 바라보는 것도 흥미로운 일이다.

요약 ————

이번 장에서는 오늘날까지(킷캣)의 안드로이드 아키텍처의 진화를 주로 로우 레벨 기능의 관점에서 살펴보았다. 안드로이드 아키텍처와 그 부모 격인 리눅스는 현재 호환되지 않는 부분이 있지만, 많은 비슷한 부분들을 서로 비교 또는 대조해보았다. 그다음으로 다수의 안드로이드 파생물을 소개하였다. 그들은 모두 다른 외관을 가지고 있지만, 핵심 코어는 모두 안드로이드를 사용하고 있기 때문에 그들에게서 같은 부분을 찾을 수 있었다. 이번 장에서는 안드로이드의 미래 방향(M 및 이후 버전)과 지원할 것 같은(또는 같지 않은) 기능에 대해 고민해보았다.

다음 장에서는 안드로이드의 다양한 측면에 대해 상세히 살펴본다. 가장 먼저 안드로이드 파일시스템부터 살펴본다. 이는 당연히 리눅스의 파일시스템을 기반으로 했지만, 별도로 정의된 파티션과 파일시스템을 사용한다.

참조 ————

1. 안드로이드 버전 히스토리, WikiPedia: http://en.wikipedia.org/wiki/Android_version_history

2. 안드로이드 대시보드(usage statistics): http://developer.android.com/about/dashboards/index.html

3. 프로요 기능 요약: developer.android.com/about/versions/android-2.2-highlights.html

4. 진저브레드 기능 요약: developer.android.com/about/versions/android-2.3-highlights.html

5. 허니콤 기능 요약: developer.android.com/about/versions/android-3.0-highlights.html

6. 안드로이드 SMP 프리미어: http://developer.android.com/training/articles/smp.html

7. 아이스크림 샌드위치 기능 요약: developer.android.com/about/versions/android-4.0-highlights.html

8. 젤리빈 기능 요약: developer.android.com/about/versions/jelly-bean.html

9. 킷캣 기능 요약: developer.android.com/about/versions/kitkat.html

10. 롤리팝 기능 요약: developer.android.com/about/versions/lollipop.html

11. 안드로이드 버전 번호 매기기 규약: Android version numbering convention: https://source.android.com/source/build-numbers.html#platform-code-names-versions-api-levels-and-ndk-releases

12. 개선된 안드로이드 아키텍처 다이어그램: http://source.android.com/images/android_framework_details.png

13. 댄 본스테인의 달빅 프리젠테이션, 구글 I/O 2008: https://www.youtube.com/watch? v=ptjedOZEXPM

14. 안드로이드 NDK: http://developer.android.com/tools/sdk/ndk/index.html

15. 바이오닉 구글 그룹스: http://android-platform.googlegroups.com/attach/0f8eba5ecb95c6f4/OVERVIEW.TXT?view=1&part=4

16. 안드로이드 커널 설정: https://source.android.com/devices/tech/kernel.html

17. 안드로이드 웨어 개발자 웹사이트: http://developer.android.com/training/building-wearables.html

18. 안드로이드 오토 개발자 웹사이트: http://developer.android.com/training/auto/index.html

19. 안드로이드 TV 개발자 웹사이트: http://developer.android.com/training/tv/index.html

20. 퀄컴, 64비트 비판 이후 사임: http://www.cnet.com/news/after-apple-64-bit-a7-criticism-qualcomm-exec-reassigned/

21. 프로젝트 아라 공식 웹사이트: http://www.projectara.com

22. 브릴로 웹사이트: https//developers.google.com/brillo/

2

안드로이드 파티션 및
파일시스템

이번 장에서는 파일시스템의 기초에(특히 파티션) 대해 논의한다. 디바이스 스토리지는 분리된 청크 단위로 분산되어 저장되고, 개별적으로 포맷된다. 우리는 이번 장에서 파티션 레이아웃을 분석할 수 있는 방법을 살펴보고, 예약되어 있거나 접근 불가능한 다수의 파티션을 살펴볼 것이다.

그런 다음, 시스템이 정기적으로 사용하는 /system(OS 자체가 설치된), /data(사용자 데이터가 저장된) 등의 파일시스템을 공부할 것이다. 이 파일시스템의 디렉터리 구조와 중요한 파일 및 폴더를 함께 살펴본다.

마지막으로 진단과 하드웨어 접근을 위해 리눅스의 가상(pseudo) 파일시스템(그 자체로는 안드로이드에 포함되지 않지만, 시스템이 동작하는 동안 중요한 기능을 제공한다.)에 대해 논의한다.

파티셔닝 스키마 ————

안드로이드 사용자는 디바이스에 "메모리 X GB 남음"라는 문구를 보고 놀란 경험이 있을 것이다. 실제로 디바이스 공간은 광고된 공간보다 작을 수 있다. ADB에 들어가서 'df' 명령어를 수행할 수 있는 파워 유저의 경우, 안드로이드 OS가 꽤 많은 메모리를 차지할 뿐만 아니라 "used" 및 "free"에 있는 메모리의 양을 모두 합쳐도 광고하는 디바이스 용량에 미치지 못한다는 것을 알 수 있다.

메모리 사용량의 세부 항목을 살펴보면 이러한 차이점 중 일부를 알 수 있다. 여기서 사용된 "GB"라는 단위는 일반적으로 조금 느슨한 정의이다. 여기서는 컨벤션 210을 따르지 않고, 1KB=1024바이트, 그리고 1GB=1024MB로 표기하였다. 디바이스에서 root 계정으로 chmod를 사용하면 adb가 1GB를 1,073,741,824 바이트로 읽는다는 것을 알 수 있다. 하지만 마케팅적인 관점에서는 1GB를 1,000,000,000바이트로 표기한다. 이것으로 미루어볼 때 광고에서는 7%의 부풀림이 있다는 사실을 알 수 있다. 하지만 여전히 10%의 차이가 나고, 때로 수백 MB 또는 그 이상의 용량 차이가 나기도 한다. 이처럼 차이가 나는 이유는 디바이스 파티셔닝 때문이다. 대부분의 플래시 메모리는 안드로이드에서 사용한다. 하지만 일부 공간은 다른 목적으로 남겨두기도 한다. 안드로이드 플래시 저장 장치는 종종 수십 개의 파티션으로 파티셔닝되고, 안드로이드는 대략 다섯 개의 파티션으로 파티셔닝된다. 심지어 어떤 디바이스에서는 25개 이상의 파티션을 볼 수도 있다(킨들 파이어 또는 넥서스 5). HTC One M9의 경우에는 70개의 파티션으로 구성되어 있다. 물론 사용자는 하나의 파티션(/data)에만 쓸 수 있고, 다른 곳에는 쓰지 못한다. 사실 대부분의 일반적인 사용 과정에서는 마운트도 되지 않는다. 이번 섹션에서는 사용된 파티셔닝 스키마와 흥미로운 콘텐츠가 포함된 숨겨진 파티션을 조사할 수 있는 도구를 사용하는 방법을 공부한다.

 안드로이드의 정확한 파티셔닝 스키마는 벤더별, 디바이스별로 차이가 있을 수 있다. 대부분의 경우에 파티션은 동일한 시맨틱을 사용하는데, 이들의 크기와 숫자는 분명히 차이가 난다. 이번 장의 예제들은 가장 많은 안드로이드에서 사용하는 퀄컴의 칩셋(msm)을 가진 디바이스를 사용하였다.

별도의 파티션에 대한 필요성

대부분 데스크톱 사용자(특히 윈도우 사용자의 경우)는 한 개 또는 두 개의 파티션을 사용한다. 전형적인 데스크톱의 관점에서 보면 적은 수의 파티션도 충분하다. 설계상 네 개의 파티션만 가질 수 있는 MBR 파티셔닝 스키마가 연결되어 있다는 것을 짐작할 수 있다. 하지만 유닉스의 경우, 평균보다 많은 여러 개의 파티션을 가질 수 있기 때문에 시스템 업그레이드나 시스템 관리 작업을 할 때 매우 유리하다. 여러 개의 파티션은 한 가지 큰 단점이 있다. 이는 파티셔닝으로 쪼개졌기 때문에 사용할 수 있는 공간이 눈에 띄게 줄어든다는 점이다. UN*X 관리자는 심볼릭 링크를 사용하거나 좀 더 많은 공간이 필요할 경우, 디스크를 마운팅해 새로운 공간을 추가하고 여기에 리다이렉트하는 방식을 사용하여 이 단점을 극복할 수 있다.

모바일 영역에서는 (리눅스의 경우와 다른 이유 때문이지만) 여러 개의 파티션을 사용하는 것이 당연하다. 모바일 디바이스에서의 주된 염려 중 하나는 디바이스가 항상 수리할 수 있어야 한다는 것이고, 어떤 형태로든 "복구 모드"가 항상 활성화되어 있어야 한다는 것이다. 시스템 업그레이드나 복구가 가능하려면 운영체제의 "안전한" 복사본으로부터 어떤 형태로든 시스템이 부팅되어야 한다. 사실 일부 디바이스에서 부트로더 컴포넌트에 여러 개의 복사본(완전히 동일한)을 보유해서 반드시 부팅을 보장하는 경우는 드문 일이 아니다. 모뎀 또는 펌웨어 컴포넌트(그리고 부트로더 자체)와 같은 일부 컴포넌트는 설정 파일과 이미지를 저장하기 위해 자신만의 공간이 필요하다.

실제로 모든 파티션이 안드로이드에 마운트되지는 않는다. 사실 마운트되는 숫자는 적고, 나머지는 복구하는 동안 사용되거나 시스템 컴포넌트에서 독점적으로 사용한다. 후자는 리눅스 커널이 인식할 수 없는 형태로, 소유한 시스템 컴포넌트에서만 읽을 수 있는 포맷이기 때문에 마운트될 수 없다.

GUID 파티션 테이블

위의 모든 사항을 고려해보면, 여러 파티션을 사용하는 이유는 명백하고, 이들 중 상당수는 당연히 필요하다. MBR 파티션 스키마는 실행 가능한 옵션으로 GUID 파티셔닝 테이블(GPT)을 가지고 있다. MBR은 하나의 파티션으로 전체 드라이브에 걸쳐 있는 더미 MBR 레코드가 포함된 디바이스의 첫 번째 섹터라는 의미이다. 두 번째 섹터는 결과적으로 모든 파티션을 배치하는 GPT 헤더를 가지고 있다. 이는 다음 실험에서 증명될 수 있다.

실험: 디바이스에서 파티션 테이블 얻기

GPT 테이블은 일반적으로 사용자 모드에 접근할 수 없다. 따라서 파티션의 외부에 존재하며, 디스크 디바이스에 로우(raw) 접근이 필요하다. 디바이스가 루팅되었고, 첫 번째 섹터를 복사하고 분석을 위해 file(1)을 사용한다면, 이를 살펴볼 수 있다.

출력 2-1 GPT를 읽기 위한 사전 작업

```
# 디바이스: root로 chmod를 사용해서 adb가 드라이브 섹터를 읽을 수 있도록 한다.
root@htc_m8wl:/ # chmod 604 /dev/block/mmcblk0
```

⚠️ adb는 일반적으로 uid:shell로 실행되기 때문에, 로우(raw) 디스크 접근을 하기 위해서는 다음 방법을 사용해야 한다.
1. root로 adb 재실행: 이는 시작하는 동안 row.secure 및 row.debuggable 속성 설정이 필요하다. drop 권한이 없는 변경된 adbd 버전을 사용해도 된다.
2. root로 dd 사용: 블록 디바이스 노드에서 데이터를 복사하기 위해 이를 사용할 수 있다. /data/local/tmp에 있으며, uid 셸(또는 누구나)로 chmod를 사용할 수 있다. 하지만 이 밖의 경우에는 포렌식에서 자주 사용한다.
3. chmod를 직접 사용: 블록 디바이스 노드에서 uid 셸(그리고 누구나)로 읽을 수 있다. SELinux에 따라 킷캣 이후 버전의 일부에서는 chmod를 직접 사용할 수 없다.
모든 방법은 어느 정도의 위험성을 가지고 있다. root로 adb를 수행할 때 잘못 조작하면 폰이 손상될 수도 있다. dd를 부정확하게 사용하면 전체 파티션을 날려버릴 수도 있다. 누구나 디바이스를 읽을 수 있도록 chmod를 사용하면 디바이스에 있는 악의적인 해킹 앱들이 보호되어야 할 데이터에 접근할 수도 있다.
일반적으로 로 디바이스를 다루기 위해서는 두 번째 방법이 많이 사용되지만, 마지막 방법은 이 책에서 사용하는 방법 중 하나이다. 나는 위 세 가지 방법 모두 최소한의 위험을 가지고 있다고 생각한다. 세 번째 방법 중 한 가지는 폰을 재시작하면 완벽하게 원상 복구시킬 수 있다. 추가로 이는 읽기 접근만 제공한다(그러므로 데이터 오염 및 디바이스 불량에 따른 데이터 오염 위험은 없다.).

출력 2-2 GPT를 읽기 및 식별

```
# 호스트: 드라이브의 첫 번째 섹터를 가져와 파일로 식별한다.
morpheus@Zephyr (~) % adb pull /dev/block/mmcblk0
^C  # 모든 드라이브 이미지가 복사되기 전에, CTRL-C를 눌러 빠져나온다.
morpheus@Zephyr (~) % file mmcblk0
mmcblk0: x86 boot sector; partition 1: ID=0xee, starthead 0, startsector 1,
        4294967295 sectors, extended partition table (last), code offset 0x0
morpheus@Zephyr (~) % od -A x -t x1 mmcblk0 | more
# 섹터 0는 "보호 MGR"를 포함하고 있다.
0000000    00  00  00  00  00  00  00  00  00  00  00  00  00  00  00  00
*
00001c0    01  00  ee  ff  ff  ff  01  00  00  00  ff  ff  ff  ff  00  00
00001d0    00  00  00  00  00  00  00  00  00  00  00  00  00  00  00  00
*
00001f0    00  00  00  00  00  00  00  00  00  00  00  00  00  00  55  aa
# 섹터 1(0x200 = 512바이트)는 GPT를 가지고 있다.
```

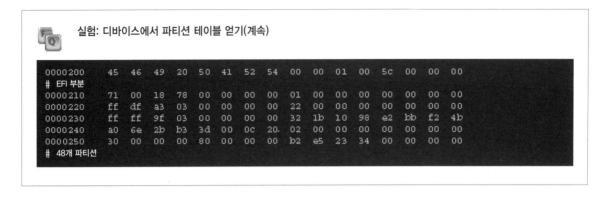

실험: 디바이스에서 파티션 테이블 얻기(계속)

```
0000200    45  46  49  20  50  41  52  54  00  00  01  00  5c  00  00  00
# EFI 부분
0000210    71  00  18  78  00  00  00  00  01  00  00  00  00  00  00  00
0000220    ff  df  a3  03  00  00  00  00  22  00  00  00  00  00  00  00
0000230    ff  ff  9f  03  00  00  00  00  32  1b  10  98  e2  bb  f2  4b
0000240    a0  6e  2b  b3  3d  00  0c  20  02  00  00  00  00  00  00  00
0000250    30  00  00  00  80  00  00  00  b2  e5  23  34  00  00  00  00
# 48개 파티션
```

GPT에 대한 더 이상의 심도 있는 논의는 이 책의 범위를 벗어나고, 의미도 없다. 리눅스 커널은 파티션 맵을 계산할 수 있고, /proc를 통해 이를 사용자 공간으로 추출할 수 있다. 다음 번에 이에 대해 이야기할 것이다.

플래시 저장 시스템

안드로이드 디바이스에서 사용되는 스토리지는 완전히 표준화되어 있지 않다(어떤 디바이스는 MTD, Memory Technology Devices를 사용한다.). 반면, 다른 디바이스(예를 들면, HTC One)는 eMMC(Embedded MultiMedia Card)를 사용하고, 또 다른 디바이스는 MMC$^{MultiMedia Card}$를 사용한다. 파티션 맵은 시스템의 사용 유무에 따라 /proc/mtd, /proc/emmc(각각) 또는 리눅스 표준 /proc/partitions(앞 두 개 중 하나와 함께)를 통해 사용자 모드를 제공한다.

대부분의 경우, 실제로 사용되는 시스템은 매우 투명하다. 하이 레벨의 관점에서 시스템 간의 주된 차이점은 'MTD는 로^{raw} 플래시의 추상화 계층이고, MMC와 eMMC는 FTL$^{Flash Translation Layer}$이며, 커널에서 블록 디바이스로 볼 수 있다.'는 것이다. 대부분의 디바이스에서는 MMC와 eMMC 중 하나가 사용된다. 왜냐하면 이 포맷들은 최신 안드로이드 버전에서 사용되는 파일시스템으로, YAFFS를 상속한 ext4와 같은 블록 기반 파일시스템에 더욱 적합하기 때문이다.

파일시스템

안드로이드는 파일시스템의 종류에 제한을 받지 않는다. 하지만 eMMC 및 MMC 디바이스는 스토리지 계층이 블록 디바이스를 사용하기 때문에 리눅스 Ext4 파일시스템(이전의 YAFFS 시스템 대신 진저브레드를 사용)을 사용한다. Ext4는 2.6.27부터 리눅스의 기본 파일시스템이 되었고, 충분한 테스트를 거쳤다. 하지만 플래시에 최적화되지 않은 채로 안드로이드에 적용되었다.

어떤 디바이스(특히 모토 X)는 데이터 파티션 영역의 파일시스템으로 F2FS(Flash Friendly File System)를 적용하기 시작했다. 이는 L 버전부터 구글 넥서스의 기본 데이터 파일시스템으로 사용되고 있다. 삼성에서 설계한 파일시스템은 NAND 플래시에 최적화된 로그 구조 파일시스템이다. 이는 Ext4보다 향상된 성능을 제공한다. 특히 랜덤 쓰기 요청에 우수한 성능을 발휘한다. 실제로 XDA-Developers[1]에 게시된 광범위한 벤치마킹 테스트에서 F2FS는 Ext4보다 나은 성능을 보여주고 있다.

F2FS 기능에 대한 설명은 삼성 프리젠테이션[2] 및 LWN.net에서 Neil Brown이 작성한 글[3]에서 볼 수 있다. 이는 메인 리눅스 커널에 통합되었고, 안드로이드는 새로운 커널로 업그레이드되었다. 이는 더 많은 장치에 이용될 가능성이 많다.

실험: 안드로이드 디바이스의 파티션 살펴보기

/proc/partitions 파일을 살펴보면, 안드로이드 디바이스의 파티션 맵을 볼 수 있다. 이 파일은 모든 블록 디바이스 목록을 제공하는 표준 커널 /proc의 진입 지점이다. MMC와 eMMC 내의 플래시 스토리지 레이어는 mmcblk#[p#] 형태로 표시된다. 여기에 표시된 숫자는 0부터 시작하고 파티션을 지정한다. 블록은 512바이트(½킬로바이트)이다. "major" 및 "minor"는 디바이스 드라이버를 의미하고, "major"는 사실상 커널 블록 디바이스 테이블에서 드라이버에서 사용되는 인덱스이며, "minor"는 논리적 디바이스의 인덱스가 된다(여기서 "major"와 "minor"는 파티션 간의 차이를 보여준다.).

출력 2-3 넥서스 5의 /proc/partitions

```
shell@nexus5$ cat /proc/partitions
major    minor   #blocks   name
 179       0    15388672  mmcblk0        # 플래시 디스크 크기
 179       1       65536                 # 첫 번째 파티션
 ...
 179      29          5                  # 29 번째 파티션
 179      32       4096  mmcblk0rpmb      # 리소스 전원 관리 백업
```

모호한 이름을 사용하면 파티션을 부르기 어렵지만, 대부분의 디바이스는 /dev/block/platform/name.# 디렉터리 내의 by-num 및 by-name에 심볼릭 링크를 가진다. 퀄컴 칩의 경우, msm_sdcc.1는 메인 스토리지의 컨트롤러를 지칭한다.

출력 2-4 넥서스 5의 /dev/block/platform/.../by-name

```
shell@nexus5$ ls -l /dev/block/platform/msm_sdcc.1/by-name| cut -c56-
DDR -> /dev/block/mmcblk0p24
aboot -> /dev/block/mmcblk0p6       # 애플리케이션 부트로더(안드로이드 부트)
abootb -> /dev/block/mmcblk0p11     # 애플리케이션 부트로더 백업
boot -> /dev/block/mmcblk0p19       # 커널 + InitRAMFS는 부트 시스템을 사용
cache -> /dev/block/mmcblk0p27      # /cache로 마운트(업데이트/복구에 사용)
crypto -> /dev/block/mmcblk0p26
fsc -> /dev/block/mmcblk0p22
fsg -> /dev/block/mmcblk0p21
grow -> /dev/block/mmcblk0p29       # 일반적으로 비어 있다
imgdata -> /dev/block/mmcblk0p17    # 부트로더 그래픽 이미지(imgdata 포맷)
laf -> /dev/block/mmcblk0p18        # LG 플래시 데몬
metadata -> /dev/block/mmcblk0p14   # 일반적으로 비어 있다
misc -> /dev/block/mmcblk0p15       # 시스템을 위해 예약 → 부트로더 커뮤니케이션
modem -> /dev/block/mmcblk0p1       #
modemst1 -> /dev/block/mmcblk0p12   # 일반적으로 비어 있다
modemst2 -> /dev/block/mmcblk0p13   #
pad -> /dev/block/mmcblk0p7         # 시스템 컴포넌트를 위한 설정을 보관
persist -> /dev/block/mmcblk0p16    # 복구를 위한 커널 + InitRAMFS 대체
recovery -> /dev/block/mmcblk0p20   # 리소스/전원 관리 로더
rpm -> /dev/block/mmcblk0p3         # 리소스/전원 관리 로더 백업
rpmb -> /dev/block/mmcblk0p10       # 세컨더리 부트로더
sbl1 -> /dev/block/mmcblk0p2        # 세컨더리 부트로더 백업
sbl1b -> /dev/block/mmcblk0p8
sdi -> /dev/block/mmcblk0p5
ssd -> /dev/block/mmcblk0p23
system -> /dev/block/mmcblk0p25     # /system으로 마운트
tz -> /dev/block/mmcblk0p4          # ARM TrustZone
tzb -> /dev/block/mmcblk0p9         # ARM TrustZone의 백업
userdata -> /dev/block/mmcblk0p28   # /data로 마운트
```

로컬 안드로이드 디바이스의 파티션명은 매우 다양하다. MSM 디바이스의 경우에는 일반적으로 위 규칙을 준수하지만, NVidia 기반의 디바이스는 OMAP 기반의 디바이스처럼 이 규칙을 준수하지 않는다.

또한 안드로이드는 SD 카드에서 사용되는 MS-DOS 호환 파일시스템인 VFAT를 지원한다. VFAT는 도스와 윈도우 9.x에서 사용되었기 때문에 퍼미션에 대한 개념이 없다. 따라서 안드로이드는 이번 장의 뒷부분에서 설명하는 특별한 메커니즘을 사용해 보조 마운트로서 SD 카드를 마운팅한다.

커널은 /proc/filesystems에 있는 모든 파일시스템 목록을 유지한다. 가상 파일은 네이티브(커널로 컴파일됨) 또는 적재된 모듈로 지원되는 파일시스템 목록이다. 일부 벤더는 안드로이드 커널에서 파일시스템 지원 기능을 모듈로 넣거나 루트 파일시스템의 일부로 묶을 수 있지만, 파일시스템 지원 기능을 직접 컴파일하여 커널에 넣는다.

파일시스템에 대한 좋은 소식은 파일시스템이 동작하기만 하면 사용자는 어떤 파일시스템이 사용되는지에 신경을 쓰지 않아도 된다는 것이다. 나쁜 소식은 파일시스템이 동작하지 않을 때 (특히 파일시스템이 손상되었을 때이다. 파일시스템 손상은 매우 가끔 발생하고, 일반적으로 디바이스가 적절히 종료되지 않았을 때, 예를 들면 전원 손실 및 예상하지 못한 충돌로 인해) 발생하거나 하드웨어의 내부가 손상을 받았을 때 발생한다는 것이다. 안드로이드는 파일시스템을 체크하고 복구하기 위한 기본 바이너리(e2fsch, fsck_msdos 및 fsck.f2fs)를 각 파일시스템에 맞게 제공한다. 바이너리는 파일시스템을 마운팅할 때에 자동으로 수행된다.

안드로이드 디바이스 파티션

이전의 실험에서 알 수 있는 바와 같이 안드로이드 디바이스의 파티션은 이름이 설정된다. 하지만 대부분은 모호하다. 복잡한 경우, 동일한 기능의 파티션에 다른 이름을 사용할 뿐만 아니라 다른 디바이스 칩셋과 벤더는 다른 파티션을 사용하기도 한다. 이를 설명하기 위해서는 파티션을 다음 분류로 나누어 설명해야 한다.

표준 안드로이드 파티션

모든 디바이스는 안드로이드 소스 트리의 곳곳에 하드 코딩된 이 파티션에서 공통 분모를 찾는다. 이 파티션은 OS의 핵심을 구성한다.

표준 파티션은 안드로이드 bootimg(다음 장에서 설명)로 포맷되어 있고, 부트 파티션 및 복구 파티션만 제외하고 대부분 마운트가 가능하다. 표 2-1은 이 파티션의 종류를 나타낸 것이다.

표 2-1 안드로이드 표준 파티션

이름	포맷	설명
boot	bootimg	커널+initramfs. 부팅을 하기 위해 커널 및 램디스크를 가지고 있다.
cache	Ext4	안드로이드 /cache: 업데이트 및 복구에 사용된다.
recovery	bootimg	부트-복구: 시스템 복구를 위한 커널+다른 initramfs이다.
system	Ext4	안드로이드 /system 파티션 – OS 바이너리와 프레임워크에서 사용된다.
userdata	Ext4/F2Fs	안드로이드 /data 파티션 – 사용자 데이터 및 설정에 사용된다.

안드로이드 디바이스는 파일시스템의 마운팅 테이블을 가지고 있다. 이 테이블은 /system/etc/void.fstab 또는 /fstab.hardware(최신 안드로이드 버전에서는)에 있고, 볼륨 데몬(Volume Deamon, vold)이 시스템 부팅 시에 적재되며, 자동으로 마운트할 수 있는 파티션을 제공한다(UN*X의 /etc/fstab과 비슷).

칩셋 특화 파티션

칩셋 공급업체의 경우, 자신들의 컴포넌트에서 사용하는 전용 파티션이 필요할 때도 있다. 가장 좋은 예는 표 2-2의 파티션을 사용하는 MSM 칩셋 공급업체인 '퀄컴'이다. bootldr 포맷은 다음 장에서 다시 논의한다.

표 2-2 퀄컴 MSM 디바이스에서 사용되는 파티션

이름	포맷	설명
aboot	bootldr	애플리케이션 프로세스 부트: 여기에는 안드로이드 부트로더가 있다. 일부 디바이스는 커스텀 부트로더를 대신 사용한다(예를 들면 HTC의 HBoot).
modem	MSDOS	다양한 ELF 바이너리와 디바이스 모뎀을 지원하는 데이터 파일이 포함되어 있다.
modemst[1|2]	자체 방식	모뎀에서 사용되는 비휘발성 데이터이다.
rpm	ELF 32bit	리소스 파워 관리(Resource Power Management): 부트로더의 첫 번째 단계를 제공한다.
sbl[123]	자체 방식	세컨더리 부트로더(Secondary Boot Loader)는 3단계로 나뉜다.
tz	ELF 32bit	ARM 트로스트존(TrustZone) 이미지이다(Trusted Execution Environment[TEE] OS).

벤더 특화 파티션

안드로이드 디바이스에서 찾을 수 있는 나머지 파티션들은 벤더에서 자신의 목적(대부분은 디바이스 설정 유지 및 업그레이드 작업용)에 맞게 만든 커스텀 파티션인 벤더에 특화된 파티션이다. 여기에 사용된 포맷은 주로 자체 방식을 사용한다. 표 2-3은 이러한 파티션 목록을 나타낸 것이다.

표 2-3 벤더 커스텀 파티션

이름	포맷	설명
aboot	bootldr	애플리케이션 프로세스 부트: 여기에는 안드로이드 부트로더가 있다. 일부 디바이스는 커스텀 부트로더를 대신 사용한다(예를 들면 HTC의 HBoot).
modem	MSDOS	다양한 ELF 바이너리와 디바이스 모뎀을 지원하는 데이터 파일이 포함되어 있다.
modemst[1|2]	자체 방식	모뎀에서 사용되는 비휘발성 데이터이다.
rpm	ELF 32bit	리소스 파워 관리(Resource Power Management): 부트로더의 첫 번째 단계를 제공한다.
sbl[123]	자체 방식	세컨더리 부트로더(Secondary Boot Loader)는 3단계로 나뉜다.
tz	ELF 32bit	ARM 트로스트존(TrustZone)이다.

XDA-개발자 포럼의 El Grande Partition Table Reference[4]에는 다양한 디바이스의 파티션 맵에 대한 목록이 계속 업로드되고 있다.

실험: 디바이스에서 마운팅된 파티션 보기

마운팅 포인트는 df 또는 mount를 사용하여 살펴볼 수 있다. df는 마운팅된 파티션의 디스크 사용량에 대한 통계를 제공해준다. 다음 출력은 L이 설치된 넥서스 9에서 df 명령어의 결과를 나타낸 것이다.

출력 2-5 넥서스 9에서의 df 명령어

```
shell@flounder:/ $ df
Filesystem          Size        Free    Blksize
/dev                918.0M   32.0K   917.9M
/sys/fs/cgroup      91
/mnt/asec           918.0M    0.0K   918.
/mnt/obb            91
/system              2.5G    1.6G   875.0M
/vendor            245.9M  149.3M    96.6M
/cache             248.0M  256.0K   247.7M
/data               11.0G    1.5G
/mnt/shell/emulated          1.5G
/storage/emulated   91
/storage/emulated/0  11.0G   1
/storage/emulated/0/Android/obb              9.6G    4096
/storage/emulated/legacy     11.0G
/storage/emulated/legacy/Android/obb         9.6G    4096
```

안드로이드에서 df 명령은 toolbox 툴로 구현되어 있기 때문에 리눅스 df의 출력 결과와 달리 실제 스토리지에 마운팅된 파일시스템만 나타난다.

mount 명령어는 가상 파일시스템의 정보를 제공함으로써 마운팅 옵션 뿐만 아니라 좀 더 많은 정보를 제공하기도 한다. 마운팅 옵션을 이용하면 일반 정보 또는 파일시스템 특화 정보를 볼 수 있다. 표 2-4는 사용할 수 있는 마운팅 옵션을 나타낸 것이다.

표 2-4 일반적인 마운트 옵션

옵션	종류	명세
ro rw	Generic	Read-Only: 읽기 작업만 허용하고 수정할 수 없다. Read-Write: 읽기와 쓰기 작업을 동시에 할 수 있다.
acl	Generic	확장된 접근 제어 리스트를 허용하며, user/group/other보다 세밀한 제어를 할 수 있다.
seclabel	Generic	SELinux 라벨을 파일시스템에서 활성화한다.
nosuid	Generic	파일시스템은 SetUID 바이너리를 허용하지 않는다.
noatime	Generic	파일 작업은 접근 시각을 기록하지 않고 변경 및 생성만 기록한다. 파일에 좀 더 빠르게 접근하고 쓰기 작업을 줄인다.
relatime	Generic	접근 시각을 생성하거나 변경 시간을 기준으로 갱신한다.
data=	Ext3/4	ordered: 저널을 쓰기 전에 파일시스템에 데이터를 커밋한다. journal: 파일시스템에 쓰기 전에 데이터를 저널에 쓴다.
errors=	Ext3/4	continue: 에러를 조용히 무시한다. remount-ro: 에러가 발생하면 읽기 전용 모드로 파일시스템을 다시 마운트한다. panic: 시스템을 실패시킨다.
background_gc	f2fs	커널 스레드에서 삭제된 파일을 비워 공간을 확보한다.

mount 명령어는 다음과 같다. 가상 파일시스템은 이탤릭체로 표시되며, 이는 디바이스에 마운팅되지 않는다는 것을 의미한다(즉, 첫 번째 컬럼은 /dev로 시작하지 않는다.).

실험: 디바이스에서 마운팅된 파티션 보기(계속)

출력 2-6 넥서스 9에서 mount 명령어 수행 결과

```
shell@flounder:/ $ mount
rootfs / rootfs ro,seclabel,relatime 0 0
tmpfs /dev tmpfs rw,seclabel,nosuid,relatime,mode=755 0 0
devpts /dev/pts devpts rw,seclabel,relatime,mode=600 0 0
none /dev/cpuctl cgroup rw,relatime,cpu 0 0
adb /dev/usb-ffs/adb functionfs rw,relatime 0 0
proc /proc proc rw,relatime 0 0
sysfs /sys sysfs rw,seclabel,relatime 0 0
selinuxfs /sys/fs/selinux selinuxfs rw,relatime 0 0
none /sys/fs/cgroup tmpfs rw,seclabel,relatime,mode=750,gid=1000 0 0
pstore /sys/fs/pstore pstore rw,relatime 0 0
/sys/kernel/debug /sys/kernel/debug debugfs rw,relatime,mode=755 0 0
none /acct cgroup rw,relatime,cpuacct 0 0
tmpfs /mnt/asec tmpfs rw,seclabel,relatime,mode=755,gid=1000 0 0
tmpfs /mnt/obb tmpfs rw,seclabel,relatime,mode=755,gid=1000 0 0
/dev/block/platform/sdhci-tegra.3/by-name/APP /system ext4 ro,seclabel,relatime,data=ordered 0 0
/dev/block/platform/sdhci-tegra.3/by-name/VNR /vendor ext4 ro,seclabel,relatime,data=ordered 0 0
/dev/block/platform/sdhci-tegra.3/by-name/CAC /cache ext4 rw,seclabel,nosuid,nodev,noatime,
  errors=panic,data=ordered 0 0
/dev/block/dm-0 /data f2fs rw,seclabel,nosuid,nodev,noatime,background_gc=on,user_xattr,acl,
  errors=panic,active_logs=6 0 0
/dev/fuse /mnt/shell/emulated fuse rw,nosuid,nodev,relatime,user_id=1023,group_id=1023,
  default_permissions,allow_other 0 0
tmpfs /storage/emulated tmpfs rw,seclabel,nosuid,nodev,relatime,mode=050,gid=1028 0 0
/dev/fuse /storage/emulated/0 fuse rw,nosuid,nodev,relatime,user_id=1023,group_id=1023,
  default_permissions,allow_other 0 0
/dev/fuse /storage/emulated/0/Android/obb fuse rw,nosuid,nodev,relatime,user_id=1023,
  group_id=1023,default_permissions,allow_other 0 0
/dev/fuse /storage/emulated/legacy fuse rw,nosuid,nodev,relatime,user_id=1023,group_id=1023,
  default_permissions,allow_other 0 0
/dev/fuse /storage/emulated/legacy/Android/obb fuse rw,nosuid,nodev,relatime,user_id=1023,
  group_id=1023,default_permissions,allow_other 0 0
```

안드로이드 파일시스템 콘텐츠

안드로이드 표준 파티션은 벤더를 고려하지 않는 상태에서도 매우 잘 정의된 파일시스템 레이아웃이다. 디바이스 벤더는 안드로이드 에뮬레이터를 위해 구글에서 제공하는 안드로이드 파일시스템 이미지를 기반으로 하여 파일시스템을 만든다. 이번에는 루트에서부터 마운트 지점에 의한 처리에 이르기까지 다양한 파일시스템에 관련된 내용을 설명한다.

> 파일시스템은 대부분의 디바이스가 같지만, 디바이스의 콘텐츠는 매우 다양하다. 구글을 포함한 다수의 벤더에서는 별도의 디바이스 바이너리를 추가할 수 있다. 이 바이너리들을 'proprietary blob'이라 하고, 이는 AOSP 하위 디렉터리 device/ 내의 /system에서 볼 수 있다. 목록은 디바이스별로 'proprietary-blobs.txt'라는 파일에서 볼 수 있다.

루트 파일시스템

안드로이드 루트 파일시스템은 램디스크^{initramfs}에 마운트되어 있다. 부트로더^{fastboot}는 부팅될 때마다 파일시스템 이지미가 부트 파티션에서 RAM으로 적재되고, 이는 커널에 제공된다. 다음 장에서 설명할 프로세스는 이번 장의 범위는 아니지만, 이번 설명에 필요하다. 루트 파일시스템 이미지의 특징은 디바이스가 "플래시"되지 않으면, 쉽게 변경할 수 없다는 점이다. 루트 파일시스템은 시스템의 가장 중요한 컴포넌트(root로 제한 없이 실행하고 시스템 시동을 제어하는 /init)를 포함하고 있기 때문에 매우 중요하다.

바닐라 리눅스는 초기에 부팅되는 동안 커널에 드라이브를 공급하기 위해 initramfs 파일시스템을 사용하고, 결국 실제 파일시스템을 위해 initramfs 파일시스템을 폐기한다. 안드로이드의 랩 디스크는 상주를 하면서 루트 파일시스템 기능을 제공한다. 이에는 /init와 몇 개의 설정 파일 및 바이너리가 포함되어 있다. 표 2-5는 안드로이드 루트 파일시스템의 내용을 나타낸 것이다.

표 2-5 안드로이드 루트 파일시스템의 내용(마운트 지점 제외)

디렉터리	설명
default.prop	"추가 기본 속성" 파일이며, init를 통해 얻어져 시스템 전체의 속성으로 적재된다. 보안을 적용할 수 있도록 읽기 전용 속성으로 적재된다.
file_contexts	킷캣: SE-Linux를 위한 파일 컨텍스트이며, 시스템 파일과 디렉터리의 접근을 제한한다. 8장에서 다시 논의한다 .
fstab.hardware	파일시스템 마운트 테이블은 fs_mgr 및 vold(4, 5장에서 설명)에서 사용한다.
init	PID 1번으로, 시스템 시작 시에 커널에서 실행하는 바이너리이다. 4장에서 설명한다.
init[...].rc	/init를 위한 설정 파일이다. 메인 설정 파일은 항상 /init.rc이고, 디바이스와 벤더에 따라 추가 옵션 파일을 가질 수 있다. 4장에서 설명한다.
property_contexts	킷캣: SE-Linux를 위한 프로퍼티 컨텍스트이다. 시스템 속성에의 접근을 제한한다. 8장에서 설명한다.
seapp_contexts	킷캣: SE-Linux의 애플리케이션 컨텍스트이다. 애플리케이션의 동작 범위를 제한한다. 8장에서 설명한다.
seploicy	킷캣: 컴파일된 SE-Linux 정책이다(8장에서 설명한다.).
sbin/	adbd, healthd 및 recovery와 같은 핵심 바이너리를 포함하는 디렉터리다. 이 바이너리는 /system이 마운트될 수 없는 상황에서도 필요하다. 이에는 벤더 바이너리도 포함될 수 있다.
verity_key	L: /system 파티션 인증하는 데에 필요한 DM-Verity RSA 키가 포함되어 있다.

/system

system 파티션은 구글 또는 벤더에서 제공되는 모든 안드로이드 컴포넌트의 홈이다. 이 디렉터리 및 안에 있는 내용물은 root:root의 소유이며, 0755(rwxr-xr-x) 퍼미션을 가진다. 하지만 파일시스템은 읽기 전용으로 마운트된다. 이 파티션이 읽기 전용 마운트인 이유는 다음 두 가지 때문이다.

- 안정성^{Stability}: 파일시스템이 읽기 전용으로 마운트되었기 때문에 디바이스가 갑자기 종료되더라도 사실상 변경될 수 없다. 이는 안드로이드가 부팅될 때 "벽돌"이 될 확률을 낮춰준다.
- 보안성^{Security}: 읽기 전용 마운트는 안드로이드 시스템 컴포넌트를 보호하는 또 다른 방어 계층이다. 실제 읽기-쓰기용으로 파티션을 다시 마운트하는 작업은 간단하다.

일부 벤더(특히 HTC)는 플래시 파티션 보호를 사용해 /system을 읽기 전용으로 만든다(HTC는 이를 'S-OFF'라고 부른다.). 이는 /system이 읽기-쓰기로 마운트되더라도, 이에 가해진 변경이 지속되지 않는다는 것을 의미한다. 킷캣의 경우, 구글은 리눅스 커널의 dm-verity 기능을 사용해 /system을 위한 무결성 검사를 제공한다.

/system 파티션은 대부분의 디바이스에서 동일하다. 이상적인 경우에는 정확히 일치하지만, 실제 벤더 또는 통신 사업자는 자체 앱과 (드물지만) 디렉터리를 /vendor 디렉터리 대신 /system 디렉터리에 추가한다. 표 2-6은 거의 모든 안드로이드 단말기에서 볼 수 있는 /system 파티션의 내용을 나타낸 것이다.

표 2-6 /system 파티션 내의 콘텐츠

디렉터리	설명
App	시스템 애플리케이션: 벤더 또는 통신 사업자가 설치한 앱 이외에도 구글에서 미리 묶은 앱들이 포함된다(이 앱들은 원래 /vendor/app에 포함시켜야 한다.).
Bin	바이너리: 여기에는 다양한 데몬 및 셀 커맨드(대부분 toolbox이고 M에서는 toybox에 있다.)가 포함된다.
build.prop	프로퍼티는 빌드 프로세스의 일부로 생성된다. 이 파일은 init에서 읽혀지고, 부팅 프로퍼티에 적재된다.
etc	여러 종류의 설정 파일을 담고 있고, /etc에서 심볼릭 링크를 만들었다(콘텐츠 테이블 fs-etc 참조).
fonts	트루타입 폰트(.ttf) 파일이다.
framework	안드로이드 프레임워크이다. 프레임워크는 .odex에 최적화된 실행 가능한 dex 파일과 함께 .jar 파일에 포함되어 있다.
lib	네이티브 ELF 셰어드 오브젝트(.so) 파일인 런타임 라이브러리이다. 이 디렉터리는 바닐라 리눅스의 /lib과 동일한 역할을 한다.
lost+found	/system에서 fsck 동작을 위해 자동으로 생성되는 디렉터리이며, 비어 있다(파일시스템이 깨지지 않는 경우에는 링크되지 않은 아이노드가 있을 수도 있다.).
media	알람, 노티피케이션, 벨소리 및 .ogg 포맷의 UI 효과 오디오 파일 그리고 시스템 부팅 애니메이션(5장에서 논의)을 포함한다.
priv-app	프리빌리지드 애플리케이션
usr	유니코드 매핑(icudt511.dat), 키보드 및 디바이스 키 배치 파일과 같은 지원 파일이 담겨 있다.
vendor	벤더 제공 파일이다. 일반적으로 /system 디렉터리 밑의 하위 디렉터리와 동일한 구조(bin/, lib/ 및 media/)를 가진다.
xbin	특수한 목적의 바이너리이며, bin과 달리 일반적인 경우에는 필요 없다. 에뮬레이터상에서 AOSP의 /system/extras에서 가져온 다양한 도구로 채워진다. 디바이스에서 이 디렉터리는 일반적으로 비어 있고, dexdump만 가지고 있다. 다양한 루팅 유틸리티인 "su"도 이에 포함되어 있다.

/system/bin

이 디렉터리에는 안드로이드에서 사용되는 기본 실행 파일 및 디버깅 도구가 포함되어 있다. 특히 이 바이너리들은 다섯 개의 카테고리로 분류할 수 있다.

- 서비스 바이너리: 시스템의 생명주기 동안 /init에서 의해 호출된다. 이 바이너리들은 /init에서 사용하는 rc 파일에서 참조하고, 시스템 동작에 필요하다. 이 바이너리들 모두 AOSP에서 만들어진 것은 아니다. 아래 표에서 회색으로 표시된 행은 외부 프로젝트이다.

표 2-7 /system/bin의 서비스 바이너리

바이너리	기능
app_process[32/64]	앱의 호스트 프로세스이다. Zygote(및 모든 사용자 앱)는 DalvikVM/ART를 초기화하는 이 바이너리의 인스턴스이다. 64비트 디바이스는 32/64 모드로 표시된다.
applypath[_static]	스크립트로 패치를 적용하는 OTA 업데이트를 하는 동안 사용하며, 3장에서 설명한다. _static 바이너리는 정적으로 링크된 버전이고 일반 바이너리(동적 바이너리)의 의존성을 변경하는 업데이트에 사용된다.
bootanimation	그래픽 서브 시스템(surfaceflinger)이 적재될 동안 안드로이드 부트 애니메이션을 실행한다.
clatd	주소를 IPv4에서 IPv6로 변환한다.

바이너리	기능
dalvikvm	달빅 가상 머신 인스턴스를 시작한다.
debuggerd	프로세스 충돌 시 선택적으로 원격 GDB에 연결해서 삭제 표식을 생성한다.
drmserver	서드파티 DRM(Digital Rights Management) 모듈을 위한 호스트 프로세스이다.
dnsmasq	DNS 가장: 디바이스가 Wi-Fi를 통해 테더링을 제공할 때 DNS 프록시 서비스를 제공한다.
gatekeeper	M: 인증을 처리하는 새로운 데몬이다.
hostapd	호스트 액세스 포인트 데몬: 디바이스가 Wi-Fi를 통해 테더링을 제공할 때 액세스 포인트 에뮬레이션을 제공한다.
keystore	안드로이드의 키 저장소 및 관리 서비스이다.
linker	안드로이드 런타임 링커이다. 그 자체로는 서비스가 아니지만 바이너리 로딩이 필요하다. 이것을 잘못 건드리면 디바이스가 벽돌이 될 수 있다.
mdnsd	멀티캐스트 DNS 데몬이다. Wi-Fi 다이렉트를 사용할 경우 이웃을 찾을 때 사용된다.
mediaserver	오디오/비디오 녹화/재생 기능을 제공한다.
mtpd	PPP/L2TP를 지원한다.
netd	방화벽 등 네트워크 인터페이스를 관리한다.
pppd	P2P 프로토몰 데몬이다. VPN을 사용할 때 필수이다.
racoon	VPN 지원 기능을 제공한다.
rild	RIL(Radio Interface Layer) 데몬이다.
sdcard	SD 카드 데몬이다. FUSE를 통해 여러 명의 사용자에게 에뮬레이터하기 위해 SD 카드를 관리한다(이번 장의 후반부에 설명한다.).
sensorservice	센서 허브: 다양한 센서에서 데이터를 읽는다.
servicemanager	서비스와 관련된 모든 바인더의 지점 및 서비스 로케이터이다.
surfaceflinger	그래픽 서비스를 구성하고 프레임버퍼에 그래픽을 적재한다.
vold	볼륨 데몬: 파일시스템을 마운트/언마운트하고, 선택적으로 복호화하기도 한다.
uncrypt	파일시스템을 복호화(복구하기 전에 사용한다.)한다.
wpa_supplicant	WPA(Wireless Protected Access) 요청자: Wi-Fi 및 Wi-Fi P2P를 위한 클라이언트측 지원을 제공한다.

안드로이드 N(PRI-5)에는 audioserver 및 cameraserver가 추가되었다. 이들은 각각 mediaserver에서 분리된 서브 시스템을 관리한다. /init로 시작하는 서비스는 5장에서 좀 더 자세히 다룬다.

- 디버그 툴: 이들은 디버깅을 하기 위한 네이티브 바이너리이다. 다음 목록은 에뮬레이터에서는 볼 수 있지만, 일부는 벤더 자체의 결정에 따라 실제 디바이스에는 탑재되지 않을 수 있다.

표 2-8 /system/bin에 있는 디버그 툴

바이너리	기능
adb	안드로이드 디버그 브릿지(client) - 이는 호스트 adb(서버 부분은 /sbin/adbd에 있다.)와 동일한 바이너리이다.
asanwrapper	어드레스 세네타이저 - 메모리 손상 탐지 도구이며, 서드파티 디버깅 도구이다.
atrace	안드로이드 추적 도구이며, 리눅스의 ftrace를 사용해 디버그하거나 추적한다.
bdt	BlueDroid(안드로이드 블루투스) 테스트 앱이다.
blkid	파티션의 GUID를 보여주는 도구이다.
cjpeg	JPG 처리 도구이다.
dex2oat	DEX를 ART로 바꿔주는 도구이다. DEX 파일을 디바이스에서 실행 가능한 포맷으로 컴파일하고, dexopt를 대체하는 도구이다.

바이너리	기능
dexopt	DEX를 최적화하는 도구이다. 디바이스에 최적화된 DEX 파일을 생성한다(ART를 사용하게 되면서 삭제되었다.).
dumpstate	시스템 상태의 디버그 스냅샷을 뜨기 위한 몇 개의 유용한 도구를 조합한 메타 툴(Meta-tool)이다.
dumpsys	서비스를 덤프하는 유틸리티이다. 안드로이드 서비스에 연결한 뒤 서비스의 Dump() 메서드를 호출해 많은 디버깅 정보를 제공한다.
e2fsck	유니코드 매핑(icudt511.dat), 키보드 및 디바이스 키 배치 파일과 같은 지원 파일이 담겨 있다.
fsck_msdos	벤더 제공 파일이다. 일반적으로 /system 디렉터리 밑의 하위 디렉터리와 동일한 구조(bin/, lib/ 및 media/)를 가지고 있다.
fsck.f2fs	Ext2/3/4, VFAT 및 F2FS 파일시스템 체커이다. 파일시스템이 마운트되기 전에 자동으로 수행된다.
gdbserver	GDB 서버 도구이다. 디버깅을 목적으로 호스트에서 TCP/IP로 GDB에 연결하기 위해 사용된다. 대부분의 디바이스에서는 이 기능이 생략되어 있다.
ip[6]tables	커맨드라인으로 커널 IP 테이블(방화벽 및 네트워크 허용량)을 관리한다.
keystore_cli	키스토어 서비스와 인터페이스로 접속되는 커맨드라인 유틸리티이다.
logcat	필터를 가지고 있고, 시스템 로그(/dev/log/*)를 stdout로 출력한다. 이 커맨드라인은 adb logcat으로 직접 사용될 수 있기 때문에 매우 유용하다.
ndc	네트워크 관리 데몬(netd)과 인터페이스로 접속되는 커맨드라인 유틸리티이다.
perf	커널의 프로 파일링 지원 기능을 사용하는 매우 강력한 프로 파일링 도구이다.
ping[6]	핑(Packet Intenet Grouper, ICM 에코로 요청/응답한다.)이다.
radiooptions	RIL(Radio Interface Layer) 이벤트를 시뮬레이트하는 테스트 유틸리티이다.
run-as	특정 AID에서 애플리케이션을 돌린다.
screencap	프레임 버퍼를 stdout 또는 PNG 파일(ADB 사용)로 캡처한다.
screenrecord	디바이스에 표시되는 동영상을 녹화한다(.mp4로).
screenshot	화면 캡처 사운드와 함께 녹화되는 화면 캡처이다.
service	서비스 매니저와 인터페이스하는 커맨드라인 유틸리티이다.
sgdisk	M: "Adopted Storage" 기능에서 사용되는 디스크 포맷 도구이다(이 기능은 5장에서 설명한다.).
toolbox	위에서 설명한 안드로이드의 멀티-콜(multi-call) 바이너리이다.
vdc	볼륨 데몬(vold)과 인터페이스하는 커맨드라인 유틸리티이다.
wpa_cli	wpa_supplicant와 인터페이스하는 커맨드라인 유틸리티이다.

- UN*X 명령어: 셸 사용자에게 매우 편리한 도구이다. UN*X 명령어는 ~/system/bin/toolbox(M의 경우 toybox)에 단일 바이너리로 묶여 있다. 이 박스들은 임베디드 시스템에서 일반적으로 사용되는 올인원 도구인 busybox 바이너리의 안드로이드 버전이다.* *box 커맨드는 각 UN*X 커맨드를 모두 제공하는 것보다 이 명령어에 대한 기본 구현체를 포함하고 있고, 인자에 기반하여 명령어를 에뮬레이트하거나(예를 들면, "toolbox ls"와 같이 사용-), 심볼릭 링크를 통해 호출할 수 있다(예를 들면, "ln -s /system/bin/toolbox /system/bin/ls"). toolbox와 toybox는 busybox 명령어의 일부 및 안드로이드에 특화된 명령어(예를 들면, getprop/setprop/satchprop, start/stop 및 log)를 함께 제공한다.

- 달빅 업콜upcall(하위 시스템에서 상위 시스템으로의 호출 - 옮긴이) 스크립트: 셸 스크립트 사용자가 달빅 런타임 프레임워크와 상호작용할 수 있도록 해준다. 대부분은 디버그할 때 사용된다. 모든 스크립트(uiautomator

---

* 안드로이드에 busybox를 설치하는 것은 좋은 생각이다. 대부분의 커스텀 롬에서는 toolbox에서 제공하는 것보다 많은 도구를 가진 busybox를 설치하며, 이는 파워 유저에게 필수적인 도구이다. M의 toybox는 toolbox보다 훨씬 좋다.

제외)는 동일한 템플릿에서 복사-붙여넣기로 만들어졌다. 프레임워크 JAR 파일에서 달빅 클래스*로 적재하기 위해 /system/bin/app_process를 요청하고, 인자를 여기에 직접 전달한다. 템플릿을 보려면 리스트 2-1에 있는 "am" 스크립트만 봐도 충분하다.

리스트 2-1 달빅으로 업콜하기 위한 스크립트 템플릿

```
#!/system/bin/sh
#
# Script to start "am" on the device, which has a very rudimentary
# shell.
#
base=/system
export CLASSPATH=$base/framework/am.jar
exec app_process $base/bin com.android.commands.am.Am "$@"
```

표 2-9는 스크립트 목록을 나타낸 것이다. 인자 없이 호출하면, 사용법을 보여주는 메시지가 나타난다.

표 2-9 /system/bin에 app_process 래퍼 스크립트

스크립트	사용법
am	ActivityManager를 사용하는 스크립트이다. 액티비티를 시작하고 인텐트 등을 개시한다.
appwidget	L: 사용자 애플리케이션 위젯에 권한을 부여하거나 삭제한다.
bmgr	백업 매니저 인터페이스
bu	백업 개시
content	안드로이드 콘텐츠 프로바이더와 인터페이스한다.
dpm	M: 디바이스 어드민/프로 파일 관리
hid	M: HID(Human Interface Device) 리포트 디스크립터
ime	입력 방식 제어
input	InputManager와 상호작용하고, 입력 이벤트를 주입한다(2권에서 다룬다.).
media	미디어 클라이언트를 관리한다(재생/중지/기타).
monkey	무작위로 생성된 입력 이벤트를 가지고 APK를 수행한다.
pm	PackageManager와 상호작용한다. 패키지의 목록 조회/설치/제거 및 권한 등을 관리한다.
requestsync	계정을 동기화한다.
settings	시스템 설정을 가져오거나 넣는다.
sm	M: 스토리지 관리
svc	전원, 데이터, Wi-Fi 및 USB 서비스를 관리한다.
telecom	M: 기본 다이얼 및 폰 계정을 가져오거나 넣는다.
uiautomator	UI 테스트를 자동화하고 뷰 계층 등을 덤프할 수 있다.
wm	WindowManager와 상호작용하고 크기/해상도를 변경할 수 있다.

- 벤더 특화 바이너리: 이 바이너리들은 벤더에 따라 다양하지만, 일반적으로 서비스 또는 디버깅 도구에 특화된 바이너리가 많다. 퀄컴은 다음과 같이 MSM 기반 디바이스에 사용되는 바이너리 묶음을 제공한다.

---

* Zygote(app_process 인스턴스 자체)에서 분기하는 것보다 셸에서 app_process를 이용해서 달빅 VM을 시작하면 상당히 느릴 수 있지만, 위 스크립트를 직접 실행시켜볼 수는 있다.

표 2-10 /system/bin 내의 퀄컴에 특화된 바이너리

바이너리	설명
mm-qcamera-daemon	퀄컴 내장 카메라 데몬이다.
mpdecision	멀티-프로레스 디시전: CPU 주파수를 관리하는 퀄컴 자체 도구이다. CPU 관리자와 상호작용하면서 시스템이 바쁠 경우 주파수를 증가시키거나 더 많은 코어를 활성화하고 시스템이 사용되지 않는 경우에는 주파수를 줄이거나 코어를 줄인다.
qmuxd	퀄컴 베이스밴드 멀티플렉서이다.
qseecomd	퀄컴 보안 실행 환경 커뮤니케이터이다.
thermal-engine-hh	디바이스 온도를 모니터링하고 과열을 방지해주는 온도 관리 데몬이다.

칩셋 벤더(퀄컴, 엔비디아, OMAP 등) 이외에 핸드폰 벤더(HTC, 삼성 등)에서 제공하는 바이너리도 매우 많다. AOSP가 아닌 곳에서 만든 바이너리는 다른 곳(특히 /vendor)에 배치해야 한다. 하지만 이러한 규칙을 준수할 것인지의 결정은 아직 벤더가 한다.

 벤더 지정 바이너리는 일반적으로 오픈소스가 아니다. 대부분의 경우 이 바이너리는 시스템의 성능과 보안에 문제를 일으킬 수 있고, 공격을 당하기 쉬운 취약점을 가지고 있을 수 있다. HTC의 dmagent와 같이 퀄컴의 qseecomd[5]는 이러한 경우의 대표적인 사례이다(WeakSauce의 취약점으로 밝혀졌으며, 이 책의 관련 사이트에서 상세한 내용을 볼 수 있다.).

/system/xbin

이 디렉터리는 유닉스의 /sbin 디렉터리와 같다. 이 디렉터리에는 사용자보다 관리자에게 유용한 도구가 많다. 디렉터리 이름 앞에 "s"가 아닌 "x"가 붙은 이유는 루트 파일시스템의 일부이고, 시스템 동작에 핵심적인 바이너리를 포함하고 있는 안드로이드 자체의 /sbin 디렉터리와 혼동을 피하기 위해서이다.

이 디렉터리의 바이너리는 AOSP의 system/extras 디렉터리에서 컴파일된다. 이 디렉터리의 바이너리는 일반적인 동작과 관련이 없기 때문에, 여기에 넣는 바이너리는 벤더의 재량에 달려 있다. 사실 일부 벤더의 경우, 이 디렉터리에는 바이너리를 전혀 넣지 않거나 dexdump만 남겨둔다. 표 2-11은 에뮬레이터에서 볼 수 있는 추가 도구에 대한 내용을 나타낸 것이다.

표 2-11 에뮬레이터의 /system/xbin 디렉터리에서 찾을 수 있는 AOSP 바이너리

바이너리	설명
add-property-tag	프로퍼티를 시스템의 .prop 파일에 추가한다.
check-lost+found	fsck 작업 후에 lost+found 디렉터리를 확인한다.
cpueater	CPU가 100%가 되도록 무한루프를 돌린다.
cpustats	CPU와 가버너(주파수 제어기) 통계를 나타낸다.
daemonize	실행 파일이 백그라운드에서 실행되도록 하고, stdin/stdout/stderr를 닫아 데몬으로 돌린다.
dexdump	DEX 파일 덤프 툴이다. 헤더와 바이트 코드 덤프를 제공한다.
directiotest	블록 디바이스를 통해 I/O를 테스트한다.
iperf3	프로 파일링 및 벤치마킹에 유용한 유틸리티이다.
kexecload	kexec 시스템 콜을 사용하여 커널 이미지를 덮어쓴다.
ksminfo	KSM(Kernel Samepage Merger) 정보이다. KSM은 중복된 가상 메모리 페이지를 찾아낸 뒤 하나의 물리적 페이지로 만들어 RAM을 절약한다.

바이너리	설명
latencytop	/proc/sys/kernel/latencytop에서 읽기 가능한 형태로 데이터를 표시한다.
librank	공유 메모리의 VSS/RSS/PSS/USS를 표시한다.
memtrack	프로세스 메모리 사용량을 추적한다(/proc/pid/smaps 이용).
micro_bench	메모리 벤치마킹 도구이다.
nc	TCP/UDP에서 스위스 군용 나이프와 같은 netcat이다.
netperf netserver	네트워크 성능 도구이다(클라이언트 및 서버).
perfprofd	M: perf 프로 파일링 데몬, /data/misc/perfprofd에 데이터를 수집한다.
procmem	메모리 통계를 나타낸 것이다(/proc/pid/status에서).
procrank	프로세스에 의해 VSS/RSS/PSS/USS 사용량 통계를 제공해 librank를 보완하는 기능이다.
rawbu	/data의 로우 레벨 백업/복구를 제공한다.
sane_schedstat	스케줄러 통계를 사람이 읽을 수 있는 포맷으로 제공해준다.
showmap	프로세스 메모리 맵을 표시한다(/proc/pid/maps).
showslab	커널의 슬랩 할당 정보를 표시한다(/proc/slabinfo).
sqlite3	SQLite 3 명령어 라인 도구이다. 안드로이드에서 다수의 콘텐츠 프로바이더가 SQLite 3로 지원되기 때문에 디버깅이나 포렌식에 있어서 필수불가결한 도구이다.
strace	리눅스 ptrace(2) 시스템 콜을 사용하는 시스템 콜 트레이스이다. 추적과 리버스 엔지니어링을 위한 매우 강력한 도구이다.
su	사용자를 바꾼다(root 또는 다른 사용자).
taskstats	리눅스의 taskstats 인터페이스를 사용하여 상세한 통계를 제공한다(커널에서 지원하는 경우).
tcpdump	패킷 캡처 도구이다. 캡처된 파일은 와이어샤크에서 열 수 있다.
timeinfo	realtime, uptime, awake percentage 및 sleep percentage를 출력한다.

미리 컴파일된 바이너리는 실제 디바이스에서 디버깅 도구로서 매우 유용하다. 이를 사용하면 직관적인 방식으로 디버깅을 할 수 있다. 호스트에서 디렉터리로 adb pull /system/xbin을 사용하고, adb push … /system/xbin을 사용하여 디바이스로 옮기면 디버깅을 할 수 있다(/system 디렉터리가 쓰기 가능할 경우). 거의 모든 바이너리(/system/xbin 및 /system/bin)가 적절하게 동작하려면 공유 라이브러리가 필요하다. 공유 라이브러리는 /system/lib에 존재하며, 이는 다음 섹션에서 논의한다.

/system/lib[64]

/system/lib 디렉터리(그리고 64비트 디바이스는 /system/lib64)는 /system/lib 및 /system/xbin의 바이너리에서 사용하는 공유 라이브러리를 가지고 있다. /system/lib은 대부분의 디바이스에서 몇 개의 하위 디렉터리를 가진다. 이들 중 일부는 디바이스에 의존적이지만, 일반적으로는 다음과 같은 하위 디렉터리를 포함하고 있다.

- drm/(libfwdlockengine.so와 같은 포워드 로킹^{forward locking})을 위한 DRM 엔진을 제공한다.
- egl/(안드로이드 OpenGLES 구현체이며, 2권에서 설명한다.)
- hw/(HAL 모듈을 포함하고 있다. 이는 앞 장에서 공부했다.)
- ssl/engines(OpenSSL을 안드로이드 키스토어 메커니즘과 통합시켜주는 libkeystore.so를 포함하고 있다.)

인텔 디바이스에서 /system/lib는 'arm/'이라는 하위 디렉터리를 가지고 있다. 이 디렉터리에는 /system/lib과 동일한 라이브러리가 ARM 아키텍처를 위해 컴파일되어 있다. 이 라이브러리는 인텔 라이브러리 변환 계층(Houdini)에서 ARM 바이너리를 위한 전체 환경을 제공하기 위해 사용된다(일반적으로 네이티브 라이브러리를 포함하는

APK이다.).

넥서스 디바이스는 Chrome/, Drive/, Wallet/ 등과 같은 구글 서비스에 필요한 JNI 라이브러리를 포함하고 있는 좀 더 많은 하위 디렉터리를 가지고 있다.

거의 모든 안드로이드 바이너리는 동적으로 링크되어 있다. 단, /sbin 내의 디렉터리는 예외이다. 이 디렉터리의 바이너리는 /system이 마운트되지 않는 인스턴스에서 사용된다는 의미를 가지고 있다. 다음 실험에서는 주어진 바이너리가 어떤 라이브러리에서 필요한지 알 수 있는 방법을 살펴본다.

실험: 주어진 라이브러리에 종속된 바이너리 표시 또는 주어진 바이너리에 종속된 라이브러리 표시하기

안드로이드 NDK에서 제공하는 도구 중에서 가장 부족한 도구 중 하나는 리눅스에서 로더의 의존성을 보여주는 ldd(1) 도구이다. ldd는 바이너리 로딩을 시뮬레이션해주는 도구이며, 바로 이 점 때문에 다른 아키텍처를 가진 머신의 바이너리를 처리할 때 실패한다. 이 책의 관련 웹사이트에서 찾을 수 있는 deps 툴은 ldd(1)과 비슷하게 실행 파일의 의존성을 보여주고, 인자로 주어진 라이브러리에 의존하는 모든 실행 파일을 찾기 위해 특정 경로를 스캔한다.

이 도구는 이전에 보여준 힌트와 마찬가지로 디바이스 간 또는 디바이스와 에뮬레이터 간의 바이너리를 옮기는 데 유용한 도구이다. 에뮬레이터의 /system/xbin 밑에 있는 다수의 바이너리는 실제 디바이스를 디버깅하거나 추적할 때 매우 중요하다. 모든 의존성이 정확하게 맞는다면 에뮬레이터에서 디바이스로 바이너리를 옮기는 일(안드로이드 버전이 동일한 경우)은 매우 단순하다. libpagemap.so를 사용하는 procrank와 pagerank가 그 대표적인 예이다. deps 툴을 사용하면 다음과 같은 내용을 볼 수 있다.

출력 2-7 deps 유틸리티의 사용

```
root@Generic:/ # deps -tree /system/xbin/procrank
procrank
+--libc.so ---- libdl.so
+--libm.so ---- libc.so
+--libpagemap.so -+--libc.so
                  +--libm.so
+--libstdc++.so ----libc.so
```

/system/etc

안드로이드의 /system/etc 디렉터리에는 UN*X와 마찬가지로 갖가지 설정 파일 등을 담고 있다. 이 디렉터리는 AOSP의 외부 프로젝트와 호환성을 가지고 있으며, 설정 파일을 찾을 수 있는 /etc의 심볼릭 링크이다. 표 2-12는 이 디렉터리에서 찾을 수 있는 내용을 나타낸 것이다.

표 2-12 /system/etc에서 찾을 수 있는 파일 및 디렉터리

이름	설명
NOTICE.html.gz	모호한 라이선스 및 법적인 이유 때문에 필요한 안드로이드의 수많은 오픈소스 컴포넌트에 대한 법적 고지를 담고 있다. 자주 읽히지 않기 때문에 하이퍼링크된 파일이나 압축 파일 형태로 보관된다.
audio_effects.conf audio_policy.conf	안드로이드 오디오 HAL(2권에서 설명)
apns-conf.xml	디바이스에서 지원하는 사업자 목록이 열거된 텔레포니 프로바이더의 설정 파일이다(com.android.providers.telephony.TelephonyProvider를 사용).
asound.conf	일부 디바이스에서 사용되는 ALSA(Advanced Linux Sound Architecture) 설정 파일이다.
bluetooth/	BlueDroid 설정 파일이다.
clatd.conf	CLATd(IPv6 위에서 IPv4를 처리)를 위한 설정 파일이다.

이름	설명
event-log-tags	다양한 안드로이드 시스템 컴포넌트 태그를 로깅한다(android.util.EventLog를 사용).
fallback_fonts.xml	system_fonts.xml에 지정되지 않는 폰트 패밀리를 적재하기 위한 대체 폰트 목록이다. 안드로이드 layoutlib의 FontLoader에서 사용한다.
gps.conf	GPS 설정 파일이다.
hosts	호환성을 위해 localhost(127.0.0.1)가 포함된 호스트 파일이다.
media_codecs.xml	StageFright의 코덱 목록이다(2권에서 다룸).
media_ profiles.xml	LibMedia의 프로 파일 목록이다(2권에서 다룸).
ppp/	VPN 및 PPP의 연결을 시작하거나 중단하는 바이너리가 포함되어 있다.
permissions/	내장 앱(AOSP 및 벤더)의 권한 정보가 포함된 XML 파일이다. 패키지 매니저(PackageManager)에서 사용된다.
security/	디바이스에 하드 코딩된 인증 기관(cacerts/)이 포함된 디렉터리다. OTA 업데이트 인증(otacerts.zip) 및 서명된 APK를 위한 SELinux 라벨이다. 8장에서 상세히 다룬다.
system_fonts.xml	시스템 폰트 목록이고, 패밀리와 폰트 세트로 구성된 시스템 폰트 목록이며, /system/fonts 내에 폰트 스타일이 TTF로 매핑되어 있다. 안드로이드 layoutlib의 FontLoader에서 사용된다.
wifi/	Wi-Fi 및 Wi-Fi P2P의 연결(2권에서 다룸)을 제어하는 WPA 서플리컨트(supplicant)에서 사용하는 디렉터리다.

/system/etc는 디바이스 벤더(특히 칩셋 벤더)에 따라 다수의 추가 파일을 가지고 있다. 표 2-13은 MSM 칩셋을 가진 퀄컴 디바이스에서 찾을 수 있는 파일들을 나타낸 것이다.

표 2-13 퀄컴(MSM) 디바이스의 /system/etc 내의 파일

이름	설명
*.acdb	퀄컴 디바이스의 libacdbloader.so에서 사용하는 오디오 캘리브레이션 데이터베이스 파일이다.
snd_msms	퀄컴 MSM SoC 사운드 디바이스에서 사용하는 ALSA 파일이다.
thermal*.conf	디바이스 온도를 모니터링할 수 있는 thermald 데몬에서 사용하는 설정 파일이다.

/data

이 파티션에는 모든 사용자의 개인 데이터가 보관된다. /data 파티션은 몇 가지 중요한 이유로 인해 별도의 파티션으로 제공된다.

- /data는 안드로이드 버전과 상관없이 동작한다: 시스템 업그레이드 및 복구는 사용자 데이터에 영향을 미치지 않고, /system 파티션 전체를 지우고 다시 쓴다. 거꾸로 말하면 디바이스는 빠르게 초기화되고, /data 파티션을 포맷해야만 "공장 초기화"에서처럼 모든 데이터가 삭제된다.

- 사용자가 필요하다면 /data는 암호화되어 저장된다: 데이터를 암호화해 저장하면 암호화 및 복호화 과정에서 각각 지연 시간이 발생한다. 설계상 /system 디렉터리에는 민감한 정보가 없기 때문에 이를 암호화할 필요는 없고, 이러한 지연 시간을 피할 수 있다.

- /data는 실행 불가능하도록 할 수 있다(예를 들면 noexec 옵션으로 마운트하거나 SELinux를 함께 시행하면 된다.). 킷캣에서는 이 옵션이 기본이 아니다. 실행 가능한 파일을 저장할 수 있는 쓰기 가능한 파티션이 없기 때문에 이렇게 하면 멀웨어의 공격을 크게 완화시킨다. 이는 DEX 및 OAT는 가상 머신 위에서 구동되기 때문에, 적법한 달빅/ART 앱에는 영향을 미치지 않지만, 루팅한 폰에는 영향을 미칠 가능성이 높다(예를 들면 다시 마운트를 하는 경우, /system도 동일하게 쓰기가 불가능하다.).

/data 파티션은 루팅된 디바이스가 좀 더 동작하기 힘들도록 nosuid로 마운트된다. - 루트 접근은 어떻게든 얻을 수 있다고 가정하면, su 바이너리는(이를 이용하면 효율적이고, 영구적인 백도어를 만든다.) 읽기 전용인 /system 디렉터리 내에 위치해야 한다. /system을 읽기-쓰기 모드로 다시 마운트하는 것은 간단하고, 실제로 이는 해킹을 하기 위한 유일한 장애물이다. 이는 심층 방어의 한 가지 예이고, 킷캣의 dm-verity(8장에서 설명)를 가지고 /system을 암호화 해시할 때 좀 더 효과적으로 방어할 수 있다.

표 2-14는 /data 파티션의 내용을 나타낸 것이다. 벤더와 통신 사업자는 여기에 추가 파일 및 디렉터리를 넣을 수 있다.

표 2-14 /data 파티션 내의 디렉터리

디렉터리	설명
anr	무응답 안드로이드 앱의 스택 트레이스를 기록하기 위해 dumpstate에서 사용한다. 스택 트레이스는 dalvik.vm.stack-trace-file 속성마다 traces.txt에 기록된다.
app	사용자 설치 애플리케이션이며, 다운로드한 .apk 파일은 여기에 저장된다.
app-asec	애플리케이션 asec 컨테이너이다(이번 장의 후반부에 설명한다.).
app-lib	애플리케이션의 JNI 라이브러리는(시스템 및 사용자 설치) 여기에서 찾을 수 있다.
app-private	애플리케이션의 전용 저장 공간을 제공한다. asec가 더욱 향상된 보안을 제공하기 때문에 실제로 사용되지는 않는다.
backup	백업 서비스에서 이곳을 사용한다.
bugreports	bugreport에서 전적으로 사용한다. bugreport는 bugreport-yyyy-mm-dd-hh-mm-ss 형식으로 텍스트 파일 및 화면 캡처를 가진 보고서를 생성한다.
dalvik-cache	시스템 및 사용자 애플리케이션에 최적화된 classes.dex이다. 각 앱의 dex 파일 앞에는 apk의 경로가 "@" 문자를 경로 구분자로 지정하고 있다(예를 들면 system@framework@bu.jar@classes.dex).
data	설치된 애플리케이션의 데이터 디렉터리이며, 인버스 디렉터리 포맷이다. 다음에 논의한다.
dontpanic	예전에는 안드로이드 패닉 콘솔 및 스레드에서 사용되었지만, 지금은 사용되지 않는다.
drm	안드로이드 DRM(Digital Rights Management)에서 사용한다.
local	uid 셸(ADB 세션에서 사용)에서 사용하는 읽기/쓰기가 가능한 임시 디렉터리이다.
lost+found	fsck에서 자동으로 생성된 디렉터리이고, 비어 있다(파일시스템이 깨지지 않으면 링크되지 않는 아이노드를 포함하고 있을 수 있다.).
media	마운팅된 미디어를 위한 sdcard 서비스에서 사용된다.
mediadrm	미디어 DRM 서비스에서 사용한다.
misc	"잡다한" 데이터 및 컴포넌트 설정을 보관하는 디렉터리이다(Table 2-dm 참조).
nfc	NFC 파라미터를 저장한다.
property	영구 속성을 저장한다(디바이스를 다시 시작해도 보관된다.). 각 속성은 속성명이 파일 이름으로 제공되는 자신의 파일에 저장된다.
resource-cache	AssetManager에서 캐시된 리소스이다(2권에서 설명한다.).
security	일반적으로 비어 있다.
ssh	시큐어 셸 서비스를 제공하는 디바이스의 경우, 이곳을 사용한다(일반적으로는 비어 있다.).
system	시스템 설정과 관련된 다수의 파일이 저장된다. 표 12-18에서 볼 수 있다.
tombstones	debuggerd에서 생성된 애플리케이션 충돌 보고서이다. 코어 덤프 전체는 제한된 파일시스템 공간 때문에 적합하지 않다. debuggerd는 코어 덤프가 없는 경우, 기본적인 오텁시 서비스(autopsy service)를 제공한다. 일부 벤더는 이 디렉터리에 별도의 파티션을 할당한다.
user	젤리빈 및 이후 버전: 사용자 번호(0,1, ...)를 사용자별로 설치된 애플리케이션과 데이터를 가진 디렉터리에 심벌링 링크해 "다중-사용자"의 능력을 제공한다. 단일 사용자 시스템은 숫자 0이 /data/data에 링크된다.

> /data 디렉터리 퍼미션은 /data/data의 퍼미션 이외에도 모두 chmod 771 system으로 구성되어 있어야 하고, 여기에 안드로이드 보안 모델이 있다. 디렉터리는 모든 애플리케이션에서 실행 가능하지만, 읽기가 어렵다(애플리케이션 또는 신뢰할 수 없는 프로세스는 "이웃" 디렉터리를 열람할 수 없다.). 이는 uid shell(루트 adb 세션)을 사용하여 디렉터리를 /data 및 /data의 모든 하위 디렉터리로 변경할 수 있다. 시스템의 하위 디렉터리(예를 들면 /data/system 및 /data/misc는 읽기 가능하지만 /data/data 및 /data 자체에서는 ls 명령어가 인식되지 않는다. 또한 킷캣을 기준으로 SELinux 라벨을 인자로 가진다. 따라서 하위 디렉터리를 자유롭게 탐색하려면 루트 권한이 필요하다.

/data/data

/data/data는 다소 과장된 이름이지만, 이 디렉터리는 시스템 및 사용자가 설치한 모든 애플리케이션에 데이터를 저장할 수 있다. 각 애플리케이션은 애플리케이션의 uid/gid에 역 DNS 포맷(chmod 751(rwxr-x--x))으로 자신만의 하위 디렉터리를 가진다. /data/data 디렉터리 자체는 chmod 771 system system이고, 이 점 때문에 모든 애플리케이션에서 이 디렉터리를 탐색할 수 있지만, 시스템이 소유한 것만 읽을 수 있다. 애플리케이션의 디렉터리는 사용자 외에 아무도 볼 수 없지만, 실행 가능하기 때문에 애플리케이션의 특정 파일을 안전하게 보관하는 책임은 모두 애플리케이션에 있다.

/data/data의 하위 디렉터리는 전체 시스템에서 앱이 쓸 수 있는 유일한 곳이다. 위치, 문자 및 전화를 사용하는 주식 애플리케이션은 모든 안드로이드 디바이스에서 볼 수 있다. 이는 포렌식을 위한 핵심이 된다. /data/data에서 관심을 가져야 할 몇 개의 하위 디렉터리들은 표 2-15와 같다.

표 2-15 /data/data에서 관심을 가져야 할 하위 디렉터리 목록

앱 하위 디렉터리	사용되는 곳	포함하고 있는 것
com.android.providers.calendar	캘린더	캘린더: databases/calendar.db(events 테이블 내)
com.android.providers.contacts	연락처	databases/contact2.db에 있고, 디바이스의 다른 부분에서 흥미를 가질 만한 정보이다. SQLite3은 메인 데이터베이스이고, contact(디바이스에 저장된 연락처) 및 call(최근 통화 기록) 테이블이 있다. files/thumbnail_ photo_ xxxxx.png는 연락처의 섬네일이다.
com.android.providers.telephony	메시지	멀티미디어(MMS)/텍스트(SMS) 메시지 데이터베이스: databases/mmssms. db
com.android.providers.settings	설정	databases/settings.db: 모든 안드로이드 프레임워크 런타임 설정이 있고, global 및 secure 테이블이 있다.
com.google.android.apps.maps	구글 맵	도착지 보관: gmm_myplaces.db, gmm_storage.db 및 log_events.db 테이블이 있다. cache/http는 맵 타일을 보관하고 있다.
com.google.android.gm	지메일	databases/mailstore.email.db: 디바이스에 다운로드한 사용자 메일을 등록된 이메일 주소별로 보관(messages 테이블)하는 SQLite3 데이터베이스이다. 메일의 첨부 파일은 cache/email에 보관되어 있다.
com.android.chrome	크롬	크롬 브라우저의 상태(이전 안드로이드 내장 브라우저인 com.android. browser를 대체). cache/ 디렉터리(브라우저 캐시), History, Archived History(url 테이블에서 히스토리 탐색), Login Data(login 테이블에 인증서 저장) 및 Cookies 데이터를 담고 있는 app_chrome/Default 디렉터리이다.

애플리케이션은 데이터를 SD 카드에 저장할 수 있지만, 애플리케이션 상태와 관련된 대부분의 데이터는 /data/data 디렉터리에서 찾을 수 있다. 애플리케이션 상태를 수작업으로 저장하거나 복구하고 싶다면, 이는 매우 유용하다(실제 대부분의 게임에서는 이를 사용한다.). 애플리케이션은 백업 자동화(로컬 또는 구글 클라우드 서비스에)를

위해 안드로이드 백업 서비스에 등록할 수 있다. 이 부분은 다음 장에서 논의한다.

표 2-15는 포괄적인 내용을 담고 있지 않다. 특정 애플리케이션 파일을 찾고 싶다면, 리버스 DNS 표기법(APK 의 이름과 일치하는)으로 /data/data 디렉터리 내의 앱에 관한 데이터를 찾는 것이 좀 더 직관적이다. 이 디렉터리 내의 파일은 루팅된 디바이스에서 구하기 쉬우며, 데이터베이스에서 다른 내용을 살펴보기 위해서는 sqlite3 및 file을 사용하면 된다. 다음 실험을 통해 좀 더 자세히 알아볼 수 있다.

실험: /data/data 디렉터리를 통한 디바이스 포렌식

루팅된 디바이스에서 SQLite3를 가지고 애플리케이션 데이터 디렉터리를 쉽게 조사할 수 있다. 안드로이드 에뮬레이터 이미 지는 /system/xbin 내의 sqlite3 바이너리를 포함하고 있기 때문에 대부분은 루팅 패키지처럼 할 수 있다.

예제로 크롬 브라우저를 이용해보자. 브라우저를 실행시킨 뒤 아무 사이트에나 접속한다. 프로세스가 데이터베이스를 잡고 있기 때문 에 히스토리 데이터베이스를 살펴보기 위해서는 프로세스를 종료해야 한다. 데이터베이스를 연결한 뒤에 간단한 SQL 쿼리를 실행시 켜보자./

출력 2-8 sqlite3을 가지고 크롬 히스토리 테이블 조사

```
root@htc_m8wl:/ # cd /data/data/com.android.chrome
# 테이블 정의를 보기 위해 ".schema" 명령어 사용

root@htc_m8wl:/data/data/com.android.chrome # sqlite3 app_chrome/Default/History
sqlite> .schema urls
CREATE TABLE urls(id INTEGER PRIMARY KEY,url LONGVARCHAR,title LONGVARCHAR,
visit_count INTEGER DEFAULT 0 NOT NULL,typed_count INTEGER DEFAULT 0 NOT NULL,
last_visit_time INTEGER NOT NULL,hidden INTEGER DEFAULT 0 NOT NULL,
favicon_id INTEGER DEFAULT 0 NOT NULL);
CREATE INDEX urls_url_index ON urls (url);
sqlite> select * from urls where url like "%android%";
id|url                          |title                    | | |last_visit_time   | |
52|http://newandroidbook.com/   |Android Internals        |2|2|13054934895637919|0|0
53|http://newandroidbook.com/TOC.html|Android Internals::TOC|1|0|13054934883061164|0|0
```

data/data/com.android.providers.contacts/databases: 내의 contact2.db도 살펴볼 수 있다는 것을 나타낸 것이다.

출력 2-9 콜 로그 조사

```
sqlite> .schema calls
CREATE TABLE calls (_id INTEGER PRIMARY KEY AUTOINCREMENT,number TEXT,
presentation INTEGER NOT NULL DEFAULT 1,date INTEGER,duration INTEGER,
...
# 예를 들면 무료 통화 조회
sqlite> select _id, number, date, duration from calls where number like "%800%";
id|number     |date         |duration
2 |18001750930|1396019679278|0
16|18007562000|1402005179460|0
```

또 다른 유용한 포렌식 트릭(반드시 루팅된 디바이스가 아니라 언록된 디바이스에서도 된다.)은 adb를 통해 연결한 뒤에 관심 있는 패 키지를 adb backup을 요청하여 데이터를 받는 방법이다. 이 방식의 요청은 BackupManagerService에서 호출되기 때문에 /data/ data 디렉터리에 제한없이 접근할 수 있고, 모든 앱의 파일을 읽을 수 있을 뿐만 아니라 호스트로 그 데이터를 전송할 수 있다(백업 절 차와 BackupManagerService에 대해서는 다음 장과 2권에서 각각 상세히 설명한다.).

백업을 시작하면 BackupManagerService가 사용자의 동의를 기다린다(언록된 디바이스가 필요한 이유는 바로 이 때문이다.). 동작이 승인되면 .ab 확장자로 호스트상에 백업 아카이브가 생성된다. 파일 포맷만 변경하면 백업 아카이브를 쉽게 풀 수 있다. 이는 다음 장 에서 다시 설명한다.

/data/misc

이 디렉터리는 안드로이드 하위 시스템의 갖가지 데이터와 설정 디렉터리를 담고 있다. 여기에는 디렉터리의 이름과 달리 시스템에서 가장 중요한 파일 중 일부가 담겨 있다.

표 2-16 /data/misc 내의 디렉터리

디렉터리	내용
adb	신뢰된 ADB 호스트 공개-키(젤리빈부터)
bluedroid	블루투스 서브 시스템(4.2 이상) 설정 파일이다. 더 이상 쓰지 않는 블루투스이다.
dhcp	dhcp ctdent 데몬 및 활성화된 모든 dhcp 임대(lease)의 PID 파일을 가지고 있다.
keychain	안드로이드에 내장된 인증서 핀 및 블랙리스트이다.
keystore	사용자별로 사용되는 키스토어 데이터이다.
media	미디어 서버에 대한 예약 디렉터리다. – 일반적으로는 비어 있다.
net	netd에서 사용한다. PID 파일과 라우팅 제어 테이블 파일(rt_tables)을 보관한다.
sensors	센서 디버그 데이터이다.
sms	sms의 codes 데이터베이스를 포함하고 있다.
systemkeys	ASEC 컨테이너 키이다(AppsOnSD.sks).
vold	M: 외장 스토리지 드라이버를 위한 복호화 키를 가지고 있다.
vpn	VPN 상태 설정 파일을 담고 있다.
wifi	Wi-Fi 하위 시스템 설정 파일(예를 들면 wpa_supplicant.conf) 및 소켓을 담고 있다.

/data/system

/data 디렉터리의 중요한 하위 디렉터리 중 하나는 /data/system 디렉터리다. 이곳에는 디바이스 상태를 유지하는 핵심적인 파일들이 존재한다. 이 책을 읽는 독자는 이미 예상했겠지만, 이 디렉터리에는 system:system만 접근할 수 있기 때문에 디바이스가 루팅되지 않았다면 표 2-17의 파일은 볼 수 없다.

표 2-17 /data/system의 콘텐츠

파일/디렉터리	설명
appops.xml	애플리케이션 퍼미션을 제어하는 AppOps 서비스에서 사용한다.
batterystats.bin	애플리케이션의 전원 관련 통계를 유지하는 BatteryStats 서비스에서 사용한다.
called_pre_boots.dat	부팅 전 브로드캐스트 리시버를 잡기 위해 ActiveManager에서 사용한다.
device_policies.xml	DevicePolicyManagerService에서 사용하는 설정 파일이다.
dropbox/	DropBox 서비스에서 사용하는 디렉터리이다.
entropy.dat	무작위 난수 발생을 위한 EntropyMixer에서 사용하는 시스템 엔트로피 스토어이다.
[gesture|pattern].key	PIN 및 패스워드 해시의 잠금 화면 패턴을 관리한다. 자세한 내용은 8장에서 다룬다.
framework_atlas.config	비트맵을 단일 파일로 묶는 AssetAtlasService에서 사용한다.
ifw/	인터넷 방화벽의 룰베이스이다(대부분 사용되지 않는다. 8장에서 다룬다.).
locksettings.db	잠금 화면 설정: 디바이스 잠금 정책을 가지고 있다(8장에서 다룬다.).
ndebugsocket	debuggered와 ActivityManager 사이의 통신에 사용되는 소켓이다.
netpolicy.xml	NetworkPolicyManagerService에서 사용되는 설정 파일이다.

파일/디렉터리	설명
netstats/	NetworkStatsService 통계(디바이스, uid 또는 x별)를 담는 데 사용되는 디렉터리이다. 이전 버전의 안드로이드에서는 /data/system 밑에 파일을 떨어뜨렸다.
notification_log.db	M: NotificationManager의 로그 데이터베이스이다(SQLite3 데이터베이스).
packages.list	시스템에 설치된 모든 패키지(APKs)의 PackageManager 목록이다.
packages.xml	설치된 패키지상의 메타데이터를 담는 PackageManager에서 사용한다.
procstats/	ProcessStats 서비스 파일이 저장되는 디렉터리이다.
recent_[tasks|images]	ActivityManager의 TaskPersister 컴포넌트에서 사용된다.
registered_services/	android.content.pm.RegisteredServicedCache에서 사용되는 디렉터리이다.
seapp_hash	SELinux MMAC에서 사용되는 seapp_context 파일 해시이다(8장에서 다룬다.).
usagestats/	UsageStats 서비스의 파일을 저장하는 데 사용된다. 특히 usage-history.xml이다.
users/	안드로이드 "다중-사용자"지원을 위한 디렉터리다. 8장에서 좀 더 자세히 설명한다.

/cache

이 파티션은 시스템이 업그레이드되는 동안에 사용하기 위해 안드로이드에서 정의한 파티션이다. 시스템 업데이트 파일은 이 파티션에 다운로드한다. 부트 매니저는 이미 이 파티션의 존재를 알고 있다. 특히 복구/업그레이드 모드에서 부팅할 때는 이 파티션을 확인한다. 일반적인 경우, 이 파티션은 비어 있다.

최근에 OTA를 업데이트하였다면 이 업데이트가 설치되기 전까지 이 파티션에서 업데이트를 볼 수 있다. 더욱이 복구 바이너리 및 시스템(특히 android.os.RecoverySystem 클래스)은 복구(또는 업그레이드)를 위한 부팅 시에 정보를 교환하는 데 사용한다. 표 2-18은 이를 나타낸 것이다.

표 2-18 /cache 파티션 내의 경로들

복구	경로	사용법
CACHE_LOG_DIR	/cache/recovery	복구 바이너리에서 독점적으로 사용하는 디렉터리
LAST_LOG_FILE	/cache/recovery/last_log	이전 복구/업데이트에 대한 로그
LOG_FILE	/cache/recovery/log	현재 복구/업데이트에 대한 로그
COMMAND_FILE	/cache/recovery/command	recovery에 사용되는 커맨드라인 인자
INTENT_FILE	/cache/recovery/intent	복구가 완료된 후에 실행되는 인텐트
LAST_INSTALL_FILE	/cache/recovery/last_install	마지막 설치 로그
LAST_LOCALE_FILE	/cache/recovery/last_locale	다음 부팅에 사용되는 언어 설정

복구와 업데이트 프로세스는 3장에서 자세히 다룬다.

/vendor

이 디렉터리는 벤더에서 개조한 소스를 안드로이드에 포함시키기 위한 목적으로 만들어졌다. 이러한 전략은 OS 업그레이드나 업데이트를 좀 더 효율적으로 할 수 있게 해주었다. 선택된 시스템 컴포넌트는 /system 경로 이외에 /vendor 경로를 체크하도록 하드 코딩되어 있다. 표 2-19는 관련 경로를 나타낸 것이다.

표 2-19 시스템 컴포넌트에서 찾는 /vendor 내의 디렉터리

컴포넌트	검색하는 경로
패키지 매니저	/vendor/app
폰트	/vendor/etc/fallback_fonts.xml
공유 라이브러리	/vendor/lib
DRM 라이브러리	/vendor/lib/drm /vendor/lib/mediadrm
eGL 라이브러리	/vendor/lib/egl
프레임워크	/vendor/overlay/framework
펌웨어	/vendor/firmware
오디오 효과	/vendor/etc/audio_effects.conf

/vendor 디렉터리 내의 내용은 디바이스에 따라 다르다. 왜냐하면 벤더는 자신들의 앱과 컴포넌트를 그들에 맞게 추가하기 때문이다. 어떤 벤더(특히 아마존)는 자신들의 커스텀 프레임워크와 기능(각각의 출력 디바이스에 맞게 CSV 파일 포맷으로 오디오 볼륨을 조정하는 킨들의 "스마트 볼륨" 기능의 경우에는 /vendor/amazon/smartvolume에 위치한다.) 을 추가하기 위해 여기에 별도의 하위 디렉터리 구조(/vendor/amazon)를 생성한다. 다른 벤더는 이 디렉터리를 아예 무시하거나 /system에서 변경된 것만 추가한다. 벤더의 앱은 이러한 방식으로 제공하는 것이 일반적이며, 사실 /vendor/app은 거의 사용되지 않는 경우도 많다. 왜냐하면 벤더와 통신 사업자 앱의 블로트웨어(메모리를 많이 잡아먹는 앱)를 줄이기가 힘들기 때문이다. 넥서스 9에 설치된 L을 살펴보면, 이후 안드로이드 버전에서는 나머지 시스템과 독립적으로 업데이트될 수 있도록 별도의 파티션에 /vendor를 가지고 있을 가능성이 높다.

SD 카드

안드로이드의 가장 강력한 기능 중 한 가지는 'SD 카드 지원'이다. 많은 iOS 사용자들에게는 부족한 기능이다. 대부분의 폰은 SD 카드를 내장하고 있고(비록 쉽게 탈착이 가능하지만), 태블릿도 쉽게 탈착이 가능한 확장 슬롯을 가지고 있다.*

대부분의 SD 카드는 vfat 또는 fat32 파일시스템으로 포맷되어 있지만, 이 파일시스템은 퍼미션을 지원하지 않는다. 안드로이드는 여기에 퍼미션 및 다중 사용자 설정(젤리빈 이후)을 적용하기 위해 FUSE^{File Systems in USEr Mode}를 통해 SD 카드를 에뮬레이팅하는 부자연스러운 방법을 채택하였다. FUSE는 커널이 아니라 사용자 모드 프로세스에서 파일시스템을 구현한 것이다. 커널-수준의 심^{shim}에서는 기본적인 파일시스템 등록 및 VFS로 인터페이스와 같은 일반적인 지원만 하고, 실제 구현은 사용자 모드 프로세스인 /system/bin/sdcard에 모두 위임하였다. SD 카드의 마운트 지점은 안드로이드가 진화되면서 몇 번이나 변경되었고, 현재는 /storage/ext_sd이다. SD 카드가 없는 디바이스의 경우, 마운트 포인트는 /data 파티션의 특정 디렉터리로(일반적으로 /data/media/0) 지정되는

---

* 실제 iOS는 SD 카드를 본질적으로 지원하지만 SD 카드를 추가할 수 있는 유일한 방법은 "카메라 커넥션 킷"을 사용하는 것이다. 사실 이는 USB 호스트 어댑터를 변형한 형태이다. 물론 이를 위해서는 29.95달러(또는 그 이상)의 비용이 들고, 전원 및 USB를 동시에 연결할 때에는 디바이스당 하나의 슬롯만 사용할 수 있다.

가상 포인트가 된다. 기본 디렉터리 구조와 함께 fs-sd 출력을 보여주고 있다.

출력 2-10 SD 카드 디렉터리

```
shell@android:/ $ cd /mnt/sdcard
shell@android:/mnt/sdcard $ ls -F
Alarms/
Android/
DCIM/                    # 카메라로 연결될 때 호스트와 공유된다.
Documents/
Download/
Movies/
Music/
Notifications/
Pictures/
Playlists/
Podcasts/
Ringtones/
```

표준 디렉터리는 android.os.Environment 클래스의 상수로 정의되어 있다. 서드파티 애플리케이션은 SD 카드에 자체 파일 디렉터리를 생성할 수 있다.

안드로이드는 "실제" SD 카드 파일시스템뿐만 아니라 SD 카드가 없는 디바이스에서 에뮬레이트된 SD 카드 파일시스템이다. mount 명령어를 이용하면 다음과 같이 SD 카드 파일시스템을 볼 수 있다.

출력 2-11 SD 카드 파일시스템 조회

```
shell@htc_m8wl:/ $ mount | grep fuse
/dev/fuse /mnt/shell/emulated fuse rw,nosuid,nodev,relatime,user_id=1023,group_id=1023,...
/dev/fuse /storage/ext_sd fuse rw,nosuid,nodev,relatime,user_id=1023,group_id=1023,...
```

5장에서 sdcard 데몬의 기술적 측면에 대해 집중적으로 논의한다.

보호된 파일시스템

안드로이드가 개방형 시스템이라는 이유 때문에 애플리케이션의 배포에는 몇 가지 문제점이 있다. 기술적으로 뛰어난 사용자는 애플리케이션이 SD 카드에 설치되는 경우, adb를 사용하여 디바이스 간에 apk를 복사할 수 있다. 물론 평균적인 기술을 가진 사용자도 이 작업을 할 수 있다. 안드로이드는 DRM을 지원하기 위해 완전히 새롭게 설계된(FairPlay 메커니즘 및 기본으로 애플리케이션 코드를 암호화) iOS와 달리 DRM을 적용하기 위한 메커니즘이 천천히 적용되고 있다. 안드로이드 보안 메커니즘 두 가지-OBB[Opaque Binary Blobs] 및 ASec[Android Secure Storage]-는 이번 장에서 다룬다. OBB는 애플리케이션 제한을 우회할 필요성에 의해 탄생하였고, 특히 후자는 보안적인 관점에서 탄생하였다.

OBB

구글 플레이는 APK의 크기를 50MB까지 제한한다. 일부 애플리케이션의 경우 이러한 제약은 매우 중대한 문제일 수 있다. 특히 멀티미디어 파일을 처리해야 하는 애플리케이션이 이에 해당한다. 진저브레드에서 안드로이드는 OBB[Opaque Binary Blobs] 포맷을 지원하기 시작했다. 개발자는 이 포맷을 이용하여 애플리케이션에 추가 데이터를

OBB 형태로 2GB까지 넣을 수 있다. OBB에는 단일 블랍 객체에 여러 개의 멀티미디어 파일을 보관할 수 있고, 암호화도 적용할 수 있다.

OBB는 정확히-opaque(불투명) 단어-애플리케이션 개발자가 여기에 포함시킬 콘텐츠나 포맷을 결정한다는 것을 의미한다. 때로 이는 볼륨 데몬에서 호출해 마운트될 수 있는 vfat 파일시스템 이미지가 된다. 그리고 vold는 마운트를 위해 리눅스 커널의 디바이스 매퍼에서 호출된다. 디바이스 매퍼는 투피시twofish 암호화를 지원하고, 암호화 키는 OBB 마운트를 요청할 때 전달된다. 애플리케이션은 android.os.StorageManager의 mountObb 메서드를 호출한 뒤 키를 지정해 OBB를 마운트할 수 있다. 그림 2-1은 OBB 마운팅의 절차를 나타낸 것이다.

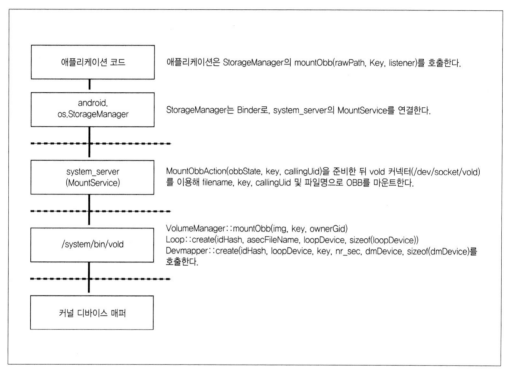

그림 2-1 OBB 마운팅 절차

OBB파일은 시스템에서 분석할 수 있도록 하기 위해 특정 형태의 메타데이터를 가질 수 있다. /system/lib/libandroidfw.so에서 OBB의 메타데이터 분석을 지원하고, 이 라이브러리의 ObbFile.cpp의 구현체를 살펴보면 메타데이터가 트레일러(일반적으로 헤더에 있다고 예상하지만) 내에 있다는 것을 알 수 있다. OBB는 파일의 끝부분으로 이동한 뒤 역으로 탐색하면서 파싱한다. 그림 2-2는 트레일러의 필드를 나타낸 것이다.

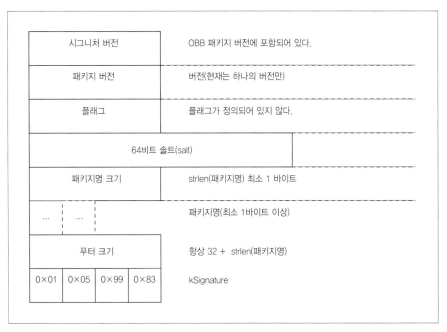

시그니처 버전	OBB 패키지 버전에 포함되어 있다.
패키지 버전	버전(현재는 하나의 버전만)
플래그	플래그가 정의되어 있지 않다.
64비트 솔트(salt)	
패키지명 크기	strlen(패키지명) 최소 1 바이트
... ...	패키지명(최소 1바이트 이상)
푸터 크기	항상 32 + strlen(패키지명)
0×01 0×05 0×99 0×83	kSignature

그림 2-2 OBB 트레일러 정보

안드로이드 소스 트리에는 obbtool이 포함되어 있다. 이 툴은 리눅스에서 OBB 파일을 생성하는 데 사용되는 셸 스크립트이다. – 빈 vfat 이미지를 만들고 난 뒤, 호스트에서 디바이스 매퍼를 사용해서 루프 마운트한다. 마운트가 되면 여기에 파일을 추가할 수 있고, 언마운트되면 이미지가 커밋된다. 또한 SDK는 OBB를 생성하고 관리하기 위해 jobb[6] 유틸리티를 제공한다. 프레임워크는 ObbScanner클래스를 제공하기 때문에 OBB 파일에서 기본적인 메타데이터를 얻을 수 있다(앞에서 언급한 libandroidfw.so를 JNI로 호출해서). OBB는 안드로이드 문서 내의 APK Expansion Files[7]에 설명되어 있다. vdc 커맨드를 통해 vold를 사용하면 OBB의 목록을 조회하거나, OBB를 마운트 또는 언마운트할 수 있다. 이는 5장에서 논의한다.

ASec

안드로이드는 "시큐어 스토리지" 기능을 제공하는데, 이는 "ASec[Android Secure Storage]"라고 한다. 이는 "포워드-라킹"으로 알려진 프로세스를 통해 사용자가 다른 디바이스로 애플리케이션을 복사할 수 없도록 적절한 보안 레벨을 유지하기 위해 애플리케이션을 암호화하여 디바이스에 배포하는 메커니즘을 제공한다. 애플리케이션은 asec 컨테이너를 사용하여 어디든 배포될 수 있다. 안드로이드에 SD 카드와 같은 외장 스토리지를 추가할 수 있는 기능이 처음 탑재된 프로요부터 시큐어 스토리지 기능도 함께 추가되었다. 실제 컨테이너는 SD 카드 내에 존재하지만, 키 없이는 사용하기 힘들다. 당연히 키는 다른 어디엔가 저장되어 있고, 안드로이드는 이를 시스템 키스토어(/data/misc/systemkeys)에 저장한다. 루트 사용자만 암호화 키를 읽을 수 있기 때문에 "적절한" 보안 수준이라고 할 수 있다.

ASec 컨테이너는 고정된 헤더인 asec_superblock으로 시작하는 암호화된 파일시스템이다. 이는 그림 2-3에서와 같이 system/vold/Asec.h에 정의되어 있다.

0×C0	0×DE	0×F0	0×0D	매직 밸류(파일 시그니처)
1				버전(현재는 한 버전만)
c_cipher				암호화 알고리즘 0: 없음, 1: 투피시(TwoFish), 2: AES
c_chain				체이닝(사용 안 함, 현재는 0: 없음만 존재)
c_opts				옵션 0: 없음, 1: Ext4
c_mode				모드(사용 안 함, 현재는 0: 없음만 존재)

그림 2-3 ASec 헤더(system/vold/Asec.h)

Asec 생성 및 관리는 MountService에서 지시받은 대로 동작하는 볼륨 매니저(vold)에서 담당한다. ASec를 생성하거나 마운팅할 때에는 키가 필요하고, Asec 컨테이너가 마운트될 때 vold는 커널의 디바이스 매퍼를 사용하며, 루프 마운트를 수행하고, 키를 DM_TABLE_LOAD ioctl을 통해 커널의 dm-crypt에 전달한다.

df 명령어를 사용하면 Asec 마운트를 볼 수 있고, vold의 커맨드라인 vdc(5장에서 설명)를 사용하여 볼 수도 있다.

출력 2-12 ASEC 파일시스템 조회

```
shell@s4$ df | grep asec
/mnt/asec                  930.8M      0.0K   930.8M   4096
/mnt/asec/com.tripadvisor.android.apps.cityguide.shanghai-1    23.0M
#
# 마운티드 asec를 살펴보기 위해 볼륨 데몬 커맨드 유틸리티(vdc)를 사용한다.
#
shell@s4$ vdc asec list
111 0 com.tripadvisor.android.apps.cityguide.shanghai-1
200 0 asec operation succeeded
```

암호화 분야에서 오래된 문제는 '키 관리'이다. ASec 컨테이너에 사용될 암호화 키는 어디에 저장할까? 키 자체가 암호화되어 있다면, 이는 '닭과 달걀'의 문제에 빠지게 된다. 그러므로 안드로이드에서는 /data/misc/systemkeys/AppsOnSD.sks 파일 하나에 키(128비트 BlowFish)를 넣도록 선택할 수 있다. 키를 가지고 있는 파일은 평문이지만, 루트 계정으로만 읽을 수 있다. 루팅된 디바이스에서는 당연히 지적 재산권 보호를 위해 ASec를 사용할 수 없다.

ASec 컨테이너의 실험에 관심이 있는 독자들은 'Android Explorations blog post about JB's App Encryption[8]'이 많은 도움이 될 것이다.

ASec 기능과 OBB의 기능은 비슷해 보인다. 양쪽 기능 모두 디바이스 매퍼에 의존하고 데이터를 생성하고 접근하는 데에 파일 암호화$^{dm-crypt}$을 사용한다. ASec는 애플리케이션 확장 파일을 포함할 뿐만 아니라 전체 앱을 포괄하는 OBB를 개선한 기능과 같다. 동일한 메커니즘은 전체 파일시스템으로 확장될 수 있다. 사실 안드로이드는 전체 디스크 암호화 기능을 사용한다. 이는 8장에서 다시 설명한다. 이 기능은 안드로이드 M의 "어돕터블" 스토리지에 확장되어 dm-crypt를 통해 외장 USB 스토리지를 암호화할 수 있다.

리눅스 가상 파일시스템 ────────

리눅스 커널은 안드로이드에서도 사용할 수 있는 세 가지 다른 파일시스템을 제공한다. 이들은 배울 내용인 앱의 리눅스 관점(리눅스 레벨에서 실행되는 안드로이드 앱을 추적하고 분석)을 논의하는 7장에서 특히 중요하다. 이번 섹션에서 이 가상 파일시스템에 대한 포괄적인 설명을 제공한다는 의미는 아니다. 이보다 앞으로 배울 내용에서 필요한 특정 경로를 설명한다.

가상 파일시스템$^{pseudo-filesystem}$이라는 용어: 이 파일시스템은 실제 스토리지에 의해 지원되지만, "진짜"는 아니다. 그 대신 파일시스템은 커널 내의 콜백에서 직접 관리되고, 파일 또는 디렉터리에 접근할 수 있으며, 해당하는 커널 레벨의 핸들러 함수가 호출된다. 이는 이 파일시스템의 실제 저장 공간(아이노드 및 덴트리를 위한 커널 내 메모리)이 없다는 의미이다. 더욱이 가상 파일시스템에서 파일 및 디렉터리 각각에 접근하면, 커널 콜백 함수가 호출되어 파일 및 디렉터리는 항상 최신의 데이터를 나타내게 되는 것이다. 여기서 파일 크기는 의미가 없고, 이는 ls -l을 이용하여 겉으로만 비어 있는 파일(오래된 커널에서는 또는 4k 또는 페이지 크기)들을 볼 수 있다. 파일이 커널 코드(커널 본체 또는 어떤 경우 모듈)에서 추출되기 때문에 커널 버전따라 변할 수 있고, 내용(특히 sysfs)은 하드웨어에 의존한다.

대부분 생성된 가상 파일시스템은 커널 모드상에서 다른 방법으로 접근할 수 없는 변수와 구조를 가지고 오는 메커니즘을 가지고 사용자 공간을 제공하고, 읽기 전용이고 실시간 진단 루틴을 제공한다. 일부 파일은 실제로 쓸 수 있고, 사용자 저장 공간에서 실시간으로 커널 데이터에 직접 영향을 미치는 좀 더 나은 기능을 제공한다. 변경은 레지스트리 기반의 시스템과 달리, 숨어 있거나 문서화되지 않는 키/값의 극한 조작이 필요하고, 가상 파일시스템에서의 변경은 즉시 영향을 미친다. 하지만 기본적으로 시스템이 리부팅되었을 때에는 변경 내용은 남아 있지 않다. 하지만 사실 안드로이드의 중요한 부분은 init.rc 스크립트(4장에서 설명한다.)가 전부이고, 시스템을 시작하는 동안 이러한 변경을 저장하는 것은 사소한 문제이기 때문에 문제가 되지 않는다.

cgroupfs

리눅스 커널은 "cgroups"라는 중요한 리소스 제어 메커니즘을 제공한다. cgroup은 하나 이상의 스레드를 위한 container group이다. 컨테이너 그룹을 이용하면 그룹 전체에 운영 및 정책을 설정을 할 수 있다. cgroup에 대한 문서는 리눅스 커널 문서[9]에서 찾을 수 있다. cgroup은 스레드를 그룹으로 배치하는 것을 용이하게 하기 위해 가상파일시스템을 통해 자신들을 노출시킨다. 그러면 이 파일에 "쓰는" 것만으로도 스레드 하나를 그룹에 추가할 수 있다.

비록 그룹은 매우 용도가 많고 많은 방식으로 사용할 수도 있지만, 안드로이드는 cgroup을 제한된 곳에서 사용한다. 또한 CPU를 계산하고 스레드를 스케줄링할 때에만 사용한다.

출력 2-13 넥서스 5에서 cgroup과 관련된 마운트

```
shell@Nexus5 /: # mount | grep cgroup
/acct cgroup rw,relatime,cpuacct 0 0
none /sys/fs/cgroup tmpfs rw,seclabel,relatime,mode=750,gid=1000 0 0
none /dev/cpuctl cgroup rw,relatime,cpu 0 0
```

바이오닉은 /acct를 통해 시작된 모든 프로세스를 차지하도록 설정되어 있다(시스템의 모든 프로세스에 적용된다.). /sys/fs/cgroup/memory는 `ActivityManager`에서 `android.os.Process` 및 setSwappiness JNI 메서드를 이용하여 접근한다. 마지막으로 앞에서 살펴본 것들과 마찬가지로 중요한 것은 /dev/cpuctl 디렉터리다. /dev로 시작함에도 불구하고 안드로이드 스케줄 정책에 의해 설정된 cgroup 디렉터리다. 이는 /init가 시작될 때 디렉터리를 설정하고, 시스템 태스크(/dev/cpuctl/tasks), 포그라운드 앱(/dev/cpuctl/apps/tasks) 및 백그라운드 앱(/dev/cpuctl/apps/bg_non_interactive/tasks)를 위해 하위 디렉터리를 생성한다. 각 그룹에는 cpu "공유" 숫자가 할당되고, 실행 시간에 대한 사항이 주어진다. 이는 전체 실행에 영향을 미칠 수 있는 앱의 오동작 및 다루기 힘든 상황을 방지한다. /dev/cpuctl 설정은 /init.rc에서 실행되고, 리스트 2-2에서 확인할 수 있다.

리스트 2-2 cpuctl의 cgroup 설정

```
mkdir /dev/cpuctl
mount cgroup none /dev/cpuctl cpu
chown system system /dev/cpuctl
chown system system /dev/cpuctl/tasks
chmod 0660 /dev/cpuctl/tasks
write /dev/cpuctl/cpu.shares 1024
write /dev/cpuctl/cpu.rt_runtime_us 950000
write /dev/cpuctl/cpu.rt_period_us 1000000
mkdir /dev/cpuctl/apps
chown system system /dev/cpuctl/apps/tasks
chmod 0666 /dev/cpuctl/apps/tasks
write /dev/cpuctl/apps/cpu.shares 1024
write /dev/cpuctl/apps/cpu.rt_runtime_us 800000
write /dev/cpuctl/apps/cpu.rt_period_us 1000000
mkdir /dev/cpuctl/apps/bg_non_interactive
chown system system /dev/cpuctl/apps/bg_non_interactive/tasks
chmod 0666 /dev/cpuctl/apps/bg_non_interactive/tasks
write /dev/cpuctl/apps/bg_non_interactive/cpu.shares 52
write /dev/cpuctl/apps/bg_non_interactive/cpu.rt_runtime_us 700000
write /dev/cpuctl/apps/bg_non_interactive/cpu.rt_period_us 1000000
```

debugfs

디버그 파일시스템은 커널 레벨의 디버깅 정보를 보기 위해 만들어졌다. 드라이버는 서브 시스템과 마찬가지로 자유롭게 디버깅 정보를 파일시스템(가상 파일시스템에도)에 덤프할 수 있다. 파일시스템이 마운트되어 있다면, 다른 파일과 마찬가지로 디버깅 정보를 읽을 수 있다.

하지만 디버그 파일시스템은 반드시 마운트될 필요가 없고 커널은 debugfs 지원 없이 컴파일될 수 있다. 커널이 이를 지원한다면 파일시스템은 다음과 같은 간단한 명령어(일반적으로 /init.hardware.rc 내에 있다.)를 사용하여 마운트될 수 있다.

```
mount -t debugfs none /sys/kernel/debug
```

마운트 지점은 아무것이나 선택할 수 있다. 이는 매우 유용하기 때문에 루트에 심볼릭 링크가 많고, 에뮬레이터 이미지 대로 마운트 포인트 /d에서도 심볼릭 링크가 많다.

debugfs의 내용은 커널 버전에 매우 많은 영향을 받으며, 디버그 기능은 이곳에 구현되어 있다. 표 2-20은 안드로이드 커널의 debug 디렉터리 내의 일반적인 항목을 나타낸 것이다.

표 2-20 /sys/kernel/debug 디렉터리 엔트리

엔트리	목적
binder	안드로이드 IPC 메커니즘에 대한 풍부한 데이터
tracing	리눅스 커널의 ftrace 메커니즘에서 생성된 다수의 디버깅 및 추적 정보
wakeup-sources	디바이스 잠자기를 막기 위한 안드로이드 시스템 또는 드라이버에서 사용되는 커널 수준의 웨이크록이다.

functionfs(/dev/usb-ffs/adb)

안드로이드의 USB 기능은 사용자의 선택에 따라 재설정하기 위해 init(4장에서 설명)를 통해 "가젯" 드라이버에 의해 제어된다(예를 들면 대용량 저장 장치로 USB 디버깅을 하기 위해 디바이스 연결).

기존 드라이버(L 이전의 커널)는 sysfs를 통해 재설정 파라미터를 추출해야만 했다. 따라서 개선이 필요하다.

해결책: functionfs. 리눅스 커널에서 상대적으로 새로운 기능이고, 이는 사용자 공간에서 변경된 설정을 가져올 수 있는 방법을 제공하기 위해 리눅스 커널에서 제공되는 일반 파일시스템이다. 파일시스템은 sysfs의 보안책으로 고려될 수 있다. sysfs는 커널 변수 및 드라이버 정보를 사용자 모드로 출력하도록 설계되어 있고, functionfs는 입력을 할 수 있도록 설계되어 있다. 루트 사용자는 디렉터리를 생성하기 위해 mkdir(2)를 사용할 수 있고, 해당하는 커널 오브젝트를 생성한다. 그런 다음 디렉터리 내의 가상 파일에 write(2) 연산으로 사용자 공간을 초기화할 수 있다.

procfs(/proc)

procfs 파일시스템의 이름에서는 그 목적을 금방 알 수 있다. 이 파일시스템의 목적은 시스템에서 실행 중인 프로세스를 디렉터리 기반으로 볼 수 있는 기능을 제공한다. 이 아이디어는 Plan 9 OS에서 비롯되었고, 리눅스는 재빨리 이를 적용하였으며, 이를 통해 프로세스, 스레드 및 다른 시스템 관련 진단 루틴과 같은 다량의 정보를 제공하였다. 사실 리눅스는 이 디렉터리에만 가상 파일 인터페이스를 제공하기 때문에 procfs가 진단용 파일의 가상 폐품 처리장이 되었다는 의견도 있다.

/proc가 많은 기능을 제공하고 있지 않지만, 중요한 파일시스템에 매우 도움이 된다는 것은 부정할 수 없는 사실이다. 안드로이드 툴(procrank, librank) 이외에도 다수의 리눅스 유틸리티(top, netstat, lsof 및 ifconfig)는 진단 정보에서 나오는 데이터에 의존한다. 리눅스는 proc(5)를 위해 상세한 설명과 항상 최신으로 갱신되는 man 페이지를 제공한다. procfs를 사용하는 방법은 7장의 디버깅에서 설명한다.

pstore(/sys/fs/pstore)

pstore 메커니즘은 커널에서 RAM을 영구 저장소로 설정할 수 있게 해주는 리눅스 커널의 기능(3.5에서 소개되었다.)이다. 이 메커니즘은 커널 패닉 데이터를 캡처하는 데 사용된다.

패닉panic은 파일시스템 로직에 영향을 미칠 수 있는 내부 커널 메모리 커럽션corruption을 의미한다. 파일시스템에 쓰는 작업은 잘못될 수 있고, 파일시스템의 커럽션으로 이어질 수도 있다. 일반적으로 UN*X 시스템은 리부팅 후에도 존재할 수 있도록 스와프 파티션에 패닉 데이터를 덤프한다. 하지만 안드로이드에는 스와프 파티션이 없기 때문에 물리적인 메모리 일부(RAM의 일부를 전용)를 이 용도로 사용하고, 커널의 충돌 데이터(최소한의 데이터)를 이곳에 기록한다. 그런 다음, 커널은 웜 리부팅(warm reboot)을 자동으로 실시한다. 웜 부팅은 파워 사이클power cycle 없이 리부팅한다. 이는 RAM이 전체 재초기화되지 않았다는 것을 의미한다. 커널은 리부팅하는 동안 영구 저장소를 확인하여 이전에 남아 있는 것이 있다면 /sys/fs/pstore에서 사용할 수 있게 한다.

안드로이드 이전 버전에서는 이 기능을 RAM 콘솔이라고 부르는 "안드로이즘"으로(예를 들면 특정 안드로이드 커널 해킹) 제공하였다. /proc/apanic_console 및 /proc/apanic_threads에서 데이터를 캡처하고, 이를 /data/dontpanic으로 이동시키면 /init.rc 파일에서 이 트레이스trace를 찾을 수 있다. 이 기능은 pstore이 도입되면서 /sys/fs/pstore로 대체되었다.

실험: 안드로이드 L의 영구 저장소 테스트

안드로이드 L(또는 리눅스 커널 3.10 버전 이후의 모든 시스템)에서는 pstore가 기본으로 활성화되어 있을 가능성이 높다. 이 기능이 켜져 있는지 확인하려면 /sys/fs/pstore가 존재하는지 확인하거나 pstore 파일시스템이 지정한 마운트 포인트를 확인하면 된다.

출력 2-14 pstore의 위치

```
root@flounder:/ # mount | grep pstore
pstore /sys/fs/pstore pstore rw,relatime 0 0
root@flounder:/sys/fs/pstore # ls -l
-r--r----- system   log            107902 2014-12-25 14:46 console-ramoops
```

최근에 커널이 리부팅되었거나 깨진 경우, 마운트 포인트는 dmesg의 출력을 잡고 있는 console-ramoops 파일 하나로 채워진다. 파일 퍼미션은 system:log로 /init.rc에 지정되어 있고, adb shell에서 읽을 수 있다(log 그룹의 멤버). 그런 다음, cat/sys/fs/pstore/console-ramoops로 커널의 링(ring) 버퍼의 마지막 출력에서 재시작 전까지의 출력을 얻을 수 있다.

시스템이 콜드 부팅된 경우에는 디렉터리가 비어 있다. 이 경우, adb reboot을 사용하여 시스템을 재시작하거나 다음과 같은 명령어를 사용하면 커널을 강제로 충돌시킬 수 있다.

```
echo c > /proc/sysrq-trigger
```

이렇게 하면 파일을 볼 수 있다.

> ! /proc/sysrq-trigger 가상 파일은 매우 유용한(하지만 위험하다.) /proc 엔트리이다. 이 파일은 쓰기만 가능하며, 키 하나를 여기에 쓰면 ALT 키 및 지정된 키와 함께 SysRQ 키를 누르는 기능을 시뮬레이트하게 된다. 이 키는 콘솔에서만 동작하는 매직 키 조합이 된다. 키보드 인터럽트 핸들러에서 sysrq 요청을 처리하기(가능하면 가장 높은 우선순위로 처리) 때문에 SysRQ 기능은 시스템이 응답하지 않을 때 긴급 채널로 사용하게 된다. 이 파일 내의 옵션은 긴급한 경우에만 사용하고 손쉽게 파괴될 수 있기 때문에 매우 조심스럽게 다뤄야 한다.

SELinuxfs(/sys/fs/selinux)

debugfs와 같은 SELinuxFS는 일반적으로 /sys 디렉터리 아래에 마운트되지만, 그 자체로는 sysfs 파일시스템에 포함되지 않는다. 이 파일시스템은 SELinux에서 독점적으로 사용하도록 만들어져 있고, 인스톨 정책에 관련된 중요 파일을 저장하고 있다.

SELinux는 8장에서 자세히 설명하지만, 이 파일시스템의 가장 중요한 파일인 policy(보안 정책을 컴파일, 바이너리 형태로 적재하도록 제공), enable 가상 파일(정책의 시행을 토글. 사실 `getenforce/setenforce toolbox`를 사용)을 조감해본다.

출력 2-15 SELinux 정책 적용 입증

```
root@flounder:/ # getenforce
Permissive
root@flounder:/ # echo 1 > /sys/fs/selinux/enforce
root@flounder:/ # getenforce
Enforcing
root@flounder:/ # setenforce 0
root@flounder:/ # cat  /sys/fs/selinux/enforce
0
```

sysfs(/sys)

sysfs는 알파벳상으로 맨 마지막에 설명하지만, 중요성은 procfs에 버금간다. sysfs는 procfs의 보완재로, 커널 2.6에서 소개되었다. 이는 /proc이 가지고 있는 복잡한 문제를 해결하고 하드웨어 및 모듈에 관련된 설정을 좀 더 구조화된 별도의 공간으로 이동시켰다.

/sys 디렉터리 아래에서("cleaner" 별도의 가상 파일) 카테고리별로 표 2-21의 서브 디렉터리를 볼 수 있다.

표 2-21 /sys 내의 서브 디렉터리(클래스)

서브 디렉터리	내용
block	블럭 I/O 레이어 제어 파일이다. 블록 디바이스별로 하나의 서브 디렉터리를 가지며, I/O 스케줄러와 같은 파라미터를 가지고 있다.
bus	버스 커넥션의 디바이스이다. 버스 타입별로(예를 들면 i2c/, mmc/, soc/) 하나의 서브 디렉터리를 가지고 있다.
class	클래스별 디바이스이다. 클래스 타입별(예를 들면 input/, sound/)로 하나의 디렉터리를 가지고 있다.
dev	디바이스 타입별 디바이스이다. block/ 또는 char/가 있다.
devices	디바이스 트리(디바이스 트리는 OpenFirmware에서 유래되었으며, 하드웨어를 설명하는 데이터 구조이다. 내부적으로 모든 형태의 데이터를 담을 수 있으며, 명명된 노드와 속성의 트리 구조이다. 노드는 속성과 자식 노드를 가질 수 있다. – 옮긴이)와 호환되는 디바이스이다.
firmware	펌웨어 업데이트를 하기 위해 사용된다.
fs	파일시스템 드라이버에서 사용된다. 일부 서브 디렉터리(예를 들면 pstore/, selinux/)는 이곳이 마운트 포인트이고, 이전에 설명했던 다른 가상 파일시스템의 마운트 포인트도 될 수 있다. 다른 디렉터리는 파일시스템(ext4와 같은)에서 추출된 파라미터와 그의 통계를 제공한다.
kernel	서브 시스템의 다양한 커널 파라미터를 저장한다. debug/는 debugfs의 마운트 포인트를 제공한다.
module	모듈당 하나의 서브 디렉터리이다. 이곳에는 모듈 통계 및 (해당되는 경우) 모듈 파라미터가 있다(사용자 영역에서 볼 수 있고, 때로는 설정할 수도 있다.).
power	전원 관리 통계 및 설정이 담겨 있다. 안드로이드 웨이크록(WakeLock)은 이곳에 구현되어 있다(wake_lock 및 wake_unlock 가상 파일을 통해).

하드웨어 설정은 디바이스별로 달라질 수 있고, 실제 sysfs 파일에 해당하는 내용은 더욱 달라질 수 있다. 안드로이드 프레임워크는 좀 더 일반적인 API 호출로 특정 파일의 호출을 감싼 하드웨어 추상화 레이어(/system/lib/libhardware.so 및 관련 플러그인)를 통해 디바이스별 특이점으로부터 보호된다.

다른 디바이스 엔트리는 좀 더 표준화되어 있다. 예를 들면 /sys/devices/system/cpu/cpu#/cpufreq에 있는 CPU 관리 데이터(주파수 조정) 및 /sys/class/timed_output/vibrator에 있는 바이브레이터(디바이스에 바이브레이터가 있는 경우)가 해당한다. 좀 더 빠르고 재미있는 실험으로 약간의 큰 값(5000 정도)을 이 디렉터리 내의 sysfs 엔트리에 에코echo해볼 수 있다.

요약

이번 장에서는 안드로이드 파티션과 파일시스템에 대해 살펴보았다. 특히, 안드로이드 디바이스에서 볼 수 있는 일반적인 파티션(실제 몇 개는 언마운트할 수 없다.)을 집중적으로 살펴보았다. 그런 다음, 두 개의 주요 파일시스템인 /system 및 /data의 서브 디렉터리 및 내용을 상세하게 살펴보았다. 마지막으로 진단 및 설정 관련 파일을 담고 있는 리눅스 가상 파일시스템을 살펴보았다. 특히 디버깅 목적의 사용을 강조한 이 파일은 7장에서 다시 살펴본다.

다음 장에서는 이번 장의 내용을 기반으로 안드로이드 시작 및 복구 프로세스를 살펴본다. 디바이스가 시작할 때 필요한 마운트할 수 없는 파티션(특히 aboot 및 boot 를 상세하게 살펴본다.)을 다룬다. 마운트를 할 수는 있지만, 드물게 사용되는 /cache 파티션은 OTA-업데이트의 핵심이다.

참조

1. XDA 개발자 포럼의 f2fs: http://forum.xda-developers.com/showthread.php?t=2697069
2. 삼성 f2fs 프레젠테이션: http://elinux.org/images/1/12/Elc2013_Hwang.pdf
3. f2fs의 리눅스 주간 뉴스: http://lwn.net/Articles/518988/
4. XDA 개발자 포럼의 "El Grande Partition Table Reference": http://forum.xda-developers.com/showthread.php?t=1959445
5. 관련 아티클: HTC 위크소스 익스플로이트(WeakSauce Exploit): http://NewAndroidBook.com/Articles/HTC.html
6. 안드로이드 개발자 사이트의 jobb 유틸리티: http://developer.android.com/tools/help/jobb.html
7. 안드로이드 개발자 사이트의 APK 익스펜션 파일(Expansion Files): http://developer.android.com/google/play/expansion-files.html
8. 안드로이드에서의 JB 앱 암호화: http://nelenkov.blogspot.com/2012/07/using-app-encryption-in-jelly-bean.html
9. CGroups의 리눅스 커널 문서: https://www.kernel.org/doc/Documentation/cgroups/cgroups.txt(or 커널 소스)

3

안드로이드 부팅,
백업 및 복구

대부분의 사용자는 모바일 디바이스가 데스크톱 운영체제와 마찬가지로 부팅 프로세스를 가지고 있다는 사실을 알고 있다. 디바이스에 전원을 켜고 몇 초를 기다리면 홈(또는 잠금) 화면이 사용자를 반긴다. 디바이스가 업데이트("플래시드")되거나, 배터리의 전원이 부족하거나, 드물기는 하지만 부팅이 실패한 경우(이 경우 디바이스는 "벽돌"이 된다.)에는 위와 같은 정상적인 부팅 절차가 이루어지지 않는다.

모바일 디바이스의 부팅 프로세스는 데스크톱의 일반적인 부팅 프로세스와 비슷하지만, 좀 더 복잡하고 많은 절차를 포함하고 있다. 안드로이드 세계에는 다양한 디바이스 타입과 벤더가 존재하고, 각각의 벤더나 디바이스 별로 매우 길거나 특이한 프로세스가 부팅 프로세스에 추가된다. 이번 장에서는 이 프로세스에 대한 설명과 디바이스 간의 공통분모를 찾는 데 집중한다.

먼저 앞 장에서 논의했던 디바이스 파티션에 있는 안드로이드 소프트웨어 이미지를 조사한다. 이들은 보통 수동으로 다운로드하지만, 종종 OTA(Over-The-Air 업데이트)에서 다운로드할 수도 있다. 이미지를 생성하고 포맷하는 방식은 벤더의 자유지만, 대부분은 부트로더, 부트 이미지(커널 및 RAM 디스크를 포함) 및 산재된 시스템 이미지로 구성된 일반적인 구조에 따른다. 이 부분은 순차적으로 설명한다. 이 밖에도 부팅 및 복구 프로세스에서 각각의 역할을 수행하는 컴포넌트에 대해 설명한다.

부팅 프로세스에 대해 설명한 뒤에는 그 반대인 셧다운 프로세스에 대해 설명한다. 리눅스 레벨에서 셧다운 및 리부팅은 매우 간단한 일(커널 시스템 호출로 처리)이지만, 안드로이드 레벨에서는 전원 메뉴를 보여주거나 복구 모드로 부팅하는 일과 같은 안드로디즘을 해결하기 위한 복잡한 작업으로 얽혀 있다.

복구를 위한 부팅 절차를 설명할 때에는 복구가 실행되는 방식 및 업데이트가 적용되는 프로세스에 대해 좀 더 자세하게 다루고, 다음 섹션에서는 OTA 업데이트 패키지 및 프로세스에 대해 설명한다.

마지막으로 "ROM"과 같은 커스텀 펌웨어 이미지에 대해 설명한다. 커스텀 펌웨어 이미지는 종종(또는 정도 이상으로) 참조된다. 여기서는 핵심 컴포넌트를 업그레이드하거나 완전히 대체할 수 있는 방법을 설명한다. 우리는 이 논의에 대한 핵심 결론(디바이스 루팅 기술)을 도출하지 않는다. 디바이스 루팅 기술은 안드로이드 보안 측면을

다룰 때 설명한다.[*]

이번 장에서는 안드로이드 시스템 이미지를 풀고 나서야 살펴볼 수 있는 imgtool을 사용하는 방법에 대해 배운다. 소스 및 프리 컴파일된 바이너리는 하나의 패키지[1]에서 다운로드할 수 있다.

안드로이드 이미지 ────────

다양한 안드로이드 디바이스들은 자신만의 특정 이미지를 가지고 있다. 이들은 안드로이드 배포판을 구워진 벤더에 의해 제공하는 시스템 이미지이다. 이미지는 몇 개의 파일로 구성되어 있고, 이 파일들은 각각의 파티션에 구워진다.

- 부트로더: 이는 애플리케이션 부트스트랩 코드를 제공한다. 일반적으로 이 코드는 부트 이미지를 찾고 적재하는 책임을 지니고 있으며, 펌웨어 업데이트 및 복구 모드 부팅을 담당한다. 대부분의 부트로더는 부팅 및 업데이트 프로세스를 제어할 목적으로 호스트와 통신할 수 있는 USB 스택으로 구현되어 있다(일반적으로 fastboot). 부트로더는 일반적으로 aboot 파티션에 의해 구워진다. 하지만 일부 디바이스(예를 들면 HTC)는 "hboot"라는 곳에서 구워진다.

- 부트 이미지: 일반적으로 이는 커널 및 RAM 디스크로 구성되어 있고, 시스템에 적재하는 데 사용된다. 정상적인 부팅을 가정해보자. RAM 디스크는 안드로이드를 위한 루트파일시스템을 제공하고, 그의 /init.rc 및 이와 관련된 파일은 시스템 파티션의 나머지를 적재하는 방법에 대한 지침을 제공한다. 부트 이미지는 boot 파티션에서 구워진다.

- 복구 이미지: 커널 및 (다른) RAM 디스크로 구성되어 있고, 정상적인 부팅이 실패한 경우 또는 OTA 업데이트인 경우에는 "복구 모드"로 시스템을 적재하는 데 사용된다.

- 시스템 파티션: 구글 및 다른 벤더 또는 통신 사업자가 제공하는 바이너리와 프레임워크가 포함된 안드로이드 시스템이다.

- 데이터 파티션: 여기에는 시스템 파티션의 바이너리를 지원하는 "공장 기본" 데이터 파일이 포함되어 있다. 이 이미지는 디바이스에 문제가 발생했을 때 복원할 수 있는 "공장 기본" 상태를 제공한다.

구글은 팩토리 이미지 레파지토리[2]에서 넥서스 디바이스를 위한 시스템 이미지를 제공한다. 이번 장에서는 이이미지 또는 독자의 디바이스(루팅된 경우)를 이용하여 직접 실습해본다. 디바이스의 로 파티션에서 이미지를 안전하게 추출하는 방법은 2장의 메서드를 참조한다. 구글이 제공하는 이미지의 압축을 풀려면, 다음과 같이 작업한다.

- 구글 팩토리 이미지의 레파지토리에서 이미지를 다운로드한다. 이 파일은 지집gzip으로 압축된 타르tar파일로 되어 있고, 다음과 같은 명명 규칙을 가진다.

  piscine_devicename-build-factory-first_32_bits_of_SHA1_checksum.tgz

- 이 타르 파일을 푼다: 다음과 같은 결과가 나타난다.

---

[*] ROM(Read-Only-Memory)은 기술적으로 특정 상황 아래에서 업데이트될 수 없고, (EEPROM의 경우) 지우거나 다시 쓸 수 없는 읽기 전용 메모리를 의미한다. 안드로이드 디바이스는 부트 롬 컴포넌트이지만, 부트 프로세스의 나머지는 쉽게 쓸 수 있는 플래시 파티션에서 수행된다(퍼미션은 고정되어 있다고 가정한다.).

출력 3-1 넥서스 5의 공장 이미지 압축 풀기

```
morpheus@Forge (~/Images)% tar zxvf hammerhead-ktu84p-factory-35ea0277.tgz
x hammerhead-ktu84p/
x hammerhead-ktu84p/image-hammerhead-ktu84p.zip
x hammerhead-ktu84p/radio-hammerhead-m8974a-2.0.50.1.16.img # 베이스밴드 업데이트(가장 좋은 것만 남긴다.)
x hammerhead-ktu84p/bootloader-hammerhead-hhz11k.img       # 부트로더 컴포넌트
x hammerhead-ktu84p/flash-all.bat                          # 배치 파일
x hammerhead-ktu84p/flash-all.sh                           # 모드 이미지를 플래시
x hammerhead-ktu84p/flash-base.sh                          # 부트로더 및 라디오만
#
# 메인 이미지를 풀기 위한 프로세스
#
morpheus@Forge (~/Images)% cd hammerhead-ktu84p
morpheus@Forge (~/.../-ktu84p)% unzip image-hammerhead-ktu84p.zip
Archive:  image-hammerhead-ktu84p.zip
  inflating: boot.img
  inflating: recovery.img
  inflating: system.img
  inflating: userdata.img
  inflating: cache.img
  inflating: android-info.txt
```

이제, 이 컴포넌트들(radio/baseband를 제외)을 차례대로 살펴본다.

부트로더

안드로이드 벤더는 자유롭게 자체 부트로더boot loader를 구현할 수 있다. 하지만 대부분(삼성은 예외)은 "LKLittle Kernel" 부트로더를 선택한다. LK 부트로더는 안드로이드 소스 트리의 일부가 아니지만, CodeAurora[3a] 및 Googlesource[3b]에서 구할 수 있다.

LK는 그 이름에서 알 수 있듯이, 부트 기능을 최소한으로 구현하였다. 어떤 면에서는 이름 때문에 오해가 생길 수도 있지만, LK는 리눅스 커널이 아니라 부트가 가능한 ARM 바이너리 이미지이다. LK는 부트로더에서 필요한 최소한의 기능만 구현되어 있고, 다음과 같은 기능을 포함하고 있다.

- 기본 하드웨어 지원: 이 기능은 LK의 dev/(프레임 버퍼, 버튼 및 USB 타깃과 같은 일반적인 기본 드라이버), platform/(SoC 칩셋 드라이버) 및 target/(디바이스 특화)에서 제공한다. 이 기능 없이는 다른 요구사항들을 충족시킬 수 없다.

- 커널 검색 및 부팅: 이 기능은 모든 부트로더의 존재 이유이다. bootimg(다음 장에서 논의)에 위치하고 있으며, 커널 이미지, 램디스크 및 디바이스 트리 컴포넌트를 분석하고, 주어진 명령어의 제어권을 커널로 넘긴다. 이 작업은 app/aboot에 의해 실행된다.

- 기본 UI: 정상적인 자동 부트 시퀀스가 중단된 경우에 사용하는 UI이다(일반적으로 adb reboot bootloader 또는 디바이스가 켜진 뒤에 특정 조합의 버튼을 눌러서 수행). Aboot는 사용자가 디바이스에서 물리적인 버튼을 사용해 탐색할 수 있는 간단한 텍스트 인터페이스를 제공하고(소리 키우기/줄이기 버튼을 이용해 탐색하고 전원 버튼으로 메뉴를 선택한다.), 터치 스크린 기능은 제공하지 않는다.

- 콘솔 지원: 시중에 판매되고 있는 대부분의 디바이스에서는 콘솔을 쉽게 제공하지 않지만, 개발 보드는 시리얼 포트(RS232/UART)를 통해 콘솔 기능을 제공한다. LK의 lib/console(app/shell에서 호출되는)은 명령어 해석기(별도의 스레드)와 확장된 명령어 목록을 제공한다. lib/gfxconsole는 폰트 지원과 같은 기본적인 그래픽 함수를 제공한다.**

** 놀랍게도 구글 넥서스 시리즈와 같은 일부 디바이스는 헤드폰 포트와 같은 곳을 통해 콘솔을 연결할 수 있다. Nexus4[4a] 및 Nexus9[4b]의 경우, 헤드폰 잭을 RS232 포트로 만드는 방법을 설명한 문서는 많다.

- USB 타깃 지원: 'fastboot'라는 간단한 프로토콜을 통해 호스트와 부트로더가 통신할 수 있도록 해준다. fastboot는 이번 장의 후반부에 설명한다. 이에 대한 기본적인 구현체는 app/aboot/fastboot.c에서 찾을 수 있고, 벤더는 여기에 자체 확장("oem") 명령어를 탑재할 수 있다.
- 플래시 파티션 지원: 업그레이드 또는 복구가 진행되는 동안 필요에 의해 파티션을 지우거나 덮어쓸 수 있도록 부트로더를 활성화한다. LK에서는 lib/fs를 통해 기본 파일시스템을 지원한다.
- 디지털 서명 지원: SSL 인증서를 가진 디지털 서명된 이미지를 적재하기 위한 기능을 제공한다. LK는 lib/openssl 디렉터리 내에 OpenSSL 프로젝트의 일부를 담고 있다.

부트로더 이미지

부트로더는 다른 시스템 이미지와 마찬가지로 업데이트되거나 플래시될 수 있다. 포맷은 공식적으로 문서화되지 않았지만, 안드로이드 소스 트리 내의 디바이스-특화 디렉터리 내의 releasetools.py 스크립트로 헤더 포맷을 알 수 있다. 이는 다음 출력(구글 넥서스 5 부트로더)과 같이 부트 이미지를 분석하거나 추출하기 위해 imgtool을 활성화한다.

출력 3-2 넥서스 5 부트로더 이미지

```
morpheus@Forge (~)% imgtool Images/hammerhead-kot49h/bootloader-hammerhead-hhz11k.img
Boot loader detected
6 images detected, starting at offset 0x200. Size: 2568028 bytes
Image: 0        Size:  310836 bytes    sbl1      # 세컨더리 부트로더, 스테이지 1
Image: 1        Size:  285848 bytes    tz        # 트러스트존 이미지
Image: 2        Size:  156040 bytes    rpm       # 리소스 파워 관리
Image: 3        Size:  261716 bytes    aboot     # 애플리케이션 부트로더
Image: 4        Size:   18100 bytes    sdi
Image: 5        Size: 1535488 bytes    imgdata   # 부트로더에서 사용하는 RLE565 그래픽
```

부트로더 이미지는 이 출력에서 알 수 있는 바와 같이 몇 개의 하위 이미지로 구성되어 있고, 각각은 특정 파티션에서 구워진다. 부트로더 자체는 애플리케이션 프로세스 부트로더인 "aboot"에 있다. 또한 이미지는 리소스 파워 매니지먼트 부트스트랩(rpm), ARM TrustZone 이미지(tz) 및 세컨더리 부트로더(sbl1, 이번 장의 후반부에 설명)를 포함하고 있다.

부트로더 컴포넌트의 파일 포맷은 문서화되어 있지 않다. 이들은 아키텍처에 높은 의존성을 가지고 있고, 위의 예제는 퀄컴의 스냅드래곤 프로세서(msm 칩셋)와 관련되어 있다. 이 논의에 대한 초점은 40바이트 범위의 사설 헤더로 구성된 히타치 SH 빅-에디언 COFF 오브젝트이다. 이 오브젝트는 file(1)에 의해 잘 인식되지 않는다. 표 3-1은 헤더 포맷을 나타낸 것이다.

표 3-1 aboot 사설 헤더

오프셋	필드	내용
0×00	Magic	0×00000005(상수)
0×04	Version	버전 #(2 또는 3)
0×08	?	NULL 필드
0×0c	Image Base	이미지 나머지를 적재하는 가상 메모리 주소
0×10	Image Size	aboot 이미지 크기
0×14	Code Size	aboot 코드 크기

오프셋	필드	내용
0×18	Last Code Addr	Image Base + Code Size
0×1C	Signature Size	디지털 서명 크기(일반적으로 0x100=256바이트)
0×20	Last Mapped Addr	Last Code Addr + Signature Size
0×24	Certificate Chain	서명 체인의 크기

헤더 다음에 오는 것은 헤더에 의해 지정되는 주소로, 메모리에 매핑되는 ARM 부트 이미지이다. 맨 아래에는 ARM 예외 벡터가 있다. 이들은 프로세스가 특정 상황(예를 들면 인터럽트, 예외 및 중단)하에서 자동적으로 이동하는 곳을 정의한 일련의 분기 명령들이다. 이 명령들의 맨 처음에 LK의 진입 지점을 정의한다. 다음 실험은 aboot 헤더를 제거할 수 있는 방법을 나타낸 것이다.

실험: aboot 이미지에서 헤더 제거

넥서스 5 ROM 업데이트가 있는 경우 bootloader.img상의 imgtool을 사용하면 aboot를 추출할 수 있다. 넥서스 5 ROM 업데이트가 없는 경우에는 2장에서 배웠던 방법으로 파티션 덤프를 얻을 수 있다. 이 예제의 /dev/mmbclk0를 aboot의 파티션(/dev/block/mmcblk0p6)으로 대체하면 된다. 이렇게 하면 어떤 방법을 사용해서라도 aboot를 파일로 추출하게 된다.

출력 3-3 od를 사용하여 aboot 이해하기

```
morpheus@Forge (~/...-kot49h/)% od -A d -t x4 aboot | head -5
                 Magic            Version           NULL              ImgBase
0000000          00000005         00000003          00000000          0f900000
                 ImgSize          CodeSize          ImgBase+CodeSize  SigSize
0000016          0003fe2c         0003e52c          0f93e52c          00000100
         ImgBase+CodeSize+SigSize  Certs
0000032          0f93e62c         00001800          ea000006          ea00351c
```

ARM 명령어는 "eaXXXXXX"의 형태로 인식될 수 있다. 여기서 "ea"는 ARM B(ranch) 명령어를 위한 명령 코드(opcode)이다. ARMv7 내의 예외 벡터는 7개의 32비트 슬롯을 가지고 있고, 나머지 핸들러는 일반적으로 ea000006(위와 같이)과 같다. 다음 명령어에서는 6*4바이트만큼 떨어져 있다.

파일에서 첫 번째 40바이트를 잘라내면, 파일의 나머지를 역어셈블러에 쉽게 적재할 수 있다. 서명과 인증서를 제거하기 위해서는 CodeSize 바이트 뒤를 다시 잘라야 한다. 이 서명과 인증서는 헤더 값과 일치해야 한다. 즉,

출력 3-4 부트로더 이미지에서 인증서 얻기

```
morpheus@Forge (~/...-kot49h/)% dd if=aboot of=aboot.sans.header bs=40 skip=1
morpheus@Forge (~/...-kot49h/)% dd if=aboot.sans.header of=certs bs=0x3e62c skip=1
...
6144 bytes transferred in 0.000064 secs (96155984 bytes/sec)#  6144 = 0x1800 - 모두 좋다.
```

이미지를 0×0f900000(또는 12개의 오프셋 필드가 무엇이든 상관없이)로 조정해야 할 필요가 있다. 부트로더를 리버스엔지니어링하는 부분은 이번 장의 범위를 벗어나지만, 이 책의 관련 웹사이트에서 해당 내용을 찾을 수 있다.[5]

부트로더 잠금

안드로이드 디바이스의 부트로더는 일반적으로 잠글 수 있다. 즉, 디지털 서명되지 않은 부트 업데이트나 플래시 업데이터를 거부할 수 있다. 벤더는 ROM에 공개 키를 제공하고, 키는 부트 프로세스 동안 신뢰 체인trust chain을

구성하는 데 사용된다. 모든 부트 컴포넌트(sbl을 통한 rpm에서 안드로이드 부트로더까지의 모든 컴포넌트)는 이러한 방식으로 증명된다. 이러한 컴포넌트를 리버스엔지니어링하면 종종 X.509v3 인증서뿐만 아니라 키를 검증하는 데 필요한 OpenSSL도 포함되는 것을 알 수 있다.

부트로더 잠금은 통신 사업자들이 그들의 네트워크만 사용하도록 폰에 강제적으로 수행하는 SIM 잠금과는 다르다. 일부 국가에서 적용되는 규칙은 특별한 경우 디바이스의 잠금을 풀도록 요구하지만, 잠금이 풀린 부트로더의 경우에는 그러한 규칙이 적용되지 않는다.

벤더에 따라 다르겠지만, 사용자는 폰을 잠그거나 잠그지 않을 수 있다. 일부 벤더는 이러한 작업을 금지하지만, 다른 벤더(예를 들면 구글 넥서스 5 및 엔비디아 쉴드)의 경우, "fastboot oem unlock" 명령어로 쉽게 언록하도록 지원한다. 다음 출력 3-5에서 명령어의 결과를 볼 수 있다.

출력 3-5 엔비디아 쉴드 부트로더의 언록

```
morpheus@Forge (~)$ fastboot devices
05141138021471071D9E     fastboot
morpheus@Forge (~)$ fastboot oem unlock
(bootloader) Showing Options on Display.
(bootloader) Use device keys for selection.
(bootloader) erasing userdata...
(bootloader) erasing userdata done
(bootloader) erasing cache...
(bootloader) erasing cache done
(bootloader) unlocking...
(bootloader) Bootloader is unlocked now.
OKAY [ 21.337s]
finished. total time: 21.337s
```

다른 벤더(HTC와 같은)는 중간 입장을 취하고 있고, 디바이스가 특정 응답을 가지고 대답해야 하는 암호화된 토큰 형태의 신청서를 발행한다. 일부 벤더의 경우, 언록된 폰과 일반 폰을 함께 판매한다(삼성이 대표적인 사례이다.). L에서는 (넥서스 9 이상) 안드로이드의 기본 설정 앱의 (설정 〉 개발자 옵션) Settings 〉 Developer options 메뉴에서 언록할 것인지의 여부를 사용자가 선택할 수 있도록 하였다.

부트로더를 언록한다는 것은 부트로더에 /data 파티션을 완전히 삭제할 수 있는 권한을 위임한다는 것을 의미한다. 부트로더를 언록한다는 것은 디바이스의 보안을 약화시키는 것과 마찬가지이기 때문이다. 언록된 디바이스를 획득한 사람은 사용자의 PIN 또는 패턴을 우회할 수 있는 업데이트를 심을 수 있고, /data 파티션만 쉽게 복사할 수 있으며, 이곳에서 발견된 모든 개인정보를 쉽게 탈취할 수 있다.

부트로더가 언록될 수 없다면, 이론상 디바이스는 루팅에서 좀 더 안전할 수 있다. 실제로 안드로이드의 취약점을 악용하는 사례가 많다. 사실 이 책을 쓰는 시점에서는 리눅스 커널 3.13 이하 버전에서의 리눅스 커널 취약점 악용으로 인해 안드로이드 루트 취약점 악용이 발생했다. 마켓 내의 모든 안드로이드에 영향을 미칠 수 있는 지오핫GeoHot 해커가 만든 타월루트TowelRoot 앱이 대표적인 예이다. 하지만 이는 수많은 취약점 악용 중 하나이며, iOS의 탈옥JailBreaking과 비슷한 "원-클릭"으로 알려져 있다.

부트 이미지

안드로이드 부트 이미지는 운영체제의 핵심 컴포넌트인 컴포넌트 램디스크를 가지고 있다. 부트 이미지(안드로이드 소스 트리에서 mkbootimg를 가지고 생성), 최소한의 헤더를 포함한 번들, 커널 커맨드라인, 작은 해시 및 보조 단계 부트로더second stage bootloader는 모두 플래시 페이지의 바운더리에 있다(일반적으로 2K). 이미지는 이전에 설명한 부트로더의 매직(BOOTLDR!)과 비슷한 그들의 매직(ANDROID!)으로 확인할 수 있다.

> ⚠️ 벤더들은 그들의 디바이스에서 부트 이미지 포맷에 대해 엄격한 제약을 받지 않기 때문에 부트 이미지 포맷은 디바이스별로 다양하다. 예를 들면 HTC의 경우, 커스텀 부트로더인 HIBOOT에서 사용하는 자신만의 헤더를 앞에 추가한다. 일반적으로 다음과 같이 매직 밸류인 ANDROID!를 이용하면 부트 이미지 헤더를 쉽게 찾아낼 수 있다.

출력 3-6 HTC 부트 이미지 헤더

```
morpheus@Forge (~) $ od -A x -t c mmcblk0p43  # 헥사 오프셋 + ASCII 덤프
0000000   250     2 032 244   ? 213  \0   u   O   W 220   e   I 300   J 235

0000100     A   N   D   R   O   I   D     Đ¥  **   `  \0  \0 200  \0  \0
```

그런 다음, 커스텀 헤더를 건너뛰기 위해 dd를 사용한다(위의 예제에서는 dd bs=0×100 skip=1).

부트 이미지 포맷은 리스트 3-1과 같이 bootimg.h에 잘 나와 있다.

리스트 3-1 boot_img_hdr

```
struct boot_img_hdr {
    unsigned char magic[BOOT_MAGIC_SIZE];
    unsigned kernel_size;  /* size in bytes */
    unsigned kernel_addr;  /* physical load addr */
    unsigned ramdisk_size; /* size in bytes */
    unsigned ramdisk_addr; /* physical load addr */
    unsigned second_size;  /* size in bytes */
    unsigned second_addr;  /* physical load addr */
    unsigned tags_addr;    /* physical addr for kernel tags */
    unsigned page_size;    /* flash page size we assume */
    unsigned unused[2];    /* future expansion: should be 0 */
    unsigned char name[BOOT_NAME_SIZE]; /* asciiz product name */
    unsigned char cmdline[BOOT_ARGS_SIZE];
    unsigned id[8]; }      /* timestamp / checksum / sha1 / etc */
/*
** +-----------------+
** | boot header     | 1 page
** +-----------------+
** | kernel          | n pages
** +-----------------+
** | ramdisk         | m pages
** +-----------------+
** | second stage    | o pages
** +-----------------+
**
** n = (kernel_size + page_size - 1) / page_size
** m = (ramdisk_size + page_size - 1) / page_size
** o = (second_size + page_size - 1) / page_size
**
** 0. all entities are page_size aligned in flash
** 1. kernel and ramdisk are required (size != 0)
** 2. second is optional (second_size == 0 -> no second)
** 3. load each element (kernel, ramdisk, second) at
**    the specified physical address (kernel_addr, etc)
** 4. prepare tags at tag_addr.  kernel_args[] is
**    appended to the kernel commandline in the tags.
** 5. r0 = 0, r1 = MACHINE_TYPE, r2 = tags_addr
** 6. if second_size != 0: jump to second_addr
**    else: jump to kernel_addr
*/
```

커널

대부분의 OS 커널과 달리 리눅스 커널은 대부분 압축되어 있다. "zImage"로 알려진 커널의 파일 포맷은 메모리 내에 커널 이미지 나머지를 풀 수 있는 자체-압축 풀기 코드로 구성되어 있다. 압축 알고리즘은 빌드 과정^{make}config에서 결정될 수 있는 다양한 압축 옵션을 가지고 있다. 이는 표 3-2와 같다.

표 3-2 커널 파일 포맷

매직(Magic)	압축포맷	설명
\x1f\x8b\x08\x00\x00\x00\x00\x00	GZip	대부분의 압축 포맷
\x89LZOx00\x0d\x0a\x1a\x0a	LZO	Gzip보다 빠르지만 10~15% 정도 덜 압축된다. 일반적으로 삼성에서 사용한다.

커널은 항상 자체-압축 풀기 코드 부분에서 시작한다. 이는 이 부분이 압축 매직을 찾기 위해 파일을 스캔해야 한다는 사실을 의미한다. 대부분의 ARM 커널은 전통적으로 이에 대한 제한 사항이 없는 zImage를 사용한다. imgtool 유틸리티는 자동적으로 GZip 또는 LZO 커널 이미지(필요한 경우)의 압축을 모두 풀 수 있고, 역어셈블링해서 문자를 검색할 수 있는 바이너리를 제공한다. 역어셈블러에 적재할 때에는 이미지를 0xC0000000(32비트로 가정)로 조절할 필요가 있다.

커널은 안드로이드에서 가장 중요한 구성 요소이다. 다른 구성 요소는 프로세서 타입(예를 들면 ARM, Intel 또는 MIPS)과 관련되어 있는 반면, 커널은 보드 타입 및 특정 칩셋과 관련이 있다. 왜냐하면 프로세서는 특정 드라이버가 필요로 하는 추가 구성 요소가 포함될 수 있는 SoC^{System-on-chip}이기 때문이다. 이 특정 드라이버들은 소스 트리의 일부이고, 구글은 표 3-3의 칩셋과 같이 몇 개의 커널 트리를 제공한다.

표 3-3 구글 디바이스를 위한 칩셋 드라이버 및 보드명

프로젝트명	칩셋 벤더	디바이스(보드명)
goldfish(M:Randchu)	N/A	안드로이드 에뮬레이터
msms	퀄컴 MSM	넥서스 원, 넥서스 4, 넥서스 5(hammerhead)
omap	ITI OMAP	팬더보드, 갤럭시 넥서스, Glass(notle)
samsung	삼성 Hummingbird	넥서스 S
tegra	엔비디아 Tegra	모토롤라 Xoom, 넥서스 7 & 9, 엔비디아 쉴드
exynos	삼성 Exynos	넥서스 10(manta)

구글 디바이스는 일반적으로 물고기 이름과 비슷한 보드 프로젝트명을 사용하고, 커널 바이너리는 https://android.googlesource.com/device 서브 트리에서 찾을 수 있다. 커널 소스(당연히 오픈된 상태로 남아 있어야 한다.)는 git로 받을 수 있다.

```
git clone https://android.googlesource.com/kernel/platform_project.git
```

이는 안드로이드 도큐멘트[6]에 자세히 나와 있다. 표 3-3을 제외하고 디바이스 커널에서 어떤 분기가 파생되었는지를 파악하는 가장 좋은 방법은 문자열과 심벌을 찾는 방법이다.

디바이스 트리(ARM)

대부분의 ARM 커널은 하드웨어 디바이스 정의를 가진 커널을 제공하기 위해 디바이스 트리 파일에 의존한다. 이 파일은 연결에 의한 디바이스 계층 뷰를 제공하고, 적절한 드라이버를 부팅하기 위해 커널을 활성화한다. 디바이스 트리는 일반적으로 커널 이미지의 마지막에 추가되지만, 때로 별도의 파티션으로 존재할 수도 있다.

디바이스 트리 포맷은 매직 밸류인 0xd00dfeed로 확인할 수 있는 바이너리 블랍blob이다. 디바이스 트리에 대한 논의는 이 책의 범위를 넘어선다(이는 안드로이드의 기능이 아닌 ARM에 특화된 기능이다.). 이 포맷은 ePAPTER 명세서[7]에 문서화되어 있고, 토마스 페타조니Thomas Pettazoni[8]의 프레젠테이션에 자세하게 설명되어 있다. 커널 이미지에서 디바이스 트리를 추출하기 위해 imgtool 유틸리티를 사용할 수 있다. 다음 실험을 통해 이를 확인할 수 있다.

실험: boot.img에서 디바이스 트리 가져오기

imgtool은 boot.img를 풀고 커널 및 램디스크를 추출하는 작업 이외에도 자동으로 커널 이미지 디바이스 구성 요소의 압축을 푼다. 하지만 추출된 파일은 바이너리 포맷(0xd00dfeed 매직 헤더로 확인될 수 있는 .dtb 파일)이다. 디바이스 트리를 디컴파일하려면 dtc 유틸리티를 사용하면 된다. 이 유틸리티는 우분투의 경우 device-tree-compiler 패키지에 있고, 페도라의 경우 dtc 패키지에 있다. 이 유틸리티가 설치된 경우, 파일을 디컴파일하여 텍스트 형태의 .dts 파일을 얻는 작업은 매우 쉽다.

출력 3-7 넥서스 5 boot.img에서 디바이스 트리를 디컴파일하고 추출하기

```
morpheus@Forge (~/Android/Book) % imgtool Images/hammerhead-kot49h/recovery.img extract
Part            Size            Pages       Addr
Kernel:         8331496
Ramdisk:        1095649
Secondary:      0
Tags:           2700000
Flash Page Size: 2048 bytes
Name:
CmdLine : console=ttyHSL0,115200,n8 androidboot.hardware=hammerhead user_debug=31 maxcpus=2
Extracting contents to directory: extracted/
Looking for device tree...  Found DT Magic @6bb8e8 - will extract tree(s)
Found GZ Magic at offset 18612 - will extract kernel
morpheus@Forge (~/Android/Book) % cd extracted
#
# 디바이스 트리 컴파일러 패키지를 얻어온다. 이 예제는 페도라 시스템에서의 예제이기 때문에 yum을 사용한다.
# 우분투에서는 "sudo apt-get install device-tree-compiler"를 사용한다.
#
morpheus@Forge (~/../extracted) % yum whatprovides dtc
Loaded plugins: langpacks, refresh-packagekit
dtc-1.4.0-2.fc20.x86_64 : Device Tree Compiler
Repo      : fedora
morpheus@Forge (~/../extracted) % sudo yum install dtc
--> Running transaction check
---> Package dtc.x86_64 0:1.4.0-2.fc20 will be installed
...
Installed:
  dtc.x86_64 0:1.4.0-2.fc20
Complete!
morpheus@Forge (~/../extracted) % dtc -I dtb devicetree.dtb  -O dts -o devicetree.dts
morpheus@Forge (~/../extracted) % more devicetree.dts
/dts-v1/;
/ {
        #address-cells = <0x1>;
        #size-cells = <0x1>;
        model = "LGE MSM 8974 HAMMERHEAD";
        compatible = "qcom,msm8974";
        interrupt-parent = <0x1>;
        qcom,msm-id = <0x7e 0x96 0x20002 0xb>;
        chosen {
        };
        aliases {
                spi0 = "/soc/spi@f9923000";
                spi7 = "/soc/spi@f9966000"; # ...
```

램디스크

부트 및 복구 이미지의 두 번째 구성 요소는 이니셜 램디스크^{initial RAM disk}이다. 이는 initrd라 하기도 한다. 램디스크는 OS를 부팅할 때 rootfs에서 사용되는 초기 파일시스템을 제공한다. 이는 부트로더에 의해 커널과 함께 RAM에 미리 적재되고, 특별한 드라이버 없이도 빠르게 접근할 수 있다. 이는 리눅스에 특화된 기능이 아니며, 대부분의 UN*X는 이 기능이 있는 것으로 알려져 있다. 특히 iOS도 이 기능을 사용한다(커널 캐시와 함께 ipws 시스템 이미지 내에 포함된다.).

전통적으로 initramfs는 커널에서 필요한 디바이스 특화된 드라이버를 제공하는 데 사용된다. 이는 리눅스 배포자가 상대적으로 작은 커널이고, 필요한 드라이버(하드웨어의 구성에 따라 다르다.)만 별도의 파일이며, 초기 설치 프로세스 동안 생성되는 제네릭을 제공할 수 있게 해준다. 드라이버에 스토리지 접근이 필요한 상황은 '닭이 먼저냐, 달걀이 먼저냐?' 하는 문제인데, 이를 해결하기 위해 커널이 직접 RAM에 접근할 수 있도록 하는 중요한 기능이 initramfs에 패키징되어 있다. 또한 여기에는 PID 1번으로 커널에 적재되고, 사용자 모드에서 필요한 동작(예를 들면, 모듈 적재)을 시작할 수 있게 해주는 시작 프로그램(/init)이 포함되어 있다.

램디스크 동작이 완료되면, 리눅스는 일반적으로 온-디스크 파일시스템을 대신해 이를 폐기한다[이를 "피보팅 루트^{pivoting root}(루트파일시스템을 변경하는 작업 – 옮긴이)" 프로세스라고 한다.]. 하지만 안드로이드에서 initramfs는 메모리에 있고, 루트파일시스템을 제공한다. 이는 파일이 차지하는 메모리 공간이 상대적으로 작기 때문에 매우 유용하다. 또한 부트 이미지가 서명되어 있기 때문에 rootfs를 마음대로 조작하기 어렵다.

리눅스는 램디스크를 위해 두 가지 파일 포맷을 지원한다. initrd(ext4 파일시스템 이미지) 및 initramfs(CPIO 아카이브)이다. 모두 'initrd'라는 용어로 사용된다고 하더라도 일반적으로 후자가 많이 사용된다. CPIO 아카이브는 매우 작은 RAM 요구사항을 가진 단순한 파일 포맷이다. 아카이브는 더 넓은 저장 공간을 확보하기 위해 gzip으로 압축된다(커널은 스스로 압축을 풀 수 있어야 하기 때문에 이미 zlib를 지원한다.).

모든 벤더는 각자 적절하다고 생각하는 방식으로 램디스크를 만들 수 있다. 하지만 대부분의 경우 안드로이드 에뮬레이터가 기준선이다. 이 때문에 어떤 경우에는 init.goldfish.rc를 볼 수도 있다. 대부분의 램디스크가 비슷한 이유는 바로 이 때문이다. 더욱이 디바이스에서의 부트와 복구 램디스크는 시스템 시작을 제어하는 /init.rc의 미묘한 차이 이외에는 대부분 동일하다. 복구 램디스크의 경우 /init.rc에서 adbd와 /sbin/recovery를 제외하고 모든 표준 서비스 세트가 생략되어 있다.

커널은 램디스크와 함께 별도의 파티션에 패키징되었다. 이러한 배경에는 설계상 매우 중요한 이론적 근거가 있다. 두 개를 함께 패키징하면 양쪽 모두에 하나의 디지털 서명을 적용할 수 있고, 침해^{tampering}에 대응해 한 번에 두 개 모두에 적용할 수 있다. 커널이 시스템의 핵심 구성 요소라는 점은 분명하고, 램디스크 또한 매우 중요하다. /init와 이에 해당하는 /init...rc 파일을 제공함으로써 시스템 시작을 제어한다. /init는 루트로 시작되고 다른 시스템 구성 요소 모두를 시작시켜야 하는 책임이 있다. 디바이스에 루트로 접근하는 것은 /init.rc 파일을 수정하는 것만큼 간단하다. 하지만 이 작업은 디지털 서명을 위반하지 않고서는 실행하기 어렵다.

실험: 램디스크 풀기

imgtool 유틸리티를 사용하면 부트 이미지 또는 복구 이미지에서 램디스크를 얻을 수 있다. 결과물의 압축을 표준 유틸리티 (gunzip 및 cpio)를 사용하여 푸는 것은 간단한 작업이다. 부트 이미지를 가지고 있지 않은 경우, 안드로이드 에뮬레이터 이미지를 이용해도 된다.

출력 3-8 imgtool을 이용해 복구 이미지에서 램디스크 풀기

```
morpheus@Forge (~/Android/Book) % imgtool Images/hammerhead-kot49h/recovery.img extract
Part           Size            Pages       Addr
Kernel:        8331496
Ramdisk:       1095649
Secondary:     0
Tags:      2700000
Flash Page Size: 2048 bytes
CmdLine: console=ttyHSL0,115200,n8 androidboot.hardware=hammerhead user_debug=31 maxcpus=
Extracting contents to directory: extracted/
#
# 파일은 gzip 아카이브로 쉽게 인식될 수 있다.
morpheus@Forge (~/Android/Book) % file extracted/ramdisk
extracted/ramdisk: gzip compressed data, from Unix
#
# 아카이브를 풀기 위한 디렉터리 생성
morpheus@Forge (~/Android/Book) % mkdir tmp;cd tmp
# gzcat이 없는 경우, gunzip을 먼저 사용할 수 있다.
# cpio 옵션: -i(nput) -d(irectory) -v(erbose)
morpheus@Forge (~/Android/Book/tmp) % gzcat ../extracted/ramdisk | cpio -ivd
charger
...
init.rc
sbin/adbd
sbin/healthd      # 킷캣에 포함, healthd는 RAM 디스크 내에 있다.
sbin/recovery     # 복구 바이너리 - 복구/갱신을 위한 도구
```

initramfs 내용에 대한 설명은 2장의 표 2-5를 참조하면 된다. 좀 더 재미있는 실험으로 부트 이미지와 복구 이미지를 비교할 수 있다.

시스템 및 데이터 파티션

2장에서 시스템 및 데이터 파티션을 공부하였다. 벤더는 전용 바이너리를 사용할 수 있기 때문에 그들에게 적합한 포맷으로 이 이미지를 제공할 수 있었다. 대부분의 벤더는 fastboot를 사용하기 때문에 구글 자체의 이미지에 사용되는 simg$^{sparse\ image}$ 포맷에 따를 가능성이 높다. 이 파일 포맷을 처리하는 유틸리티는 AOSP의 system/core/libsparse 디렉터리 아래에서 찾을 수 있다.

스파스 이미지는 이미지에 대한 메타데이터를 포함하는 작은 헤더(28바이트)로 시작한다. 이 헤더 포맷은 표 3-4와 같다.

표 3-4 스파스 이미지 헤더

오프셋	길이	필드
0	4	매직 밸류(0xed26ff3a)
4	4	버전(메이저+마이너). 현재 0x00000001이다.
8	2	헤더 크기가 항상 0x001c(=28)이다.
10	2	청크 크기이다.
12	4	블록 크기이다. Ext 파일시스템의 경우에는 일반적으로 0x1000(4k)이다.

오프셋	길이	필드
16	4	파일시스템의 블록 개수이다.
20	4	이 파일의 청크 개수이다.
24	4	선택적으로 사용되는 체크섬(일반적으로 0)이다.

실험: 호스트에 안드로이드 시스템 마운팅하기

이 책의 관련 웹사이트에서 제공하는 imgtool을 사용하여 스파스 이미지를 추출하는 작업은 매우 간단하다. 또한 소스에서 AOSP의 simg2img를 컴파일할 수도 있다. 이는 system.img로 설명할 수 있다. 사용자 데이터 및 캐시 이미지는 대부분 비어 있다.

출력 3-9 안드로이드 시스템 이미지 풀기

```
Forge (~/.../hammerhead-lpv79)$ file system.img
system.img: data       # 인식 불가
Forge (~/.../hammerhead-lpv79)$ od -A x -t x4 system.img | head -2
0000000 magic:   ed26ff3a version:  00000001 chnk/hdr: 000c001c blksize:   00001000
0000010 blocks:  00040000 chunks:   00000595 checksum: 00000000          0000cac1
# simg_dump 파이썬 스크립트를 사용하면 스파스 이미지에 대한 정보를 얻을 수 있다.
#
Forge (~/.../hammerhead-lpv79)$ $SDK_ROOT/system/core/libsparse/simg_dump.py system.img
system.img: Total of 262144 4096-byte output blocks in 1429 input chunks.
simg2img를 컴파일한다. NDK 빌드 시스템을 통해 컴파일할 수 있다. 하지만…
이는 어떠한 설정 없이도 동작한다(NDK를 다운로드하지 않아도).
Forge (~/.../hammerhead-lpv79)$ cd $SDK_ROOT/system/core/libsparse
Forge (/.../core/libsparse)$ gcc backed_block.c output_file.c sparse*.c simg2img.c \
                       -I./include -lz -o simg2img
sparse_read.c:122:10: warning: implicit declaration of .. #... 무엇이든지
# simg2img를 이제 가졌다. 뒤로 가서 이미지를 푼다.
#
Forge (/.../core/libsparse)$ cd -
Forge (~/.../hammerhead-lpv79)$ $SDK_ROOT/system/core/libsparse/simg2img system.img system.ex
# simg2img는 인터랙티브 타입은 아니지만 파일을 생성한다.
#
Forge (~/.../hammerhead-lpv79)$ file system.ext4
system.ext4: Linux rev 1.0 ext4 filesystem data (extents) (large files)    # Success!
# 스파스 이미지를 로 이미지와 비교한다. 파일 크기의 감소량은 주목할 만하다.
#
Forge (~/.../hammerhead-lpv79)$ ls -lh system.img system.ext4
-rw-r--r--  1 morpheus  staff   1.0G Jun 27 07:09 system.ext4
-rw-r--r--@ 1 morpheus  staff   668M Jan  1  2009 system.img
# 이제 루프 디바이스에 파일시스템을 마운트할 수 있다(이 단계를 위해 루트 권한이 필요하다.).
#
Forge (~/.../hammerhead-lpv79)$ sudo mount -o loop system.ext4 /mnt
Forge (~/.../hammerhead-lpv79)$ ls /mnt
app    build.prop  fonts       lib         media     recovery-from-boot.p    vendor
bin    etc         framework   lost+found  priv-app  usr                     xbin
```

안드로이드 에뮬레이터 이미지($SDK_ROOT/system-images)는 간단한 로우(raw) 파일시스템 이미지이고, 이들은 직접 마운트할 수 있다. 이번 장의 후반부에 이번 실험에서 했던 작업의 반대 방법을 배운다. 즉, 이미지를 디바이스로 굽기 위해 변경하는 작업이다.

부트 프로세스

지금까지 시스템 이미지의 모든 컴포넌트를 살펴보았다. 이를 이용하여 실제 부팅 과정을 살펴보자. 디바이스에 따라 다르겠지만, 부팅 프로세스는 다음 단계로 일반화되어 있다.

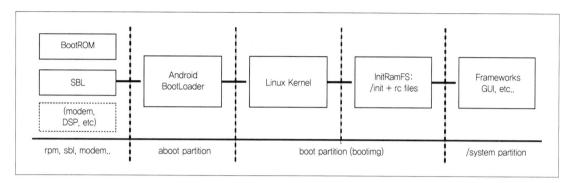

그림 3-1 일반적인 안드로이드 부팅 프로세서

펌웨어 부트

디바이스의 펌웨어는 PC의 BIOS(또는 요즘은 EFI)와 같다. 이곳의 핵심 컴포넌트는 하드웨어 벤더에서 제공하는 부트 ROM이다. 읽기 전용 메모리의 컴포넌트인 부트 ROM은 매우 작은 컴포넌트이고, 최소한의 하드웨어 컴포넌트를 초기화하는 부팅 시퀀스만 가지고 있다. 부트 ROM은 크기가 좀 더 큰 소프트웨어인 세컨더리 부트로더[sbl]을 적재해 좀 더 까다로운 초기화 태스크를 수행한다(예를 들면, 시작 그래픽 이미지를 표시한다.).

    모바일 디바이스의 프로세서는 PC와 달리(인텔 또는 AMD 프로세서의 경우와 같이 단일 CPU가 아니라) 완전한 '시스템 온 칩[SoC]'이다. 실제로 이는 애플리케이션 프로세서 하나에서 몇 개의 프로세서가 일렬로 실행된다는 것을 의미한다. 예를 들면 퀄컴 스냅드래곤 프로세서는 자그마치 네 개의 서브 프로세서-RPM(리소스/전원 관리), Krait(애플리케이션 프로세서), Adreno(그래픽 프로세서-CPU) 및 Hexagon(디지털 신호 프로세서, DSP)을 가지고 있다. 부트 ROM은 프라이머리, 부트로더[PBL]를 제공하는 MSM 칩셋은 매우 긴 부트 프로세서를 가지고 있다. 이는 결과적으로 세컨더리 부트로더[sbl]를 세 개로 쪼개 적재한다(sbl1→sbl2→sbl3). 이들은 rpm과 tz(ARM TrustZone) 파티션에서 온 코드가 포함되어 있는 복잡한 커리어그래피[choreography]*로 서로 적재되고 인증한다. 후자는 부트 프로세스의 나머지에 보안 서비스를 제공하며, 안드로이드의 생명주기 동안 암호화 서비스에 접근할 때 사용되는 "Trusted Execution Environment" 운영체제를 설정한다. 그리고 애플리케이션 프로세서는 다른 컴포넌트를 시작시키고, 안드로이드 부트로더가 존재하는 애플리케이션 부트를 실행시킨다.

패스트 부트 프로토콜

대부분 안드로이드 부트로더는 구글이 만든 "FastBoot" 프로토콜을 지원한다. FastBoot 프로토콜은 호스트와 디바이스 간에 USB 채널을 사용해 연결되는 텍스트 기반의 프로토콜이다. 이는 성능적인 관점에서 그리 빠르지 않지만, 매우 쉽고 빠르게 구현할 수 있는 가능성 있는 이름이다. 그림 3-2는 호스트와 디바이스 간의 메시지 전달 과정을 나타낸 것이다.**

---

* 커리어그래피(choreography)라는 말은 실제로 매우 복잡하며 증명되지도 않았지만, 퀄컴 비밀 문서에서 유출된 일부에 포함되어 있다. 이 유출된 문서에서 조금씩 모아진 정보 및 다수의 토론 스레드 241001419b가 있는 XDA-Developer 포럼9a에서 이루어지는 토론을 살펴보면 좀 더 자세히 알 수 있다.

** 벤더는 FastBoot를 지원하지 않아도 되고, 그 대신 자체 부트로더 프로토콜을 추가로 지원할 수 있다. 삼성의 ODIN 및 아마존 부트로더가 그 대표적인 예이다.

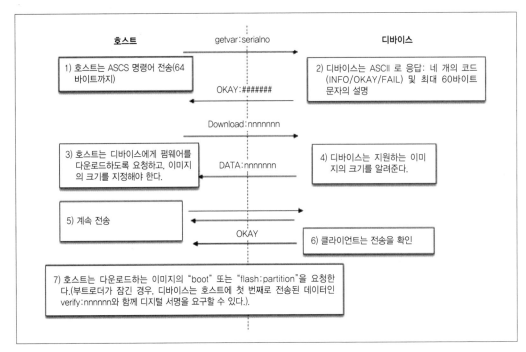

그림 3-2 fastboot 구성

이 책을 쓰는 시점 현재 프로토콜 버전(0.4)은 system/core/fastboot/fastboot_protocol.txt에 자세히 설명되어 있다. 표 3-5는 호스트 측의 `fastboot` 바이너리에서 이해할 수 있는 명령어 목록이자, 명령어에 해당하는 프로토콜 메시지이다.

표 3-5 기본 fastboot 명령어

명령어	프로토콜 명령어	설명
Flash ⟨partition⟩ [⟨filename⟩]	download:%08x, flash:partition	파일을 플래시 파티션에 쓰기
Flash:raw boot ⟨kernel⟩ [⟨ramdisk⟩]		flash:partition
flashall		boot + recovery + system 플래시하기
Update		update.zip에서 디바이스로 다시 플래시하기
erase ⟨partition⟩	erase:partition	플래시 파티션 지우기
format ⟨partition⟩		erase:partition
getvar ⟨variable⟩	getval:variable	부트로더 변수 표시
boot ⟨kernel⟩ [⟨ramdisk⟩]	download:%08x,boot	커널 다운로드 및 부팅
devices	getvar:serialno	연결된 모든 디바이스 목록
continue	continue	자동 부트로 계속
reboot	reboot	정상적인 디바이스 재부팅
reboot-bootloader	reboot-bootloader	부트로더에 디바이스 재부팅
Oem [command[args]]	command[:args]	OEM 익스텐션 명령어 전송

실험: Fastboot 사용하기

안드로이드 SDK는 fastboot 명령어를 지원한다. fastboot 명령어는 매우 간단하지만, 프로토콜을 완벽하게 구현할 수 있다. 디바이스의 부트로더가 fastboot를 지원하는지 확인하려면 먼저 부트로더 단계를 강제로 중지시켜야 한다. 이때에는 매직 버튼 조합(일부 디바이스에서는 까다롭다.)으로 폰을 시작하지 말고, adb reboot bootloader를 사용해야 한다. 디바이스는 부트로더로 다시 시작하는데, 만약 fastboot를 지원한다면 "fastboot devices"라고 표시된다.

출력 3-10 fastboot devices 출력

```
morpheus@Forge (~)% adb reboot bootloader
morpheus@Forge (~)% $SDK_ROOT/platform-tools/fastboot devices
FA43BSF00073    fastboot
```

이때 디바이스는 부트로더 UI를 표시해야 하고, 폰의 버튼(소리 조절 및 전원 버튼)을 사용해 부트로더 메뉴를 탐색하거나 표 3-5의 명령어들을 사용할 수 있어야 한다. 이 명령어들은 잠재적으로 매우 위험하기 때문에(어떤 작업을 하는 명령어인지 정확히 모를 경우에), "getval all"로 모든 부트로더의 변수를 조회할 수 있다. 이들은 디바이스에 따라 다르며, 출력 3-11은 HTC One M8에서의 출력을 나타낸 것이다.

출력 3-11 HTC-One M8 fastboot getvar의 출력

```
morpheus@Forge (~)% $SDK_ROOT/platform-tools/fastboot getvar all
(bootloader) version: 0.5
(bootloader) version-bootloader: 3.16.0.0000
(bootloader) version-baseband: 0.89.20.0222
(bootloader) version-cpld: None
(bootloader) version-microp: None
(bootloader) version-main: 1.12.605.11
(bootloader) version-misc: PVT SHIP S-ON    # HTC: S(security) - [ON/OFFF]
(bootloader) serialno: Phone Serial #
(bootloader) imei: Device ID
(bootloader) imei2: Not Support
(bootloader) meid: Device ID (same as IMEI)
(bootloader) product: m8_wlv
(bootloader) platform: hTCBmsm8974        # msm 칩셋
(bootloader) modelid: 0P6B20000
(bootloader) cidnum: VZW__001
(bootloader) battery-status: good
(bootloader) battery-voltage: 0mV
(bootloader) partition-layout: Generic
(bootloader) security: on
(bootloader) build-mode: SHIP
(bootloader) boot-mode: FASTBOOT
(bootloader) commitno-bootloader: 3a4162f9
(bootloader) hbootpreupdate: 11
(bootloader) gencheckpt: 0
all: Done!
```

fastboot에서 가장 흥미로운 부분은 'oem 익스텐션'이다. Fastboot oemh를 사용하면 모든 명령어 목록을 얻을 수 있다(디바이스에 따라 다르다.). 이 명령어들은 매우 다양하고 유용하다. HTC의 경우 dmesg(부트로더 로그 획득), get_temp(센서 온도 읽기), read/writeusername(폰의 개인화), read/writecid(통신 사업자 ID) 및 네트워크 사용을 위한 폰의 설정으로 통신 사업자를 선택하는 read/writeimei 등을 지원한다. 이전에 알려진 바와 같이 일부 디바이스(주로 넥서스 5 및 엔비디아 쉴드)는 부트로더를 언록할 수 있는 "oem unlock"을 지원하기 때문에 커스텀 펌웨어 이미지를 적재할 수 있다.

커널 부트

안드로이드 커널 부트 프로세스는 리눅스의 커널 부트 프로세스와 크게 다르지 않다. 하지만 후자는 커널 버전 업데이트로 인해 컴포넌트가 추가되거나 삭제되는 일이 자주 발생하고, 플랫폼 간의 차이가 크다. 이번에는 커널 3.x 라인 버전을 이용하여 커널 시작 프로세스를 하이 레벨의 관점에서 살펴본다. 이번 섹션을 공부하면서 디바이스별로 커널 소스 트리를 함께 따라 가야 할 수도 있다.

부트로더는 커널의 zImage 및 램디스크를 위치시키는 역할을 한다. zImage와 램디스크가 모두 메모리에 거주할 경우, 제어권은 zImage의 엔트리 포인트^entry point^로 옮겨진다. 커널은 이 시점에서 압축되고 arch/architecture/boot/compressed/head.S(x86의 경우 head_32.S 또는 head64.S)에 구현된 엔트리 포인트는 익숙한 메시지인 "Uncompressing Linux... done, booting the kerne"를 표시하는 decompress_kernel을 호출하며, 제어권을 "실제" 엔트로 포인트로 넘긴다. 이는 어셈블리(arch/arm/kernel/head.S 또는 startup_[32|64] 및 arch/x86/kernel/x86/kernel/head_[32|64].S의 stext) 내에 구현된 아키텍처의 기능이다. 다음은 제어권이 커널의 메인 함수(start_kernel)에 이전되기 전 MMU 및 페이지 테이블(가상 주소로 전환)의 로우 레벨 설정을 나타낸 것이다.

Start_kernel 함수는 아키텍처에 따라 다르고, 일반적으로 init/main.c에 구현되어 있다. 이 함수는 변수를 거의 가지고 있지 않고, 다른 함수를 호출하는 코드를 담고 있다. 다시 말해 start_kernel은 특별한 함수를 사용하여 핵심 프레임워크를 모두 초기화하고 난 뒤, 나머지 다른 프레임워크를 초기화하기 위해 rest_init를 호출한다. 이 함수는 여러 서브 시스템을 초기화하는 kernel_init 스레드를 만든다.

커널 코드는 많은 서브 시스템들을 초기화하기 때문에 길고 지저분하다. initcall 메커니즘은 좀 더 나은 해결책을 제공한다. 표 3-6은 Kernel_init 스레드가 호출하는(do_basic_setup() 내에 do_initcalls()를 통해) 8개의 초기화 단계를 순서대로 정의한 것이다.

표 3-6 initcall 레벨

#	레벨	설명
0	Early	RCU, SoftIRQ 및 workqueue와 같은 초기 헬퍼 스레드를 만드는 데 사용된다.
1	Core	binfmt 및 sockets과 같은 "core" 서브 시스템에 사용된다.
2	postcore	bdi(블록 디바이스 플러시 스레드) 및 kobject에 의해 사용된다.
3	arch	아키텍처별로 초기화가 다르다.
4	subsys	bio, crypto 및 sound와 같은 일반적인 서브 시스템이다.
5	fs	파일시스템을 지원하기 위해 VFS 레이어에서 사용된다.
6	device	드라이버 및 일반 모듈에 의해 사용된다. module_init 매크로는 이 단계에서 매핑된다.
7	late	마지막 단계이다. 고급 메모리 관리 및 oops를 처리한다.

아이디어는 서브 시스템의 시작 스크립트 그룹으로 관리하는 데 사용되는 사용자 모드인 init의 "runlevel" 콘셉트와 비슷하다. initcalls은 서브 시스템을 레벨_initcall 매크로를 이용해 그들의 초기화 함수를 등록할 수 있도록 해줌으로써 이 아이디어를 실현하였다. 레벨_initcall 함수는 kernel_init가 레벨을 처리할 때 순차적으로 호출된다. 모든 레벨은 커널 초기화가 완료될 때까지 반복적으로 호출된다.

커널이 부팅되는 동안에는 dmesg(1)을 이용해 메시지를 볼 수 있다. 하지만 커널은 링 버퍼^ring buffer^를 사용하기 때문에 디바이스에서 이 명령어의 실행에 필요한 루트 셸^root shell^을 얻을 때까지 부분적으로 덮어씌워졌을 수 있다(커널 링 버퍼의 크기는 커널이 빌드될 때 설정된다.).

단계별로 시퀀스를 수행하기보다 다음 목록을 dmesg 출력에 연결해 메시지를 내보내는 시작 함수를 매핑해보

자. 볼드체로 표시된 줄은 아키텍처와 무관하기 때문에 x86 및 ARM에서 동일하게 볼 수 있다(약간은 다를 수 있다.).

리스트 3-2 안드로이드 에뮬레이터의 dmesg 출력

```
<6>Booting Linux on physical CPU 0                               # smp 설정 프로세스 아이디
<6>Initializing cgroup subsys cpu                                # 초기에 cgroup init
<5>Linux version 3.4.0-gd853d22 (nnk@nnk.mtv.corp.google.com) ...  # pr_notice("%s",
<4>CPU: ARMv7 Processor [410fc080] revision 0 (ARMv7), cr=10c53c7d
<4>CPU: PIPT / VIPT nonaliasing data cache, VIPT nonaliasing instruction cache
<4>Machine: Goldfish
<5>Truncating RAM at 00000000-7fffffff to -2f7fffff (vmalloc region overlap).
<4>Memory policy: ECC disabled, Data cache writeback
<7>On node 0 totalpages: 194560
<7>free_area_init_node: node 0, pgdat c04a7394, node_mem_map c084f000
<7>  Normal zone: 1520 pages used for memmap
<7>  Normal zone: 0 pages reserved
<7>  Normal zone: 193040 pages, LIFO batch:31
<7>pcpu-alloc: s0 r0 d32768 u32768 alloc=1*32768
<7>pcpu-alloc: [0] 0
<4>Built 1 zonelists in Zone order, mobility grouping on. ..      # zonelists 빌드
<5>Kernel command line: qemu.gles=0 qemu=1 console=ttyS0 ...      # pr_notice("Kernel_comm
<6>PID hash table entries: 4096 (order: 2, 16384 bytes)          # pidhash_init()
<6>Dentry cache hash table entries: 131072 (order: 7, 524288 bytes)  # vfs_caches_init()
<6>Inode-cache hash table entries: 65536 (order: 6, 262144 bytes)
<6>Memory: 760MB = 760MB total                                   # mem_init();
<5>Memory: 764912k/764912k available, 13328k reserved, 0K highmem
<5>Virtual kernel memory layout:
<5>  ...
<6>NR_IRQS:256                                                   # early_irg_init();
<6>sched_clock: 32 bits at 100 Hz, resolution 10000000ns, ..     # sched_clock_init()
<6>Console: colour dummy device 80x30                            # sched_clock_init()
<6>Calibrating delay loop... 412.87 BogoMIPS (lpj=2064384)       # calibrate_delay()
<6>pid_max: default: 32768 minimum: 301
<6>Security Framework initialized                                # security_init()
<6>SELinux:  Initializing.                                       # security_initcall(selinux_init);
<7>SELinux:  Starting in permissive mode
<6>Mount-cache hash table entries: 512                           # vfs_caches_init()
<6>Initializing cgroup subsys debug                              # cgroup_init()
<6>Initializing cgroup subsys cpuacct
<6>Initializing cgroup subsys freezer
<6>CPU: Testing write buffer coherency: ok                       # check_bugs(macro)
#
# .. from this point on, we're rest init — and in kernel init thread → 이 지점부터 커널의 init 스레드에서 나머지 초기화 작업이 수행된다.
# .. this call do_basic_setup(), which in turn call do_initcalls() → do_basic_setup()을 호출하고 do_initcalls()를 차례로 호출한다.
# .. Note ordering of output is consistent with initcall_levels → 출력 순서가 initcall_levels와 일치하는지 확인한다.
#
<6>Setting up static identity map for  0x35e610..               # early_initcall(init_static_idma)
<6>NET: Registered protocol family 16                           # core_initcall(netlink_ proto_init);
<6>bio: create slab  at 0                                       # subsys_initcall(init bio);
<6>Switching to clocksource goldfish_timer
<6>NET: Registered protocol family 2                            # fs_initcall(inet init);
<6>IP route cache hash table entries: 32768 (order: 5, 131072 bytes)
<6>TCP established hash table entries: 131072 (order: 8, 1048576 bytes)
<6>TCP bind hash table entries: 65536 (order: 6, 262144 bytes)
<6>TCP: Hash tables configured (established 131072 bind 65536)
<6>TCP: reno registered
<6>UDP hash table entries: 512 (order: 1, 8192 bytes)
<6>UDP-Lite hash table entries: 512 (order: 1, 8192 bytes)
<6>NET: Registered protocol family 1
<6>RPC: Registered named UNIX socket transport module.          # fs_initcall(init sunrpc);
<6>RPC: Registered udp transport module.
<6>RPC: Registered tcp transport module.
<6>RPC: Registered tcp NFSv4.1 backchannel transport module.
<6>Trying to unpack rootfs image as initramfs...                # rootfs_initcall(populate rootfs)
<6>Freeing initrd memory: 312K
<4> .. goldfish 새로운 pdev IRO 순환
<4> .. goldfish pdev 워커 인터럽트 등록
<6>audit: initializing netlink socket (disabled)                # initcall(audit init);
<5>type=2000 audit(0.270:1): initialized
```

```
<6>Installing knfsd (copyright (C) 1996 okir@monad.swb.de).
<6>fuse init (API version 7.18)                          # module init(fuse init);
<7>yaffs: yaffs built Jul  9 2013 17:46:43 Installing.
<6>msgmni has been set to 1494
<7>SELinux:  Registering netfilter hooks
<6>io scheduler noop registered            #
<6>io scheduler deadline registered        # elv register
<6>io scheduler cfq registered (default)   #
<4>allocating frame buffer 1080 * 1920, got   (null)
<4>goldfish_fb: probe of goldfish_fb.0 failed with error -12
<6>console [ttyS0] enabled
<6>brd: module loaded
<6>loop: module loaded
<6>nbd: registered device at major 43
<4> ... goldfish 특화 기능
<6>tun: Universal TUN/TAP device driver, 1.6
<6>tun: (C) 1999-2004 Max Krasnyansky
<4>smc91x.c: v1.1, sep 22 2004 by Nicolas Pitre
<4>eth0: SMC91C11xFD (rev 1) at fe013000 IRQ 13 [nowait]
<4>eth0: Ethernet addr: 52:54:00:12:34:56
<7>eth0: No PHY found
<6>mousedev: PS/2 mouse device common for all mice
<4>*** events probe ***
<4>events_probe() addr=0xfe016000 irq=17
<4>events_probe() keymap=qwerty2
<6>input: qwerty2 as /devices/virtual/input/input0
<6>goldfish_rtc goldfish_rtc: rtc core: registered goldfish_rtc as rtc0
<6>device-mapper: uevent: version 1.0.3
<6>device-mapper: ioctl: 4.22.0-ioctl (2011-10-19) initialised: dm-devel@redhat.com

<6>ashmem: initialized                 Ashmem init()
<6>logger: created 256K log 'log_main'    Device initcall(logger init);
<6>logger: created 256K log 'log_events'
<6>logger: created 256K log 'log_radio'
<6>logger: created 256K log 'log_system'

<6>Netfilter messages via NETLINK v0.30.
<6>nf_conntrack version 0.5.0 (11956 buckets, 47824 max)
<6>ctnetlink v0.93: registering with nfnetlink.
<6>NF_TPROXY: Transparent proxy support initialized, version 4.1.0
<6>NF_TPROXY: Copyright (c) 2006-2007 BalaBit IT Ltd.
<6>xt_time: kernel timezone is -0000
<6>ip_tables: (C) 2000-2006 Netfilter Core Team
<6>arp_tables: (C) 2002 David S. Miller
<6>TCP: cubic registered
<6>NET: Registered protocol family 10
<6>ip6_tables: (C) 2000-2006 Netfilter Core Team
<6>IPv6 over IPv4 tunneling driver
<6>NET: Registered protocol family 17
<6>NET: Registered protocol family 15
<6>8021q: 802.1Q VLAN Support v1.8
<6>VFP support v0.3: implementor 41 architecture 3 part 30 variant c rev 0
<6>goldfish_rtc goldfish_rtc: setting system clock to 2014-04-16 01:15:32 UTC (1397610932)
<6>Freeing init memory: 148K
<7>SELinux: 512 avtab hash slots, 1319 rules.
<7>SELinux: 512 avtab hash slots, 1319 rules.
<7>SELinux:  1 users, 2 roles, 288 types, 1 bools, 1 sens, 1024 cats
<7>SELinux:  84 classes, 1319 rules
<7>SELinux:  Completing initialization.
<7>SELinux:  Setting up existing superblocks.
<7>SELinux: initialized (dev sysfs, type sysfs), uses genfs_contexts
    ... iterates over all mounted filesystems ...
<7>SELinux: initialized (dev sysfs, type sysfs), uses genfs_contexts
<5>type=1403 audit(1397610932.610:2): policy loaded auid=4294967295 ses=4294967295
<4>SELinux: Loaded policy from /sepolicy
<5>type=1404 audit(1397610932.620:3): enforcing=1 old_enforcing=0 auid=4294967295 ses
=4294967295
<4>init (1): /proc/1/oom_adj is deprecated, please use /proc/1/oom_score_adj instead.
```

커널의 스타트업 스레드가 종료될 때, /init가 사용자 모드에 PID 1번으로 나타난다. 다음 장에서 다양한 안드로이드 특화 서비스와 함께 /init에 대해 자세히 설명한다.

종료 및 재부팅

대부분의 사용자는 디바이스를 켜져 있는 상태로 두지만, 가끔씩 디바이스를 종료하거나 재부팅해야 할 때도 있다. 이 경우, 확인 다이얼로그가 나타날 때까지 몇 초 동안 전원 버튼을 누르면 된다. 사용자가 종료 또는 재부팅을 선택하면 폰은 재부팅되거나 종료된다.

이러한 과정 뒤에는 매우 긴 프로세스가 있고, 그림 3-3에서와 같이 좀 더 복잡한 코레오그래피가 있다(이 그림은 아래에서 위로 읽어야 한다.).

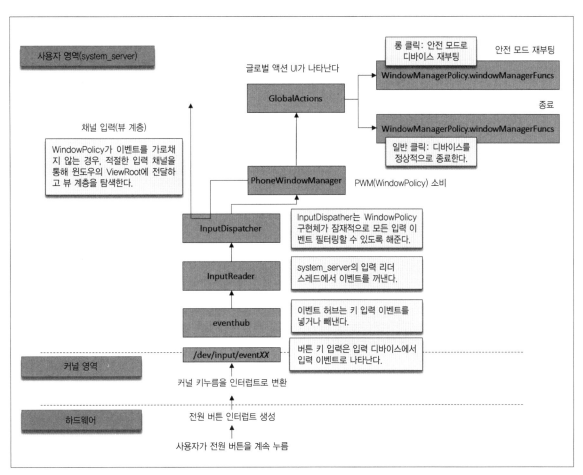

그림 3-3 종료 버튼을 누르면 내부적으로 실행되는 프로세스

버튼을 누르면 인터럽트가 생성되고, 이는 리눅스 커널에서 가져간다. 커널은 이 인터럽트를 입력 이벤트로 변환하고, EV_KEY/KEY_pOWER/DOWN는 안드로이드 런타임으로 전파된다. 이 이벤트는 다른 이벤트와 마찬가지로 안드로이드 InputReader와 InputDispatcher에서(이들은 system_server 스레드) 가져올 수 있고, 후자는 이벤트를 WindowPolicy 오브젝트에 전달한다. 기본 정책 객체(com.android.internal.policy.impl.PhoneWindowManager)는 충분한 시간(이는 ViewConfiguration의 GLOBAL_ACTIONS_KEY_TIMEOUT에 500ms로 정의되어 있다.)이 있는 경우, 키

를 가로채고, 메뉴를 띄운다(GlobalActions.showDialog()를 호출해서).[*]

사용자가 종료를 선택한 경우, 두 가지로 분기된다. 탭을 누르면 정상적으로 종료되고, 오랫동안 누르면 안전 모드로 재부팅된다. 양쪽의 태스크는 ShutdownThread에서 처리된다. 이 스레드의 shtdownInner() 메서드는 종료 시퀀스가 시작되기 전에 확인 다이얼로그를 보여주는 역할을 한다.

사용자가 종료를 확인하면 beginShutdownSequence()는 프로세스 동안 화면을 그대로 유지하기 위해(좀 더 나은 사용자 경험을 주기 위해), 두 개의 웨이크록을 지정한다. 그리고 나서 종료 스레드가 수행된다. 그림 3-4는 전체적인 흐름을 나타낸 것이다.

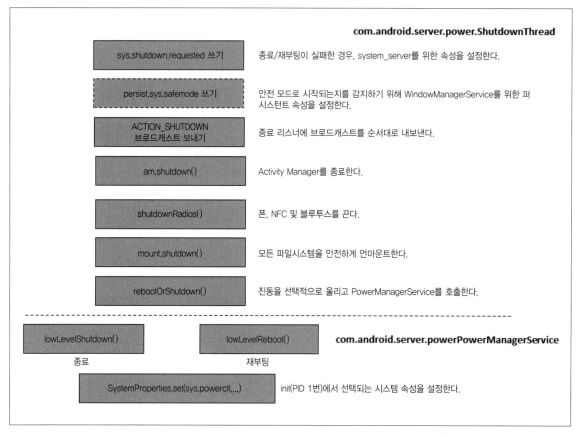

그림 3-4 안드로이드 종료 시퀀스 흐름

리눅스 네이티브 레벨에서 종료의 마지막 단계는 /init에서 실행된다. 시스템 속성을 구현할 책임이 있는 프로세스(4장 참조)로서 sys.powerctrl 속성인 shutdown 또는 reboot, reason을 사용한다. 여기에서 reason에는 recovery 또는 bootloader가 올 수 있다. 값이 익숙하다면, 이는 우리가 adb reboot에서 이를 사용했던 적이 있었기 때문이다. adb reboot은 동일한 속성(ANDROID_RB_pROPERTY)을 사용자가 선택한 값으로 설정한다. 모든 경로가 /init로 이어지고, libcutils의 android_reboot 함수를 차례대로 호출한다. 이는 단순히 커널의 reboot() 시스템 호출 또는 _reboot의 래퍼이다. 후자는 추가 reason을 전달해주는 리눅스에 특화된 호출이다.

안드로이드 백업 및 복구

사람이 병마와 싸우는 것처럼, 운영체제도 데이터 오염 및 유실에 대한 위험에 처해 있다. 그러므로 백업 및 복구는 운영체제에 반드시 필요한 기능이다. 애플리케이션은 설정 정보 및 자체 데이터를 저장하거나 복구할 수 있는 능력이 필요하고, 파워 유저 또한 부트 설정 또는 시스템 체크 포인트 등 디바이스 전체를 백업하고, 문제가 발생했을 경우 롤백roll back할 수 있는 기능이 필요하다.

실제로 안드로이드는 API 레벨 8에서 BackupManagerService를 가진 애플리케이션을 제공한다. BackupManagerService는 애플리케이션별 백업 또는 모든 앱의 전체 백업을 제공하는 프레임워크 서비스이다. 애플리케이션 프로그래밍 인터페이스를 포함한 프레임워크 서비스의 내부는 2권에서 다룬다(프레임워크 서비스 나머지와 함께). 백업 아키텍처는 매우 잘 만들어져 있으며, 애플리케이션에 백업할 데이터를 선택할 책임을 위임하고 있다. 애플리케이션은 데이터가 변경되었을 때 백업 매니저에게 통보하고, 백업 매니저는 애플리케이션을 큐에 추가한다.

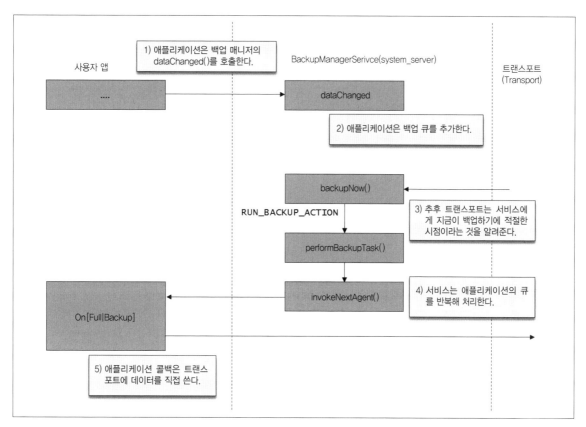

그림 3-5 안드로이드 백업 아키텍처의 간략화된 뷰

BackupManagerService가 실제 백업을 수행하도록 요청받았을 때 백업 세트backup set를 만들고 큐에 들어갈 애플리케이션들을 그룹으로 묶는다. 각 애플리케이션에서 onBackup() 콜백을 호출한다. BackupService는 애플리케이션 파일 디스크립터를 콜백 내에 전달한다. 이는 애플리케이션이 백업 데이터를 쓰거나 읽기 위해 사용된다. 제공된 디스크립터는 애플리케이션이 전혀 모르는 상태로 트랜스포트transport에 연결한다. 데이터는 그 구현이 불투명하게 남아 있는 동안 트랜스포트에 쓰여지거나 읽혀진다. 데이터는 로컬에 백업되거나 "클라우드"(예를 들면 구글 서버 또는 디바이스 벤더의 서버)에 저장된다. 하지만 백업할 곳을 선택하는 결정은 시스템(또는 벤더) 레벨에 달려 있다.

표 3-7은 일반적인 트랜스포트를 나타낸 것이다.

표 3-7 안드로이드 트랜스포트

트랜스포트	백업되는 곳
com.google.android.backup/.BackupTransportService	구글 서버에 백업된다. 애플리케이션은 이 서비스를 사용하기 위해 구글의 API 키가 필요하다.
com.android.server.enterprise/.EdmBackupTransport	디바이스 엔터프라이즈 백업이다.
android/com.android.internal.backup.LocalTransport	디바이스에 저장하는 로컬 백업이다.

커맨드라인 도구

파워 유저의 관점에서 보면, 백업 및 복구 인터페이스로는 두 개의 달빅 업콜upcall 스크립트인 bmgr 및 bu 유틸리티의 형태가 좀 더 간단하다. 두 개의 유틸리티는 Binder를 통해 실행(7장에서 설명)되는 BackupManagerService와 통신하기 위해 자바java가 필요하다. bmgr 유틸리티는 잘 문서화[10]되어 있고, 인자 없이 호출하면 사용법을 상세히 볼 수 있다. 표 3-8은 인자 목록을 나타낸 것이다.

표 3-8 bmgr 업콜 스크립트에서 이해할 수 있는 명령어와 인자

명령어	목적
backup package	다음 실행 때 백업하기 위한 패키지를 마킹한다.
enable 0/1	백업 메커니즘을 활성화/비활성화한다.
enabled	백업 메커니즘이 활성화/비활성화되어 있다면 알려준다.
list transports	가용한 트랜스포트 목록이다. *가 기본이다(표 3-7 참조)
list sets	복구 세트의 목록이다.
transport transportName	기본 트랜스포트를 설정한다.
restore set [App]	모든 앱 또는 지정된 App에 해당하는 세트에서 복구한다.
run	지금 대기 중인 백업을 수행한다.
wipe transportName pakcage	transportName에서 패키지의 모든 백업을 지운다.
fullback package	지정된 패키지의 전체 백업을 수행한다.

하지만 bu 유틸리티는 거의 문서화되어 있지 않고, 사용자에게 직접 출력을 제공하지 않고 안드로이드 로깅 시스템을 사용한다. 이 유틸리티에서 인식할 수 있는 인자는 backup 또는 restore뿐이고, 백업 시에 몇 개의 스위치switches를 처리할 수 있다. 표 3-9는 bu에서 사용하는 스위치를 나타낸 것이다(기본적으로 사용되는 것은 볼드체로 표시되어 있다.).

표 3-9 bu backup에서 사용되는 스위치

스위치	목적
-[no] apk	애플리케이션 .apk 파일을 저장하거나 생략한다.
-[no] obb	애플리케이션 .obb(opaque binary blobs) 파일을 저장하거나 생략한다.
-[no] shared	공유 리소스를 저장하거나 생략한다.
-[no] system	전체 백업에서 시스템 애플리케이션을 저장하거나 생략한다.
-[no] widgets	위젯을 저장하거나 생략한다(기본: -nowidgets)
-[no] compress	백업을 압축한다.
-all	모두 백업한다(사용자의 확인이 필요하다.).

스위치가 어렴풋이 익숙해 보인다면, adb backup에서 사용했던 것과 같기 때문일 것이다(후자의 경우 -nocompress라는 옵션이 없다.). adb를 통해 백업하면 bu 업콜 스크립트가 직접 호출된다. 따라서 bu 스크립트는 bmgr만큼 사용자 친화적이지 않다.

로컬 백업

Adb backup -all을 사용하면, 모든 애플리케이션이 전체 백업된다. 이렇게 하면 bu 유틸리티가 BackupManagerService의 fullBackup() 메서드를 호출하게 된다. 이 메서드가 호출되면 UI 노티피케이션이 사용자에게 나타난다.

기본 노티피케이션 UI 액티비티는 com.android.backupconfirm에 하드 코딩되어 있고, 그림 3-6과 같이 나타난다. UI를 사용하는 경우에는 디바이스가 언록되어 있어야 하고, 사용자를 위한 보안 조치가 추가되어야 하며, 가능한 한 빠른 시간 내에 백업해야 한다. 사용자에게 제공되는 다른 보안 조치사항은 백업을 취소할 수 있는 권한과 비밀번호를 입력하는 권한이다.

사용자가 백업 동작을 승인할 경우, 토스트 노티피케이션은 백업 시작을 알리고 현재 패키지 진도율이 표시된다.

연결된 호스트에 백업될 때 adb는 트랜스포트 파일 디스크립터의 다른 쪽 끝을 -f 스위치에 지정된 호스트의 로컬 파일에 연결한다. 호스트 로컬 파일은 기본적으로 backup.ab이다. 백업 파일은 백업의 암호와 여부에 따라 조금씩 달라지는 전용 포맷이다. 포맷에 관련된 문서는 BackupManagerService 클래스의 소스에 포함되어 있다. 하지만 이는 리스트 3-3처럼 조금 복잡하다.

그림 3-6 기본 백업 UI(LG G3, 킷캣)

리스트 3-3 안드로이드 백업 파일의 포맷 문서

```
// Write the global file header.  All strings are UTF-8 encoded; lines end
// with a '\n' byte.  Actual backup data begins immediately following the
// final '\n'.
//
// line 1: "ANDROID BACKUP"
// line 2: backup file format version, currently "2"
// line 3: compressed?  "0" if not compressed, "1" if compressed.
// line 4: name of encryption algorithm [currently only "none" or "AES-256"]
//
// When line 4 is not "none", then additional header data follows:
//
// line 5: user password salt [hex]
// line 6: master key checksum salt [hex]
// line 7: number of PBKDF2 rounds to use (same for user & master) [decimal]
// line 8: IV of the user key [hex]
// line 9: master key blob [hex]
//     IV of the master key, master key itself, master key checksum hash
//
// The master key checksum is the master key plus its checksum salt, run through
// 10k rounds of PBKDF2.  This is used to verify that the user has supplied the
// correct password for decrypting the archive:  the master key decrypted from
// the archive using the user-supplied password is also run through PBKDF2 in
// this way, and if the result does not match the checksum as stored in the
// archive, then we know that the user-supplied password does not match the
// archive's.
```

실험: 안드로이드 백업 살펴보기

리스트 3-3을 사용하면 안드로이드 백업 파일 헤더를 파악하기 쉽다. 하지만 이 내용은 기본적으로 압축되어 있다. 반 문서화를 위해 bu 업콜 스크립트에서 지원하는 -nocompress를 사용하면, 압축되지 않은 백업을 생성할 수 있다.

출력 3-12 압축되지 않는 백업의 생성 및 조사

```
morpheus@Forge (~) % adb backup -nocompress -all
# 디바이스에 UI 가 표시
Now unlock your device and confirm the backup operation.
morpheus@Forge (~) % ls -l backup.ab
-rw-r----- 1 morpheus  staff  17158168 Jan  1 23:37 backup.ab
morpheus@Forge (~) % head -6 backup.ab
ANDROID BACKUP    # 매직(MAGIC)
3                 # 버전
0                 # 압축
none              # 암호화
apps/android/_manifest000600 017500175000000003624010767 0ustar001
android
```

헤더는 매우 직관적이지만, 실제로 백업되는 콘텐츠는 무엇일까? 첫 번째 줄은 메타데이터처럼 보인다. 헤더를 제거하고 file(1)을 사용해보자.

출력 3-13 안드로이드 아카이브에서 헤더 제거하기

```
# 헤더는 4줄이기 때문에 5 번째 줄에서 시작한다.
morpheus@Forge (~) % tail +5 backup.ab > a.ab
# 파일에 자동 들여쓰기를 시도한다.
morpheus@Forge (~) % file a.ab
a.ab: POSIX tar archive
# 파일 내용을 확인한다.
morpheus@Forge (~) % tar tvf a.ab | more
-rw------- 0 1000   1000      1940 Dec 31  1969 apps/android/_manifest
-rw------- 0 1000   1000        99 Jan  1 21:29 apps/android/r/wallpaper_info.xml
-rw------- 0 1000   1000      1961 Dec 31  1969 apps/com.android.browser.provider/_manifest
...
```

여기서 우리는 안드로이드 백업이 UN*X 타르(tar) 아카이브보다 나은 점이 없다는 사실을 알 수 있다. 압축을 사용하면 타르(tar)의 크기를 줄이는 알고리즘이 적용된다.

암호화를 사용하면 헤더 크기 및 복잡도가 모두 증가한다. 다음은 동일한 아카이브가 "password"로 암호화 및 압축되었을 때의 헤더를 나타낸 것이다.

출력 3-14 암호화된 백업 살펴보기

```
# 이번에는 압축을 기본 설정으로 사용하지 않는다는 것을 의미한다.
morpheus@Forge (~) % adb backup -all
# UI는 디바이스에 "비밀번호"를 입력하는 화면을 표시한다.
Now unlock your device and confirm the backup operation.
# 이번 파일은 훨씬 작다.
morpheus@Forge (~) % ls -l backup.ab
-rw-r----- 1 morpheus  staff  7518645 Jan  1 23:50 backup.ab
morpheus@Forge (~) % head -9 backup.ab
ANDROID BACKUP
3
1                 # 이번에는 압축한다.
AES-256           # 암호화 알고리즘
FBAEB6CF.   #   128 헥사 문자 = 512-비트 솔트 문자
98A4EF42.   #   128 헥사 문자 = 512-비트 마스터 키 체크섬
10000       #   PBKDF2 키에서 파생된 숫자
0B0D638F9856C5D4F04039AB28A0C5F   # 랜덤 IV(32 헥사 디지트 - 128 비트)
E8AD4E9948F356E15A1E41AA265660.   # 192 헥사 디지트 = 768 비트 마스터 키 블록
```

백업 동작 모니터링

BackupManagerService는 두 곳에 설정을 저장한다.

- 시스템 보안 설정: 이는 모든 안드로이드 프레임워크 서비스에 일반적으로 적용되어 있고, Settings 클래스를 통해 접근할 수 있다. 매니저는 다음 설정을 정의한다(Settings 클래스의 상수로 정의하며, 문자 값이다.).

표 3-10 백업 동작 제어 설정

설정	목적
backup_enabled	백업이 활성화되어 있는가? bmgr enable과 같다.
backup_transport	기본 트랜스포트이다. bmgr transport…로 설정할 수 있다.
backup_provisioned	프로비저닝된 백업인가? 매니지드 디바이스의 경우에 유용하다.
backup_auto_restore	애플리케이션 데이터가 자동으로 복구될 수 있는가?

- /data/backup 디렉터리: 트랜스포트(디렉터리) 및 백업 큐 목록을 가지고 있다.

일반적으로 bmgr(또는 settings)을 사용하여 설정을 변경하거나 dumpsys backup을 사용하여 큐에 대한 정보를 얻을 수 있기 때문에 우리가 직접 디렉터리를 살펴보거나 세팅할 필요는 없다. 주석이 달린 dumpsys backup의 출력 결과는 다음과 같다.

출력 3-15 dumpsys를 사용해서 백업 상태 보기

```
shell@flounder:/ $ dumpsys backup
Backup Manager is disabled / provisioned / not pending init
Auto-restore is enabled
Last backup pass started: 0 (now = 1420171109885)
  next scheduled: 0
#  트랜스포트 리스트. 구글 클라우드가 기본이며, 구글 계정이 필요하다.
Available transports:
  * com.google.android.backup/.BackupTransportServ
      destination: Need to set the backup account
      intent: Intent { act=com.google.android.backup.SetBackupAccountActivity }
    android/com.android.internal.backup.LocalTransport
      destination: Backing up to debug-only private cache
      intent: null
Pending init: 0
#  백업을 요청할 수 있는 애플리케이션 목록이며, AID로 정렬되어 있다.
Participants:
  uid: 1000
    com.android.providers.settings
    android
  uid: 1027
    com.android.nfc
...
#  Ancestral은 풀 백업을 하고, 증분 백업/복구를 위한 시작 지점을 설정한다.
#
Ancestral packages: none
Ever backed up: 0
Pending key/value backup: 13
    BackupRequest{pkg=com.google.android.gm}
    BackupRequest{pkg=com.google.android.talk}
    ..
Full backup queue:47
#  마지막 백업: 패키지명
    0 : com.android.providers.downloads.ui
    0 : com.android.externalstorage
    0 : com.google.android.nfcprovision
    ..
```

실험: 백업을 좀 더 깊게 살펴보기

안드로이드에서 백업을 좀 더 깊게 살펴보기 위해 BackupManagerService에서 자체 메타데이터를 보관하는 /data/backup 디렉터리를 살펴보자. 루트 계정으로 접근하면 다음과 같은 내용을 볼 수 있다.

출력 3-16 /data/backup 디렉터리

```
root@flounder:/data/backup # ls -l
drwx------  system    system          ...  com.android.internal.backup.LocalTransport
drwx------  system    system          ...  com.google.android.bac
-rw-------  system    system    1881  ...  fb-schedule
drwx------  system    system          ...  pending
```

기본 트랜스포트를 얻는 것은 매우 간단하다. bmgr 업콜 스크립트를 호출하거나 시스템 보안 설정에서 값을 직접 얻으면 된다.

출력 3-17 기본 트랜스포트 찾기

```
root@flounder:/data/backup # bmgr list transports
   * com.google.android.backup/.BackupTransportService
     android/com.android.internal.backup.LocalTransport
root@flounder:/data/backup # settings get secure backup transport
com.google.android.backup/.BackupTransportService
```

백업 큐는 메모리에 유지되지만, 백업 서비스가 깨진 경우 복구를 하기 위해 journal-xxx.tmp 임시 파일로 pending 디렉터리에도 쓰여 진다. 이 파일에는 백업된 패키지 이름이 연속적으로 연결되어 있다. 패키지 이름은 길이 바이트 및 NULL 종료 문자로 시작되기 때문에 cat -tv를 사용하여 볼 수 있다.

출력 3-18 백업 저널 표시

```
root@flounder:/data/backup # cat -tv pending/journal-168056423.tmp
^@$com.android.providers.userdictionary^@'com.google.android.googlequicksearchbox^@"
com.google.android.marvin.talkback^@$com.google.android.inputmethod.latin^@Ucom.
google.android.gm^@Ocom.android.nfc^@Scom.android.vending^@Gandroid^@Wcom.google.
android.talk^@_com.android.sharedstoragebackup^@)com.google.apps.genie.
geniewidget^@[com.google.android.calendar^@^com.android.providers.settingsroot@
```

fb-schedule 파일 스케줄러는 백업에 적합한 패키지의 설치 목록을 유지하는 데 사용된다(예를 들면 매니페스트에 BackupAgent가 선언되어 있다. 이는 2권에서 다룰 것이며, 안드로이드 개발자 사이트[11]에 자세히 설명되어 있다.). 파일 포맷은 저널과 매우 비슷(좀 더 많은 필드가 있다.)하지만, dumpsys가 좀 더 편하다(루트 권한이 필요 없기 때문에).

시스템 복구 및 업데이트 ─────

시스템 복구 및 업데이트는 매우 비슷한 과정을 거친다. 양쪽 모두 시스템은 최소한의 설정만 적재한 채 다른 부트 시퀀스로 우회시킨다. 이를 위해 특별한 바이너리(/sbin/recovery)가 이 프로세스를 처리한다.

디바이스는 adb reboot recovery 또는 fastboot를 통해 복구 모드로 부팅될 수 있지만, 시스템이 정상적으로 완전히 부팅되었을 때에도 프로세스는 UI 모드로 시작된다. android.os.RecoverySystem 클래스가 UI에서 시작되는 경우, 업데이트를 다운로드하고 검증하는 데 필요한 프레임워크 지원 기능을 제공한다. 업데이트는 디지털 서명되어야 하고 /system/etc/security/otacerts.zip 키스토어의 인증서에 대해 유효해야 한다. 유효성이 확인된 경우, 업데이트는 /cache 파티션에 복사된다. 강제 자동 업데이트로 루트를 깨뜨릴 수 있는 아마존 킨들과 같은 디바이스의 otacerts.zip 파일을 제거하면 업데이트가 안 될 수 있다. /cache 파티션을 chown root 및 chmod 755 로 설정하는 것도 효과적이다.

또한 클래스는 /cache/recovery/command 파일에 쓰인 복구 프로세서를 인자로 제공한다. 그런 다음, 클래스는 시스템을 리부팅하고, 부트 파티션이 아니라 복구 파티션의 부팅 부트로더에 인자를 전달한다. 복구 및 부트 파티션은 동일하고, 복구 모드의 경우 램디스크 이미지를 저장한다. 램디스크 이미지는 안드로이드 전체의 프레임워크가 아니라 /sbin/recovery를 적재한다. RecoverySystem에서 /sbin/recovery까지의 명령어 흐름은 그림 3-7과 같다.

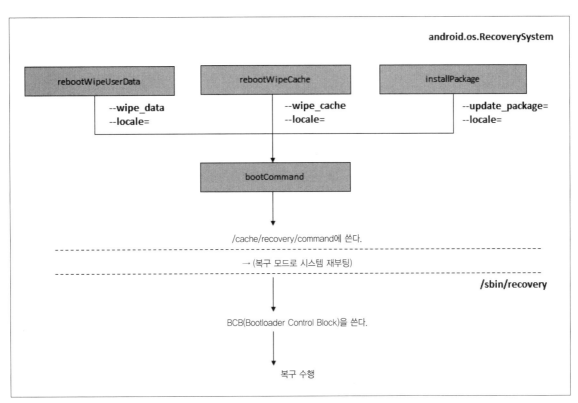

그림 3-7 /sbin/recovery와 android.os.RecoverySystem의 상호작용

/sbin/recovery 바이너리는 인자를 커맨드라인에서 가져온다. 인자가 주어지지 않는 경우, misc 파티션은 인자를 BCB(Bootloader Control Block)에서 찾는다. 파티션이 발견되지 않거나 콘텐츠가 파싱되지 않을 경우, 바이너리는 /cache/recovery/command에 의존한다. 안드로이드 런타임은 BCB에 직접 인터페이스하지 않지만, 복구가 어떤 이유로 중단되었을 경우, /sbin/recovery는 이를 재개하거나 복구하기 위해 파티션에 공급된 모든 인자를 저장한다.

/sbin/recovery 바이너리는 램디스크에 있고, /system에 전혀 의존하지 않기 때문에 반드시 적재된다. 시스템이 전혀 부팅할 수 없는 상태일 수 있기 때문에 이는 매우 중요하다. 현 시점에서 커널은 초기화되어 있고 /init는 적재되지만 recovery(adbd도 가능)는 실행만 처리한다. 그런 다음, /sbin/recovery는 /cache/recovery/command 파일에 남겨진 명령어를 읽고, 표 3-11에 있는 내용에 따라 동작한다.

표 3-11 /sbin/recovery에서 인식되는 인자들

인자	목적
--wipe_cachce	/cache 파티션을 지우고 리부팅한다.
--wipe_data	/data 파티션에 있는 모든 사용자 데이터를 지운다. 예를 들면 "공장 초기화"를 들 수 있다. 디바이스의 생애 주기 동안, /system은 읽기 전용으로 마운트되고, 약간의 충돌 위험에 직면할 수 있다. 공장 초기화를 하는 것은 /data 파티션을 포맷팅하는 것과 마찬가지이다. 개인 사용자의 데이터를 모두 지우고 부트 프로세스에 방해가 되는 파일들을 모두 지운다. 이 옵션을 사용하면 --wipe_cache 옵션도 함께 적용된다.
--update_ package	시스템상의 패치로 적용될 OTA 업데이트 패키지 경로를 지정한다.
--locale	로케일을 지정한다. /cache/recovery/last_locale이 들어 있다.
--send_intent	/cache/recovery/intent에 있는 인텐트 이름
--show_text	텍스트 메시지 표시
--just_exit	아무런 액션 없이 종료된다. 사용되지 않는다.

프로세스가 진행되는 동안에는 사용자 정보를 유지하고 시각적으로 보는 것이 중요하다. 따라서 recovery는 기본 GUI 기능을 제공하는 라이브러리인 minui를(이름에서 알 수 있듯이) 활용해야 한다. 이 라이브러리는 2권에서 좀 더 자세히 설명한다.

OTA 업데이트

때로 벤더 및 통신 사업자(그리고 때로는 구글 자신도)도 OTA^{Over The Air} 업데이트의 형태로 안드로이드 OS의 업데이트를 제공할 수 있다. 업데이트가 무선을 통해 제공되면, 업데이트는 가능한 한 작은 형태로 유지되어야 한다. 안드로이드 특정 빌드 버전 기반의 증분 패치로 OTA 업데이트가 사용되는 것은 바로 이 때문이다.

안드로이드 OTA 업데이트는 하나의 zip 파일(기술적으로는 META-INF/ 하위 디렉터리를 가진 JAR이다.)이고, 디지털 서명되어 있으며, 다음과 같은 요소로 구성되어 있다.

- 여러 패치 파일: 기본적으로 일련의 파일 오프셋 및 길이와 이 오프셋에서 입력 또는 삭제되는 데이터가 포함된 bsdiff(1) 포맷이다. 표준 패치 파일은 ".p" 확장자가 추가된 파일의 이름을 가진다.
- 패치 바이너리: (일반적으로 'update-binary'라고 부른다.) 주어진 가이드에 따라 패치 파일을 분석하고 적용한다.
- 패치 스크립트: (일반적으로 'update-script'라고 부른다.) 여러 번의 바이너리를 실행하고(패치당 한 번씩), 패치된 파일의 예상 해시를 지정한다(사전/사후 패치).

- 추가 파일: 시스템에 새롭게 추가되거나 많이 변경되어 실제로 전체 파일보다 큰 패치 파일이다.
- 메타데이터 파일: 업데이트 전후에 디바이스 프로퍼티를 제공하는 빌드-후, 타임스탬프-후, 전-빌드 및 전-디바이스 엔트리로 구성되어 있다.
- otacert 파일: PEM-포맷 인증서이다. 선택적으로 /system/etc/security/otacerts.zip에 임포트되어 있다.

벤더는 OTA 컴포넌트를 자유롭게 추가하거나 변경할 수 있다. 이 방식의 대표적인 사례로는 /system 내에 있는 파일 업데이트와 마운트할 수 없는 파티션이 있는 추가 펌웨어 이미지를 사용하는 아마존 킨들 업데이트를 들 수 있다.

리스트 3-4는 구글 넥서스 5의 킷캣 OTA 업데이트의 내용을 나타낸 것이다.

리스트 3-4 넥서스 5의 OTA 업데이트 내용

```
morpheus@Forge (/tmp)$ unzip -l 537.....740.signed-hammerhead-KOT49H-from-KOT49E.537367d5.zip
Archive:  537367d588afe31301268d0ace7e60725d5f6740.signed-hammerhead-KOT49H-from-KOT49E.537367d5.zip
signed by SignApk
  Length      Date    Time    Name
--------    ----    ----    ----
     203  09-03-13  11:53    META-INF/com/android/metadata
  275280  09-03-13  11:53    META-INF/com/google/android/update-binary
  132207  09-03-13  11:53    META-INF/com/google/android/updater-script
    2045  09-03-13  11:53    patch/system/app/BasicDreams.apk.p
              ...
     575  09-03-13  11:53    recovery/etc/install-recovery.sh
  100345  09-03-13  11:53    recovery/recovery-from-boot.p
  487562  09-03-13  11:53    system/framework/telephony-common.jar
   23252  09-03-13  11:53    META-INF/MANIFEST.MF
   23305  09-03-13  11:53    META-INF/CERT.SF
    1346  09-03-13  11:53    META-INF/CERT.RSA
    1229  09-03-13  11:53    META-INF/com/android/otacert
```

OTA 업데이트 프로세스

recovery 바이너리는 --update_package로 시작할 때 install_package()를 호출한다. install_package()는 인자로 지정된 패키지를 적재하고, 여기서 update-binary를 찾는다. 바이너리 이름은 하드 코딩되어 있다. META-INF/com/google/android/update-binary 내의 ASSUMED_UPDATE_BINARY_NAME으로 #define되어 있다. update-binary라는 이름이 발견될 경우, 셸 스크립트와 비슷한 방식으로 updater-script를 실행한다.

표준 update-binary의 소스는 안드로이드 소스 트리에서 찾을 수 있다(bootable/recovery 디렉터리 내에서). 대부분 OTA 패키지에서 사용되는 update-binary는 이 소스에서 파생되며, 벤더는 이를 소스 분석의 출발 지점으로 사용한다. 벤더는 "디바이스 익스텐션"으로 라이브러리를 쉽게 추가할 수 있다. 추가하고 싶은 라이브러리를 Android.mk 파일의 TARGET_RECOVERY_UPDATER_LIBS 변수에 추가하고, 라이브러리별로 Register_라이브러리명 함수를 제공하면 된다.

updater-binary 소스를 찾아보면 RegisterInstallFunction()의 구현체 내에서 모든 함수 목록을 찾을 수 있다. 다음과 같이 grep으로 찾을 수 있다.

리스트 3-5 updater-binary의 RegisterInstallFunction()의 내용

```
# Block based updates introduced in L
blockimg.c:      RegisterFunction("block_image_update", BlockImageUpdateFn);
blockimg.c:      RegisterFunction("range_sha1", RangeSha1Fn);
# Block based verify added in M
blockimg.c:      RegisterFunction("block_image_verify", BlockImageVerifyFn);
# Rest of functions in updater core
install.c:       RegisterFunction("mount", MountFn);
install.c:       RegisterFunction("is_mounted", IsMountedFn);
install.c:       RegisterFunction("unmount", UnmountFn);
install.c:       RegisterFunction("format", FormatFn);
install.c:       RegisterFunction("show_progress", ShowProgressFn);
install.c:       RegisterFunction("set_progress", SetProgressFn);
install.c:       RegisterFunction("delete", DeleteFn);
install.c:       RegisterFunction("delete_recursive", DeleteFn);
install.c:       RegisterFunction("package_extract_dir", PackageExtractDirFn);
install.c:       RegisterFunction("package_extract_file", PackageExtractFileFn);
install.c:       RegisterFunction("symlink", SymlinkFn);
install.c:       RegisterFunction("set_metadata", SetMetadataFn);
install.c:       RegisterFunction("set_metadata_recursive", SetMetadataFn);
install.c:       RegisterFunction("getprop", GetPropFn);
install.c:       RegisterFunction("file_getprop", FileGetPropFn);
install.c:       RegisterFunction("write_raw_image", WriteRawImageFn);
install.c:       RegisterFunction("apply_patch", ApplyPatchFn);
install.c:       RegisterFunction("apply_patch_check", ApplyPatchCheckFn);
install.c:       RegisterFunction("apply_patch_space", ApplyPatchSpaceFn);
install.c:       RegisterFunction("wipe_block_device", WipeBlockDeviceFn);
install.c:       RegisterFunction("read_file", ReadFileFn);
install.c:       RegisterFunction("sha1_check", Sha1CheckFn);
install.c:       RegisterFunction("rename", RenameFn);
install.c:       RegisterFunction("wipe_cache", WipeCacheFn);
install.c:       RegisterFunction("ui_print", UIPrintFn);
install.c:       RegisterFunction("run_program", RunProgramFn);
# Added in L
install.c:       RegisterFunction("reboot_now", RebootNowFn);
install.c:       RegisterFunction("get_stage", GetStageFn);
install.c:       RegisterFunction("set_stage", SetStageFn);
install.c:       RegisterFunction("enable_reboot", EnableRebootFn);
install.c:       RegisterFunction("tune2fs", Tune2FsFn);
```

이 함수에 대한 문서 전체와 구문은 안드로이드 소스 개발자 사이트의 "OTA Updates:Inside OTA Packages[12]에서 찾을 수 있다.

리스트 3-6은 안드로이드 4.4.2의 삼성 OTA 업데이트에서 updater-script에 주석이 달린 예제를 나타낸 것이다. 리스트 3-6은 리스트 3-5에서 보여준 명령어뿐만 아니라 인자를 함께 사용하는 방법을 보여주고 있다.

리스트 3-6 updater-script에 주석이 달린 예제[*]

```
# 덮어쓰거나 패치할 때 사용하기 위해 파티션을 read/write로 마운트한다.
mount("ext4", "EMMC", "/dev/block/platform/msm_sdcc.1/by-name/system", "/system");
mount("ext4", "EMMC", "/dev/block/platform/msm_sdcc.1/by-name/hidden", "/preload");
# 사전 검증: 잠재적으로 업데이트를 중지시킬 수 있거나
# 통과시킬 수 있는 짧은 로직을 평가하기 위해 사용된다.

file_getprop("/system/build.prop", "ro.build.fingerprint")
                == "samsung/jfltetmo/jfltetmo:4.3/JSS15J/M919UVUEMK2:user/release-key
                    ... ||
               abort("Package expects build fingerprint of  .......");
# getprop로 디바이스의 빌드 또는 프로덕트 버전을 확인한다.
assert(getprop("ro.product.device") == "jfltetmo" ||
       getprop("ro.build.product") == "jfltetmo" ||
       getprop("ro.product.device") == "jfltetmo" ||
       getprop("ro.build.product") == "jfltetmo");
# ui_print는 사용자에게 텍스트 메시지를 보여주고 show_progress는 진행률을 표시한다.
ui_print("Verifying current system...");
show_progress(0.100000, 0);
# apply_patch_check는 해당하는 .p 파일을 적용하고
# 적용 전후의 SHA-1의 유효성을 검증한다
apply_patch_check("/system/framework/framework-res.apk",
                  "384b5aa8862c18a53fbfa8f8e3789d7edc4561ab",
                  "57d8eca2e983fc1031841d418e759246c9885245")
     || abort("\"/system/framework/framework-res.apk\" has unexpected contents.");
..
set_progress(0.078730);
# apply_rename_check는 패치를 확인한다.
# 반환된 값을 확인한다.
assert(apply_rename_check("/system/app/SecGallery2013.apk",
                          "/system/priv-app/SecGallery2013.apk",
                          "8e0eb424e636a06733c3e08cdf29361d97d23929",
                          "66d8f058e1638124f618a90773aa4e8bad7765d8"));

# apply_patch_space는 공간 용량이 할당된 값보다 작을 경우, false를 반환한다.
apply_patch_space(70620592) || abort("Not enough free space on /system to apply pat
assert(getprop("ro.secure")=="1");
..
# delete_recursive는 파일 또는 디렉터리를 제거한다.
delete_recursive("/system/app/CABLService.apk",

symlink("toolbox", "/system/bin/mkswap", "/system/bin/readlink",
        "/system/bin/swapoff",
        "/system/bin/swapon");
#...
# set_perm_recursive는 파일 및 디렉터리의 uid 및 gid와 퍼미션을 설정한다.
set_perm_recursive(0, 2000, 0755, 0755, "/system/xbin");
ui_print("Update tz.mbn ota");
assert(write_backup_fota("/dev/block/mmcblk0p8", "/dev/block/mmcblk0p22"));
assert(package_extract_file("tz.mbn", "/dev/block/mmcblk0p8"));
assert(erase_backup_fota("/dev/block/mmcblk0p22"));
..
show_progress(1.000000, 0);
unmount("/preload");
unmount("/system");
```

---

[*] set_perm_recursive는 퍼미션, uid 및 gid뿐만 아니라 SELinux 라벨과 기능을 사용할 수 있는 set_metadata_recursive에 의해 대체되었다.

이미지 커스터마이징

이번 장에서 배웠던 내용을 바탕으로, 이제 우리는 자체 펌웨어를 조합하는 데 필요한 모든 구성 요소를 가질 수 있게 되었다. 이번 단계를 공부하기 위해서는 언록된 디바이스의 부트로더가 필요하다. 언록된 디바이스가 없으면 커스텀 이미지를 사용할 수 없다.

이미지를 커스터마이징할 때에는 일반적인 주의사항이 적용된다.

- 신뢰하지 않는 소스에서 다운로드한 이미지에는 멀웨어(특히 스파이웨어)가 포함되어 있을 수 있다.
- 커스텀 이미지를 사용하면 통신 사업자(또는 벤더)의 보증을 받을 수 없다. 부트로더를 마음대로 변경할 수 없다면, 일반적으로 프로세스는 원상 복구될 수 있다. 어떤 부트로더는 재잠금할 수 있기 때문에 템퍼링을 계속 추적하지 않고 수정의 흔적도 남기지 않는다.
- 커스텀 이미지를 부적절하게 설치하면, 디바이스는 부팅이 불가능한 상태("벽돌")가 된다. 이렇게 될 가능성은 이미지에서 변경된 부분과 연관이 있다.
  - /data만 변경되었다면 OS는 /system에서 부팅될 수 있다. 최악의 경우, 공장 기본 상태(/data를 모두 지워서)로 리셋해 변경분을 모두 되돌릴 수 있다.
  - /data 및 /system이 변경되었다면 커널과 램디스크는 여전히 정상적으로 부팅할 수 있고(boot 파티션에서), 시스템은 복구 모드로 들어갈 수 있다.
  - boot 파티션(커널+initramfs)이 변경된 경우, 커널과 램디스크의 적재가 실패할 수 있지만, 부트로더는 여전히 적재될 수 있고, 운이 좋다면 fastboot를(또는 다른 커스텀 프로토콜을) 제공할 수 있다. 이렇게 되면 boot 파티션(또는 다른 파티션)을 덮어쓸 수 있기 때문에 부트할 수 있는 능력이 복구될 수 있다.
  - 부트로더 자체가 변경되면 오류를 일으킬 위험이 있기 때문에 디바이스는 부팅할 수 없게 되거나 영원히 벽돌이 될 가능성이 있다.

위 내용을 감안하면 당연히 조심스럽게 진행해야 한다. 대부분의 부트로더는 안전한 테스트 환경을 제공하는 기존 이미지를 덮어쓰지 않고도 다른 이미지를 부트할 수(fastboot를 통해) 있게 해준다. 다음은 이미지를 커스터마이즈하기 위한 메서드를 설명한다.

기존 파일시스템에 파일 추가

디바이스가 이미 루팅된 경우, 기존 파일시스템에 파일을 추가하는 것은 매우 쉽다. 따라서 파일시스템에 쓸 수 있는지를 가장 먼저 확인해야 한다. 파일시스템에 쓸 수 없는 경우에는 파일시스템을 다시 마운트하고, 파일을 이곳에 복사한다. 일반적으로 adb는 루트로 실행되지 않기 때문에(수정될 수도 있다.) 쓰기 가능한 디렉터리(/data/local/tmp가 적절하다.)에 파일을 떨어뜨리고, cp를 통해 복사하는(mv는 툴박스에서 동작하지 않는다.) 두 단계 동작(adb push를 통해)이 있다. 이 방식은 이곳에 있는 다른 것보다 더 많은 작업을 해야 하고, 시스템에 상당한 충격을 줄 수 있는 파일을 추가하거나 기존 것을 변경하지 않는 경우에는 일반적으로 안전하다. 시스템 동작을 변경하는 일부 프로퍼티 파일 또는 다른 파일을 추가하는 경우는 예외이다.

initramfs 변경

/data 또는 /system 파일시스템의 밖에서 파일을 변경하기 위해서는 initramfs를 조정할 필요가 있다. initramfs는 루트파일시스템을 구성하고 /system 및 /data의 적재에도 관여한다. 또한 initramfs는 /init를 위한 시작 명령어가 있는 /init.rc 파일을 포함하고 있다. 따라서 initramfs는 디바이스가 루팅되었는지를 검사하는 도구로 적합하다. 다음 실험을 통해 이를 증명해보자.

실험: Initramfs 리패킹 및 이를 디바이스에 bootimg로 쓰기

이전의 예제에서 initramfs를 푸는 방법을 배웠다. gzip 이미지로 리패킹(repacking)하는 작업은 언패킹(unpacking)하는 작업 만큼이나 간단하다. cpio 명령어를 −i 옵션(input)이 아니라 −o 옵션(output)을 사용하여 실행한 뒤 gzip으로 압축하면 된다. 또한 AOSP의 system/core/cpio 디렉터리에서 mkbootfs 툴을 사용하면 이와 동일한 작업을 할 수 있다.

출력 3-19 압축된 initramfs 생성

```
morpheus@Forge (~/Android/Book/tmp) % find . | xargs cpio -ovd | gzip > output.gz
```

initramfs는 독립적일 수 없고 항상 번들과 함께 있어야 한다. initramfs를 커널과 함께 패키징하기 위해서는 make 인자와 함께 imgtool 을 사용해야 한다. 그러면 initramfs와 커널이 함께 부트 파티션에 플래시될 수 있다. 이전 예제의 편리한 커널을 사용하는 경우, 다음과 같이 커널과 initramfs를 같이 구울 수 있다.

출력 3-20 커널과 압축된 initramfs를 함께 부트 이미지로 생성

```
morpheus@Forge (~/Android/Book/tmp)% mkbootimg --kernel kernel \
                                      --ramdisk output.gz --output bootimg.img
# 대신 imgtool 사용:
morpheus@Forge (~/Android/Book/tmp)% imgtool make bootimg.img kernel output.gz
```

그런 다음, 디바이스에 fastboot flash(부트로더가 언록된 경우) 또는 간단하게 dd(1)(디바이스가 루팅된 경우) 명령어를 사용해 생성된 부트 이미지를 쓴다. 다음은 by−name 심볼릭 링크를 사용하여 푸트 파티션이 있는 곳을 찾는 예제이다. 이 명령어의 결과는 디바이스에 따라 매우 다양하다(aboot 또는 hboot와 boot를 절대 혼동하지 말아야 한다.).

출력 3-21 이미지에서 부팅

```
morpheus@Forge (~/Android/Book/tmp)% adb push bootimg.img /data/local/tmp
morpheus@Forge (~/Android/Book/tmp)% adb shell
shell@Android /$ grep boot /proc/partitions
..
..
shell@Android /$ su
root@Android /# dd if=/data/local/tmp/bootimg.img \
                of=/dev/block/platform/msm-sdcc.1/by-name/boot
```

추가적인 안전 조치로, 이전 예제에서 부트 이미지를 언팩한 뒤 디바이스에 쓰기 전에 검증할 수 있다. 작업 결과 디바이스가 잘못되었을 때 쉽게 원상 복구할 수 있도록 작업을 시작하기 전에 변경 전 부트 이미지를 저장하는 것이 좋다.

전체 파티션 덮어쓰기

때로는 파티션에 파일을 추가하는 것보다 전체 파티션을 덮어쓰는 것이 쉬울 때가 있다. 커스터마이징했을 때 변경된 파일이 많은 경우(벤더의 블로트웨어가 없어진 경우) 또는 마운트할 필요가 없는 파티션이 있는 경우가 이에 해당한다. 이 경우 모두, 첫 번째 단계는 dd(1) 유틸리티를 사용하거나 디바이스에서 호스트로 직접 adb pull을 사용해 블록 디바이스에서 이미지로 파티션을 직접 복사하는 단계이다. 이 방법은 2장에서 보여준 과정과 동일하다. 또한 이전 실험에서와 같이 시작 지점으로 안드로이드 스톡 이미지를 사용할 수 있다.

> **실험: 안드로이드 시스템 파티션 이미지 패킹**
>
> 파티션 이미지를 다시 만드는 작업은 이와 반대로 하면 되고, 새로운 파일시스템을 만들기 위해서는 mkextfs(호스트에서)를 사용해야 한다. 파일시스템을 언마운팅하면 이미지 변경 사항이 커밋되고, dd(1)의 인자를 전환한 뒤 디바이스에 이를 복사할 수 있다. 다른 방법으로는 fastboot를 사용하여 이미지를 파티션에 플래시할 수 있다. dd(1)은 부트로더가 인가되지 않는 파티션 이미지에 플래시하는 것을 거부하는 경우에 자주 사용하는 방법이다.
>
> 초기 예제에서 simg2img 대신 img2simg를 컴파일한 이유는 로우(raw) 파일시스템 이미지를 가져와 스파스(sparse) 파일시스템 이미지로 만들 수 있는 이미지를 제공하기 때문이다. 이는 파티션에 플래시할 안드로이드 디바이스의 이미지를 커스터마이즈하고자 하는 경우에 유용하다. 안드로이드 파티션 이미지를 기반으로 파일을 추가하고(SetUID를 "su"로 지정), 마운트된 파일시스템에서 로 파일시스템 이미지를 생성할 수 있다. img2simg를 사용한 뒤에는 fastboot를 사용하여 결과 파일을 디바이스에 플래시할 수 있다(이번 장의 마지막에 다룬다.).

이미지 변경을 위한 리소스

조금 위험하기는 하지만, 이미지 커스터마이징 세계로 입성하기를 원하는 경우에는 이 책에서 배운 내용이 단단한 토대를 제공해줄 것이다. 다행스럽게도 이미지를 개발해보고 테스트해본 다른 개발자들의 경험을 얻을 수 있고, 디바이스를 벽돌로 만들 수 있는 위험을 줄여줄 수 있는 값진 자료들은 우리 주변에 많다.

XDA-Developers

XDA Developers1[3a] 웹사이트는 안드로이드에 대한 자료가 가장 많이 담겨 있는 사이트 중 하나이며, 안드로이드 파워 유저에게 중요한 자료를 제공해준다. 특히 포럼1[3b]에서는 시장에 출시된 수많은 디바이스에 대한 토론이 이루어지고 있다. 루팅 및 복구 도구는 포럼을 통해 많이 퍼지고 있고, 약 600만 명의 사용자가 포럼을 사용하고 있으며, 기초적인 질문에 대한 답변은 이곳에서 찾을 수 있다.

Cyanogen, AOKP 등

안드로이드가 오픈소스기 때문에 구글이 아닌 외부에서 운영체제를 변경하거나 커스터마이징하는 것은 시간 문제일 뿐이다. 실제 안드로이드 오픈 킹^{Android Open Kang} 프로젝트 및 사이엔노젠모드^{CyanogenMod}와 같은 몇 가지(오픈소스) 프로젝트는 실제로 안드로이드를 변경하였다. 이 중 사이앤노젠모드는 판매되는 모든 디바이스에서 사용되는 펌웨어가 되었다. 이 프로젝트는 디바이스별로 벤더에서 제공하는 커널과 시스템 이미지로부터 다시 빌드된 커스터마이징된 버전의 펌웨어를 가지고 있다. 사이앤노젠모드 개발자는 여러 가지 방법으로 운영시스템을 수정하였다. 여기에서 나온 가장 중요한 부산물은 '루팅'이다. 대개는 안드로이드 신규 버전의 패치 및 수정 버전을 벤더에서 공식적으로 배포하기 전에 사이앤노젠모드에서 미리 수행하기도 한다.

사이앤노젠모드에서 이렇게까지 할 수 있는 이유는 벤더에서 사용한 커널 소스를 제공하기 때문이다. 오픈소스인 AOSP, 이앤노젠모드 이외에도 벤더에서 내놓은 방대한 릴리즈 버전들을 개선하기 위해 많은 개발자들이 협력할 수 있게 해주고, 벤더의 업데이트 주기(가끔 늦어지는)와 같은 여러 가지 문제로부터 개발자를 자유롭게 해준다. 디바이스 특화된 안드로이드 개조 버전은 벤더의 커널 소스의 일부 또는 모듈로 배포된다. 모듈인 경우, 벤더 모듈과의 호환성을 유지하기 위해 커널을 재컴파일한다. 벤더의 APK는 기본 이미지에서 옮겨지거나(또는 삭제되거나), 다른 APK가 추가되기도 한다.

대부분 자체 이미지를 만드는 것보다는 사이앤노젠모드에서 제공하는 이미지를 사용하는 것이 좋다. 여기서 제공하는 이미지를 사용하면 디바이스를 벽돌로 만들 수 있는 확률을 줄일 수 있다. 사이앤노젠모드는 자체 부트로더를 구현하기도 하였고, 이미지를 커스터마이징하고 설치하는 전체 과정을 몇 번의 클릭만으로 가능할 수 있게 만들었다. 사이앤노젠모드에 관심이 있는 독자는 사이앤노젠모드 웹사이트1[4a]에서 더 많은 내용을 얻을 수 있다. 실제 사이앤노젠모드는 광범위한 내용을 담고 있는 위키를 운영하고 있고, 개발자 교육 센터1[4b]에서도 좋은 자료를 제공한다.

사이앤노젠모드의 안드로이드는 일부 벤더들(특히 OnePlus)에게 구글의 안드로이드를 대신한 대체품으로 각광받고 있다. 이제 사이앤노젠모드는 제대로 갖춰진 스타트업이며, 마이크로소프트 및 폭스콘 등의 회사에서 큰 금액을 투자받기도 하였다.

팀윈 리커버리 프로젝트

팀윈 리커버리 프로젝트Team-Win Recovery Project는 "Android Enthusiasts in it for the fun of the Win" 그룹에서 만든 커스텀 복구 이미지이다. 다른 복구 이미지들과 마찬가지로 커널 및 램디스크를 가진 부트 이미지 파티션으로 구성되어 있다. 커널은 스톡 이미지와 동일하지만, 램디스크는 완전한 복구 바이너리를 가지고 있다. 이 복구 바이너리에는 백업/복구 기능을 가진 GUI가 있으며, Ext 파일시스템, ExFAT, F2FS 및 ChainFire의 SuperSU를 지원한다. 후자에 포함된 기능 덕분에 언록된 부트로더가 있는 디바이스를 루팅하는 도구로서 인기가 있다. 고급 사용자의 경우 TWRP 이미지를 사용하면 바이오닉용으로 컴파일된 비지박스Busybox 바이너리를 빨리 얻을 수 있고, ls -l 명령으로 AID와 같은 안드로디즘을 볼 수 있다.

TWRP의 GUI레이아웃은 res/ui.xml에서 제공한다(팀의 깃허브 레파지토리 16의 리소스로 커스터마이즈할 수 있다.). 또한 res/ 디렉터리에는 레이아웃에서 사용하는 폰트 및 PNG 이미지들이 포함되어 있다. 바이너리는 일반적인 AOSP의 MinUI(libminui.so) 라이브러리의 수정 버전에서 사용하는 /sbin/recovery보다 크다. 수정 버전에서는 간단한 UI와 터치를 지원한다(표준 복구 바이너리에는 디바이스의 소리 버튼과 전원 버튼이 필요하다.). 안드로이드 런타임의 기능 또는 서비스는 필요 없으며, 이미지는 소형으로 유지된다. MinUI에 대해서는 2권에서 자세히 다룬다.

그림 3-8 TWRP 2.8 UI(이 글을 시점에 가장 최신)

요약

이번 장은 안드로이드 부트 시퀀스와 생명주기에 대해 살펴보았다. 다양한 이미지 포맷에서부터 동작까지를 단계별로 살펴보았다. 종료 및 재시작에 대해 설명하였고, 특히 "복구를 위한 부팅"에 대해 자세히 다루었다. 그 다음으로는 복구 모드 개념과 /sbin/recovery 규칙에 대해 알아보았다. 마지막으로 이미지를 커스터마이징하거나 "변경"하는 작업을 자세히 설명했다.

여기서 일부러 설명하지 않은 부분이 있다. 그것은 바로 '사용자 모드에서의 부트'이다. 예를 들면 PID 1(/init)이 시작되어 커널이 초기화된 뒤에 안드로이드 네이티브 서비스가 시작된다(프레임워크 서비스). /init의 규칙 및 다양한 네이티브 서비스는 5장에서 상세히 다루고, 프레임워크 서비스는 2권에서 다룬다.

참조 ————

1. 관련 웹사이트 이미지 툴 소스 및 바이너리: http://NewAndroidBook.com/files/imgtool.tar

2. 구글 넥서스 공장 이미지가 있는 레파지토리: https://developers.google.com/android/nexus/images

3. a. 코드오로라(CodeAurora), LK: https://www.codeaurora.org/cgit/quic/la/kernel/lk/tree/app/aboot
   b. 구글 소스(Google Source), LK: https://android.googlesource.com/kernel/lk/+/a9b07bbae16a0b1b6de07ec3a3e2005c99043757/

4. a. 어큐반트(Accuvant), 넥서스 4 URAT 디버그 케이블 만들기: http://www.accuvant.com/blog/building-a-nexus-4-uart-debug-cable
   b. OSDevNotes 블로그, 64bit ARM 커널 개발 데모: http://osdevnotes.blogspot.com/2014/11/64bit-arm-oskernelsystems-development.html

5. ABoot 해체하기: http://NewAndroidBook.com/Articles/aboot.html

6. 안드로이드 문서, 커널 빌드: http://source.android.com/source/building-kernels.html

7. ePAPR DTB 명세서: https://www.power.org/wp-content/uploads/2012/06/Power_ePAPR_APPROVED_v1.1.pdf

8. 토마스 페타조니(Thomas Pettazoni), "바보들을 위한 디바이스 트리(Device Tree for Dummies)": http://elinux.org/images/a/a3/Elce2013-petazzoni-devicetree-for-dummies.pdf

9. a. XDA-Developers, 퀄컴에서 유출된 문서에 대한 논의: http://forum.xda-developers.com/showthread.php?t=1856327&page=1
   b. Thread 24100141

10. 안드로이드 개발자 사이트, bmgr 유틸리티: http://developer.android.com/tools/help/bmgr.html

11. 안드로이드 개발자 사이트, 매니페스트에 백업 에이전트 선언: http://developer.android.com/guide/topics/data/backup.html#BackupManifest

12. 안드로이드 소스, "Inside OTA Packages": http://source.android.com/devices/tech/ota/inside packages.html

13. a. XDA 디벨로퍼: http://www.xda-developers.com
    b. XDA 디벨로퍼-Forums: http://forum.xda-developers.com

14. a. CyanogenMod: http://www.cyanogenmod.org/
    b. 사이앤노젠모드(CyanogenMod) 위키: http://wiki.cyanogenmod.org/w/Development

15. 팀윈(Team-Win) 리커버리 프로젝트: http://teamw.in/project/twrp2

16. 팀윈(Team-Win) 깃허브 레파지토리: https://github.com/TeamWin/Team-Win-Recovery-Project/tree/jb-wip/gui/devices"

4

init

모든 UN*X 시스템은 커널이 모두 부팅되었을 때 사용자 모드에서 시작되는 특별한 프로세스를 가지고 있다. 이 프로세스는 시스템을 시작하는 책임을 지고 있으며, 다른 모든 프로세스의 조상 격이라 할 수 있다. 이 프로세스를 'init'라 부르며, 안드로이드 또한 이와 동일한 규칙을 가지고 있다.

안드로이드 init는 다른 UN*X 또는 리눅스와 많은 차이점이 있다. 가장 큰 차이점은 시스템 프로퍼티를 지원한다는 점과 특정 rc 파일 세트를 사용한다는 점이다. 이 두 가지 기능을 설명하고 난 뒤에 init의 Initialization과 Run-Loop를 살펴본다.

init에는 ueventd 및 watchdogd와 같은 추가 기능이 있다. 이 핵심 서비스는 모두 init 내에 구현되어 있고, 심볼릭 링크를 통해 적재된다.

init의 역할과 책임

리눅스 커널은 대부분의 UN*X 커널과 마찬가지로 첫 번째 사용자 모드 프로세스를 시작하기 위해 하드 코딩된 바이너리를 찾는다. 이 바이너리는 /sbin/init인데, 데스크톱 리눅스 시스템에서는 "run-levels" 또는 런타임 설정(싱글 유저, 멀티 유저 및 네트워크 파일 등), 시작 프로세스 및 ctrl-alt-del 동작을 지원하는 /etc/inittab 파일을 사용한다. 또한 안드로이드는 "init" 바이너리를 사용하고, 대부분은 이와 같은 이름으로 끝이 난다. 표 4-1은 그 차이점을 나타낸 것이다.

표 4-1 안드로이드 /init와 전통적인 UN*X의 /sbin/init 비교

	리눅스 /sbin/init	안드로이드 /init
설정 파일	/etc/inittab	/init.rc 및 임포트(import)된 파일(일반적으로는 init.hardware.rc 및 init.usb.rc이며 때로는 init.hardware.usb.rc일 경우도 있다.)
다중 구성	"run-levels"라는 개념으로 지원한다(0: 종료, 1: 싱글 유저, 2-3: 멀티유저 등). 각각의 "run level"은 /etc/rcrunlevel.d의 스크립트를 통해 적재된다.	실행 레벨(run-level)은 없지만, 트리거와 시스템 프로퍼티를 통해 구성 옵션을 제공한다.
워치독 기능	Yes: respawn 키워드로 정의된 데몬은 반복적으로 깨지지 않는 경우, 종료되면 다시 시작된다. 이 경우 몇 분 정도 중단된다.	Yes: oneshot으로 정의되지만 않는다면 서비스는 기본적으로 살아있는 상태이다. 서비스는 critical로 정의할 수 있는데, 이렇게 설정하면 재시작되지 않는경우, 시스템을 강제로 리부팅한다.
오펀(orphan) 프로세스 적용	Yes: /sbin/init는 wait4()를 호출해 리턴 코드를 얻고, 좀비 상태를 피한다.	Yes: /init는 SIGCHLD를 위한 핸들러를 등록한다. 이를 등록하면 커널은 자동으로 자식 프로세스에게 종료 메시지를 보낸다. 대부분의 프로세스는 기다리면서 종료 코드를 폐기한다.
시스템 속성	No: 리눅스 /sbin/init는 시스템 프로퍼티라는 개념을 지원하지 않는다.	/init는 공유 메모리를 이용해 시스템의 모든 프로세스가 속성을 읽을 수 있도록(getprop) 해주고, property_service를 통해 속성을 쓸 수 있도록(setprop) 해준다.
소켓 할당	No: 리눅스의 init는 자식 프로세스의 소켓을 얻을 수 없다. 이 기능은 inetd를 통해 사용할 수 있다.	Yes: /init는 UNIX 도메인 소켓(L에서는 seqpacket)을 자식에게 바인드한다. 이 작업은 android_get_control_socket을 통해 할 수 있다.
트리거 동작	No: 리눅스는 ctrl-alt-del 및 UPS 전원 이벤트와 같은 특정 트리거만 허용하고 임의의 트리거는 허용하지 않는다.	Yes: /init는 시스템 속성을 변경하는 명령어를 실행한다. 이는 사용자가 설정한 트리거에서 미리 정의한 명령어를 실행할 수 있도록 해준다.
이벤트 처리	No: 리눅스는 hotplug 데몬(일반적으로 udevd)을 사용한다.	Sort of: 또한 /init는 별도의 설정 파일을 이용해 ueventd 자체를 생성한다.

/init는 정적으로 링크되어 있다. 이렇게 함으로써 컴파일되는 동안 모든 의존성이 통합되어 시스템을 시작할 때 라이브러리를 잃어버리거나 오류가 생길 수 있는 위험을 완화시킨다. 처음 시작될 때에는 커널과 함께 부트 파티션에 패키지화되어 있는 루트 파일시스템만 마운트된다(/ 및 /sbin).

어떤 의미에서 본다면 안드로이드의 init는 iOS의 launchd와 비슷하다. 특히 안드로이드에서는 시스템 프로퍼티를 새롭게 보여주었다. 트리거와 소켓은 후자에서 제공되는 기능이다.

시스템 프로퍼티

안드로이드 시스템 프로퍼티는 전역적으로 접근할 수 있는 설정 레파지토리를 제공한다. 시스템 프로퍼티는 sysctrl(2) MIBs와 형식과 기능 면에서 비슷하지만, 사용자 모드에서 init로 구현되어 있다. init 내의 property_serivce 코드는 몇 개의 파일에서 적재되고, 표 4-2에서 순서대로 보여주고 있다.

표 4-2 안드로이드 파일시스템의 프로퍼티 파일

파일	내용
/default.prop (PROP_pATH_RAMDISK_DEFAULT)	초기 설정이다. 이 파일은 initramfs의 일부이고, 디바이스 플래시 파티션에 존재하지 않는다.
/system/build.prop (PROP_pATH_SYSTEM_BUILD)	안드로이드 빌드 프로세스에서 생성된 설정이다.
/system/default.prop (PROP_pATH_SYSTEM_DEFAULT)	일반적으로 벤더에서 추가한 설정이다.
/data/local.prop (PROP_pATH_LOCAL_OVERRIDE)	init가 ALLOW_LOCAL_pROP_OVERRIDE와 함께 컴파일되고, ro.debuggable 속성을 '1'로 설정하면 적재된다. 개발자가 /data 디렉터리에 이 파일을 넣으면, 이전 속성을 덮어쓸 수 있다.
/data/property/persist.* (PERSISTENT_pROPERTY_DIR)	퍼시스턴트 속성이다. 'persist'라는 접두어가 붙으며, 이 디렉터리 내에 있는 파일의 개별적인 재시작을 통해 저장된다. init는 /init.rc에서 load_persist_props 디렉티브를 통해 항상 재적재할 수 있다.

PROP_pATH_FACTORY(/factory/factory.prop)는 추가 프로퍼티 파일에서 #defined로 정의되어 있지만, 더 이상 지원하지는 않는다. 동일한 속성을 다시 저장하면 이전 값을 덮어쓰기 때문에(읽기 전용으로 마킹되지 않은 속성의 경우) 적재하는 순서에 문제가 생길 수 있다.

init는 시스템 내 모든 프로세스의 조상이기 때문에 프로퍼티 스토어에 구현되어 있다. property_init()는 초기화가 시작되는 단계에서 시스템 프로퍼티를 설정한다. 이 함수는 (결국) PROP_FILENAME(/dev/__properties__로 #define으로 정의되어 있다.)을 열고, mmap(2)를 읽기/쓰기 퍼미션으로 메모리에 매핑하는 map_prop_area()를 호출한다. 또한 init는 파일을 O_READONLY로 다시 열고 난 뒤 링크를 끊는다.

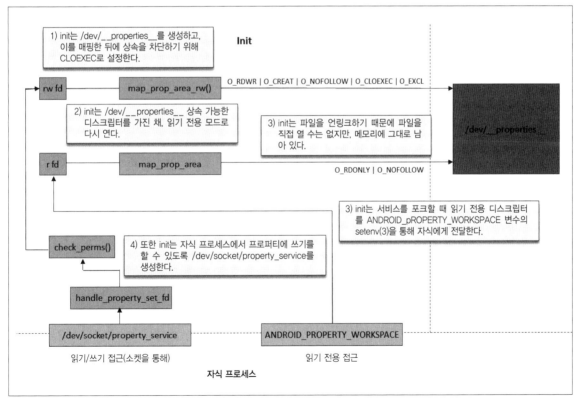

그림 4-1 프로퍼티 워크스페이스 매핑 처리

프로퍼티 파일의 읽기 전용 디스크립터는 자식 프로세스에서 상속받을 수 있도록 설정된다. 이렇게 설정하면 모든 자식 프로세스에서 초기에 디스크립터를 매핑해(mmap(2)를 통해) 시스템 속성(읽기 전용인 경우에도)에 쉽게 접근할 수 있다. 프로퍼티 영역 내의 모든 사용자 프로세스는 이러한 접근법을 통해 물리적인 메모리(PA_SIZE로 정의, 기본 128K)를 공유할 수 있다. 이 프로퍼티 영역에 쓸 수 있는 권한은 init 프로세스에게만 있다.

모든 사용자 모드 프로세스에 공유된 메모리 영역은 maps /proc로 쉽게 찾을 수 있다.

출력 4-1 /proc 파일시스템을 통해 매핑된 시스템 프로퍼티 영역의 조회

```
# init 내: (이 지역은 쓰기가 가능하다.)
root@generic:/ # grep __properties /proc/1/maps
b6f2f000-b6f4f000 rw-s 00000000 00:0b 1369        /dev/__properties__
# 모든 사용자 모드 프로세스 내(여기서는 셸 프로세스)
root@generic:/ # grep __properties /proc/$$/maps
b6e5a000-b6e7a000 r--s 00000000 00:0b 1369        /dev/__properties__
```

대부분의 개발자는 공유된 프로퍼티 영역의 내부 구조에 크게 신경 쓰지 않아도 된다. 이 영역은 시리얼 번호, 매직 값(0x504f5250 또는 'PROP') 및 버전(신 버전 안드로이드는 0xfc6ed0ab, 호환성을 위해 0x45434f76)이 포함된 짧은 헤더가 앞에 붙어 있다. 그리고 그다음에 오는 112바이트(헤더까지 포함하면 128바이트)는 프로퍼티 자체이다. 프로퍼티는 전위 트리prefix tree와 바이너리 트리binary tree가 섞인 데이터 구조 내에 저장된다. 이 구조에 대한 설명은 바이오닉의 system_properties.c의 주석에 잘 나타나 있다.

리스트 4-1 system_ properties.c에 설명되어 있는 시스템 프로퍼티의 내부 구조

```
/*
 * Properties are stored in a hybrid trie/binary tree structure.
 * Each property's name is delimited at '.' characters, and the tokens are put
 * into a trie structure.  Siblings at each level of the trie are stored in a
 * binary tree.  For instance, "ro.secure"="1" could be stored as follows:
 *
 * +-----+   children   +----+   children   +--------+
 * |     |------------->| ro |------------->| secure |
 * +-----+              +----+              +--------+
 *                      /    \              /    |
 *              left   /      \ right  left/     | prop  +===========+
 *                    v        v          v      +------>| ro.secure |
 *               +-----+    +-----+    +-----+           +-----------+
 *               | net |    | sys |    | com |           |     1     |
 *               +-----+    +-----+    +-----+           +===========+
 */
```

property_service

init는 쓰기 요청을 서비스하기 위해 전용 유닉스 도메인 소켓인 /dev/socket/property_service를 열기 때문에 모든 클라이언트가 이곳에 연결된다. property_ perms라는 리스트에 하드 코딩된 속성에 퍼미션을 적용할 것인지의 여부는 init가 결정한다. 퍼미션은 간단한 UID 및 GID 확인을 기반으로 하며(소켓에 연결된 클라이언트의 증명서에서 얻을 수 있다.), 이는 표 4-3에서 볼 수 있다. UID 0번은 프로퍼티에 전부 접근할 수 있는 권한이다. SELinux가 적용된 킷캣 및 L에서는 /property_contexts에 정의된 보안 컨텍스트로 프로퍼티 네임스페이스의 보안이 좀 더 강화되었는데, 이와 관련된 내용은 표 4-3에서 볼 수 있다(SELinux는 8장에서 자세히 설명한다.).

표 4-3 프로퍼티 네임스페이스 및 퍼미션

네임스페이스	UID	내용
net.rmnet0 net.gprs net.ppp net.qmi net.ltr net.cdma	AID_RADIO	rild에서 사용하는 네트워크 프로퍼티
gsm		GSM 관련된 설정
persist.radio		퍼시스턴트 라디오 설정
net.dns		DNS 리졸버 설정(/etc/resolv.conf)
sys.usb.config		USB 모드(adb, mtp, mass storage, rndis 등)
net	AID_SYSTEM	모든 네트워크 설정(AID_RADIO에서 가지고 있는 것 포함)
dev	AID_SYSTEM AID_DHCP	모든 디바이스 설정
runtime		사용되지 않음
hw		하드웨어에 관련된 설정
[persist.]sys		시스템과 관련된 설정
[persist.]service		서비스 시작/종료 키
persist.security		보안 관련 설정
wlan		무선 LAN(WiFi) 설정
selinux		SELinux 관련 설정
dhcp		DHCP 설정
debug	AID_SYSTEM AID_SHELL	디버그 설정
log	AID_SHELL	로그 설정
service.adb.root	AID_SHELL	root로 실행될 때 ADB에서 사용
service.adb.tcp.port	AID_SHELL	TCP/IP에서 실행될 때 사용
sys.powerctl	AID_SHELL	전원 관리 제어
bluetooth	AID_BLUETOOTH	블루투스 설정
persist.service.bdroid		블루드로이드(BlueDroid) 스택을 위한 블루투스 설정

네임스페이스 접두어

init는 몇 개의 특별한 접두어를 인식한다. 이 접두어들은 프로퍼티를 처리하는 방법을 알려준다.

- persist 가상 접두어: 시스템을 재시작하더라도 남아 있는 프로퍼티를 의미한다. 퍼시스턴트 프로퍼티는 /data/property 내의 파일에 백업되어 있고, 소유권은 root: root에 있다.

- ro 가상 접두어: "읽기 전용" 프로퍼티로 사용된다. C의 상수와 마찬가지로 이 프로퍼티는 소유자의 UID 와 상관없이 한 번만 설정된다. 이들은 일반적으로 가능한 초기에 설정된다. 예를 들면 벤더에서 공급하는 빌드 파일에서 설정된다.

- ctl 접두어: ctl.start 또는 ctl.stop 프로퍼티를(각각을) 서비스 이름으로 설정함으로써 init의 서비스를 제어하기 위한 방법을 제공한다(툴박스의 시작/종료 툴은 zygote, surfacelinger 및 netd이다.). 별도의 ACL은 UID/GID로의 서비스 접근을 제한하기 위해 control_perms 배열에 보관된다. 킷캣의 경우, 이 리스트는 dumpstate(shell: log) 및 ril-daemon(radio: radio)에 정의되어 있다.

접근 프로퍼티

Toolbox 명령어는 getprop/setprop를 통해 접근할 수 있는 커맨드라인 프로퍼티와 watchprops 명령어를 통해 프로퍼티 리스너를 제공한다. 프로퍼티를 위한 네이티브 API는 system/core/include/cutils/properties.h 내에 정의되어 있다.

- `int property_get(const char *key, char *value, const char *default_value)` - 프로퍼티를 가져오고, 프로퍼티가 없을 경우 기본 값을 지정할 수 있다. 공유 메모리 영역에 접근한다.
- `int property_set(const char *key, const char *value)` - 프로퍼티 값을 설정한다. 키와 값으로 직렬화되어 있고, 프로퍼티를 서비스 소켓으로 전송한다.
- `int property_list(void (*propfn)(const char *key, const char *value, void *cookie)` - 미리 지정된 쿠키 cookie를 가지고 프로퍼티별로 호출되는 콜백 함수를 사용해 프로퍼티를 열거한다.

`<sys/_system_properties.h>` 파일은 몇 개의 문서화되지 않은 함수를 가지고 있는데, 프로퍼티가 설정될 때까지 블록되는 `__system_property_wait_any(unsigned int serial)`에서 유용하게 사용된다. 이는 `watchprops` 명령어에서 사용된다.

프레임워크 레벨에서는 android.os.SystemProperties를 통해 시스템 프로퍼티에 접근할 수 있다. 이는 JNI 호출 및 API 호출을 통해 프로퍼티에 접근할 수 있도록 해준다.

실험: 실시간으로 프로퍼티 관찰하기

watchprops는 프로퍼티를 실시간으로 살펴볼 수 있는 도구이다. 부팅이 시작됨과 동시에 이 도구를 사용하면(호스트에서 adb wait-for-device; adb shell watchprops 실행) 빌드 설정을 놓칠 수 있다(adb가 시작되기 전에 실행될 수 있다.). 이 중에 중요한 빌드 설정은 다음 리스트에서 주석과 함께 설명하였다.

리스트 4-2 부팅되는 동안 프로퍼티 설정

```
# Property (timestamp ommitted)                              # 프로퍼티(타임스탬프가 생략됨)
Set by Zygote decide between Dalvik and ART                  달빅과 ART를 선택하는 자이고트가 설정
ProcessList::updateOomLevels()                              ProcessList::updateOomLevels()
ConnectivityService()                                       ConnectivityService()
internally, when a net.* prop has changed Sampling Profile's 내부적으로 net.* 속성은 샘플링 프로 파일의
settingObserver                                             settingsObserver를 호출한다.
android.provider.Settings()                                 android.proivder.Settings()
SurfaceFlinger (cause bootanimatoin exit)                   SurfaceFlinger(부트애니메이션이 종료)
ActivityManagerService::finishBooting() ibid,               파일시스템이 암호화되지 않았을 때
when not decrypting filesystem                              ActivityManagerService::finishBooting()가 호출된다.
internally, once bootanimation has exit                     내부적으로 부트애니메이션이 종료될 때
BootReciever::logBootEvents()                               BootReciever::logBootEvents()
# gsm.* properties set by rild/libril                        # rigsm.* 속성은 rild/libril에서 설정
# rild also sets parameters, based on connection detecte     # ririld는 감지된 커넥션 기반으로 파라미터를 설정
```

시스템 콜 레벨에서 설정된 프로퍼티를 보려면 다른 세션을 연 뒤에 setprop 셸 명령어를 수행해 놓고 strace를 사용하면 된다. jtrace를 사용하여 유닉스 소켓 메시지를 풀면 설정된 프로퍼티를 좀 더 정확하게 볼 수 있다.

출력 4-2 jtrace를 사용하여 설정된 프로퍼티 살펴보기

```
# Incoming connection         # 들어오는 연결
# Setting of property         # 프로퍼티 설정
# Request done                # 요청 완료
```

.rc 파일

init의 주된 역할은 설정 파일을 적재하는 것이고, 디렉티브를 기반으로 동작한다. 일반적으로 두 개의 파일이 사용되는데, /init.rc가 공통이고 /init.hardware.rc는 디바이스에 특화된 파일이다. 하드웨어는 /init.hardware. rc에서 androidboot.hardware 커널 인자 또는 /proc/cpuinfo를 얻는다. 기본 에뮬레이터 하드웨어(예를 들면 "goldfish"-M에서는 "ranchu")의 파일인 /init.goldfish.rc를 실제 디바이스에서도 쉽게 찾을 수 있다. 이는 대부분의 벤더가 주의를 기울이지 않고 기본 파일시스템을 복사했기 때문이다. .rc에 대한 기본적인 개념은 모든 안드로이드 디바이스의 경우 동일한 /init.rc를 사용하며, 여기에 벤더에서 디바이스에 특화된 커스터마이즈 디렉티브를 넣을 수 있다는 것이다. 실제 벤더의 개발자들이 /init.rc에 다수의 디렉티브를 추가한 것을 꽤 자주 볼 수 있다.

젤리빈부터는 /init.rc 파일만 하드 코딩되어 있고, 추가 rc 파일에 import 디렉티브를 명시적으로 포함해 사용한다. 젤리빈의 기본 /init.rc 파일은 /init.hardware.rc 및 (/init.${ro.hardware}.rc에서 프로퍼티 값을 원래대로 대체한 파일명을 임포트하고 있다.) /init.usb.rc(또는 /init.${ro.hardware}.rc)를 포함하고 있다. /init.usb.rc에는 USB와 관련된 init의 디렉티브가 있는데, 이는 이번 장의 후반부에 설명한다. 또한 /init.trace.rc 파일은 기본 빌드에 포함되어 있고, 디버깅을 하기 위해 ftrace 커널 기능을 활성화해준다(이와 관련된 내용은 3권에서 설명한다.).

트리거, 액션 및 서비스

rc 파일은 트리거와 서비스 블록으로 구성되어 있다. 트리거 블록은 트리거의 조건이 만족되었을 때에 실행되는 명령어를 포함하고 있다. 서비스 블록은 init가 명령어로 실행할 수 있고, 실행할 책임이 있는 데몬을 정의한다. 데몬은 서비스별로 선택적인 옵션을 가질 수 있다. 서비스 블록은 service 키워드로 시작하고, 이름과 명령어가 그 뒤를 따른다. 트리거는 on 키워드로 정의되고, 그다음에는 인자가 온다. 여기에 있는 인자는 부트 단계의 이름이거나 property=value와 같은 형식으로 property 키워드가 올 수 있다(여기서 트리거는 프로퍼티 값이 변경될 때에 트리거된다.). init는 주어진 액션이나 명령어가 실행될 때 init.action 또는 init.command 프로퍼티를 각각 설정한다. 주요 부트 단계는 표 4-4에 나와 있지만, 모든 부트 단계가 사용되지 않는다는 사실을 명심해야 하고, 벤더가 이 부트 단계를 제대로 사용하지 않는 경우도 있다(init 단계에서 파일시스템 마운트).

표 4-4 init 부트 단계

Init 단계	내용
early-init	초기화의 첫 번째 단계이며, SELinux 및 OOM 설정에서 사용된다.
init	파일시스템, 마운트 지점을 생성하고 커널 변수를 쓴다.
early-fs	파일시스템이 마운트가 준비되기 전에만 실행된다.
fs	적재되는 파티션을 지정한다.
post-fs	파일시스템(/data 이외)이 마운트된 뒤에 실행하기 위한 명령어이다.
post-fs-data	(필요한 경우) /data를 암호화하고 마운트한다.
early-boot	나머지 부트 단계가 실행되기 전 프로퍼티 서비스가 초기화된 뒤에 실행된다.
boot	정상적인 부트 명령어
charger	디바이스가 충전 모드일 때 사용되는 명령어이다.

126

init.rc 구문 및 명령어 세트

init.rc 및 임포트된 파일은 매우 자세히 설명되어 있지만, 설명이 매우 길다. 이 설명을 이해하기 위해 이들을 자르고 다시 붙여넣기해 페이지와 바이트를 낭비하면서 문서를 모두 살펴보지 말고, 그들의 구문에 집중해 직접 살펴보자. 이번 섹션에서는 /init.rc를 함께 살펴보면서 공부하는 것이 좋다.

init_ parser는 rc 파일을 파싱할 때 두 가지 타입의 키워드(COMMAND와 OPTION)를 인식할 수 있다. COMMAND는 트리거/부트 단계에서 실행하기 위한 액션의 이름이고(트리거 블록에서만 유효함), OPTION은 서비스 선언에 관계된 변경자이다(서비스 블록에서만 유효함). 표 4-5는 keywords.h에 선언되어 있으며, init에서 지원하는 명령어 목록을 나타낸 것이다. 회색은 각각의 다른 버전을 의미한다.

표 4-5 Init 명령어

명령어 구문	노트
bootchart_init	마시멜로: 부트차트(bootchart)에서 시작한다(설정되어 있다면). 마시멜로에서는 선택적으로 부트차트를 만들 수 있다.
chdir directory	cd 명령어와 같다(chdir(2)를 호출한다.).
chmod octal_perms file	파일의 octal_perms(퍼미션)를 변경한다.
chown user group file	chown user: group file 명령어와 같다.
chroot directory	리눅스의 chroot 명령어(chroot(2)를 호출한다.)와 같다.
class_reset service_class	젤리빈: service_class와 관련된 모든 서비스를 시작/중단한다.
class_[start|stop] class	시작/중단 명령어이다.
copy src_file dst_file	cp 명령어와 같다.
domainname domainname	도메인명을 /proc/sys/kernel/domainname에 쓴다.
exec command	더 이상 지원하지 않는다.
enable service	L: 비활성화된 서비스를 활성화한다.
export variable value	환경 변수를 추출한다. 모든 자식 프로세스에 상속된다.
hostname hostname	호스트 명을 /proc/sys/kernel/hostname에 쓴다.
ifup interface	인터페이스를 화면에 띄운다(ifconfig interface up과 동일하다.).
insmod module.ko	명령어 구문열: installkey encryptionkey 노트열 M: 파일시스템 암호화 키 설치 커널 모듈을 로드한다.
import filename.rc	추가 rc 파일을 포함한다.
load_all_props	L: 빌드, 기본 및 공장 파일에서 모든 속성을 (다시) 적재한다.
load_ persist_props	젤리빈: /data/property에서 모든 퍼시스턴트 속성을 (다시) 적재한다.
loglevel level	커널의 로그레벨을 설정한다(printk).
mkdir directory	디렉터리를 생성한다(mkdir(2)를 호출한다.).
mount fstype fs point	fs_htype의 파일시스템 fs를 point에 마운트한다.
mount_all	vold의 /fstab.hardware에 파일시스템을 마운트한다. 이렇게 하면 init가 fs_mgr을 사용해 포크(fork)되고 마운트가 실행된다. init는 모든 암호화된 파일시스템을 감지한다.
powerctl shutdown/reboot	KK: 종료/재시작을 감싼 래퍼이다.
start/stop service_name	service_name에 해당하는 service 블록에 지정된 서비스를 시작/재시작한다.
restorecon[_recursive] path	path에 해당하는 SELinux 컨텍스트를 복원한다.
rm[dir] filename	젤리빈: 파일이나 디렉터리를 제거한다(unlink(2)/rmdir(2)를 호출한다.).
setcon SEcontext	젤리빈: SELinux 컨텍스트를 설정(변경)한다. init는 u:r:init:s0를 사용한다.

명령어 구문	노트
setenforce [0|1]	젤리빈: SELinux를 활성화/비활성화한다.
setkey table index value	키 테이블을 설정한다.
setprop key value	시스템 속성을 설정한다.
setsebool value	SELinux 불리언 속성을 설정한다. value에는 0/false/off 또는 1/true/on이 올 수 있다.
setrlimit category min max	프로세스의 시스템 자원을 제한하기 위해 setrlimit(2)를 사용한다(ulimit(1) 참조).
stop service_name	service_name에 해당하는 service 블록에 지정된 서비스를 중단한다.
swapon_all...	KK: fstab 내의 모든 스와프 파티션을 활성화한다.
symlink target src	심볼릭 링크를 생성한다(ln −s와 같고, symlink(2)를 호출한다.).
sysclktz tzoffset	시스템 시계 타임존을 설정한다(settimeofday(2)를 사용한다.).
trigger trigger_name	트리거를 활성화한다(init는 해당하는 명령어를 다시 수행한다.).
verity_load_state	마시멜로: DM−verity 상태를 적재한다.
verity_update_state mount	마시멜로: 마운트 지점의 DM−Verity(파티션 암호화 상태)를 업데이트한다.
wait file timeout	생성되는 파일을 위해 timeout 시간까지 대기한다.
write file value	value를 file에 쓴다. echo value 〉 file과 같다.

/init.rc 파일을 훑어보면, 디렉터리 구조 설정, 파일시스템의 퍼미션 지정 및 /proc와 /sys를 통한 다양한 커널 파라미터 설정과 같이 시스템 시작 시에 거치는 여러 개의 부팅 단계에서 사용되는 명령어들을 볼 수 있다. 이 파일 내에서 부팅 단계가 모두 정의된 뒤 나머지 부분에서 서비스를 정의한다. 앞에서 설명한 바와 같이 서비스 블록은 options로 변경될 수 있다. options을 통해 init가 실행하거나 모니터링해야 할 서비스를 결정하는 파라미터를 전달할 수 있다. 표 4-6은 사용 가능한 옵션을 나타낸 것이다.

표 4-6 init 옵션들

옵션	설명
capability	리눅스 capabilities(7)을 지원한다(안드로이드 M에서는 삭제됨).
class	서비스 그룹의 일부가 되는 서비스를 정의한다. 클래스는 class_[start|stop|reset] 명령어로 함께 조작될 수 있다.
console	콘솔 서비스로 서비스를 정의한다. stdin/stdout/stderr은 /dev/console에 링크되어 있다.
critical	critical로 서비스를 정의한다. 이 서비스는 자동으로 재시작된다. CRITICAL_CRASH_WINDOW(240) 시간 동안 CRITICAL_CRASH_THRESHOLD(4)에 지정된 횟수 이상의 충돌이 발생하면, 시스템은 복구 모드로 자동 재시작된다.
disabled	서비스가 시작되지 않는다. 서비스는 수작업으로 시작할 수 있다.
group	서비스를 시작할 수 있는 gid를 지정한다. init는 setgid(2)를 호출한다.
ioprio	서비스의 I/O 우선순위를 지정한다. init는 ioprio_set를 호출한다.
keycodes	이 서비스를 트리거할 수 있는 키 조합을 지정한다(밑에서 다시 설명).
oneshot	init에게 서비스를 시작하라고 알려준다(SIGCHLD는 무시된다.).
onerestart	서비스의 재시작이 필요할 경우 호출되는 명령어를 나열한다. 일반적으로 서비스와는 무관하게 재시작할 때 사용한다.
seclabel	이 서비스에 적용할 SELinux 라벨을 지정한다.
setenv	서비스를 포크(fork())하고 실행(exec())하기 이전에 환경 변수를 지정한다. 이 환경 변수는 export와 달리 서비스에서만 볼 수 있다.
socket	init에게 유닉스 도메인 소켓을 열도록 알려주고, 열려진 소켓 디스크립터를 프로세스가 상속하도록 한다. 이렇게 하면 서비스가 stdin/stdout을 사용할 수 있다. 이때 서비스가 필요한 퍼미션이나 소켓은 신경 쓰지 않아도 된다.
user	서비스를 시작할 uid를 지정한다. init는 setuid(2)를 호출한다.
writepid	마시멜로: 자식 PID를 지정된 파일에 쓴다. cgroup 리소스 컨트롤을 설정하는 데 사용한다.

서비스 시작

서비스를 시작하는 구문은 조금씩 다를 수 있지만, init의 전통적인 PID는 1번이(서비스를 시작하는 init 또는 launchd) 된다. 서비스 퍼미션(setuid(2)/setgid(2)를 호출) 설정, 모든 입력(유닉스 도메인) 소켓 및 환경 변수 설정, I/O 우선순위(ioprio를 가진 서비스를 위해) 및 SELinux 컨텍스트를 설정하는 작업을 포크fork한다. Console 및 init가 정의된 서비스의 경우, /dev/console을 stdin/stdout/stderr에 연결하고 다른 서비스는 stdio를 사용한다. 현재 지원하지 않을 수는 있지만, init는 capability가 정의된 서비스를 위해 capability 세트(8장에서 설명)를 정의한다. 이 작업들은 한 번만 실행되며, init는 execve를 호출한 뒤 서비스 바이너리를 호출한다.

init는 서비스가 시작된 뒤에 서비스에 부모의 링크를 보관하고(서비스가 종료되거나 충돌될 때, init는 SIGCHLD 시그널을 받고, 이벤트를 공지한다.), 서비스를 재시작한다. onerestart 옵션은 init가 서비스 간의 의존성을 구성할 수 있도록 해주고, 특정 서비스의 재시작이 필요한 경우, 관련 서비스를 재시작하거나 추가 명령어를 실행할 수 있도록 해준다. critical 옵션은 서비스를 "필수적인 것"으로 정의하고, init가 서비스 재시작 루프를 만나게 되면(다시 충돌이 생겼을 때 서비스를 재시작한다.), 전체 시스템을 복구 모드로 재시작한다. 또한 init는 모든 서비스의 상태를 살펴보기 위해 서비스에 해당하는 init.svc.service 속성을 유지한다.

키코드(Keychord)

재미있게도 init의 함수들은 키코드를 이용해 서비스를 시작할 수 있다. 키코드는 몇 개의 키 조합이나 버튼의 조합으로 정의된다(피아노에서의 키 조합과 비슷하다.). 키는 리눅스 evdev 입력 메커니즘을 통해 나오는 ID로 지정된다.

키코드는 안드로이드 레이아웃 파일(일반적으로 /system/usr/keylayout에 있다.)에 지정되어 있고, 프레임워크에서 사용되는 코드(frameworks/native/include/android/keycodes.h의 코드)와 동일하지 않다. 키코드에 엮인 서비스는 일부 디바이스(넥서스 5)에만 정의되어 있고, 소리 버튼과 전원 버튼을 사용하는 bugreport가 유일하다. 넥서스의 /init.hammerhead.rc에서 버그 리포트 서비스를 찾을 수 있다.

리스트 4-3 /init.hammerhead.rc에 정의되어 있고, 키코드를 사용하는 버그 리포트 서비스

```
service bugreport /system/bin/dumpstate -d -p -B \
        -o /data/data/com.android.shell/files/bugreports/bugreport
    class main
    disabled
    oneshot
    keycodes 114 115 116
```

dumpstate 명령어는 모든 서브 시스템 및 서비스를 탐색하면서 진단 및 통계 결과를 덤프 뜨는 AOSP 바이너리이다. 서비스는 비활성화되어 있고, 수동으로 시작해야 한다. 즉, 서비스를 수작업으로 시작해야 하고, 이를 위해서는 키코드 114, 115 및 116을 사용해야 한다. 이 키코드는 VOLUME_DOWN, VOLUME_UP 및 POWER와 각각 매핑되어 있고, 이는 /system/usr/keylayout/Generic.kl에서 확인할 수 있다.

키코드를 지원하기 위해서는 /dev/keychord가 존재해야 한다. /dev/keychord는 커널이 INPUT_KEYCHORD와 함께 컴파일되거나 드라이버가 모듈로서 설치된 경우, 키코드 커널 드라이버에서 추출된 디바이스 노드이다. 드라이버는 "안드로디즘"의 일종으로 취급되는데, 자세한 내용은 3권에서 자세히 설명한다.

루팅된 디바이스(루트 파일시스템이 변경된)의 경우에는 키코드를 사용해 더 많은 기능을 추가할 수 있다. 기본적으로 제약사항(물리적인 키만 지정할 수 있다.)은 있지만, 우리 입맛에 맞게 모든 기능을 구현할 수 있도록 키 조합을 덮어쓸 수 있다. 별도의 물리적인 키보드나 더 많은 버튼을 가진 디바이스에 키코드를 사용하면, 더 많은 기능을 활용할 수 있다.

파일시스템 마운팅

안드로이드는 전용 볼륨 매니저인 데몬(vold)을 가지고 있지만, init는 자체적으로 마운트 작업을 수행한다. 앞에서 공부했던 init를 기억해보면, init가 시작될 때에는 단지 루트 파일시스템만 마운트되어 있고, /system이나 /data 파일시스템은 마운트되어 있지 않다는 것을 알 수 있다. 따라서 다양한 데몬(vold)을 시작할 수 있도록 /system을 마운트하는 책임은 init에게 있다. /system이나 /data 파일시스템이 마운트되지 않는 경우 /init는 디바이스를 복구 모드로 재시작시킨다.

init는 기본 파일시스템을 모두 마운트하는 요청을 처리하기 위해 /init.rc에 mount_all 디렉티브를(on fs 트리거 내에 위치) 사용한다. 기본 파일시스템들은 AOSP에서 빌드된 파일 중 하나인 /fstab.hardware 파일에 지정되어 있다. 마운트를 처리하는 코드는 fs_mgr 내에 있는데, /init와 vold에서 모두 함께 사용한다. /init가 마운트 작업을 수행하면 이 코드가 가장 처음으로 포크되고, 시스템 부팅에 악영향을 미칠 수 있는 위험을 완화시켜준다.

자식 프로세스는 파일시스템에서 fsck를 수행해 마운트 작업을 실행한다. fs_mgr의 다양한 체커checker(/system/bin/e2fsck 및 L에는 /system/bin/fsck.f2fs)의 경로가 하드 코딩되어 있고, 이들 역시 모두 포크된다. fs_mgr 코드는 로깅 레벨을 올리기 때문에 커널의 링버퍼ring buffer에서 dmesg를 사용해 이 로그 메시지들을 볼 수 있다. 버퍼가 오래된 메시지를 덮어쓰기 전에 링 버퍼를 살펴보면 EXT4-fs, F2FS-fs(각 파일시스템을 지원하는 커널 모듈) 및 SELinux(확장된 속성이 감지된 경우 파일시스템에 적용)와 함께 섞여 있는 fs_mgr이 플래그된 메시지를 볼 수 있다.

자식 프로세스는 마운트를 처리하고 난 후 코드를 부모 프로세스에게 반환한다. 반환된 값은 /init가 vold.decrypt 속성에 설정한다. 이는 vold가 나중에 파일시스템의 복호화 작업을 수행할 경우에 사용하는 값이다. 파일시스템이 암호화되어 있지 않은 경우, /init는 nonencrypted 트리거를 실행한다.

종합: init의 흐름

대부분의 /init 코드는 데몬의 패턴처럼 일반적인 서버의 패턴과 동일하다. 초기화 다음에는 절대로 종료되지 않는(에러가 나지 않는다면) 런루프run-loop가 실행된다. M의 init는 두 "단계"를 사용하여 재작성되었다(C++로). 첫 번째 단계는 정책을 설정하기 위해 제약 없는 SELinux u:r:kernel 컨텍스트에서 이루어진다. 그리고 나서 다시 실행되어 두 번째 단계로 들어간 뒤(—second-stage 인자 이용), 좀 더 제약이 많은 u:r:init 컨텍스트를 재시작한다.

초기화

/init의 초기화는 다음 단계로 구성되어 있다.

- 바이너리가 ueventd 또는 (킷캣에서) watchdogd로 호출되었는지 확인한다. 이 경우, 나머지 단계는 데몬들 중 하나의 메인 루프로 우회한다. 이번 장의 후반부에 설명한다.
- /dev, proc 및 sys에서 사용될 디렉터리를 생성하고, 이들을 마운트한다(M의 경우 이 작업은 첫 번째 단계에서 수행된다.).
- /dev/.booting를 터치(touch, 열고난 뒤에 닫는다.)한다(M의 경우 이 작업은 두 번째 단계에서 수행된다.). 이 파일은 시작이 완료되면 삭제된다(check_startup)(그림 4-2 참조).

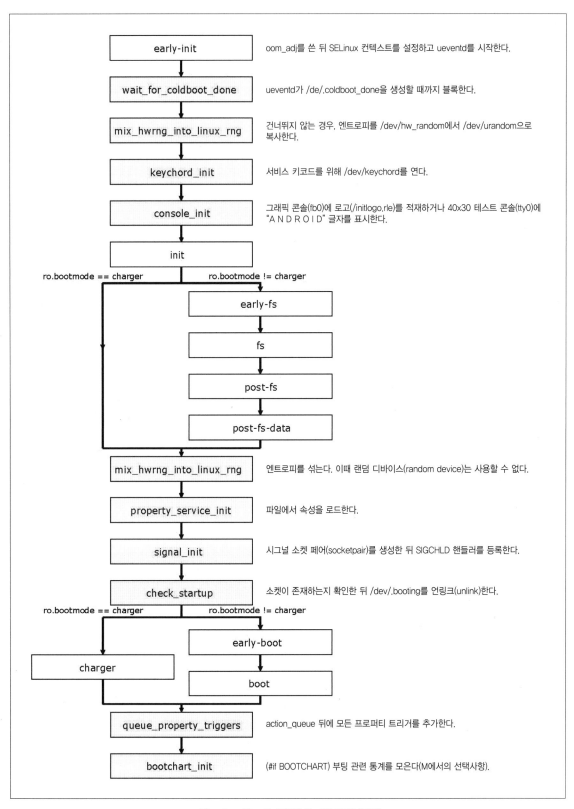

early-init — oom_adj를 쓴 뒤 SELinux 컨텍스트를 설정하고 ueventd를 시작한다.

wait_for_coldboot_done — ueventd가 /de/.coldboot_done을 생성할 때까지 블록한다.

mix_hwrng_into_linux_rng — 건너뛰지 않는 경우, 엔트로피를 /dev/hw_random에서 /dev/urandom으로 복사한다.

keychord_init — 서비스 키코드를 위해 /dev/keychord를 연다.

console_init — 그래픽 콘솔(fb0)에 로고(/initlogo.rle)를 적재하거나 40x30 테스트 콘솔(tty0)에 "A N D R O I D" 글자를 표시한다.

init

ro.bootmode == charger   ro.bootmode != charger

early-fs

fs

post-fs

post-fs-data

mix_hwrng_into_linux_rng — 엔트로피를 섞는다. 이때 랜덤 디바이스(random device)는 사용할 수 없다.

property_service_init — 파일에서 속성을 로드한다.

signal_init — 시그널 소켓 페어(socketpair)를 생성한 뒤 SIGCHLD 핸들러를 등록한다.

check_startup — 소켓이 존재하는지 확인한 뒤 /dev/.booting을 언링크(unlink)한다.

ro.bootmode == charger   ro.bootmode != charger

charger

early-boot

boot

queue_property_triggers — action_queue 뒤에 모든 프로퍼티 트리거를 추가한다.

bootchart_init — (#if BOOTCHART) 부팅 관련 통계를 모은다(M에서의 선택사항).

그림 4-2 init 부트 단계(흰색) 및 내장 명령어(회색)

- "데몬화"를 위해 `open_devnull_stdio()`를 호출한다(/stdin/stdout/stderr을 /dev/null로 링크한다.).

- `klog_init()`는 /dev/__kmsg__(메이저 1, 마이너 11)를 생성하고, 즉시 삭제한다.

- M의 경우: SELinux는 여기에서 초기화되고(init는 여전히 리눅스 커널의 컨텍스트 내에 있다.), init는 "두 번째 단계"를 재시작한다.

- `property_init()`은 메모리에 공유 속성 영역을 만든다. 이는 이번 장의 "시스템 프로퍼티"와 관련된 절에서 설명하였다.

- `get_hardware_name()`은 /proc/cpuinfo를 읽고 "Hardware:"라는 단어가 포함된 줄을 읽어들이고 여기에서 하드웨어의 이름을 가져온다. 이 방식은 조금 조약하지만, 매우 잘 동작한다(적어도 ARM 아키텍처에서는).

- `process_kernel_cmdline`은 /proc/cmdline을 읽고 ro.boot와 androidboot로 시작하는 모든 인자를 가지고 있는 속성을 가져온다.

- 젤리빈 이후 M 버전까지: SELinux가 초기화된다. 젤리빈에서는 #ifdef HAVE_SELINUX 구문으로 SELinux를 조건부로 확인한다. KK에서는 SELinux가 기본적으로 설치되어 있다고 가정한다. SELinux 보안 컨텍스트는 /dev 및 /sys에 저장되어 있다.

- 디바이스가 "충전 모드"(androidboot 커널 인자로 알 수 있다.)인지를 확인하는 특별한 체크 단계도 있다. "충전 모드"로 확인되면 나머지 초기화 단계는 모두 건너뛰고, 서비스의 `charger` 클래스만 적재된다(`charger` 데몬만 포함하고 있다.). 디바이스가 충전 모드가 아닌 경우에는 init /default.prop를 적재하고 정상적인 부트 단계를 진행한다.

- `init_parse_config_file()`은 /init.rc를 파싱하기 위해 호출된다.

- init는 init.rc 섹션에서 공급된 액션과 action_queue에 있는 내장 액션(`queue_builtin_action`)을 큐에 넣는다(`action_for_each_trigger()`를 사용). 그림 4-2에서 큐를 보여주고 있다.

결국 메인 루프는 모든 init.rc 명령어를 반복하고, init는 파일 디스크립터를 폴링[polling]하거나 부트차트를 로깅한다. 대부분의 시간은 잠든 채로 있으며, 필요할 때에만 깬다. /proc 파일시스템을 살펴보면 init의 파일 디스크립터를 볼 수 있다.

출력 4-3 /proc/1/fd에 있는 init의 파일 디스크립터

```
root@generic:/proc/1 # ls -l fd
lrwx------  .... 0 -> /dev/__null__   (deleted) #
lrwx------  .... 1 -> /dev/__null__   (deleted) #  stdin, stdout 및 stderr를 닫는다.
lrwx------  .... 2 -> /dev/__null__   (deleted) #

l-wx------  .... 3 -> /dev/__kmsg__   (deleted) #  Major: 1, Minor: 11

lr-x------  .... 4 -> /dev/__properties__       #  읽기 전용 프로퍼티 저장한다.

lrwx------  .... 5 -> socket:[1643]             #  property_set_fd (/dev/socket/property_service)

lrwx------  .... 6 -> socket:[1645]             #  signal_fd (socketpair[0])
lrwx------  .... 7 -> socket:[1646]             #  signal_recv_fd (socketpair[1])

lrwx------  .... 9 -> socket:[1784]
```

런 루프

메인 런 루프run-loop는 매우 간단하며, 다음 3개의 단계로만 구성되어 있다.

- execute_one_command() - 큐의 상단에 있는 액션을 가져와서 실행한다.
- restart_processes() - 등록된 모든 서비스들을 반복해서 돌면서, 필요한 경우 재시작한다.
- 3개의 소켓 디스크립터 설정 및 폴링polling:
  - property_set_fd(/dev/socket/property_service)는 프로퍼티를 설정하고자 하는 클라이언트에게 프로퍼티 키와 값을 전달한다. property_service 코드는 getsocket(..SO_ pEERCRED...)를 이용해 피어peer의 크리덴셜credential을 획득하고 프로퍼티에서 퍼미션을 확인한다. 프로퍼티가 설정되었다면 모든 트리거나 관련 서비스(ctl.start/stop 프로퍼티)에서 이들을 실행할 수 있다. SELinux가 활성화된 경우, /init는 /property_contexts를 적용하기 위해 이를 호출한다.
  - keychord_fd(/dev/keychord)는 모든 서비스의 키 조합을 처리한다. 이는 앞에서 설명하였다.
  - signal_recv_fd는 socketpair의 한쪽 끝에 있으며, 응답이 없는 경우에는 SIGCHLD를 처리하기 위해 생성된다. sigchld_handler는 시그널을 받았을 때 받는 쪽에서 사용할 수 있는 데이터를 만들어 socketpair(signal_fd)의 다른 쪽 끝에 사용한다. 이때 init는 wait_for_one_ process(0)을 호출한다. 이렇게 하면 프로세스의 반환 값을 얻고, 모든 소켓을 삭제하며, 추적되는 서비스의 경우 프로세스를 재시작한다.

/init는 파일 디스크립터를 제외한 어떠한 다른 소스에서도 입력을 받지 않는다. 즉, /init의 동작에 영향을 미칠 만한 방법이 없다. 설계상 /init는 루트가 소유한 프로세스이고, (대부분) 아무런 제한을 받지 않는다. /init의 동작을 변경하는 것은 루트 파일시스템의 일부이고, 커널과 함께 별도의 파티션에 있으며, 디지털 서명되어 있는 /init.rc 파일을 수정하는 방법밖에 없는데, 부트로더가 언록된 디바이스를 제외하고는 이를 변경할 수 없다.

init 및 USB

안드로이드 디바이스는 사용자 설정을 기반으로 부착된 USB의 동작을 변경해야 할 경우가 있다. USB에 부착된 기기는 대용량 스토리지, 디지털 카메라 에뮬레이터, ADB 시작/종료 데몬 등으로 동작될 수 있다. 동작을 켜고 끌 때에는 전용 데몬을 사용하지 않고, 관리 책임은 커널 레벨에서 USB 컴포넌트와 통신하는 /init에게 있다.

USB 동작은 sys.usb.config 시스템 프로퍼티에 설정되어 있다. 프레임워크(특히 UsbDeviceManager 및 관련 클래스, 이는 2권에서 설명한다.)에서는 사용자 선택으로 이 속성값이 설정되고, init(모든 시스템 프로퍼티를 가지고 있다.)는 트리거를 사용하여 변경사항을 가져와 적용한다. 편의상 프로퍼티 트리거는 별도의 init.hardware.usb.rc에 보관되어 있다. 다음 리스트에서는 넥서스 5에 있는 이 파일의 내용을 보여주고 있다.

리스트 4-4 넥서스 5의 init.hammerhead.usb.rc에 있는 USB 설정

```
on init
    write /sys/class/android_usb/android0/f_rndis/manufacturer LGE
    write /sys/class/android_usb/android0/f_rndis/vendorID 18D1
    write /sys/class/android_usb/android0/f_rndis/wceis 1

on boot
    write /sys/class/android_usb/android0/iSerial $ro.serialno
    write /sys/class/android_usb/android0/iManufacturer $ro.product.manufacturer
    write /sys/class/android_usb/android0/iProduct $ro.product.model

# MTP
on property:sys.usb.config=mtp
    stop adbd
    write /sys/class/android_usb/android0/enable 0
    write /sys/class/android_usb/android0/idVendor 18D1
    write /sys/class/android_usb/android0/idProduct 4EE1
    write /sys/class/android_usb/android0/bDeviceClass 0
    write /sys/class/android_usb/android0/bDeviceSubClass 0
    write /sys/class/android_usb/android0/bDeviceProtocol 0
    write /sys/class/android_usb/android0/functions mtp
    write /sys/class/android_usb/android0/enable 1
    setprop sys.usb.state ${sys.usb.config}
..
```

그림에서 볼 수 있듯이 init는 파라미터를 /sys/class/android_usb/android0에 쓴다. 이 가상 파일의 수신 단에는 USB 가젯 드라이버^{gadget driver}가 있다. 이 이름에서 알수 있듯이 사용자 모드에서 설정된 방식으로 USB의 기능을 에뮬레이트할 수 있다. 드라이버에서 USB 모드에 따라 처리할 수 있는 기능은 표 4-7에 나와 있다.

표 4-7 USB 가젯 드라이버에서 인식할 수 있는 USB 모드

Accessory	액세서리를 디바이스에 연결 – AoA 프로토콜로 구현되어 있다.
Acm	Abstract Control Model(USB 모뎀)
Adb	안드로이드 디버거 브릿지(adbd) 기능이다. 호스트가 디바이스 adbd와 통신할 수 있는 /dev/android_adb 디바이스 노드를 생성한다.
audio_source	USB 오디오 소스(외부 스피커를 연결할 때)이다. PCM 플레이백을 제공한다.
mass_storage	대용량 저장소(포터블 디스크)
mtp	미디어 트랜스퍼 프로토콜(Media Transfer Protocol)이다. 카메라에서 사용하고, MTP 요청을 처리하기 위해 커널 스레드를 만든다.
rndis	USB 리모트 NDIS이며, USB 테더링 시에 사용된다.

변경 사항을 적용하려면 드라이버가 비활성화되었다가 다시 활성화되어야 한다. "USB 디버깅"을 토글하거나 일시적으로 디바이스와 호스트 간의 연결을 끊어야 한다(호스트의 커널 메시지를 살펴보거나 가상 머신을 사용하는 경우, 팝업을 볼 수 있다.).

실험: 디바이스의 USB 식별자 변경

이번에는 디바이스의 USB 특성을 제어하는 방법을 살펴본다. 이 실험은 갤럭시 S3에서 수행하지만, 다른 디바이스에서도 잘 동작한다.

출력 4-4 갤럭시 S3의 USB 특성 파일

```
shell@s3:/sys/class/android_usb/android0# ls
bDeviceClass
bDeviceProtocol
bDeviceSubClass
bcdDevice
enable                  # 활성화/비활성화 토글

f_accessory@            #
f_acm@                  #
f_adb@                  #
f_ccid@                 #
f_diag@                 #
f_mass_storage@         # 추출된 가젯
f_mtp@                  #        드라이버 기능
f_ncm@                  #
f_ptp@                  #
f_rmnet@                #
f_rmnet_sdio@           #
f_rmnet_smd@            #
f_rmnet_smd_sdio@       #
f_rndis@                #

functions               # 기능 제어
host_state
iManufacturer           # 벤더를 나타내는 문자열을 담는다(e.g SAMSUNG).
iProduct                # 제품 ID를 담는다.: e.g SAMSUNG_Android_SGH-I747
iSerial                 # adb에서 보고된 시리얼 #를 담는다.
idProduct               # 벤더의 제품 ID
idVendor                # 벤더를 나타내는 ID(e.g Intel: 8086)
power
remote_wakeup
state
subsystem
terminal_version
uevent
shell@s3:/sys/class/android_usb/android0 $ cat functions
mtp,acm,adb
shell@s3:/sys/class/android_usb/android0 $ cat iProduct
SAMSUNG_Android_SGH-I747
```

iProduct를 변경하면 호스트에서 디바이스를 식별하는 문자열이 변경된다(예를 들면 킨들의 HDX의 문자열은 "Lab126 Android"인 반면, 중국의 GooPhone은 "Apple iPhone"이다.). iSerial을 변경하면 "adb devices"에서 보이는 문자열이 변경되고("adb -s"를 사용), iManufacturer 또는 iProduct도 변경할 수 있다. 직접 문자열을 변경하고 호스트에서 USB 케이블을 뺐다가 다시 연결하면 이를 직접 테스트할 수 있다. 디바이스가 재부팅되면 이러한 변경사항이 사라진다. 하지만 새로운 디바이스 식별자를 사용하고 싶다면 /init. hardware.usb.rc(또는 디바이스별로 비슷한 파일)에 식별자를 쓰면 된다.

init의 다른 역할 ─────────

마지막 섹션에서 설명한 바와 같이 init에는 ueventd 및 watchdogd와 같은 기능을 추가할 수 있다. 이들이 동일한 바이너리로 채워져 있다 하더라도 주어진 코드 경로는 다르게 주어질 수 있고, 초기화 단계에서 선택할 수도 있다.

ueventd

ueventd, init에는 하드웨어 디바이스를 관리하는 책임이 있다. /sys 파일시스템에서 커널의 노티피케이션에 응답해야 하고, /dev에 생성된 하드웨어의 심볼릭 링크를 통해 프로세스가 사용할 수 있도록 해야 한다. ueventd는 서로 다른 초기화 파일, 즉 /ueventd.rc 및 /ueventd.hardware.rc를 사용하는데, 여기서 하드웨어는 /proc/cpuinfo 및 androidboot.hardware 커널 인자를 얻는다. 하지만 init와 다르게 설정 파일(들)은 디바이스 노드 및 퍼미션에 관련된 항목만 가지고 있다. ueventd는 파일의 모든 줄을 반복적으로 돌면서 모든 디바이스마다 set_device_permission()을 호출한다.

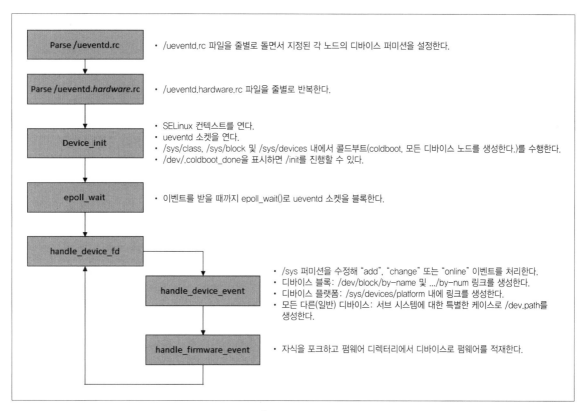

그림 4-3 ueventd 흐름

다음 단계로 NETLINK_UEVENT 소켓을 초기화하는 device_init()를 호출한다. 콜드부트가 감지되면(예를 들면 /dev/.coldboot_done을 발견할 수 없다면), ueventd는 /sys/class, /sys/block 및 /sys/devices 서브트리를 반복하면서 각각에 uevent 가상 파일인 "add"를 쓴다. 이렇게 하면 노티피케이션이 추가된 uevent 디바이스가 트리거된다. "add"를 쓰지 않으면 이벤트가 시작하기 전에 사라질 수 있다.

소켓(device_fd)이 초기화될 때, ueventd의 역할은 매우 간단하다. 계속 폴링하면서 이벤트들을 처리한다. 이벤트는 일반적으로 다음 두 가지 타입으로 나눌 수 있다.

- 디바이스 이벤트: 이 이벤트들은 디바이스가 추가되거나 삭제될 때 커널 서브 시스템에서 생성된다. ueventd 함수는 이러한 의미에서 전통적인 udevd와 비슷하다. 디바이스에 해당하는 /dev 노드를 생성하거나 삭제한다.
- 펌웨어 이벤트: ueventd는 펌웨어 "add" 이벤트를 듣고 있고, /etc/firmware, /vendor/firmware 및 /firmware/image에서 업데이트된 이벤트를 적재한다.

-DLOG_UEVENTS 옵션을 가지고 컴파일하면, ueventd는 INFO 메시지로 이벤트를 로깅한다.

watchdogd

watchdogd은 ueventd처럼 init의 또 다른 기능이다. watchdogd은 이러한 특성 때문에 타임아웃 값을 설정하고 정기적으로 킵어라이브keepalive 시그널(널null 바이트)을 보냄으로써 하드웨어 워치독과 상호작용하는 역할을 한다. 타임아웃 값이 지나가거나 watchdogd이 정각에 깨우지 못한 경우, 커널에서 하드웨어 타이머 인터럽트를 사용해 시스템을 리셋할 수 있다. watchdogd이 정각에 깨우지 못하는 경우는 시스템이 행hang에 걸렸을 때 뿐이다. 이러한 상태에서는 복구될 가능성이 거의 없기 때문에 디바이스를 재부팅하는 것이 좋다.

watchdog에서 데몬은 두 개의 명령어 인자, 즉 간격interval과 마진margin 값을 받을 수 있다. 이 값은 모두 초second이며, 초깃값은 10이다. 시스템이 리부팅되기 전에 주어진 시간은 이 값들을 모두 합친 시간이다(기본 20초).

요약

이번 장에서는 사용자 모드가 없는 /init를 시스템 프로세스의 핵심적인 측면에서 모두 살펴보았다. 우리는 리눅스와 유닉스를 비교하였고, 가장 중요하며 특이한 기능인 시스템 프로퍼티에 대해서도 공부하였다. 그런 다음, rc 파일의 문법을 공부하였고, 전체 흐름을 그려보았다.

다음 장에서는 서비스 자체를 공부한다. 기본 시스템인 데몬을 중점적으로 살펴본 뒤, 모든 안드로이드 프레임워크를 지원하는 system_server를 공부한다. 실제 프레임워크 서비스는 프로그램적인 관점에서 더 많은 상세 사항이 필요하다. 따라서 프레임워크 서비스는 2권에서 자세히 다룬다.

이번 장에서 설명한 파일들

섹션	파일/디렉터리	내용
Init	system/core/init	/init 코드
	/system/core/init/readme.txt	명령어와 트리거에 대한 문서
ueventd	system/core/init/ueventd.[ch]	/init의 ueventd 코드
watchdogd	system/core/init/watchdogd.[ch]	/init의 watchdogd 코드

5

안드로이드 데몬

안드로이드에는 관리 및 운영 기능을 제공하기 위해 백그라운드에서 수행되는 매우 많은 데몬이 존재한다. 서비스는 대부분 /init.rc에 순서 없이 존재하고 있고, 서비스 클래스를 저장하고 있다. "핵심" 서비스는 첫 번째로 시작되고, 다음으로 "main"이 시작된다. 또한 rc는 기본 서비스는 아니지만 데이터 파티션에 따라 달라지는 서비스를 위해 "늦게-시작"하는 클래스를 정의한다. 이번 섹션에서는 서비스 클래스를 분류하며(대부분 서비스는 "main"이다.), 기능에 따라 더욱 하위로 분류할 수 있다.

이전 장에서 공부했던 init에 이어 우리는 핵심 서비스인 adbd, 서비스 매니저 및 킷캣의 healthd뿐만 아니라 L에서 새롭게 추가된 서비스인 lmkd와 logd도 공부한다.

이 밖의 다른 서비스들은 "main" 카테고리에 분류되어 있고, 네트워크 서비스(netd, mdnsd, mtpd 및 rild)와 그래픽 및 미디어 서비스(surfaceflinger, bootanimation,mediaserver 및 drmserver)로 분류되어 있다. 남아 있는 서비스는 그룹핑하기가 더욱 어려워서 "다른 서비스"로 분류되어 있다. 이에는 installd, keystore, debuggerd, sdcard 및 Zygote가 포함되어 있다.

핵심 서비스 ─────────

"핵심" 클래스는 사용자 모드 부팅 단계에서 시작되는 첫 번째 서비스이다. 이 서비스들은 /data 파티션에 접근하지 않고, 마운트 여부와 관계 없이 실행될 수 있다.

adbd

지금까지 이 책을 잘 읽었다면 더 이상 ADB에 대해 설명할 필요가 없다. ADB는 안드로이드 디버거 브릿지Android Debugger Bridge라고 하며, 호스트와 디바이스 간의 커뮤니케이션을 담당한다. 브릿지는 직접적(adb 명령어) 또는 간접적(ddms)으로 사용할 수 있다. adb 명령어는 문서화가 잘되어 있고, 인자 없이 실행될 경우 사용 방법(좀 길다.)을 출력한다. 실제 ADB가 동작되는 방법이 좀 더 흥미로운 주제이다.*

　　기본 설정에서 ADB의 서버 기능으로 제공되는 디바이스 데몬인 adbd는 /init.rc에 정의되어 있다. 하지만 비활성화되어 있는 상태이고 sys.usb.config 속성에 "adb"이 포함되어 있을 때 /init.usb.rc으로 필요에 따라 시작된다. 이렇게 하면 "USB 디버깅" GUI 옵션을 활성화시킨다.

리스트 5-1 rc 파일에 정의된 adb(킷캣)

```
# adbd is controlled via property triggers in init..usb.rc
service adbd /sbin/adbd
    class core
    socket adbd stream 660 system system
    disabled
    seclabel u:r:adbd:s0    # 젤리빈의 경우 SELinux 컨텍스트를 얻는다.
```

　　adbd는 기본적으로 root로 실행된다. 하지만 코드에서 다른 그룹들도 실행할 수 있도록 권한(u:d:gid)을 shell:shell로 조정한다. adb.c에서 이와 관련된 코드 스니펫을 볼 수 있다.

리스트 5-2 권한 설정을 볼 수 있는 adb 메인 시작 함수

```
int adb_main(int is_daemon, int server_port)
..

 property_get("ro.adb.secure", value, "0");
 auth_enabled = !strcmp(value, "1");

 if (auth_enabled)
        adb_auth_init();

 ...

    /* add extra groups:
    ** AID_ADB to access the USB driver
    ** AID_LOG to read system logs (adb logcat)
    ** AID_INPUT to diagnose input issues (getevent)
    ** AID_INET to diagnose network issues (netcfg, ping)
    ** AID_GRAPHICS to access the frame buffer
    ** AID_NET_BT and AID_NET_BT_ADMIN to diagnose bluetooth (hcidump)
    ** AID_SDCARD_R to allow reading from the SD card
    ** AID_SDCARD_RW to allow writing to the SD card
    ** AID_MOUNT to allow unmounting the SD card before rebooting
    ** AID_NET_BW_STATS to read out qtaquid statistics
    */
```

---

* 　삼성 타이젠은 sdb(smart debugger bridge)라는 도구를 사용한다. sdb는 모든 면에서 ADB와 거의 동일하다(명령어 라인 구문 포함).

```
gid_t groups[] = { AID_ADB, AID_LOG, AID_INPUT, AID_INET, AID_GRAPHICS,
                   AID_NET_BT, AID_NET_BT_ADMIN, AID_SDCARD_R, AID_SDCARD_RW,
                   AID_MOUNT, AID_NET_BW_STATS };



if (setgroups(sizeof(groups)/sizeof(groups[0]), groups) != 0) {
    exit(1);
}

/* don't listen on a port (default 5037) if running in secure mode */
/* don't run as root if we are running in secure mode */
if (should_drop_privileges()) {
    drop_capabilities_bounding_set_if_needed();

    /* then switch user and group to "shell" */
    if (setgid(AID_SHELL) != 0) {
        exit(1);
    }
    if (setuid(AID_SHELL) != 0) {
        exit(1);
    }
..
```

adbd는 이렇게 함으로써 권한을 유지할 수 있다(호스트에서 `adb root`를 실행하여 `service.adb.root`를 '1'로 설정한다.). `ro.debuggable` 속성을 '1'로 설정해야 adb 내의 소스에서 권한을 변경할 수 있다. 이 속성을 '1'로 하지 않으면 "adb cannot run as root in production builds"라는 메시지가 나타난다. `persist.adb.trace_mask`는 로깅 마스크를 지정한 헥사 값을 가질 수 있다(0xff로 설정한다.). 속성이 존재하고 유효한 값일 경우, adb는 /data/adb/adb-%Y-%m-%d-%H-%M-%S로 로깅한다.

adbd는 디바이스가 USB를 통해 호스트에 연결될 때, init뿐만 아니라 /dev/android_adb(L에서는 /deb/usb-ffs/adb/ep## 내의 functionfs 엔드포인트^endpoint^)를 사용하여 설정되는 유닉스 도메인 소켓인 /dev/socket/adb를 사용한다. 후자는 USB 가젯 드라이버에 의해 생성되는 디바이스 노드이다. adbd는 `service.adb.tcp.port` 또는 `persist.adb.tcp.port`에 지정된 TCP 포트로 리스닝할 수 있다. 이에 대한 일반적인 아키텍처는 그림 5-1에서 볼 수 있다.

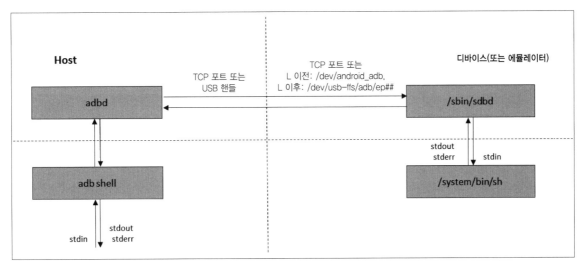

그림 5-1 adb 아키텍처

ADB 프로토콜 추적하기

ADB 프로토콜은 프로토콜 구현체 내의 protocol.txt에 설명되어 있기 때문에 여기서 더욱 자세하게 설명하는 것은 큰 의미가 없다. ADB는 매우 간단하지만 ADB_TRACE 환경 변수를 사용해 매우 효율적인 추적 메커니즘을 가지고 있다. 이 환경 변수를 이용하면 adb 세션을 추출할 때 클라이언트 측 바이너리에서 프로토콜 명령어를 대량으로 출력할 수 있다. adb 소스에는 이 변수를 사용할 수 있도록 몇 개의 옵션(all, adb, socket, packets, rwx, usb, sync, sysdeps, transport, jdwp)을 제공한다. "Transport" 옵션은 ADB 메시지를 볼 때 가장 많이 사용되는 옵션이다.

출력 5-1 ADB_TRACE=transport를 사용해 adb 프로토콜 명령어 추적하기

```
morpheus@Forge (~)$ ADB_TRACE=transport adb_shell
30303063 000c                                        # 길이 12 메시지 :
686f73743a76657273696f6e host:version
4f4b4159 OKAY                                         # 응답
30303034 0004
30303166 001f
30303132 0012                                        # 길이 18 메시지:
686f73743a7472616e73706f72742d61 host:transport-a
4f4b4159 OKAY                                         # 응답
30303036 0006                                        # 길이 6 메시지:
7368656c6c3a shell:
4f4b4159 OKAY                                         # 응답
```

ADB 시큐리티

ADB는 강력한 디버깅 및 추적 능력이 포함된 포털이기 때문에 중대한 보안 위험에 항상 노출되어 있다. shell 계정으로 실행하면 root 계정으로 실행하는 것보다 안전하지만, 다양한 기능(log 및 graphics 등 작은 수지만) 때문에 강력한 능력을 제공한다. ADB를 사용하면 잠금 화면 시퀀스, 업로드된 애플리케이션 및 디바이스 바이너리와 같은 사용자의 개인 데이터에도 쉽게 접근할 수 있다. 그래서 젤리빈의 최신 버전부터는 공개 키 인증으로 ADB를 안전하게 사용할 수 있는 단계를 추가하였다. ro.adb.secure를 활성화시키면 AUTH 메시지를 볼 수 있다(리스트 5-2에서 볼 수 있다.).

AUTH 메시지는 더 많은 명령어를 상호 교환하기 전에 OPEN 작업의 응답으로 발송된다. AUTH의 인자에는 항상 토큰TOKEN이 오는데, 이는 디바이스 엔트로피 소스(/dev/urandom)에서 수집된 20 랜덤 바이트 배열이다. 호스트는 개인 키($HOME/.android/adbkey에 생성되고 저장된다.)로 서명된 토큰으로 응답하게 된다. 이때 SIGNATURE 인자와 개인 키로 암호화된(서명된) 랜덤 바이트를 이용해 지정된 AUTH 응답으로 개인 키를 서명한다. 해당하는 공개 키가 디바이스에 있는 경우, 검증은 계속 진행되고 검증이 성공한 경우 세션은 온라인 상태로 옮겨질 수 있다.

공개 키와 관련된 모든 것들과 마찬가지로, 선험적으로 알려진 공개 키를 만드는 것은 '닭과 달걀'의 문제이다. 공개 키를 검증에 사용할 수 있는 이유는 바로 이 때문이다. 키를 신뢰할 수 없기 때문에 ADB는 키를 /dev/socket을 통해 system_server에 전달하고(특히 com.android.server.usb.UsbDeviceManager에서 시작되는 UsbDebuggingManager) 사용자에게 키의 지문을 확인하는 다이얼로그를(com.android.systemui.usb.UsbDebuggingActivity) 표시한다. 사용자가 동의하면 키는 adb 키스토어인 /data/misc/adb/adb_keys에 저장된다. 벤더에서 이 기능(adb_auth_client.c:db_auth_confirm_key())을 제거하기 위해 adbd를 재컴파일할 수 있고, 벤더에서 제공하는 키를 하드 코딩하여 넣을 수 있다.

dumpsys usb 명령어로 adb_key 및 USB 디버깅 상태를 볼 수 있다. SSH의 known_hosts 파일과 비슷하다.

출력 5-2 dumpsys usb를 이용해 USB 디버깅 상태 덤프

```
shell@hammerhead:/ $ dumpsys usb
...
  USB Debugging State:
    Connected to adbd: true
    Last key received: null
    User keys:
QAAAAGih7j/oQP+S8AmUvBrpjxGY/5yppWThz4mpP6U9wt/fzGyip4sNt/2cp+40rRb8whQLALvPS2fAwLmlLjSTmJ/
... 공개 키(Base64 인코딩)
+a+2cNPxxtmOh6GzOcnmwPaVsQcMLkyxlyCCS2o4hnjKYmjqBQEAAQA= morpheus@Forge

    System keys:
IOException: java.io.FileNotFoundException: /adb_keys: open failed: ENOENT
 (No such file or directory)
...
```

servicemanager

servicemanager는 안드로이드 IPC 메커니즘의 핵심 컴포넌트이다. 이 컴포넌트는 소형 바이너리이지만, 매우 중요한 역할을 한다. 내부 프로세스 간의 통신이 장애 없이 이루어지게 한다. 이는 /init.rc에 정의되어 있고, 리스트 5-3에서 볼 수 있다.

리스트 5-3 /init.rc의 서비스 매니저 정의

```
service servicemanager /system/bin/servicemanager
    class core
    user system
    group system
    critical
    onrestart restart healthd
    onrestart restart zygote
    onrestart restart media
    onrestart restart surfaceflinger
    onrestart restart inputflinger    // Android L
    onrestart restart drm
```

　서비스 매니저가 매우 중요한 컴포넌트이고, 다른 서비스들이 servicemanager에 의존하는 이유는 서비스 매퍼 때문이다. 사실상 모든 IPC 메커니즘은 서비스를 찾거나 연결하는 데 매퍼가 필요하다(UN*X는 포트매퍼 portmapper, 윈도우는 DCE 엔드포인트 매퍼). 안드로이드에서는 servicemanager가 매퍼의 역할을 한다. /init.rc 내에는 서비스가 발견된 순서대로 다시 등록되도록 정의되어 있다. 서비스는 실제 servicemanager를 필요하지 않고(서비스가 갑자기 죽었을 때도 필요 없다.), 클라이언트는 서비스들을 찾을 수 없다. servicemanager가 재시작되었을 때 백지 상태가 된다. 서비스는 서비스 매니저가 죽었는지를 알 수 없기 때문에 서비스를 다시 등록하기 위해서는 서비스들을 강제로 재시작해야 한다.

　servicemanager는 다른 프레임워크 서비스와 마찬가지로 좀 더 주의 깊게 살펴볼 만한 가치가 있다. 다음 장에서는 system_server(서비스 호스트로서 제공되는 프로세스) 및 개별 서비스와 함께 좀 더 자세히 공부한다.

healthd

일반적으로 "healthd daemon"은 주기적으로 "데몬의 상태를 확인"하는 작업을 하는 서비스를 의미한다. 하지만 지금은 배터리와 관련된 작업만 있고, 이후 출시될 버전에서는 변경될 수도 있다. 데몬은 스스로를 BatteryPropertiesRegistrar 서비스(L에서는 batterypropreg 또는 batteryproperties)로 등록한다. healthd는 레지스트라[Registrar]로서 최신의 베터리 통계를 프레임워크 서비스에 제공하고, sysfs를 통해 이 값을 얻을 수 있다.

대부분의 데몬과 마찬가지로 healthd는 초기 구성에 설정하고 런루프[run loop]에 넣는다. 그림 5-2는 healthd의 상세한 흐름을 나타낸 것이다.

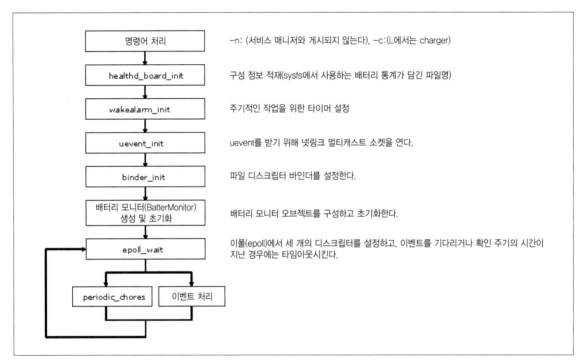

그림 5-2 healthd의 흐름

Healthd 데몬의 메인 루프는 세 가지 디스크립터의 다중 읽기 작업을 위해 리눅스 epoll(2) API를 차단하고, 표 5-1에서 볼 수 있는 각 디스크립터의 액션을 등록한다.

표 5-1 healthd에서 사용하는 파일 디스크립터

디스크립터	형태	목적
wakealarm_fd	TimerFD	타이머는 매periodic_chores_interval초마다 알람을 울린다. healthd는 깨어 있는 동안 periodic_chores를 수행한다.
event_fd	NetLink	커널의 알림 이벤트를 읽는다. healthd는 전원의 서브 시스템(SUBSYSTEM=POWER)에 관한 것만 처리하고, 이 이벤트들은 배터리 및 차저(charger) 알림을 포함하고 있으며, healthd는 battery_update()를 실행한다.
binder_fd	/dev/binder	리스너는 프레임워크 클라이언트에 의해 갱신된다(batterypropreg로 동작할 때).

healthd에서 사용하는 첫 번째 디스크립터는 healthd에서 주기적인 작업을 위해 사용하는 wakealarm_fd이다. 이에는 두 가지 시간 간격 타입, 즉 fast(1분, AC 전원이 연결된 경우) 및 slow(10분 배터리만 사용하는 경우)가 사용된다. wakealram_fd에는 BatteryPropertiesRegistrar의 역할로 배터리 통계를 갱신하는 battery_update() 가 정의

되어 있다. 이는 또한 POWER 서브 시스템의 이벤트가 event_fd:healthd에서 NetLink를 통해 전달받았을 때 호출된다. event_fd:healthd는 이벤트를 파싱하지 않고, 배터리 통계만 갱신한다. event_fd는 healthd가 충전기의 연결 또는 다른 전원 관련 알람 이벤트에 응답하는 데 필요하다. 마지막으로 binder_fd는 프레임워크 리스너와 상호작용하는 데 사용된다. 다음 장에서 binder_fd에 대해 자세히 설명한다.*

실험: healthd 살펴보기

강력한 strace(1) 유틸리티를 사용하면 healthd 데몬의 내부 동작 모습을 볼 수 있다. 프로세스 ID(루트로)를 붙이고, ptrace(2) API를 호출하면, strace(1)은 시스템 호출 알림을 얻을 수 있다. 프로세스가 실행하는 모든 작업은 시스템 호출을 통과하기 때문에 액티비티에 대한 상세한 추적을 할 수 있고, healthd에서 통계에 사용하는 sysfs 파일의 이름이 나타난다. 다음 출력에서 주석과 같이 내용을 볼 수 있다.

출력 5-3 healthd의 strace(1) 사용하기

```
root@htc_m8wl:/ # ls -l /proc/$healthd_pid/fd | cut -c'1-10,55-'
lrwx------ 0 -> /dev/null
lrwx------ 1 -> /dev/null
lrwx------ 2 -> /dev/null
l-wx------ 3 -> /dev/__kmsg__ (deleted)         # 출력: 로그를 커널로
lrwx------ 4 -> socket:[6951]                   # event_fd (넷링크 소켓)
lrwx------ 5 -> /dev/binder                     # binder_fd
lrwx------ 6 -> anon_inode:[eventpoll]          # epollfd
l-wx------ 7 -> /dev/cpuctl/apps/tasks          # fg_cgroup_fd(libcutils)
l-wx------ 8 -> /dev/cpuctl/apps/bg_non_interactive/tasks  # bg_fgroup_fd(libcutils)
lr-x------ 9 -> /dev/__properties__             # r/o 프로퍼티 fd
root@htc_m8wl:/ # strace -p $healthd_pid
Process $healthd_pid attached - interrupt to quit
# healthd는 fd가 이벤트를 방출할 때까지 지속적으로 폴링(0xffffffff = 무한)한다.
epoll_wait(0x6, 0xbebb5898, 0x2, 0xffffffff) = 1
# 넷링크 msg는 fd 네 번으로 받는다 - 중대한 상태 변경을 의미한다(오프라인)
recvmsg(4, {msg_name(12)={sa_family=AF_NETLINK, pid=0, groups=00000001},
msg_iov(1)=[{"offline@/devices/system/cpu/cpu1"..., 1024}], msg_controllen=24, ....
# healthd는 관심이 없기 때문에 다시 폴링(polling)한다.
epoll_wait(0x6, 0xbebb5898, 0x2, 0xffffffff) = 1
# 메시지는 배터리 상태 변경을 암시한다.
recvmsg(4, {msg_name(12)={sa_family=AF_NETLINK, pid=0, groups=00000001},
msg_iov(1)=[{"change@/devices/platform/htc_bat"..., 1024}], msg_controllen=24,
{cmsg_len=24, cmsg_level=SOL_SOCKET, cmsg_type=SCM_CREDENTIALS{pid=0, uid=0, gid=0}},
msg_flags=0}, 0) = 488
#
# healthd는 파일을 열고 닫으면서 방대한 통계에 접근한다.
#
open("/sys/class/power_supply/battery/present", O_RDONLY) = 10    # 배터리가 있는가?
read(10, "1\n", 16)                                 = 2           # 예(1)
close(10)                                           = 0
open("/sys/class/power_supply/battery/capacity", O_RDONLY) = 10   # 용량은?
read(10, "96\n", 128)                               = 3           # 96%
close(10)                                           = 0
open("/sys/class/power_supply/battery/batt_vol", O_RDONLY) = 10   # 전압은?
read(10, "4303\n", 128)                             = 5
close(10)                                           = 0
...
open("/sys/class/power_supply/wireless/online", O_RDONLY) = 10    # 무선 충전은 없다.
read(10, "0\n", 128)                                = 2           # M8의 경우
close(10)                                           = 0
write(3, "<6>healthd: battery l=96 v=4 t=2"..., 51) = 51          # 커널 로그를 리포트한다.
ioctl(5, BINDER_WRITE_READ, 0xbebb5070)             = 0           # 클라이언트 리스너를 보고한다.
epoll_wait(0x6, 0xbebb5898, 0x2, 0xffffffff) = ..                 # 다시 폴링한다.
```

---

* 많은 안드로이드에서 timerfd_create 호출은 EINVAL(부적합한 인자)를 반환한다. wakealarm_fd를 생성하지 않고, 기본적으로 이벤트 소스로 event_fd를 폴링한다.

> ### 실험: healthd 살펴보기(계속)
>
> sysfs 가상 파일(/sys/class/power_supply/*)은 표준이다. 실제로 이 파일은 특정 플랫폼 디바이스 노드에 심볼릭 링크되고 디바이스에 따라 변경될 수 있다.
>
> strace를 백그라운드 작업(&를 이용)으로 보내고 난 뒤 USB 케이블을 풀었다가 다시 연결한다. 그리고 나서 배터리 변경을 알려주는 넷링크(NetLink) 알림을 볼 수 있다. 그리고 이어서 /sys/class/power_supply/usb/online(1에서 0은 연결이 끊김, 0에서 1은 연결)이 변경된다.
>
> healthd는 안드로이드 L에서 dumpsys를 지원한다. 실제로 다음 출력에서 볼 수 있듯이, 안드로이드 L 바이너리를 가져와(넥서스 5 또는 에뮬레이터) 디바이스에 복사할 수 있다.
>
> **출력 5-4** KK에서 L의 healthd 실행
>
> ```
> #  사전: KK healthd만 – 이전 서비스명(batterypropreg)
> #
> root@htc_m8wl:/ # service list | grep batteryprop
> 91      batterypropreg: [android.os.IBatteryPropertiesRegistrar]
> root@htc_m8wl:/ # /data/local/tmp/healthd.L &                      # L에서 healthd 실행
> [1] 7287
> #  사후: 새로운 서비스명(batteryproperties)이 추가되었다. 이름은 다르기 때문에 혼동되지 않는다.
> #
> root@htc_m8wl:/ # service list | grep batteryprop
> 0       batteryproperties: [android.os.IBatteryPropertiesRegistrar]   # L: 이름은 다르고, iface는 동일하다.
> 92      batterypropreg: [android.os.IBatteryPropertiesRegistrar]
> root@htc_m8wl:/ # dumpsys batteryproperties                         # dumpsys 호출
> ac: 0 usb: 1 wireless: 0
> status: 5 health: 2 present: 1
> level: 100 voltage: 4 temp: 273
> ```
>
> dumpsys 내부에서 실행되는 것을 보기 위해 strace를 사용하는 경우, 다음과 같은 출력을 볼 수 있다(여기서는 파일 디스크립터가 다르기 때문에 대체된다.)
>
> **출력 5-5** strace를 동시에 수행
>
> ```
> epoll_pwait(epoll_fd, {{EPOLLIN, {u32=37597, u64=128844939485}}}, 2, -1, NULL) = 1
> ioctl(binder_fd, BINDER_WRITE_READ, 0xbeab1748)     = 0      # 바인더 요청 수신
> write(...tasks, healthd_pid, 4)                      = 4      # healthd를 포그라운드로 만든다.
> ..
> write(new_fd, "ac: 0 usb: 1 wireless: 0\n", 25) = 25         # write output
> write(new_fd, "status: 5 health: 2 present: 1\n", 31) = 31   # to binder supplied
> write(new_fd, "level: 100 voltage: 4 temp: 273\n", 32) = 32  # 파일 디스크립터를 공급하는 바인더에게
> fsync(new_fd)                = -1 EINVAL (Invalid argument)     출력을 쓴다.
> ioctl(binder_fd, BINDER_WRITE_READ, 0xbeab1600)     = 0
> close(new_fd)                                       = 0
> write(...tasks, healthd_pid, 4)                     = 4      # healthd를 백그라운드로 돌린다.
>
> ioctl(binder_fd, BINDER_WRITE_READ, 0xbeab1758)     = 0
> ```
>
> 이번 예제에서는 L의 healthd 내부 동작뿐만아니라 안드로이드의 중요한 측면(바인더를 통한 IPC)을 함께 살펴보았다. 또한 위의 호출 프로세스(dumpsys)에서 healthd로 파일 디스크립터가 전달되는 방법을 알아보았다. 바인더 내부는 여기서 다루기가 복잡하기 때문에 2권에서 다룬다.

차저(charger)로서 healthd

안드로이드는 안드로이드 L 버전까지 특별한 데몬인 charger를 가지고 있다. charger 데몬은 시스템이 충전 모드로 부팅되었음을 감지했을 때(class_start_charger 디렉티브를 통해) /init에 의해 시작된다. L에서 charger는

healthd에 병합되어 있다. healthd의 주요 작업은 배터리 상태를 관찰하는 것이기 때문에 이는 당연하다고 할 수 있다. charger로서 실행될 때, healthd는 앞서 설명한 /init의 추가 기능(watchdog 및 ueventd)과 비슷한 방식으로 시작한다. 이를 다른 말로 하면 /bin/charger는 /sbin/healthd에 심볼릭 링크되어 있고, -c 명령어 라인 인자를 가지고 시작한다. charger 데몬은 디바이스가 충전되는 동안 사용자에게 배터리 상태를 그래픽적으로 전달하는 역할을 한다(2권에서 다룬다.).

비록 추측이지만, healthd는 확대되고, L 버전에서부터 안드로이드에서 더 많은 역할을 할 것이다. 이렇게 추측하는 이유는 healthd가 루트 파일시스템에 들어 있는 몇 안 되는 데몬 중 하나이기 때문이다(다른 루트 파일시스템 데몬들처럼 /system/bin이 아니라 /sbin에 있다.).

lmkd(안드로이드 L)

안드로이드 L은 lmkd라고 부르는 특별한 핵심 서비스 클래스 데몬을 사용한다. 이 데몬은 다음과 같이 /init.rc에 정의되어 있다.

리스트 5-4 /init.rc에 정의된 lmkd 데몬

```
service lmkd /system/bin/lmkd
    class core
    critical
    socket lmkd seqpacket 0660 system system
```

lmkd는 안드로이즘의 일종인 커널의 LMK^Low Memory Killer 메커니즘의 인터페이스를 제공한다(안드로이드 커널에서만 제공하는 기능이고, 리눅스에서는 제공하지 않는다.). LMK는 메모리 부족가 부족할 때 자동으로 태스크를 죽이는 리눅스의 OOM^Out-Of-Memory 메커니즘을 안드로이드에서 좀 더 세밀하게 제어할 수 있도록 해준다. LMK 안드로이즘은 프로세스를 나중에 종료시키지 않고, 선점적으로 미리 종료시키기 때문에(한도에 도달했을 때) OOM을 증가시킨다. 리눅스 커널 OOM 메커니즘은 발견적인(휴리스틱) 방법을 사용한다. 정수형 점수를 프로세스에 할당하고 메모리를 소비하거나 사용할 때 이 점수를 증가시킨다. 이 점수(/proc/pid/oom_score에서 볼 수 있다.)는 프로세스의 메모리 사용량을 나타내며 점차 증가한다.

시스템의 메모리가 극단적으로 부족해지면 커널은 불가피하게 이중의 페이지 폴트^page fault와 마주하게 된다. 여기서 이중의 페이지 폴트란, 표준 페이지 폴트의 페이지 요구 조건을 만족할 수 없는 상태를 말한다. 그리고 나서 리눅스의 OOM 메커니즘이 갑자기 작동되어 이 상황을 처리하기 위한 핸들러를 호출한다. 이 핸들러는 모든 프로세스를 스캔하고 가장 높은 점수를 가진 프로세스를 골라낸다. 그리고 이 프로세스는 절차에 따라 kill -9로 종료되고 페이징은 다시 시도된다.

휴리스틱한 방식은 언제나 잘 동작하는 것이 아니다. 어떤 상황에서는 무고한 프로세스가 희생될 수도 있다. 더 좋지 않은 상황이라면 대학살이 발생하기도 한다. OOM은 메모리 상태가 요청 값을 만족할 때 까지 계속 프로세스를 학살한다. 따라서 이 점수를 "조정"하는 것이 필요하다. 이 점수를 조정하여 프로세스가 종료될 수 있는 가능성을 좀 더 높게 하거나 낮게 할 수 있다. 이 값은 /proc/pid/oom_score_adj*에 있다. 사용자 모드에서 여기에 값을 쓰면 안드로이드 프레임워크는 프로세스에 대한 중요성을 인지할 수 있고, 이에 따라 프로세스를 처리할 수 있다.

---

* /proc/pid/oom_adj 파일에도 조정 점수를 넣을 수 있는데, 여기사는 16(죽임), 17(불멸)과 같이 세밀한 조정을 할 수 없다. 실제 이 파일은 거의 사용되지 않으며, oom_score_adj가 주로 사용된다. 여기에서는 1000부터 −1000까지 값을 세밀하게 조절할 수 있다.

146

Lmkd는 두 가지 옵션을 가지는데, 이는 OOM이 감지되었는지에 따라 달라진다. 감지된 경우, lmkd는 OOM 점수 조정 값을 타깃 프로세스의 /proc 엔트리에 쓰고, 메모리 부족 시에 프로세스를 실제로 죽이는 작업은 LMK 모듈이 담당한다. lmkd는 LMK가 없는 커널에서 자체적으로 메모리 부족 이벤트를 처리하고 프로세스를 죽이는 작업을 수행한다(즉, 프로세스에 SIGKILL을 보낸다.). lmkd는 프로세스와 메모리 점수를 빠르게 찾을 수 있도록 프로세스 해시 테이블을 가지고 있다.

lmkd는 이번 장에서 설명한 다른 데몬들과 마찬가지로 동시에 여러 소켓에서 입력을 기다리기 위해 epoll_wait를 사용한다. init는 메인 소켓인 /dev/socket/lmkd를 생성한 뒤 클라이언트의 연결을 기다린다. 여기에 연결되는 클라이언트는 ActivityManagerService(다음 장에서 설명한다.)의 한 종류이다. 이 서비스는 데몬에게 점수 조정이 필요한 프로스세를 알려주기 위해 소켓을 사용한다(ProcessList 클래스를 통해)*. lmkd는 커널의 LMK를 사용할 수 없을 때(/sys/module/lowmemorykiller가 발견되지 않았을 경우), 메모리 부족 이벤트를 얻기 위해 메모리 cgroup 파일을 감시한다. 그림 5-3은 이 흐름을 나타낸 것이다.

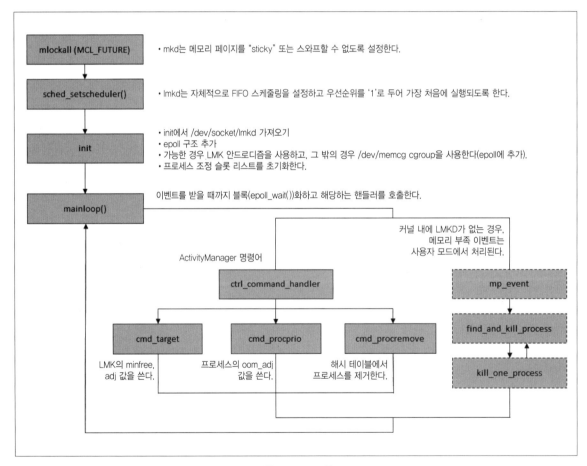

그림 5-3 lmkd 흐름

---

* ActivityManagerService는 lmkd가 소개되기 전에 프로세스 OOM 조정 파일에 직접 값을 썼다.

lmkd는 메모리 부족 이벤트에 대응할 때(즉, 커널 내의 킬러가 사용되지 않는 경우) 커널의 /proc/zoneinfo 엔트리를 파싱하고 다음 값을 추출한다.

- nr_free_pages: 프리free 메모리의 총량(4k 단위)
- nr_file_pages: 파일에 매핑된 메모리의 총량(4k 단위)
- nr_shmem: 공유된 메모리의 총량. 이 페이지는 여러 개의 프로세스에서 사용되고, 매핑된 페이지 개수 만큼 감소된다.
- nr_totalreserve_pages: 예약된 시스템 메모리의 총량. 이 페이지들은 프리free한 상태지만, 실제로 사용할 수 없고, 프리 카운트만큼 감소된다.

lmkd는 적절하게 조정된 프리 파일 개수 및 매핑된 파일 개수가 목표 값이 될 때까지 프로세스를 계속 종료한다.

실험: lmkd 살펴보기

이전에 healthd를 설명하면서 보여줬던 방식과 마찬가지로 strace를 사용하면 lmkd 데몬을 살펴볼 수 있다. strace를 lmkd에 붙이고, 애플리케이션 상태를 토글한다(예를 들면 홈 버튼을 눌러 애플리케이션을 백그라운드로 보낸다.).

애플리케이션의 상태는 액티비티 매니저가 상태를 관리하고 있기 때문에 lmkd에게 소켓을 통해 즉시 전송된다. 그리고 lmkd는 oom_score_adj 파일을 열고 값을 수정한다. 출력 5-6에서 이를 살펴볼 수 있다.

출력 5-6 strace를 사용하여 lmkd 조사하기

```
# /dev/socket/lmkd (listening)                  # /dev/socket/lmkd(리스닝)
# /dev/socket/logdw (to logd)                   # /dev/socket/logdw(logd로)
# /dev/socket/lmkd (to ActivitiyManager)        # /dev/socket/lmkd( ActivitiyManager로)
```

위 출력을 살펴보면 다른 데몬들과 같이 lmkd를 볼 수 있다. epoll_wait(FD 3번)는 이벤트를 기다리기 위해 블록되어 있다. 5번 input에 사용되는 fd는 /dev/socket/lmkd이다(다른 쪽 끝은 ActivityManager와 연결되어 있다.). 메시지 가변 길이(52바이트까지)를 가지고 있고, 메시지 타입으로 시작한다. 여기에는 세 가지의 메시지 타입이 올 수 있다.

표 5-2 lmkd 프로토콜 메시지

상수	타입	파라미터
LMK_TARGET	0x00000000001	lmkd가 /sys/module/lowmemorykiller/parameters/minfree에 쓰는 정수 배열
LMK_PRIO	0x00000000002	조정 값을 적용할 PID(예를 들면 PID 1029위에 있는 "₩0₩0₩4₩5") 및 oom_score_adj
LMK_PROCREMOVE	0x00000000003	모니터링에서 삭제할 PID

이 책의 웹사이트에 보면 jtrace 툴이 있는데, 이 툴을 사용하면 이 메시지들을 파싱하여 좀 더 자세한 출력을 얻을 수 있다. 또한 grep를 사용하면 필터도 걸 수 있다.

> 애플리케이션의 oom_score_adj를 살펴보면(애플리케이션을 소유한 사용자 또는 루트 사용자라면 /proc 엔트리에서 볼 수 있다.), UI 상태를 결정하는 방식이 믿을 만하다는 것을 알 수 있다.
> 이는 포그라운드(foreground, 이때의 값은 0이다.)에 있는지, 백그라운드(background)에 있는지로 결정한다. 정확한 값은 앱이 백그라운드 서비스를 가지고 있는지, 얼마나 오랫동안 포그라운드에서 빠져 있는지에 따라 달라진다.

148

logd(안드로이드 L)

안드로이드 L은 새롭게 logd를 적용해 로깅 메커니즘을 정의하였다. 이 데몬은 기존 안드로이드처럼 커널의 링버퍼 내에 구현된 /dev/log 파일 대신 중앙 집중적인 사용자 모드 로거logger를 제공한다. logd는 링 버퍼의 단점(작은 크기 및 메모리에 존재)을 해결할 뿐만 아니라 데몬 자체를 auditd로 등록함으로써 SELinux의 감사 기능과 통합될 수 있다. auditd는 커널로부터 SELinux 메시지를 받고 시스템 로그에 이를 기록하는 역할을 한다.

logd에서 제공되는 또 다른 중요한 기능은 로그 푸르닝log pruning이다. 로그 푸르닝은 특정 UID에서 발생한 로그를 자동으로 삭제하거나 보관하게 할 수 있다. 이는 여러 프로세스에서 나온 과도하게 긴 메시지가 넘치는 문제를 해결하기 위해 사용된다. 메시지가 너무 많으면 필요한 로그를 분리하여 보기 어렵다. logd는 logcat의 -P 스위치를 사용하여 화이트리스트whitelist(메시지를 좀 더 길게 보관하는 UID 및 PID) 및 블랙리스트blacklist(메시지를 빨리 지울 UID 및 PID)를 사용할 수 있게 해준다.

/init.rc에 정의된 logd 서비스는 다음과 같다.

리스트 5-5 /init.rc의 logd 정의

```
service logd /system/bin/logd
    class core
    socket logd stream 0666 logd logd      # Used by CommandListener thread
    socket logdr seqpacket 0666 logd logd  # Used by LogReader thread
    socket logdw dgram 0222 logd logd      # Used by LogListener thread
    seclabel u:r:logd:s0
```

이 서비스는 네 개의 소켓을 가지고 설계되었다.

- /dev/socket/logd: 컨트롤 인터페이스 소켓
- /dev/socket/logdw: 쓰기-전용 소켓(퍼미션 022 = -w--w--w-)
- /dev/socket/logdr: 읽기 전용 소켓. logd 유닉스 도메인 소켓과 달리 시퀀셜 패킷seqpacket 소켓이다.
- 익명의 넷링크NetLink 소켓: logd가 SELinux 메시지를 위한 auditd 기능을 제공할 때 사용된다.

logd는 클라이언트 스레드(필요에 따라 생성)뿐만 아니라 소켓을 위한 리스너 스레드를 만든다. 스레드는 각각 명명되기(prctl(2)를 사용)때문에, logd가 실행될 때 logd의 /proc/$pid/task/ 내에서 스레드를 볼 수 있다.

이전의 로그와 마찬가지로 logd는 로그를 L에서 추가된 새로운 로그(크래시)와 함께 메인, 라디오, 이벤트 및 시스템 로그 버퍼로 분류하여 인식한다. 이 로그들은 0부터 5까지의 숫자인 "로그 id"(lids)로 식별된다.

logd에서 사용되는 시스템 프로퍼티

logd는 logd 네임스페이스에 있는 몇 개의 시스템 프로퍼티를 읽을 수 있다. 프로퍼티를 바꾸면 시스템의 동작을 켜거나 끌 수 있다. logd의 디렉터리 내의 README.property에 이에 대한 내용이 매우 잘 정리되어 있다. 리스트 5-6은 그 일부를 나타낸 것이다.

리스트 5-6 logd에서 사용된 프로퍼티

```
name                       type default  description
logd.auditd                bool true      Enable selinux audit daemon
logd.auditd.dmesg          bool true      selinux audit messages duplicated and
                                          sent on to dmesg log
logd.statistics.dgram_qlen bool false     Record dgram_qlen statistics. This
                                          represents a performance impact and
                                          is used to determine the platform's
                                          minimum domain socket network FIFO
                                          size (see source for details) based
                                          on typical load (logcat -S to view)
persist.logd.size               number 256K default size of the buffer for all
                                          log ids at initial startup, at runtime
                                          use: logcat -b all -G
```

persis.logd.size.logname은 개별 로그를 위한 버퍼의 크기를 설정하는 데 사용된다.

logd 제어하기

클라이언트는 몇 개의 프로토콜 명령어로 logd를 제어하기 위해 /dev/socket/logd에 연결할 수 있다. 일반적으로 클라이언트는 logcat 명령어로 이 작업을 수행한다. 이는 /dev/log에서 ioctl(2) 코드를 사용하지 않고 소켓을 사용해 변경한다. 표 5-3은 명령어를 나타낸 것이다.

표 5-3 logd 프로토콜 명령어

명령어	logcat 스위치	목적
clear lid	-c	적절한 자격을 가진 클라이언트에서 사용된다. 이 명령어는 지정된 로그 버퍼를 지운다.
getLogSize lid	-g	lid에 지정된 로그의 최대 크기를 가져온다.
getLogSizeUsed lid		lid에 지정된 로그의 실제 크기를 가져온다.
setLogSize lid	-G	lid에 지정된 로그의 최대 크기를 설정한다.
getStatistics lid	-S	적절한 자격을 가진 클라이언트에서 사용된다. 통계를 가져온다(PID의 로그 메시지).
getPruneList	-p	푸룬(prune) 리스트를 가져온다(모든 로그).
setPruneList	-p	푸룬(prune) 리스트를 설정한다(모든 로그).
shutdown		데몬을 강제로 죽인다. 이 명령어에 적절한 자격을 묻지 않는 것이 신기하다.

회색으로 칠해진 명령어는 클라이언트가 적절한 자격(루트 권한, 루트의 primary GID 소유, 시스템 및 로그 또는 로그의 secondary GID 소유)이 있어야 실행된다. 마지막 케이스를 증명하려면 logd의 코드에서 호출자의 /proc/pid/status를 분석해 "Groups:" 줄을 걸러내면 된다.

logd 쓰기(logging)

liblog는 안드로이드 로깅 메커니즘을 제공하고, 애플리케이션은 로깅 메커니즘 내부에서 발생하는 일을 알 수 없다. L에서 바이오닉 및 liblog는 logd를 사용하여 컴파일된다(#define TARGET_USES_LOGD로 정의). 전통적인 /dev/log 디바이스 파일보다 logd를 사용하기 위해 로깅 API를 직접 연결한다(전통적인 방식은 M에서 삭제되었다.). 모든 시스템 로깅 API가 결과적으로 liblog의 __android_log_buf_write(또는 바이오닉의 __libc_write_log)로 들어가고, logdw 소켓을 열고난 뒤에 로그 메시지를 쓰기 때문에 로그를 변경하는 작업을 쉽게 할 수 있다. 그림 5-4는 애플리케이션에서 logd로 전달되는 로그 메시지의 흐름을 나타낸 것이다. 이벤트 로그 메시지(android.utilEventLog)의 흐름도 이와 비슷하다.

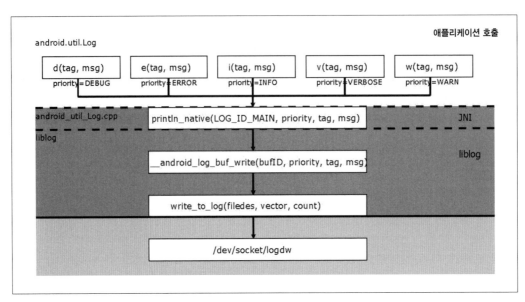

그림 5-4 안드로이드 로거 아키텍처

logd에서 읽기(logcat)

L에서도 익숙한 `logcat` 명령어와 동일한 명령어를 사용할 수 있다. 내부적으로는 갱신된 `liblog` API를 통해 `logd`를 사용해 재작성되어 있다. `logcat`과 같은 클라이언트는 `logd` 리더^{reader} 소켓(/dev/socket/logdr)에 연결할 수 있고, `logd`의 LogReader 인스턴스를 사용해 표 5-4의 파라미터를 가지고 로그를 제공한다.

표 5-4 리더 소켓을 통해 logd가 인식할 수 있는 파라미터들

파라미터	설명
lids=value	로그 ID
start=value	로그가 덤프(dump)되기 시작하는 시간(기본으로 로그가 시작하는 EPOCH)
tail=value	로그가 덤프되는 라인의 개수(tail(1) 명령어당)
pid=value	로그 메시지를 발생한 프로세스의 PID로 필터링
dumpAndClose	로그 덤프가 끝났을 때 종료되도록 리더 스레드에 알린다.

로그 레코드는 소켓을 통해 리더에게 전달되기 전에 `logger_entry_v3` 구조로 직렬화되어 있다. 그림 5-5는 로그 포맷을 나타낸 것이다.

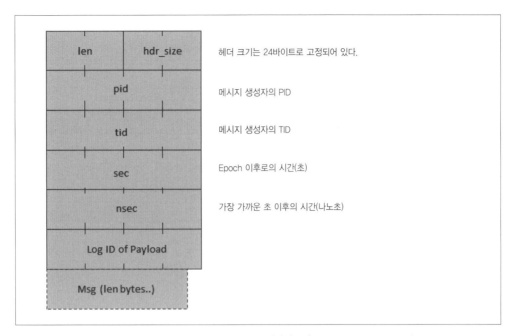

len	hdr_size	헤더 크기는 24바이트로 고정되어 있다.
pid		메시지 생성자의 PID
tid		메시지 생성자의 TID
sec		Epoch 이후로의 시간(초)
nsec		가장 가까운 초 이후의 시간(나노초)
Log ID of Payload		
Msg (len bytes..)		

그림 5-5 logd 메시지 포맷

다음 실험에서 `logcat` 명령어를 통해 `logd`의 동작을 관찰해본다.

실험: logcat 관찰

strace를 사용하면 logcat이 동작하는 내부의 모습을 볼 수 있다. logd에 연결되는 과정 및 명령어가 로그에 덤프되는 과정과 로그 메시지로 직렬화되는 과정을 모두 볼 수 있다.

출력 5-7 strace로 locat 관찰, 주석 참조

```
# adb logcat 이 동작하는 동안 logcat을 추적하면 파일 디스크립터 3번에서 메시지를 받고
# 파일 디스크립터 1번으로(stdout) 전달하는 것을 볼 수 있다.

root@generic:/# strace logcat
...
connect(3, {sa_family=AF_LOCAL, sun_path="/dev/socket/logdr"}, 20) = 0
write(3, "stream lids=0,3,4", 17)         = 17  # Dump main, system, crash
...
#  ₩16 = 14 바이트(페이로드), ₩30 = 24 바이트(헤더), T₩1 = 340 (PID)....₩3₩0₩0₩0 = System
recvfrom(3, "<\16\30\0T\1\0\0m\1\0\0\275bbT$+\2374\3\0\0\0\6Act".., 5120, 0, NULL, 0) = 3668
write(1, "E/ActivityManager(  340): ANR in".., 5472) = 5472
# 위에서(logcat이 붙어 있는 상태) 연결을 잃어버리더라도
# /proc/...fd 엔트리를 통해 파일 디스크립터 3번이 소켓인 것을 볼 수 있다.
# 이는 recvfrom(2)를 사용해서도 추측할 수 있다.
root@generic:/# cd /proc/$LOGCAT_PID/fd
root@generic:/proc/337/fd # ls -l | grep "3 "
lrwx------ root     root         2014-11-11 14:24 3 -> socket:[2442]
# /proc/net/unix 이용해서 도메인 소켓을 살펴보면,
# 소켓 및 소켓의 끝단에 연결된 노드도(아이노드(inode) 번호) 볼 수 있다.
root@generic:/proc/337/fd # grep 2442 /proc/net/unix
00000000: 00000003 00000000 00000000 0005 03  2442
root@generic:/proc/337/fd # grep 2443 /proc/net/unix
00000000: 00000003 00000000 00000000 0005 03  2443 /dev/socket/logdr
```

logd.reader.per 스레드 인스턴스를 찾고 추적하기 위해 logd의 스레드를 추려낸다면, logd의 관점에서 로깅을 볼 수 있다. 이는 독자가 스스로 해볼 수 있는 예제로 남겨둔다.

152

vold

인드로이드 vold는 볼륨-매니지먼트^{volume-management} 데몬이다. 이 개념은 원래 솔라리스 운영체제에서 왔다. 이는 커널에서 파일시스템이 감지되었을 때 자동으로 마운트하기 위해 사용자 공간의 데몬을 사용한다. vold는 허니콤에서부터 파일시스템 암호화를 활성화시켰다. 특히, /data 파티션에 대한 암호화를 시작하였다. 리스트 5-7에서 /init.rc에 대한 정의를 볼 수 있다.

리스트 5-7 /init.rc의 vold 정의(킷캣)

```
    service vold /system/bin/vold
    class core
    socket vold stream 0660 root mount
    ioprio be 2
```

vold는 서비스에 I/O 우선순위를 지정하는 ioprio 속성을 가지고 있는 유일한 데몬이다.

vold와 init는 fs_mgr 형태로 코드를 공유한다. 이 코드들은 vold 및 init 바이너리 모두에 컴파일되어 들어가 있다. fs_mgr은 시스템 호출(mount(2) 와 같은) 및 외부 바이너리로의 하드 코딩된 호출(/system/bin/e2fsck) 모두를 가지고 파일시스템 마운팅 및 체크 기능을 제공한다.

구성

다른 마운트 데몬과 마찬가지로 vold는 파일시스템 및 마운트 포인트 목록이 있는 구성 파일이 필요하다. 이 파일은 '파일시스템 테이블(file system table)' 또는 'fstab'이라고 한다. 4.3 이전에는 /system/etc/vold.fstab이고, /sys 내에 있는 블록 디바이스 경로로 파일시스템이 매핑되어 있었다. 하지만 이 파일은 4.3부터 rootfs로 옮겨졌고, 이름이 디바이스에 특화된 rc 파일과 비슷하게 /fstab.${ro.hardware}로 바뀌었다. 또한 리스트 5-8과 같이 전통적인 UX*X fstab 파일과 같은 포맷이다.

리스트 5-8 /fstab.${ro.hardware} 구문

```
# Android fstab file.
# The filesystem that contains the filesystem checker binary (typically /system) cannot
# specify MF_CHECK, and must come before any filesystems that do specify MF_CHECK

#<src>                          <mnt_point>   <type>   <mnt_flags and options>
/devices/msm_sdcc.2/mmc_host    auto          vfat     defaults     voldmanaged=ext_sd:auto,noemulatedsd
/devices/platform/xhci-hcd      auto          vfat     defaults     voldmanaged=usb:auto
```

"/init가 파일시스템을 마운트하는 방법"을 배웠을 때 /fstab.${ro.hardware}에 대해 설명했다. vold는 /init과 비슷한 방법으로 파일을 평가한다(공유된 fs_mgr 코드를 사용해서). 하지만 /init는 voldmanaged가 있는 라인은 무시하는 반면, vold는 이 라인들만 사용한다. mnt_flags 필드는 mount(2) 시스템 호출에 전달된다. 하지만 문서에서는 이를 무시하라고 설명되어 있다. 이 옵션은 fs_mgr에서 파싱된다.

표 5-5 fs_mgr 옵션

옵션	목적
wait	20초 동안 파일시스템의 마운트를 기다린다.
check	마운트하기 전에 파일시스템을 체크한다.
nonremovable	볼륨은 제거 가능한 볼륨이 아니다(예를 들면 SD 카드가 아니다.)

옵션	목적
recoveryonly	파일시스템은 복구할 동안에만 마운트된다.
noemulatedsd	vold에게 에뮬레이트된 SD 카드가 아니라는 것을 알려준다. vfat-포맷이면 ASEC가 사용된다.
verify	킷캣에서 리눅스 커널의 dm_verity를 활성화하여 암호 표기법으로 파일시스템의 무결성을 검증한다(8장에서 설명한다.).
zramsize=	압축된 램(ZRAM) 크기이다.
swapprio=	스와프 파티션 우선순위를 지정한다.
length=	파티션의 크기를 알려준다.
voldmanaged=	vold에서 관리하는 파티션이다. 필요한 태그는 파티션 넘버 또는 "auto"이다.
encryptable=	암호화된 파티션을 위한 키 위치 지정
forceencrypt	L: 부트 파티션을 암호화한다.

아키텍처

vold는 내부적으로 다음 세 가지 컴포넌트로 구성된다.

- VolumeManager: 볼륨 상태를 관리하고 볼륨 작업을 처리한다. 이 (싱글 톤) 클래스는 프레임워크를 대상으로 하는 모든 기능을 처리한다.
- NetlinkManager: NetlinkHandler를 사용하는 block 서브 시스템의 커널 넷링크 이벤트를 리스닝하는 역할을 한다. 이들은 VolumeManager에 전달된다.
- CommandListener: 프레임워크에서 발생하는 명령어 및 이 명령어의 출력 결과를 전달하거나 VolumeManager에서 받은 다른 이벤트를 알기 위해 /dev/socket/vold 소켓을 리스닝한다.

그림 5-6은 vold의 구조를 나타낸 것이다.

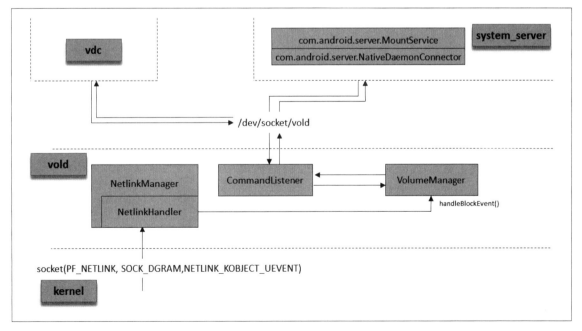

그림 5-6 vold의 내부 아키텍처

154

vold의 주요 클라이언트는 `com.android.server.MountService`이다. 애플리케이션에서는 직접 이 서비스를 호출할 수 없고, `android.os.storage.StorageManager`를 사용해야 한다. `MountService`는 `NativeDaemonConnector`를 관리하는데, 이는 vold 소켓 클라이언트 단의 명령어를 `CommandListener`에게 전달하는 데 사용된다. 대부분 안드로이드 디바이스는 vdc 유틸리티를 가지고 있다. 이 유틸리티를 사용하면 이 명령어들을 vold 자체에 전달하거나(루트로), 파일시스템 마운팅 이벤트를 리스닝할 수 있다(vdc monitor를 사용). 그림 5-8은 vdc monitor의 출력 결과를 나타낸 것이다.

출력 5-8 SD 카드 이벤트 시에 생성된 vdc monitor 출력

```
root@htc_m8wl:/ # vdc monitor
[Connected to Vold]
# SD-Card inserted
605 Volume ext_sd /storage/ext_sd state changed from 0 (No-Media) to 2 (Pending)
605 Volume ext_sd /storage/ext_sd state changed from 2 (Pending) to 1 (Idle-Unmounted)
630 Volume ext_sd /storage/ext_sd disk inserted (179:128)
630 Volume ext_sd /storage/ext_sd disk inserted (179:128)
605 Volume ext_sd /storage/ext_sd state changed from 1 (Idle-Unmounted) to 3 (Checking)
613 ext_sd /storage/ext_sd "8A07-A343"
614 ext_sd /storage/ext_sd
605 Volume ext_sd /storage/ext_sd state changed from 3 (Checking) to 4 (Mounted)
# SD-Card removed
632 Volume ext_sd /storage/ext_sd bad removal (179:129)
605 Volume ext_sd /storage/ext_sd state changed from 4 (Mounted) to 5 (Unmounting)
613 ext_sd /storage/ext_sd
614 ext_sd /storage/ext_sd
605 Volume ext_sd /storage/ext_sd state changed from 5 (Unmounting) to 1 (Idle-Unmounted)
631 Volume ext_sd /storage/ext_sd disk removed (179:128)
605 Volume ext_sd /storage/ext_sd state changed from 1 (Idle-Unmounted) to 0 (No-Media)
```

vdc 유틸리티는 작은 유닉스 도메인 소켓이고, 소스는 system/vold/vdc.c에서 볼 수 있다. vold에 전달되는 명령어들은 표 5-6과 표 5-7에서 볼 수 있다.

표 5-6 vold 명령어

명령어	서브 명령어	인자	목적
dump			루프, 디바이스 매퍼 및 마운트된 파일시스템을 덤프한다.
volume	list		마운트된 볼륨 목록을 나타낸 것이다.
	debug	on|off	디버그 메시지를 켜거나 끈다.
	mount	Path	파일시스템을 마운트한다.
	unmount	path[force[_and_revert]]	파일시스템을 마운트 해제한다(강제로 해제할 수 있다.).
	[un]share	Ums	USB 대용량 스토리지를 공유하거나 공유하지 않는다.
	shared	Ums	USB 대용량 스토리지의 공유 상태(활성/비활성)를 반환한다.
	mkdirs	path	디렉터리/마운트 포인트를 만든다.
	format	[wipe]path	FAT 볼륨을 포맷한다. 내용을 먼저 지울 수 있는 옵션이 있다.
storage	users		마운트 볼륨을 사용해 PID 목록을 보여준다(fuser와 비슷).
	mountall		fstab에서 모든 파일시스템을 마운트하기 위해 fs_mgr를 호출한다.

표 5-7 vold 명령어

명령어	서브 명령어	인자	목적
asec	list		안드로이드 시큐어 스토리지 컨테이너 목록을 나타낸 것이다.
	create	cib mb fstype key uid	cid를 가지고 새로운 Asec를 생성한다.
	destroy	cid[force]	cid로 식별되는 Asec를 삭제한다(강제로 삭제할 수 있다.).
	finalize	cid	cid 컨테이너를 종료한다.
	fixperms	cid gid filename	컨테이너 내의 퍼미션을 수정한다.
	mount	cid key uid	키를 가지고, uid 아래의 cid 컨테이너를 마운트한다.
	unmount	cid[force]	cid 컨테이너를 마운트 해제한다. 강제로 헤재할 수 있다.
	path	cid	cid 컨테이너의 경로를 반환한다.
	rename	old_cid new_cid	old_cid를 new_cid로 변경한다.
	fspath	cid	cid에 해당하는 파일시스템 경로를 반환한다.
obb	list		마운트된 모든 OBB(opaque binary blobs)의 목록을 출력한다.
	mount	filename key ownerGid	ownerGrid를 위해 filename에 지정된 OBB를 마운트한다. 키를 선택적으로 넣을 수도 있다.
	unmount	source[force]	source에 지정된 OBB를 마운트 해제한다.
	path	Source	
cryptfs	restart		프레임워크를 재시작하기 위해 init 신호를 보낸다.
	cryptocomplete		파일시스템이 완전히 암호화된 경우에 쿼리한다.
	enablecrypto	Inplace|wipe password	파일시스템을 암호화한다. 먼저 데이터를 지울 수도 있다.
	changepw	default|password|pin|pattern|new_passwd	암호화한 비밀번호를 변경한다.
	checkpw	passwd	입력된 비밀번호로 암호화한 파일시스템을 마운트할 수 있는지 확인한다.
	verifypw	passwd	BackupManagerService에서 사용된다.
	getfield	name	cryptfs에서 메타데이터 필드를 가져온다.
	setfield	Name value	cryptfs에 메타데이터 필드를 설정한다.
fstrim	do[d]trim[bench]		FI[D]TRIME ioctl(2)를 발행한다. 이는 mmc 드라이버가 사용되지 않는 블록을 지울 수 있게 해준다. M에서는 벤치마킹 옵션이 추가되었다.

안드로이드 L에서는 이전 버전에서 계속 사용되었던 xwarp 명령어를 더 이상 지원하지 않는다. xwarp는 YAFFS 포맷을 사용하였다. 이 포맷은 Ext4로 옮겨간 뒤에 사라졌지만, 명령어는 여전히 안드로이드 KK 버전에 존재한다.

특히 재미있는 점은 vold 파일시스템의 암호화 방식이다. 안드로이드 문서[1]에서는 허니콤에서 구현된 이 프로세스에 대한 상세한 설명을 제공한다.

파일시스템 복호화

안드로이드는 허니콤부터 디스크 암호화를 지원하였다. 안드로이드는 Asec 메커니즘을 기반으로 한 리눅스의 dm-crypt 메커니즘을 확장하여 사용자 파티션을 암호화할 수 있다. 시스템 파티션은 시스템이 부트 시에 하기 때문에 여전히 평문으로 남아 있다. 또한 시스템 파티션은 모든 디바이스에서 동일하며, 사용자 정보를 담고 있지 않기 때문에 이를 암호화해봐야 크게 이득볼 것이 없다.

dm-crypt 기능은 8장에서 자세히 설명한다. dm-crypt는 좀 더 높은 관점에서 블록 디바이스를 암호화 및 복호화한다고 해도 지나친 말이 아니다. 암/복호화를 위해서는 사용자 모드에서 입력할 패스워드가 필요하다. 이때 안드로이드는 사용자가 잠금 화면에서 사용한 잠금 번호 또는 잠금 패턴을 입력할 수 있도록 하기 위해 디바이스의 잠금을 푸는 데 필요한 자격을 사용자에게 보여주는 com.android.settings.CryptKeeper 액티비티를 사용한다.*

그림 5-7은 init(시스템 시작을 주도), vold(실제 마운트 서비스를 제공) 및 CryptKeeper(사용자에게 UI를 표시하는 역할) 간의 흐름도를 나타낸 것이다.

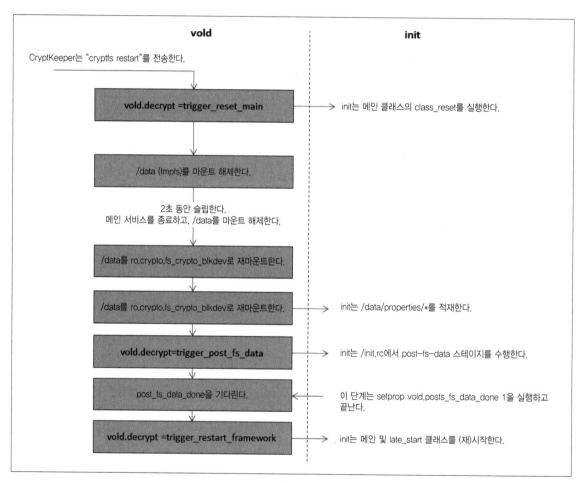

그림 5-7 vold와 init 간의 상호작용

부팅되는 동안 init는 파일시스템을 마운트하기 위해 fs_mgr을 호출한다. 암호화된 파일시스템이 없는 경우, ro.crypto.state를 "unencrypted"로 설정하고 "nonencrypted" 트리거와 관련된 모든 액션을(일반적으로 late_ start 클래스에 있는 서비스) 큐에 넣는다.

파일시스템이 암호화된 경우 패스워드를 제공하지 않으면 마운트는 실패한다. fs_mgr은 tmpfs 대신 파일시스템을 마운트하고 init에게 1을 반환해 ro.crypto.state를 "encrypted"로 설정하게 한다. 그리고 /data 파티션을 복호화해야 하는 vold에게 이를 알려준다(vold.decrypt를 '1'로 설정). vold는 킷캣 이전에 마운트 옵션으로

---

* "Android Explorations" 블로그2에서 vdc cryptfs changepw를 사용해서 패턴에서 암호화된 비밀번호를 추출하는 방법을 찾을 수 있다.

ro.crypto.tmpfs_options 속성값을 사용하였지만, 이제는 하드 코딩되어 있다. /data은 UI 프레임워크가 로딩되기 전에 반드시 마운트되어 있어야 한다. 왜냐하면 UI 프레임워크는 여기에 다양한 파일을 쓰기 때문이다. 임시 파일시스템인 /data에는 데이터를 저장하지 않는다. vold.decrypt가 설정되었을 때, SystemServer는 "핵심" 애플리케이션과 서비스를 실행한다.

com.android.settings.CryptKeeper 액티비티는 자신을 홈 스크린으로 등록한다(IntentFilter를 사용). 이렇게 하면 높은 우선순위가 부여되고, 처음으로 시작할 수 있게 된다. 이 액티비티가 적재되면 onCreate() 메서드 내에서 vold.decrypt 값을 확인한다. 이 값이 설정되지 않았다면 종료하고, "실제" 홈 스크린을 위해 공간을 만든다. CryptKeeper는 파일시스템이 암호화된 경우, onStart() 메서드 내에서 비동기 ValidationTask를 시작한다. 이 태스크를 시작하면 파티션이 실제 적절히 암호화되었는지를 확인하는 getEncryptionState() 메서드를 호출하는 com.android.server.MountService를 사용한다.

이전에 살펴보았듯이 MountService는 vold 소켓에 연결된다. 이를 통해 데몬에게 cryptfs cryptocomplete 명령어를 보낼 수 있다. 이 명령어를 통해 암호화된 파일시스템을 실제 복구할 수 있는지를 확인할 수 있다(암호화에 실패한 경우, /data는 마운트를 해제할 수 없는 상태가 되고 사용자는 복구/리셋할 수 없는 상태가 될 수 있다.). cryptocomplete 동작이 성공한 경우 CryptKeeper는 setupUI를 호출하여 사용자에게 복호화 비밀번호 및 시퀀스를 입력받는다. 이는 다시 MountService에 전달되고, cryptfs checkpw 명령어로 vold에도 전달된다.

MountService는 비밀번호가 맞는 경우, cryptfs restart 명령어를 보낸다. 이렇게 하면 vold는 vold.decrypt 속성을 trigger_reset_main으로 갱신하고, main 클래스 아래에 적재된 모든 서비스가 종료되며, /data 파티션이 마운트 해제될 수 있도록 2초 동안 대기한다. vold는 마운트 해제가 성공한 경우, /data 파티션을 다시 마운트(암호화 하지 않음)하고 vold.decrypt 속성을 갱신한다. 가장 먼저 load_persist_props를 갱신하고 난 뒤(/data 내에 거주하기 때문에) trigger_post_fs_data를 갱신한다(/init.rc에 정의된 /data 경로를 가져오기 위해 init를 얻는다.). 그리고 init가 프레임워크를 재시작할 수 있도록 trigger_restart_framework로 갱신한다. 속성들은 트리거가 적절하게 시작할 수 있도록 /init.rc에 정의되어야 한다.

리스트 5-9 암호화 이벤트와 관련된 init.rc의 액션

```
on nonencrypted
    class_start late_start

on charger
    class_start charger

on property:vold.decrypt=trigger_reset_main
    class_reset main

on property:vold.decrypt=trigger_load_persist_props
    load_persist_props


on property:vold.decrypt=trigger_post_fs_data
# This will call on post-fs-data, which must end with a post-fs-data-done
    trigger post-fs-data

on property:vold.decrypt=trigger_restart_min_framework
    class_start main

on property:vold.decrypt=trigger_restart_framework
    class_start main
    class_start late_start

on property:vold.decrypt=trigger_shutdown_framework
    class_reset late_start
    class_reset main
```

파일시스템 암호화

파일시스템을 암호화하는 방식은 복호화하는 방식과 비슷하다. 비밀번호를 묻는 UI는 달빅 레벨 브리지를 vold 에 제공하는 MountSerivce와 함께 CryptKeeper에서 제공된다. 여기서의 UI는 사용자에게 암호화 비밀번호 를 묻고, 암호화가 방해를 받을 수 있는 정전을 막기 위해 디바이스가 AC 전원에 연결되어 있는지를 확인한다. MountManager의 encryptStorage 메서드가 호출되면, vold에게 cryptfs enablecrypto 명령어를 전송한다. 이때 wipe(암호화 전에 /data를 포맷) 또는 inplace 인자 및 비밀번호가 함께 전달된다.

명령어가 전달되고 검증이 완료되면 vold는 vold.decrypt를 trigger_shutdown_framework로 설정한다. 이렇 게 설정되면 init는 핵심 서비스를 제외한 모든 서비스를 중단시킨다. 이는 사용자가 비밀번호를 입력하고 /data 파티션이 안전하게 마운트 해제되기 전에 부팅을 하는 동안 시스템의 상태를 나타낸 것이다. 그런 다음, vold는 vold.encrypt_ progress를 '0'으로 설정하고 vold.decrypt를 trigger_restart_min_framework로 설정하여 메인 서비스를 재시작할 수 있도록 init를 가져온다.

CryptKeeper는 다시 한 번 홈 앱으로 적재된다. vold.encrypt_ progress를 발견하면 상태 바인 UI를 적재 한다. 작업이 정상적으로 끝나면 프로그레스 바가 100%에 도달한다. 도중에 에러가 발생하면 vold.encrypt_ progress는 error_문자열로 설정된다. L에서는 되돌릴 수 있는 암호화를 제공한다. 하지만 복구에 실패한 경우, 사용자가 선택할 수 있는 옵션은 없고 디바이스는 기본으로 재설정된다.

어댑티드 스토리지(마시멜로)

마시멜로에서는 vold의 파일시스템 암호화 기능을 어댑티드 스토리지adopted storage 기능을 사용해 외부 스토리지 에 적용한다. 어댑티드 스토리지 볼륨은 /data와 동일한 방식으로 리눅스 커널의 dm-crypt 기능을 사용해 암호화 된다. 복호화 키(128비트 및 랜덤 생성)는 /data/misc/vold 디렉터리 내의 vold에 보관되어 있다. 각 키는 별도의 파 일에 분리하여 보관되어 있고, 이름은 무작위로 생성된 파티션 식별자명인 GUID가 포함된 expand_GUID.key 이 다. GUID는 유일하기 때문에 파일 이름이 똑같을 확률은 거의 없다.

안드로이드에서 어댑티드 스토리지를 스크린샷 5-1과 같이 ("use as Internal")로 사용하려면 다른 디바이스에 서 사용하는 것을 금지하기 위해 포맷팅formatting이 필요하다. 디바이스가 루팅된 경우, 다른 루팅 디바이스로 키 를 복사하면 두 개의 디바이스에서 모두 사용할 수 있다.

스토리지의 실제 포맷은 외부 바이너리인 /system/bin/sgdisk가 실행하기 때문에, vold에서 포맷하려면 명령어 인자가 필요하다. 인자의 종류로는 --new(생성), --change_name(표시되는 이름 변경), --typecode=(GUID 타입을 할당) 및 --partition_guid(특정 GUID를 할당)를 들 수 있다. 스토리지는 표 5-8에서 볼 수 있는 파티션과 GUID와 함께 GPT를 사용하여 포맷한다.

표 5-8 어댑티드 스토리지 파티션 및 GUID

이름	GUID(타입 코드)	목적
android_meta	19A710A2-B2CA-11E4-B026-10604B889DCF	메타데이터 파티션 – 나중에 사용하기 위해 물리적인 스 토리지당 한 개가 존재한다.
android_expand	193D1EA4-B3CA-11E4-B075-10604B889DCF	암호화된 파티션이다.

어댑티드 스토리지를 쿼리하거나(has-adoptable) 강제로 적용하기 위해( ) sm 업콜upcall 스크립트를 사용할 수 있다. 커널의 관점과 암호화의 기술적인 측면은 8장에서 설명한다.

네트워크 서비스 ————

netd

안드로이드는 네트워크 인터페이스 및 네트워크 설정을 관리하기 위해 전용 데몬을 사용한다. 테더링을 사용하는 경우에는 방화벽, WiFi 액세스 포인트 기능, 기본 DNS 룩업도 netd를 클라이언트로 사용한다. 데몬은 /init.rc 내에 정의되어 있다.

리스트 5-10 init.rc에 정의된 netd 서비스

```
service netd /system/bin/netd
  class main
  socket netd stream 0660 root system      // Main interface for frameworks, and ndc
  socket dnsproxyd stream 0660 root inet    // Interface for Bionic, DNS resolution
  socket mdns stream 0660 root system       // Interface for NsdService, Neighbor Discovery
  socket fwmarkd stream 0660 root inet      // L: Firewall Marking interface
```

netd는 vold와 구조적인 유사성을 공유하고 있고, 일부 코드도 함께 사용한다. 그중에서도 소켓 핸들러 내에 있는 네이티브 FrameworkListener 클래스는 특히 많은 코드를 공유한다. 그림 5-8은 아키텍처를 보여준다(그림 5-6의 vold와 유사점 및 차이점을 비교할 수 있다.). netd 각각의 서브 컴포넌트는 vold와 달리, 전용 소켓을 사용한다. netd의 구조는 다음에 설명한 네 개의 컴포넌트로 구성되어 있다.

CommandListener

CommandListener는 프레임워크에서 발생하는 명령어를 듣기 위한 /dev/socket/netd 소켓을 리스닝하고 연결된 클라이언트에게 알림(브로드캐스트)을 보낸다. 에뮬레이터는 vold와 비슷하게 netd로 명령어를 발생시키는 클라이언트로 사용될 수 있고, 이벤트를 리스닝할 수 있는(ndc monitor 사용) 유틸리티인 ndc를 포함하고 있다. 그림 5-9는 ndc monitor를 사용한 예제이다.

출력 5-9 Wi-Fi 네트워크를 연결할 때 생성되는 ndc monitor 출력 결과

```
root@htc_m8wl:/ # ndc monitor
[Connected to Netd]
600 Iface linkstate wlan0 up
614 Address updated 10.100.1.192/21 wlan0 128 0
614 Address updated fe80::522e:5cff:fef3:9da6/64 wlan0 128 253
```

CommandListener는 내부적으로 표 5-9에 있는 컨트롤 클래스 중 하나에 명령어를 전달한다. 컨트롤 클래스는 각각의 기능별 역할이 따로 있다.

표 5-9 netd 컨트롤러 및 서브 명령어

컨트롤러	명령어	제공처	사용처
BandwidthController	bandwidth	/system/bin/ip[6]tables	네트워크 한도 제어
ClatdController	clatd	/system/bin/clatd	464XLAT(IPv4 over IPv6) 제어
FirewallController	firewall	/system/bin/iptables	방화벽
IdletimerController	idletimer	/system/bin/ip,ip[6]tables	인터페이스의 아이들 타이머
InterfaceController	interface	/proc/sys/net/*	네트워크 인터페이스
NatController	nat	/system/bin/ip,ip[6]tables	네트워크 주소 변환

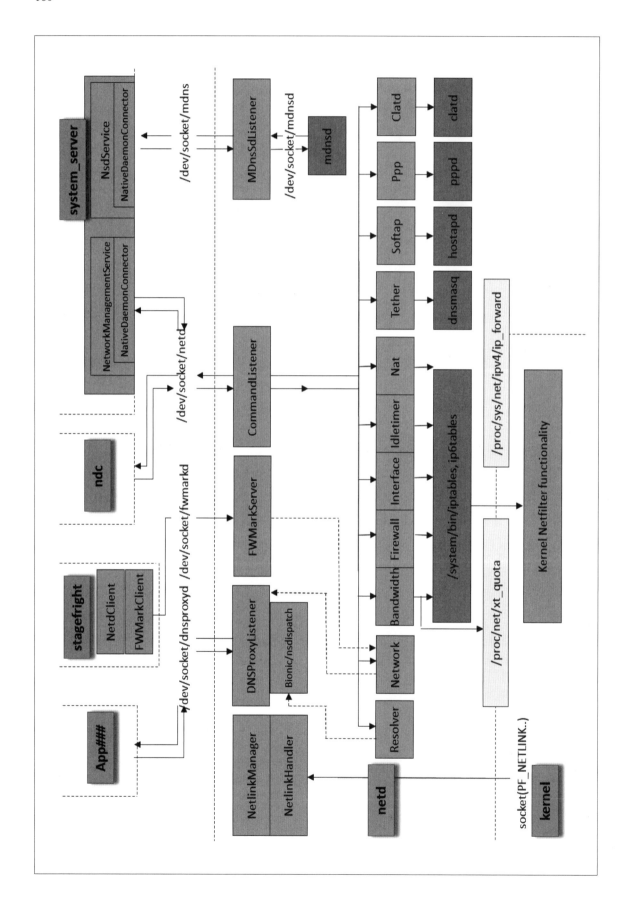

컨트롤러	명령어	제공처	사용처
PppController	ppp	/system/bin/pppd	VPN
SoftapController	softap	/system/bin/hostapd	Wi-Fi테더링/P2P
TetherController	Tether ipfwd	/system/bin/dnsmasq /proc/sys/net/ipv4/ip_forward	USB 및 Wi-Fi 테더링

위 그림을 살펴보면, 트롤러에서는 (대부분의 경우) 실제 기능을 제공하지 않고 있다는 것을 알 수 있다. 오히려 컨트롤러는 각각의 데몬 또는 ip[6]tables를 생성하기 위해 fork()/exec(2)를 호출한 뒤 외부 명령어를 숨긴다. 생성된 데몬들과 프레임워크 인터페이스 및 컨트롤러 내부에 대한 전체적인 설명은 2권에서 다룬다. 표 5-10은 다양한 컨트롤러에서 필요한 명령어 세트를 나타낸 것이다.

표 5-10 netd 컨트롤러에서 사용할 수 있는 ndc 명령어

컨트롤러	서브 명령어	목적
Bandwith	enable	대역폭 한도 제어를 활성화한다.
	setiquota iface qBytes	qBytes 이상을 초과하지 않도록 iface 한도를 설정한다.
	removeiquota iface	이전에 설정한 iface의 한도를 삭제한다.
	setifacealert iface qBytes	iface의 대역폭이 qBytes를 넘긴 경우에는 경고를 발생시킨다.
	removeifacealert iface	setifacealert로 이전에 설정된 경고를 삭제한다.
	setglobalalert alertBytes	인터페이스가 alertBytes를 초과한 경우에는 경고를 발생시킨다.
	gettetherstats	디바이스 테더링을 위한 통계를 얻는다.
	Setsharedalert | ssa bytes Removesharedalert | rsa	모든 인터페이스에서 경고를 발생시킬 대역폭 bytes를 설정한다.
	Addniceapps | aha uid Removeiceapps | rha uid	UID로 허용한 앱을 추가하거나 삭제한다.
	Addnnaughtyapps | ana uid Removenaughtyapps | rna uid	UID로 허용하지 않는 앱을 추가하거나 삭제한다.
	Happybox enable/disable	
firewall	enable/disable	전역적으로 방화벽 기능을 켜거나 끈다.
	Set_interface_rule iface	인터페이스에 iptables 규칙을 적용한다.
	Set_egress_source_rule add rule	소스 정보로부터 외부로 나가는 트래픽을 위한 규칙을 설정한다.
	Set_egress_dest_rul addr port rule	도착지 정보로부터 외부로 나가는 트래픽을 위한 규칙을 설정한다.
	Set_uid_rule uid rule	지정된 uid를 위한 iptable 규칙을 적용한다.
IdleTimer	list	모든 인터페이스를 출력한다.
	[en/dis]able iface	아이들타이머 메커니즘을 활성화한다. iptable의 체인을 시작하고 플러시한다.
	[add/remove] iface timeout classLabel	iface의 타이머를 추가하거나 삭제한다.
Interface	list	모든 인터페이스를 출력한다.
	Route iface default/secondary dest prefix gateway	라우팅 테이블에 항목을 추가한다.
	Setmtu iface mtu	iface에서 mtu로 전송할 수 있는 최대 단위 크기를 지정한다.
	Ipv6 iface enable/disable	iface에서 IPv6 지원을 켜거나 끈다.
	Clearaddrs iface	iface의 IP 주소를 지운다.
	Getcfg iface	iface에서 설정을 표시한다
	Setcfg iface (ifconfig args)	Iface에 설정을 추가한다.
	fwmark..	방화벽을 표시한다(L: fwmarkd로 이 기능이 이동).

컨트롤러	서브 명령어	목적
nat	[enable|disable] int_iface ext_iface	네트워크 주소 변환 기능을 켜거나 끈다.
PPP	Attach tty local remote [dns1] [dns2]	로컬과 원격 IP 주소 사이의 P2P 연결을 설정하기 위해 PPPd를 tty에 붙인다.
	Deatch tty	/system/bin/pppd -deatch를 실행한다.
	list_ttys	인터페이스로 PPP 데몬에 의해 사용된 ttys의 목록을 표시한다.
tether	start	DNS 마스커레이딩(Masquerading)을 시작한다.
	stop	테더링을 멈춘다: SIGTERM 시그널을 사용하여 dnsmasq를 죽인다.
	Dns [set|list]	DNS 설정을 추가하거나 목록을 표시한다.
	Interface [add|remove] iface	iface에 테더링을 추가하거나 삭제한다.
	Ipfwd enable|disable|status	IP 포워딩을 켜거나 끄고, 상태를 확인한다.
Resolver	Setdefaultif iface	DNS 룩업을 위해 기본 iface를 할당한다.
	flushdefaultif	기본 인터페이스의 DNS 캐시를 플러시한다.
	Flushif iface	Iface DNS 캐시를 플러시한다.
	Setifaceorpid iface pid	프로세스 ID pid에 iface를 할당한다.
	Clearifaceforpid pid	프로세스 ID pid에 할당된 iface를 제거한다.
	Setifaceforuidrange iface low high	AID의 low와 high로 iface를 할당한다.
Softap	startap|stopap|status	액세스 포인트를 켜거나 끄고(/system/bin/hostapd를 exec( ) 또는 kill( ))의 상태를 조회한다.
	Fwreload iface AP|P2P|STA	펌웨어를 다시 적재한다.
	Set iface SSID hidden/* Channel security key	액세스 포인트 파라미터를 설정한다. SSID를 지정하지 않으면 hidden으로 지정되고 AP는 브로드캐스트한다.

DnsProxyListener

DnsProxyListener는 네임 레졸루션[name resolution] 명령어를 위해 /dev/socket/dnsproxyd를 리스닝하는 역할을 한다. 명령어는 표 5-11과 같다.

표 5-11 Netd의 DNS 프록시 명령어 서브 세트

명령어	인자	목적
getaddrinfo	Name service ai_flags ai_family ai_ socktype ai_protocol iface	iface 인터페이스를 위해 getaddrinfo(3)을 호출한다. GAI는 getXXXbyYYY 함수보다 진보된 명령어이다.
gethostbyname	iface name af	호스트 명으로 IP 주소를 찾는 포워드 룩업(foward lookup, af로 A/AAAA)을 수행한다.
gethostbyaddr	addrStr addrLen addrFamily iface	IP 주소로 호스트 명을 찾는 리버스 룩업(PTR, reverse lookup)을 수행한다.

안드로이드의 LibC 구현체(바이오닉)는 표 5-11에 있는 명령어에 해당하는 라이브러리 호출을 가진 모든 프로세스를 제공하고 있고, /dev/socket/dnsproxy에 연결된 유닉스 도메인 소켓을 열어 이들을 구현하고 있다. 모든 클라이언트(네이티브 및 달빅)는 이러한 방식으로 DNS 프록시 기능을 통해 리다이렉트된다. netd는 프로세스 uid 호출 기반의 DNS 기능을 제한할 수 있다. 각각의 uid는 다른 애플리케이션을 대표하기 때문에 앱별로 DNS 기능을 세밀하게 제어할 수 있다.

mdnsd

멀티캐스트인 DNS(mDNS)는 애플에서 처음으로 적용한 DNS 검색 프로토콜이다("Bonjour" 서비스). 이 프로토콜은 RFC6762에서 표준화되었고, "Air" 프로토콜(예를 들면 "AirPlay")을 사용하는 iOS 디바이스에서 광범위하게 사용되고 있다. 이 프로토콜은 224.0.0.253(IPv6에서는 FF02::fc)와 UDP 포트 5353을 사용하면서 멀티캐스트 요청을 서로에게 보내 디바이스를 찾도록 해준다. 안드로이드에서도 이 표준을 도입하여 "와이파이 다이렉트"의 기본 서비스로 사용하고 있다. 젤리빈부터 /init.rc의 mDNS 서비스가 다음과 같이 정의되어 있다.

리스트 5-11 init.rc에 정의된 mdns 서비스

```
service mdnsd /system/bin/mdnsd
    class main
    user mdnsr
    group inet net_raw
    socket mdnsd stream 0660 mdnsr inet
    disabled
    oneshot
```

멀티캐스트가 가진 특성 때문에 서비스는 inet 그룹(일반적인 TCP/IP 처리 능력)과 net_raw 그룹(원시 소켓 및 비표준 IP 패킷을 처리하기 위한 "고급" 능력)에 모두 가입되어 있어야 한다. 서비스는 /dev/socket/mdnsd(MDNS_UDS_SERVERPATH)에서 요청을 리스닝하고 있고, netd에 연결된 다른 소켓(/dev/socket/mdns)을 가지고 있다.

프레임워크는 네트워크 서비스 디스커버리 클래스(API 레벨 16 부터 android.net.nsd)를 이용해 mDNS 기능을 감싸고 있다. 이번 장에서는 커넥티비티만 다루고, 2권에서 더욱 자세하게 설명한다. 대부분의 mDNS 구현체는 (external/mdnsresponder 디렉터리에 존재) 오픈소스 mDNS 프로젝트와 동일하다. 여기에서 안드로이드에 특화되어 변경된 부분은(유닉스 도메인 소켓 및 안드로이드 로깅) #ifdef __ANDROID__ 블록으로 표시되어 있다.

mtpd

MTP라는 축약어는 보통 안드로이드의 Media Transfer Protocol을 일컫지만, mtpd는 미디어 트랜스퍼 프로토콜과는 전혀 상관 없다. 이는 PPP및 L2TP(IPSec이 아님)를 관리하는 데몬이다. 이는 다음과 같이 /init.rc에 정의되어 있다.

리스트 5-12 init.rc에 정의되어 있는 mtpd 서비스

```
service mtpd /system/bin/mtpd
    class main
    socket mtpd stream 600 system system
    user vpn
    group vpn net_admin inet net_raw
    disabled
    oneshot
```

네트워크 인터페이스를 설정(net_admin)하고, IP를 터널링(net_raw)하기 위해서는 그룹 퍼미션이 mtpd에 권한을 부여해야 한다. oneshot 및 disabled으로 서비스하기 위해서는 ctl.start 속성을 설정한 뒤 mtpd를 수작업으로 재시작해야 한다. 실제로 com.android.server.connectivity.Vpn은 수작업으로 재시작해야 한다(startLegacyVPN 이너 클래스에서). VPN 기능을 위한 프로그래밍 인터페이스는 없다. 즉, VPN 기능은 안드로이드 시스템 GUI에서 시작하거나 중지해야 한다.

racoon

racoon은 VPN 데몬의 산업계 표준이다. 라쿤은 안드로이드 프로젝트가 아니라 외부 프로젝트이며, VPN 서비스(VPN 커넥티비티는 2권에서 다룬다.)를 제공하기 위해 광범위하게 사용된다(안드로이드 및 iOS 모두).

리스트 5-13 init.rc에 정의된 mtpd 서비스

```
service racoon /system/bin/racoon
    class main
    socket racoon stream 600 system system
    # IKE uses UDP port 500. Racoon will setuid to vpn after binding the port.
    group vpn net_admin inet
    disabled                      # ConnectivityManager에 의해 수동으로 시작된다.
    oneshot
```

racoon은 루트 권한으로 시작되고 난 뒤 바로 권한을 버린다. 루트 권한을 버리는 이유는 네트워크 연결을 필요로 하는 다른 그룹을 위해서이다(이는 8장에서 자세히 설명한다.). 보안의 관점에서 보면 루트 권한을 포기하고, 그대신 다른 기능을(특히 CAP_NET_BIND_SERVICE) 사용하는 것이 더 좋다. 특히 라쿤은 오용된 사례가(실제 iOS 5 탈옥에 사용되었다.) 있기 때문에 이러한 면은 특히 중요하다.

rild

안드로이드 디바이스가 폰이거나 3G/LTE가 연결된 태블릿인 경우, rild는 가장 중요한 시스템 프로세스 중 하나이다. rild는 'Radio Interface Layer Daemon'의 약자이며, 베이스밴드baseband와 인터페이스를 하면서 사실상 디바이스의 전화 기능을 제공한다. rild는 리스트 5-14와 같이 /init.rc에 정의되어 있다.

리스트 5-14 init.rc에 정의된 rild서비스

```
service ril-daemon /system/bin/rild
    class main
    socket rild stream 660 root radio
    socket rild-debug stream 660 radio system
    user root
    group radio cache inet misc audio log
```

AOSP에서 제공되는 rild 데몬은 빈 셸이다. 인자를 파싱한 뒤에 RIL 라이브러리를 공급한 벤더를 찾는다. RIL 라이브러리는 rild.libpath 속성에 지정되어 -1 인자로 정의될 수 있다. 라이브러리는 동적으로 적재된 뒤 라이브러리의 이니셜라이저인 RIL_Init가 호출된다. 이니셜라이저는 라이브러리의 RIL 핸들러를 반환하고 데몬이 이벤트 루프로 들어가기 전에 등록된다.

대부분의 유저가 염두에 두고 있지는 않겠지만 요즘 폰에서 사용하는 텔레포니 API는 2000년 이전에 사용했던 모뎀과 큰 차이가 없다. 사실 로우 레벨 호출 제어는 모뎀에서 사용했던 명령어("AT" 명령어)를 그대로 사용한다. 이전에 minicom이나 kermit을 사용해본 독자라면 익숙할 수 있는 명령어이다. rild는 텔레포니 디바이스를 열고(기본적으로 시리얼 포트) 이 명령어들을 생성한다. 데몬은 "응답형solicited 명령어"를 리스닝한다. 이 명령어들은 베이스밴드baseband에서 생성되는 이벤트이다. 그 대표적인 예로 착신 호출을 들 수 있다.

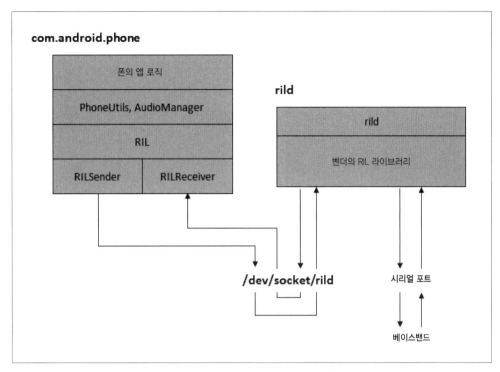

그림 5-9 Radio Interface Layer 아키텍처

위 그림 및 정의에서 알 수 있듯이 rild 데몬은 /dev/socket/rild를 사용해 폰 애플리케이션이 데몬에 연결될 수 있도록 도와주고, 폰과 관련된 "응답형" 요청(전화 걸기, 응답, 전화 끊기)을 베이스밴드로 발행한다. rild는 또한 베이스밴드에서 생성된 이벤트를(문자 수신 및 전화 수신) 애플리케이션에 "비응답형" 요청으로 전달하기 위해 소켓을 사용한다. 소켓을 직접 사용하지는 않고 자바 RIL 구현체(com.android.internal.telephony 패키지)로 감싸져 있는 형태로 사용한다.

또한 데몬은 다른 유닉스 도메인 소켓(/dev/socket/rild-debug)을 리스닝한다. 이 이름이 암시하는 바와 같이 이 소켓은 디버깅 용도로 사용되고, libril의 debugCallback 소스를 제외하고는 문서화되어 있지 않다. 이 소켓은 RIL이 임의로 주입될 수 있는 코드를 정의하고 있다(이 코드는 2권에서 자세히 다룬다.).

또한 rild는 자신만의 디버그 장치인 radio를 가지고 있다. 이는 전용 로깅 디바이스인 /dev/log/radio를 사용한다. Logcat -b radio를 사용해 이 로그 파일을 살펴보면 유용한 디버깅 정보를 많이 찾을 수 있다. 특히 이 로그 파일에서는 전화번호 다이얼 및 코드를 설정하기 위해 rild가 사용하는 "AT" 명령어를 볼 수 있다.

라디오 인터페이스 레이어는 자바 텔레포니 프레임워크 및 AOSP에서 제공하는 RIL 코드와 함께 2권에서 자세히 설명한다.

그래픽 및 미디어 서비스 ──────

surfaceflinger는 안드로이드 그래픽 스택의 핵심이다. "플린저^{flinger}"라는 단어를 다른 말로 표현하면 "컴포지터 ^{compositor}"인데, 이는 여러 개의 입력 계층이 하나의 출력 계층으로 병합된 컴포넌트를 의미한다. surfaceflinger의 경우, 컴포넌트는 사용자 뷰를 배치하는 프레임워크에서 렌더링하거나 개발자가 GL 서페이스로 렌더링하는 그래픽 "서페이스^{surface}"(android.view.Surface 인스턴스)이다. 프레임워크는 surfaceflinger와 커뮤니케이션하기 위해 servicemanager를 사용하여 서페이스 플린저 서비스를 찾는다. 플린저에서는 소켓을 사용하지 않고, /init.rc에 간단히 정의되어 있다.

리스트 5-17 /init.rc에 정의된 surfaceflinger

```
service surfaceflinger /system/bin/surfaceflinger
    class main
    user system
    group graphics
    onrestart restart zygote
```

서페이스 플린저는 좀 더 깊게 설명할 필요가 있다(2권의 그래픽 관련 장에서도 심도 있게 다룬다.). surfaceflinger 의 위치는 안드로이드 그래픽 아키텍처에서 다이어그램(간략화된)을 이용하여 개념적으로 파악할 수 있다.

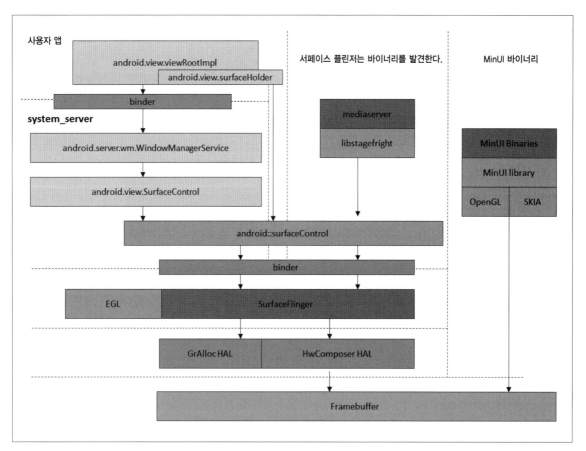

그림 5-10 surfaceflinger 기능의 하이 레벨 뷰

부트애니메이션

부트애니메이션[bootanimation] 서비스는 /system/bin에 있는 소형 바이너리이고, 부트애니메이션(및 미디어 프레임워크)이 적재될 때 플레이스홀더[placeholder]로서 surfaceflinger에서 독점적으로 사용된다. 이는 /init.rc 내에 정의되어 있다.

리스트 5-18 /init.rc에 정의된 bootanimation

```
service bootanim /system/bin/bootanimation
    class main
    user graphics
    group graphics
    disabled            # ctl.start를 사용하여 SurfaceFlinger에서 시작된다.
    oneshot
```

이 바이너리는 특히 간단하다. 집[zip] 파일 세 개 중 한 개를 먼저 살펴보자.

- /system/media/bootanimation-encrypted.zip: vold.decrypt 속성이 설정되어 있다면 파일시스템을 암호화하라는 의미이다.
- /data/local/bootanimation.zip: (고급) 사용자가 adb push를 사용하여 자신의 애니메이션을 사용하고 싶은 경우에 넣어야 하는 파일이다. 파일이 있는 경우 시스템 부트애니메이션을 덮어쓴다.
- /system/media/bootanimation.zip: 시스템 기본 애니메이션이고, 일반적으로 벤더에서 제공한다.

위 세 가지 파일은 순차적으로 시도되며, 이 파일을 모두 찾을 수 없는 bootanimation은 기본적으로 두 개의 이미지(android-logo-[mask|shine].png)를 사용한다. 이 이미지들은 /system/framework/framework-res.apk 내의 /assets/images 폴더에 숨어 있다(framework-res.apk를 호스트 복사한 뒤 압축을 풀어보면 png 파일을 쉽게 찾을 수 있다.).

Bootanimation의 재미있는 점은 기본 (프레임워크가 없는) 수준의 그래픽 처리 능력이다. 첫 번째 서비스 중 하나가 적재되었을 때 아직 프레임워크는 초기화되지 않았기 때문에 bootanimation은 로우 레벨 OpenGL 및 SKIA 호출을 사용해 그래픽을 스스로 처리한다. bootanimation은 디바이스 프레임워크 버퍼(/dev/graphics/fb0)에 직접 접근한다. 이것이 바로 uid 그래픽(디바이스 노드의 소유자) 아래에서 돌아가는 이유이다. 2권에서 로우 레벨 그래픽 호출에 대해 자세히 살펴본다.

> 로우 레벨 호출 및 프레임버퍼로 직접 쓰는 동작을 통해 bootanimation이 surfaceflinger를 오버라이드할 수 있다. 디바이스에서 adb 셸을 통해 bootanimation을 실행하면 이를 확인할 수 있다. 디바이스는 에뮬레이터 이미지에서 bootanimation을 업로드할 수 있지만, 이를 기본으로 가지고 있다. 디바이스에서 활성화될 때 bootanimation을 실행하면 bootanimation 뒤로 화면을 숨기게 된다(전체-세로 방향 모드 또는 일부 가로 방향 모드). CTRL-C로 종료할 때까지 화면을 터치할 수는 있지만 작업 내용은 볼 수 없다.

대부분의 디바이스 벤더들은 자신들의 로고 또는 통신사의 로고가 포함된 bootanimation.zip을 제공한다. 사이아노젠 및 다른 안드로이드 "모드"도 자신들의 집[zip] 파일을 배포한다. 이러한 집파일에는 desc.txt 및 bootanimation에서 번갈아 사용할 수 있는 이미지들이 포함되어 있다. 첫 번째 프레임은 ROM 부트업 이미지와 겹칠 수 있고, 가능한 범위 내에서 애니메이션으로 부드럽게 전환된다.

일부 벤더는 자체 애니메이션과 관련된 음성 파일을 제공하기 위해 기본 바이너리를 제거할 수 있다(예를 들면 삼성은 /system/bin/samsungani 및 전용 qmg 파일을 이용한다.). 킨들의 "파이어 OS"는 이 중간 쯤에 있다. 부트애니메이션을 그대로 사용하면서, 안드로이드 로고 대신 "Kindle Fire" 로고가 보이도록 수정했다.

이 책의 웹사이트[3]에서는 독자들의 디바이스에서 사용할 수 있도록 여러 가지 종류의 부트애니메이션을 제공한다. 부트애니메이션을 다운로드한 뒤 /data/local에 집어 넣어보자(부트애니메이션을 교체하기가 얼마나 쉬운지 확인해보자). 유저 셸로 adb에서 부트애니메이션을 실행할 경우에는 집 파일을 읽을 수 있는지를 확인해야 한다. 부트애니메이션을 변경하지 않은 경우에는 기본적으로 "ANDROID" 콘솔 텍스트가 나타난다.

실험: 부트애니메이션에서 사용되는 파일 결정하기

부트애니메이션은 넥서스 5와 같은 디바이스에서 /system/media/bootanimation.zip에 위치하고 있다. adb를 사용하여 호스트로 가져올 수 있고, 그 안의 내용을 살펴볼 수도 있다.

출력 5-10 bootanimation.zip 예제

```
morpheus@Forge (~)$ adb pull /system/media/bootanimation.zip
1275 KB/s (1068873 bytes in 0.818s)
morpheus@Forge (~)$ unzip -t bootanimation.zip
Archive:  bootanimation.zip
    testing: desc.txt                 OK
    testing: part0/                   OK
    testing: part0/000.png            OK
    testing: part0/001.png            OK
          ..
    testing: part1/059.png            OK
# After unzipping:
morpheus@Forge (~)$ cat desc.txt
1080 230 24
p 1 0 part0
p 0 0 part1
morpheus@Forge (~)$ file part1/000.png
000.png: PNG image data, 1080 x 230, 8-bit/color RGB, non-interlaced
```

desc.txt 명세의 첫 번째 줄은 순서대로 부트애니메이션의 폭, 높이 및 프레임 속도(fps, frame-per-second)이다. 이는 개별 .png 파일의 치수와 동일하다.

다른 디바이스의 경우, 부트애니메이션 파일을 꺼내기 위해서는 약간의 리버스 엔지니어링이 필요하다. 다행스럽게도 strace를 사용하면 가장 복잡한 bootanimation 바이너리를 분석할 수 있다. 예를 들면 HTC One M8의 다음 출력을 살펴보자.

출력 5-11 HTC의 bootanimation에서 사용된 파일 추출하기

```
# Using strace: -f: to follow forks and threads (since binary may be multi threaded)
#               strace 사용: -f: 포크 프로세스 및 스레드 따라가기(바이너리가 멀티 스레드가 될 수 있다.), -o: 로컬 파일에 출력을 저장한다.
shell@htc_m8wl:/$ strace  -f -o /data/local/tmp/out /system/bin/bootanimation
#
# 부트애니메이션을 돌리고, 로고가 나타나면 CTRL-C를 누른다. 그리고 출력물을 꼼꼼히 살펴본다.
#
shell@htc_m8wl:/$ grep open /data/local/tmp/out |
|          grep -v /dev | grep -v /proc | grep -v /lib
...
21217 open("/system/etc/customer/bootanimation.zip", O_RDONLY) = -1 ENOENT
21217 writev(4, [{"\5", 1}, {"zipro\0", 6}, {"Unable to open '/system/etc/"..., 88}], 3) = 95
21217 open("/data/data/com.htc.CustomizationSetup/files/boot_anim_mms", O_RDONLY) = -1 ENOENT
21217 open("/system/customize/CID/default.xml", O_RDONLY) = 10
21217 open("/system/customize/resource/vzw_bootup.zip", O_RDONLY) = 10
...
```

mediaserver

mediaserver는 안드로이드에서 중요한 컴포넌트 중 하나이다. 이는 티미디어 처리에 초점을 맞추고 있고, 재생과 녹음 모두를 관리한다. mediaserver는 init.rc에 다음과 같이 정의되어 있다.

리스트 5-19 /init.rc의 mediaserver 정의

```
service media /system/bin/mediaserver
    class main
    user media
    group audio camera inet net_bt net_bt_admin net_bw_acct drmrpc mediadrm
    ioprio rt 4
```

그룹 멤버십을 보면 알겠지만 mediaserver는 오디오, 카메라, 네트워크 서비스 및 DRM 프레임워크(추후 설명)의 권한이 필요하다. 하지만 mediaserver는 실제 서비스를 위한 컨테이너이며, 어떤 의미에서 윈도우의 서비스 호스트(svchost.exe)와 같은 콘셉트이다. 표 5-12는 mediaserver의 호스트 서비스들을 나타낸 것이다.

표 5-12 mediaserver 서비스들

서비스	배포된 명칭	제공하는 것
AudioFlinger	media.audio_flinger	오디오를 재생한다. 서비스는 입력으로 하나 이상의 PCM 오디오 스트림을 받아들이고 하나의 스트림으로 병합한다.
AudioPolicyService	media.audio_policy	오디오 정책이다. AudioFlinger에게 소리 설정 및 타깃 오디오 디바이스를 알려준다.
CameraService	media.camera	카메라 서비스이다. 이 서비스의 클라이언트는 안드로이드 및 벤더에서 제공하는 카메라 앱이다.
MediaPlayerService	media.player	오디오 및 비디오를 재생한다.

킷캣의 mediaserver는 registerExtensions() 함수를 제공함으로써 익스텐션을 위한 기반을 제공한다. 하지만 아직 정의된 익스텐션은 없다. 서비스에 대해서는 2권에서 자세히 설명한다. N(PR1)에서는 오디오 및 카메라 서버가 각각의 바이너리로 분할되어 있다(각각 audioserver 및 cameraserver). 이러한 변경 사항은 2권의 미디어 서비스 부분에서 좀 더 자세히 다룬다.

실험: media.log 서비스를 통한 mediaserver 디버깅

mediaserver에는 유용한 디버깅 기능이 있는데, 미디어서버를 시작할 때 ro.test_harness 프로퍼티의 값을 확인한다. 설정되어 있다면 mediaserver 인스턴스를 MediaLogService(media.log) 프로세스의 자식 프로세스로 띄운다. MediaLogService 프로세스는 mediaserver 자체의 리소스 사용 통계를 수집한다. 출력 5-12에서 주석과 함께 보여주고 있다.

출력 5-12 ro.test_harness를 사용해 media.log 서비스 시작

```
# 바이너리에 프로퍼티 체크가 존재하는지 확인한다.
root@htc_m8wl:/ # grep ro.test_harness /system/bin/mediaserver
Binary file /system/bin/mediaserver matches
# 프로퍼티 설정
root@htc_m8wl:/ # setprop ro.test_harness 1
# 미디어 서버를 죽인다.
root@htc_m8wl:/ # kill -9 $mediaserver_pid
# media.log는 이제 mediaserver의 부모가 되었다.
root@htc_m8wl:/ # ps | grep media
media     19122 1     20548  6444  ffffffff b6edaab0 S media.log
media     19123 19122 59876  9520  ffffffff b6edb26c S /system/bin/mediaserver
root@htc_m8wl:/ # service list | grep media.log
0     media.log: [android.media.IMediaLogService]
```

logcat | grep media.log를 사용한 뒤 dumpsys media.log를 호출하면 mediaserver의 생명주기 및 리소스의 사용량을 볼 수 있다.

drmserver

안드로이드는 콘텐츠 복제 방지를 위해 DRM^{Digital Rights Management} 프레임워크를 제공한다. drmserver는 모든 DRM 요청을 처리하는 핵심 컴포넌트이다. drmserver는 /init.rc에 정의되어 있다.

리스트 5-20 init.rc에 정의된 drmserver

```
service drm /system/bin/drmserver
    class main
    user drm
    group drm system inet drmrpc
```

"안드로이드에서 DRM 프레임워크를 제공한다."는 말은 조금 부적절한 표현이다. 왜냐하면 안드로이드는 실제 콘텐츠 검증 로직을 제공하지 않고 API만 제공하기 때문이다. 실제 DRM 작업은 플러그인 아키텍처를 가지고 벤더에서 직접 구현해야 한다. 플러그인은 공유되는 오브젝트 파일이고, /vendor/lib/drm 및 /system/lib/drm에서 적재된다. 따라서 drmserver의 크기는 매우 작고, 서비스 매니저에 DrmManagerService(drm.drmManager)를 등록하는 몇 줄의 main() 함수로만 구성되어 있다. 그리고 프레임워크에서 들어오는 DRM 요청을 적절한 플러그인을 찾아 서비스하기 위해 내부적으로 DrmManager 클래스를 호출한다.

출력 5-13 갤럭시 S3의 DRM 플러그인

```
shell@android:/ $ ls -l /vendor/lib/drm
/vendor/lib/drm: No such file or directory  # 벤더에 특화된 DRM 모듈이 없다.
1|shell@android:/ $ ls -l /system/lib/drm

-rw-r--r-- root        root         48336 2012-05-21 17:42  libdivxplugin.so
-rw-r--r-- root        root        117224 2012-05-21 17:42  libdrmwvmplugin.so
-rw-r--r-- root        root         68944 2012-05-21 17:42  libenyplugin.so
-rw-r--r-- root        root         48604 2012-05-21 17:42  libfwdlockengine.so
-rw-r--r-- root        root         65312 2012-05-21 17:42  libomaplugin.so
-rw-r--r-- root        root         48212 2012-05-21 17:42  libpiffplugin.so
-rw-r--r-- root        root         65012 2012-05-21 17:42  libplayreadyplugin.so
-rw-r--r-- root        root         64836 2012-05-21 17:42  libtzprplugin.so
```

플러그인이 DrmManager에서 호출되기 위해서는 반드시 IDrmEngine.h에 정의된 IDrmEngine 인터페이스에 따라야 한다. PassThru 모듈을 사용하여 DRM 메시지 흐름을 조사하는 방법 및 이 명세는 2권에서 자세히 설명한다.

다른 서비스들 ─────

메인 클래스에 남아 있는 서비스들은 서로 다른 기능을 가지고 있기 때문에 묶어서 설명하기 어렵다. 하지만 이 서비스들이 덜 중요하다는 의미는 아니다.

installd

installd 데몬은 패키지를 설치하거나 삭제하는 역할을 한다. installd 데몬은 .apk를 직접 다운로드해 설치하거나, 구글 플레이를 통해 설치하거나, adb install을 통해 설치할 때 사용된다. 하지만 데몬 스스로는 매우 수동적이다. init에서 설정한 소켓을 통해 전달되는 명령어(안드로이드 프레임워크에서 생성되는)를 계속 리스닝한다. 소켓은 /init.rc 내의 데몬 영역에 정의되어 있다.

리스트 5-21 /init.rc에 있는 installd 정의

```
service drm /system/bin/drmserver
    class main
    user drm
    group drm system inet drmrpc
```

시작(startup)

installd를 시작하는 프로세스는 그림 5-11과 같다.

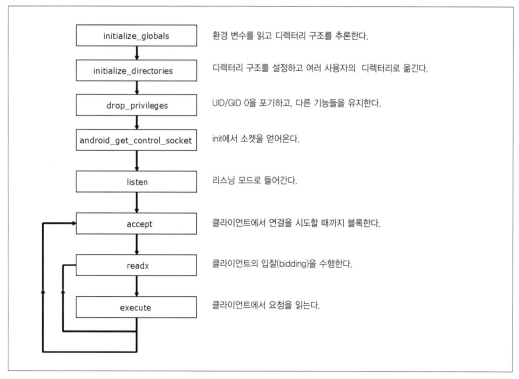

그림 5-11 installd 데몬의 시작 프로세스

installd는 시작할 때 앱이 설치될 디렉터리 구조를 설정하고 관리하는 역할도 한다. 기본적인 이름은 init 에서 설정한 ANDROID_DATA 환경 변수에서 가져온다. installd는 기본 이름에 더해 APP_SUBDIR(app/), PRIVATE_ APP_SUBDIR(app-private/), APP_LIB_SUBDIR(app-lib) 및 MEDIA_SUBDIR(media/) 등을 추가한다.

또한 installd는 ANDROID_ROOT(/system 지정) 및 ASEC_MOUNTPOINT(/data/asec)의 변수 두 개를 사용한다. installd가 이 디렉터리 구조를 추론할 때에는 디렉터리를 초기화하는 작업도 병행한다. 즉, 디렉터리가 존재하 는지를 확인한다(공장에서 출시될 때 기본으로 /data가 비어 있는 상태이다.). installd는 젤리빈부터 여러 명의 사용자에 게 다음 순서대로 디렉터리를 복사한다.

- /data/user 디렉터리를 생성한 뒤 오너십을 system:system으로 설정하고 rwx--x--x 모드로 설정한다.
- /data/user/0을 /data/data로 심볼릭 링크를 생성한다.
- /data/media를 /data/media/0으로 업그레이드하고 기존 미디어를 이동한다.
- 기존 사용자들을 위해 /data/media/## 디렉터리를 생성한다.
- /data/media/0/Android/obb에서 /data/media/obb로 OBB를 이동시켜 사용자들 간에 OBB를 공유할 수 있게 해줌으로써 전반적인 파일시스템 사용을 감소시킨다.
- 사용자 미디어 폴더(/data/media/##)가 존재하는지 확인하고, 오너십이 모드가 media:media, rwxrwx--- 인지를 확인한다.

젤리빈부터는 installd가 루트로 시작하더라도, 최소한의 권한만 사용한다. installd의 첫 번째 호출 중 하 나는 drop_ privileages()이다. 이 호출은 uid/gid를 AID_INSTALL로 설정한다. 이는 chown(2), setuid(2)/

setgid(2) 및 DAC 재정의를 관리하기 위해 리눅스 기능(8장에서 설명)을 그대로 사용해 필요에 따라 다른 사용자 및 그룹 id에서 소유하고 있는 패키지를 배포하거나 삭제한다.

마지막으로 installd는 제어 소켓(/dev/socket/installd)을 얻어오고 accept() 루프를 돌면서 클라이언트와의 연결을 기다린다. 클라이언트와 연결되면 하나의 이너[inner] 읽기/실행 루프가 이 연결이 종료될 때까지 담당한다 (이는 installd가 한 번에 한 클라이언트만 담당할 수 있다는 것을 의미한다.). 여기서 재미있는 점은 installd는 호출한 클라이언트 id의 유효성을 소켓에서 검증하지 않으며, system:system, rw-------로 변경된 소켓의 권한에 의존한다는 것이다. 한 번에 하나의 클라이언트만 담당할 수 있기 때문에, 이는 암묵적으로 PackageManager를 따른다고 가정한다. 또한 installd 는 APKs의 서명을 검증하지 않고 호출자가 이미 서명을 검증하였다고 가정하고 작업한다.

Commands

프레임워크는 문서화되지 않은 com.android.server.pm.Installer 클래스를 통해 PackageManager를 사용해 달빅-레벨 API의 신뢰성 있는 애플리케이션이 다양한 앱을 설치하거나 삭제할 수 있도록 해준다. API 메서드는 소켓을 통해 사용할 수 있는 명령어로 매핑되어 있다. 이 명령어들은 표 5-13과 같다.

표 5-13 installd 명령어(L 명령어는 회색)

명령어	인자	사용
ping		Null 커맨드, 연결이 가능한지를 확인할 때 사용
install	pkgname uid gid seinfo	seinfo에 지정된 SELinux 컨텍스를 가지고 uid/gid로 pkgname에 지정된 패키지를 설치한다.
dexopt	apk_path uid is_public	.odex 파일을 만들어 APK의 dex 파일을 최적화한다.
movedex	srcdst	src에 지정된 DEX 파일의 이름을 dst로 바꾼다.
rmdex	pkg	pkg에 지정된 패키지의 DEX 파일을 제거한다.
remove	pkgname, userid	userid로 설치된 pkg를 삭제한다.
renmae	oldname newname	패키지 이름을 oldname에서 newname으로 바꾼다.
fixuid	pkgname uid gid	pkgname에 지정된 패키지의 소유를 uid:gid로 변경한다.
freecache	free_size	free_size 바이트만큼 남았을 때 캐시를 비운다.
rmcodecache	pkgname uid	캐시에서 uid 소유의 pkgname 패키지 코드 캐시를 삭제한다.
rmcache	pkgname uid	캐시에서 uid 소유의 pkgname 패키지를 삭제한다.
getsize	pkgdir uid apkpath	apkpath에 지정된 디렉터리 크기를 반환한다.
rmuserdata	pkgname uid	Uid 소유의 pkgname 패키지에서 사용되는 데이터를 제거한다.
movefiles		/system/etc/updatecmds 내의 스크립트를 실행한다.
linklib	pkgname ascLibDir uid	네이티브 라이브러리를 실제 위치로 링크한다.
mkuserdata	pkgname uid userid	패키지를 위한 데이터를 생성하고(userid 사용자를 위한 uid) 심 링크를 설치한다.
mkuserconfig	uid	/data/misc/user/uid 디렉터리가 존재하는지 확인한다.
rmuser	uid	사용자의 uid를 제거한다.
idmap	target overlay	/system/bin/idmap을 실행한다.
restorecondata	pkgname seinfo uid	uid가 가지고 있는 pkgname 패키지의 seinfo를 복원한다.
Patchoat	apk_ path, uid,is_ public, pkgname, instruction_set, vm_ safe_mode,should_relocate	메모리 내에 OTA 파일을 이전하기 위해 이를 패치한다.

Installer 서비스와 패키지 설치 단계는 모두 2권에서 다룬다.

키스토어

키스토어[keystore] 서비스는 이름 자체에서 알 수 있는 바와 같이 키를 저장하는 서비스이다. 설계상 임의의 이름-값 쌍을 저장할 수 있지만, 실제로는 키 저장소로만 사용된다. 다음과 같이 /init.rc에 저장되어 있다.

리스트 5-22 /init.rc에 있는 keystore 정의

```
service keystore /system/bin/keystore /data/misc/keystore
    class main
    user keystore
    group keystore drmrpc
```

키스토어 데몬(/data/misc/keystore)의 인자는 키스토어 파일을 저장하는 디렉터리이다. 젤리빈에서 유저는 각자의 키스토어 디렉터리를 가진다. 주요 유저는 /data/misc/keystore/0을 사용한다. 사용자의 키스토어 비밀번호는(잠금 화면 오센티케이터[authenticator]를 일부 기능을 이용해 암호화한다.) .masterkey 파일에 저장되고 앱당 키스토어는 AID_xxxxx 이름 규칙을 가진 파일에 저장된다.

4.4 이후로 키스토어는 다른 데몬과 달리 소켓을 사용하지 않는다. android.security.keystore를 사용한 바인더(즉, servicemanager를 통해)를 통해서만 접근할 수 있다. 이 클래스에는 개발자가 접근할 수 있고 API 문서[4]도 함께 제공되지만, 완벽하지는 않다. 이 클래스의 일부 public 메서드는 안드로이드 문서에서 설명하지 않는다. keystore_cli 커맨드는 키스토어에 네이티브-레벨로 접근할 수 있는 부분 커맨드라인을 제공한다. 표 5-14는 클래스 및 서비스 수준에서 노출되어 있는 명령어를 나타낸 것이다. cli에서 구현되지 않는 명령어는 회색으로 표시되어 있다.

응답 코드는 system/security/keystore/include/keystore/keystore.h에 정의되어 있고, keystore의 에러 코드는 표 5-14에 매핑되어 있다.

표 5-14 키스토어 에러 코드

코드	상수	코드	상수
1	[STATE_]NO_ERROR	6	PERMISSION_DENIED
2	[STATE_]LOCKED	7	KEY_NOT_FOUND
3	[STATE_]UNINITIALIZED	8	VALUE_CORRUPTED
4	SYSTEM_ERROR	10–13	WRONG_ pASSWORD_[0123]
5	PROTOCOL_ERROR	14	SIGNATURE_INVALID

각 애플리케이션은 uid로 키에 접근을 제어하기 때문에 개인 스토어를 자체적으로 가지고 있다. 또한 init에 하드 코딩된 ACL과 비슷하다. keystore 데몬은 퍼미션을 user_ perms 배열로 관리한다. 또한 AID_SYSTEM(모두 접근), AID_VPN 및 AID_WIFI(가져와서 인증 및 검증만 수행)와 같이 배제되어야 할 것들도 함께 관리한다. 이 중 AID_ROOT 사용자가 가장 제한적이다. 이 사용자는 단지 'get' 작업만 할 수 있다(실제 su를 AID_SYSTEM로 바꾸면 모두 접근할 수 있다.).

표 5-15 java.security.KeyStore에 노출되어 있는 키스토어 명령어

1	test( )	키스토어 데몬이 활성화되어 있는지 테스트한다.
2	byte[ ] get(String name)	name에 해당하는 값을 가져온다.
3	insert(String name, byte[ ] val, int uid, int flags)	name/value 조합을 uid가 속해 있는 키스토어에 flags와 함께 넣는다.
4	int del(String name, int uid)	uid가 속해 있는 키스토어에서 name(및 value)를 함께 지운다.
5	exists(String name, int uid)	name이 uid가 속해 있는 키스토어에 있는지 확인한다.
6	saw(String prefix, int uid)	uid 키스토어에 prefix로 시작하는 모든 키의 목록을 반환한다.
7	reset( )	키스토어를 리셋(지운다.)한다.
8	password(String password)	password로 비밀번호를 변경한다.
9	lock( )	키스토어를 잠근다. 잠금을 풀기 위해서는 비밀번호가 필요하다.
10	unlock(String password)	이전에 잠갔던 키스토어의 잠금을 푼다. 이때 비밀번호가 필요하다.
11	zero( )	키스토어가 비어 있는지 확인한다.
12	generate(String name, int uid, int keyType, int keySize, int flags, byte[ ][ ] args)	name 아래 uid가 소유하는 키스토어 내에 개인/공개 키 쌍을 생성한다. 생성된 키는 서명 및 검증 작업에 사용되고, 공개 키를 가져온다(하지만 개인 키는 접근할 수 없다.).
13	import_key(String name,byte[ ] data, int uid, int flags)	data 블롭(blob)에 지정된 키를 name으로 지정된 uid가 소유하는 키스토어에 넣는다.
14	byte[ ] sign(String name, byte[ ] data)	키를 검색하지 않고 name에 지정된 키로 데이터를 서명한다.
15	verify(String name, byte[ ] data, byte[ ] signature)	name에 지정된 키를 사용해 데이터의 서명을 검증한다.
16	byte[ ] get_ pubkey(String name)	name에 해당하는 공개 키를 가져온다.
17	del_key(String name, int uid)	uid에 속한 키스토어에서 이름으로 지정된 키를 삭제한다.
18	grant(String name, int uid)	name 키로 uid 접근을 허가한다.
19	ungrant(String name, int uid)	name 키로 접근하는 uid의 권한을 폐기한다.
20	long getmtime(String name)	name의 변경 시간을 가져온다.
21	duplicate(String srcKey, int srcUid, String destKey, int destUid)	srcUid가 가지고 있는 키스토어에서 srcKey에 지정된 키를 destUid가 소유하는 키스토어의 destKey로 복사한다.
22	is_hardware_backend(String keyType)	keyType이 하드웨어 키스토어에서 뒷받침되는지 확인하는 정수를 반환한다.
23	clear_uid(long uid)	uid 사용자를 위한 키스토어를 삭제한다.
24	reset_uid(long uid)	uid에 해당하는 키스토어를 리셋한다.
25	sync_uid(long uid)	uid에 해당하는 키스토어를 동기화한다.
26	password_uid(long uid)	uid에 해당하는 키스토어를 설정한다.

176

  실험: keystore와 인터페이스하기

⚠️ 다음 실험을 실행하면 키스토어가 잠길 수 있는 위험성이 있다. 따라서 실제 디바이스보다는 에뮬레이터 이미지에서 수행하기 바란다(최소한 안전하다고 확인되기 전까지는).

keystore_cli 유틸리티 또는 service call을 통해 키스토어 서비스를 호출할 수 있다. 이 책을 쓰는 시점에서는 모든 명령어가 구현되지 않은 상태이기 때문에 service call android.security.keystore를 특정 숫자 코드 및 인자와 함께 사용한다. 출력 5-14는 "분할 화면"에서 보여주고 있다.

출력 5-14 keystore_cli 및 service를 사용해 키스토어 서비스와 상호작용하기

```
# 루트 계정은 키스토어에 접근할 수 없다
...# keystore_cli test                          service call android.security.keystore 1
test: Permission denied (6)                     Result: Parcel(00000000 00000006  '........')
#
# 전체 제어를 얻기 위해 SU을 사용해 system으로 바꾼다.
...# su system
...$ keystore_cli test                          service call android.security.keystore 1
test: No error (1)                              Result: Parcel(00000000 00000001  '........')
#
# 키스토어 비밀번호를 "123"으로 바꾸고, 키스토어를 잠근다.
...$ keystore_cli password 123                  service call android.security.keystore 8 s16 123
password: No error (1)                          Result: Parcel(00000000 00000001  '........')
...$ keystore_cli lock                          service call android.security.keystore 9
lock: No error (1)                              Result: Parcel(00000000 00000001  '........')
#
# 틀린 패스워드가 잠금 해제를 시도하면, 시스템은 실패 횟수를 카운트하고 (errors 13,12,11,10..).
# 리셋 한다(SYSTEM_ERROR 뒤에 UNINITIALIZED를 반환한다.).
...$ keystore_cli unlock bad                    service call android.security.keystore 10 s16 bad
unlock: Wrong password (4 tries left) (13)  Result: Parcel(00000000 0000000d  '........')
```

표 5-16에 있는 다수의 명령어 서브 셋은 keystore_cli를 통해 호출할 수 없다. 숫자 코드와 service 유틸리티의 s16 및 i32 지정자를 사용하여 인자를 전달하고, 명령어를 호출함으로써 표 5-16의 회색 명령어들을 호출할 수 있다.

출력 5-15 service call을 통해 키를 직접 생성하기

```
system@generic$ service call android.security.keystore 12 s16 name1 \   # Name
                                                        i32 13      \   # Len
                                                        s16 hello   \   # Value
                                                        i32 -1 i32      # UID (-1 = caller)
Result: Parcel(00000000 00000001  '........')
#
# 키스토어에서 값을 가져온다.
system@generic$ service call android.security.keystore 2 s16 name1
Result: Parcel(
    0x00000000: 00000000 0000000d 00000005 00650068 '...........h.e.'
    0x00000010: 006c006c 0000006f                   'l.l.o...       ')
```

키스토어 구현체(하드웨어 추상화 모듈 또는 비슷한 하드웨어 컴포넌트)는 2권에서 자세히 설명한다. 안드로이드 M에서 키스토어는 게이트키퍼 서비스와 밀접하게 동작한다(이번 장에서 설명).

debuggerd[64]

개발자가 최선을 다하기 어려울수록, 애플리케이션은 예상하지 못한 버그에 깨질 확률이 높아진다. 이러한 버그를 잡기 위해서는 충돌 데이터를 효율적으로 수집하는 메커니즘이 필요하다. 충돌은 데스크톱 시스템에서 코어 덤프$^{core\ dump}$에 기록된다. 하지만 코어 덤프는 모바일 디바이스에서 간단한 문제가 아니다. 코어 덤프는 크기가 매우 크다. 때로는 수백 MB에 이르지만 모바일 디바이스의 공간은 한정적이다. 더욱이 코어 덤프에 저장한다고 하더라도 매우 큰 파일을 디바이스 밖으로 가지고 나오는 것도 그리 간단한 문제가 아니다.

안드로이드는 iOS의 크래시리포터^{CrashReporter}와 비슷하게 debuggerd를 소개하였다. 소형 데몬은 일반적으로 애플리케이션이 충돌하기 전에는 휴면 상태로 존재한다. 안드로이드의 모든 프로세스는 안드로이드 링커^{linker}에 의해 자동으로 치사^{lethal} 시그널을 처리하기 위한 시그널 핸들러를 설치한다. 표 5-16은 debuggerd로 잡을 수 있는 치사 시그널의 종류를 나타낸 것이다.

표 5-16 debuggerd로 잡을 수 있는 시그널들

시그널	전체 이름	예제
ILL	illegal instruction	위법 머신 opcode
TRAP	Debugger Trap	브레이크 포인트
ABRT	Voluntary Abort	실패 선언
BUS	Bus Error	MMU 결함
FPE	Floating Point Exception	0으로 나눔
SEGV	Segmentation Violation	NULL 포인터 역참조
PIPE	Broken Pipe	파이프의 끝을 읽어 프로세스 종료

모든 시그널은 동일한 액션인 debuggered_signal_handler를 사용하며, 바이오닉 링커를 설정하기 위해 소켓을 통해 debuggered로 연결을 설정하고 메시지를 보낸다. 메시지를 받으면 데몬이 깨어나고, 메시지를 툼스톤^{tombstone}에 새긴다. 툼스톤은 기본적으로 debuggerd에서 생성되는 충돌 보고서이다. 이 보고서에는 실패한 프로세스(리눅스의 ptrace(2) API를 호출), 프로세스의 시그널 및 메모리 조사 내용이 포함된다. 툼스톤을 사용하면 충돌의 핵심 원인을 파악할 수 있고, 기본적인 충돌 처리도 할 수 있다. 툼스톤은 /data/tombstones에 생성되고 VM 레벨의 데이터 및 /data/system/ndebugsocket을 통해 ActivityManager의 NativeCrashReporter에서 생성된 debuggerd로의 출력이 포함되어 있다.

debuggerd는 debug.db.uid 속성이 충돌 프로세스의 uid에 설정되어 있는 경우, 프로세스가 마지막으로 죽기 바로 전에 중단시키고 gdbserver가 시작되도록 하기 위해 사용자의 입력을 기다린다. 이 메시지는 logcat을 통해 쉽게 볼 수 있다.

리스트 5-21 debuggerd에서 방출되는 안드로이드 로그 메시지

```
I/DEBUG   (   24): ****************************************************
I/DEBUG   (   24): * Process pid has been suspended while crashing.  To
I/DEBUG   (   24): * attach gdbserver for a gdb connection on port 5039
I/DEBUG   (   24): * and start gdbclient:
I/DEBUG   (   24): *
I/DEBUG   (   24): *      gdbclient app_process :5039 pid
I/DEBUG   (   24): *
I/DEBUG   (   24): * Wait for gdb to start, then press HOME or VOLUME DOWN key
I/DEBUG   (   24): * to let the process continue crashing.
I/DEBUG   (   24): ****************************************************
```

debuggerd는 로우 레벨 리눅스 EV_* API(2권에서 설명)를 사용하여 사용자가 키를 입력할 때까지 대기하고, 사용자의 주의를 끌기 위해 디바이스의 디버그 LED(빨강)를 켠다.

64비트 시스템에서는 다른 명령어 세트, 메모리 레이아웃 및 ABI를 처리하기 위해 debuggerd64가 사용된다. 일반적인 디버깅(특히 툼스톤)에 대해서는 2권에서 자세히 다룬다.

실험: 안드로이드에서 코어 덤프 재활성화

툼스톤은 공간을 절약하고 충돌 시의 로그를 간결하게 뜰 수 있게 도와준다. 하지만 충돌의 원인을 찾아내는 데 있어서는 툼스톤보다 코어 덤프가 더욱 유용하다. 바이오닉 레벨에서 캡처된 시그널을 통해 debuggerd를 구현하기는 조금 까다롭지만 가능하기는 하다. 이를 위해 애플리케이션에 이 시그널 처리하는 로직을 추가해야 한다. 이 로직에서는 signal 시스템 콜(또는 sigaction)을 요청한다. 이는 시스템 호출이기 때문에 자바에서는 할 수 없다는 점을 명심해야 한다. 이 작업은 한 줄의 JNI 라이브러리를 추가해줌으로써 간단하게 끝낼 수 있다(예를 들면 JNI_OnLoad).

리스트 5-22 SIGSEGV 및 코어 덤프를 생성할 수 있는 자살 프로그램

```
// restore original behalior, undoing sionic s      // 시그널 핸들러를 원래 상태로 돌려 본래의 움직임을 복구한다.
   signal handlers
```

이 프로그램을 컴파일하고 돌려보면 충돌이 발생한다. 하지만 툼스톤은 생성되지 않는다. 다량의 코어 덤프를 얻기 전에 반드시 셸에서 ulimit −c unlimited를 실행해야 한다. 왜냐하면 코어의 기본 리소스 제한은 0이기 때문이다(이렇게 하면 제한을 효과적으로 풀 수 있다.). 이 밖에 또 한가지 문제는 루트 파일시스템의 경우 읽기 전용으로 마운팅되어 있다는 것이다.

쓰기 가능한 디렉터리에서 프로그램을 실행하고 싶다면(일반적으로 adb 셸 세션을 사용한다면 /data/local/tmp가 가장 좋은 장소이다.), 기본적으로 이 디렉터리에 "core"라는 이름으로 덤프를 생성한다. 리눅스의 기본 코어 덤프가 도움이 된다면, sysctl 또는 /proc 파일시스템을 통해 kernel.core_pattern을 설정하여 이를 개조할 수 있다.

man 5 core(리눅스에서)를 이용하면 코어 파라미터에 대한 자세한 설명을 볼 수 있다. 출력 5-16에서 보듯이 일반적으로는 특정 %-파라미터와 함께 전체 경로를 제공하여 프로세스에 대한 메타데이터를 캡처한다. 전체 경로를 지정하면 모든 코어 덤프를 집중화하여 쓰기 가능한 시스템에 보관하였다가 이를 규칙적으로 삭제할 수 있다. 출력 5-16은 위에서 설명한 내용을 단계적으로 보여주고 있다.

출력 5-16 일반적인 리눅스 코어 덤프 생성

```
# Default behavior : no tombstone, but no core     # 기본 동작 : 툼스톤 미사용, 코어 미사용
# Default core is created in working directory -    # 기본 코어는 작업 디렉터리에 생성, /는 읽기 전용으로
  but / is mounted read only! So we cd:               마운트되었기 때문에 cd 사용
# voila!                                            # 성공
# Set core directory to /data/local/tmp, and       # 코어 덤프를 떨어뜨릴 디렉터리로 /data/local/tmp를
  append process id and executable name               설정하고 프로세스 ID와 이름을 추가한다.
```

 core_pattern의 첫 번째 문자열을 pipe(|)로 사용하면 코어 덤프가 생성될 때 다른 프로그램도 모두 실행할 수 있다. 이렇게 하면 표준 입력을 통해 덤프를 처리할 수 있다. debuggerd는 이러한 방식으로 구현되어 있다. debuggerd는 내장된 기능을 재활용하였다.

게이트키퍼(Android M)

게이트키퍼Gatekeeper는 마시멜로에서 소개된 새로운 데몬이다. 게이트키퍼 데몬은 TEE(Trusted Execution Environment)와 상호작용하면서 패스코드를 저장한다. TEE(TrustZone이 ARM 프로세스 내에 구현)는 메인 운영시스템

에서 별도로 격리된 환경에서 최소한의 운영시스템을 지원한다. 격리된 환경은 굉장히 엄격히 관리되고 그 안에서 실행되는 코드의 무결성을 보장한다. "보안 세계"와 "실세계" 사이는 보통 메일슬롯(우체통)과 같은 메시지 전달 메커니즘을 통해 인터페이스 한다. 그래서 보안 세계는 암호를 저장하는 단방향 저장소로 사용될 수 있다. 즉, 이는 저장만 하고 꺼낼 수 없음을 의미한다. TEE에 저장된 코드는 암호에 접근할 수 있고, 그들의 유효성을 검증할 수 있다.

그래서 Gatekeeper는 패스코드(패턴, PIN 또는 패스워드)를 TEE(Trusted Execution Environment)에 넣을 수 있도록 블랍(blob)으로 처리한다. TEE에 넣을 때에는 하드웨어 기반의 키를 사용하여 추가적인 키-해싱 작업이 동반된다. 키-해싱 작업 뒤에 /data/misc/gatekeeper에 저장된다. 저장된 블랍(효과적으로 다룰 수 있는)은 권한에 의해 보호받는다. 퍼미션 없는 경우에는 이들이 별 소용이 없다. 왜냐하면 복호화 및 검증 작업에는 하드웨어의 개입이 필요하기 때문이다(항상 패스코드를 넘겨야 하는 것은 아니다.).

이러한 방식의 구현은 파일시스템에 직접 패스워드 해시를 저장하는 방식보다 훨씬 안전하다. 해시가 탈취되면 오프라인상에서 실행되는 사전 공격dictionary attack 및 무작위 대입 공격brute force을 야기할 수 있다. 디바이스 하드웨어가 포함된다면 암호를 푸는 데 디바이스 자체에서 실행되는 동작이 필요할 뿐만 아니라 복호화 요청을 제어하여 무작위 대입 공격 위험을 완화시킬 수 있다. 이렇게 함으로써 매우 높은 암호화 표준을 가진 iOS와 비슷해졌다(하지만 여전히 같지는 않다.). iOS는 하드웨어 키(UID 키)가 칩 자체에 융합되어 있다. 따라서 디바이스 자체에서 실행되지 않으면 간단한 4 숫자 PIN조차도 무작위 대입 공격이 불가능하다. 이는 2016년 3월 애플과 FBI 간에 발생한 유명한 논쟁의 핵심 내용이었다.

Gatekeeper와 상호작용하려면 바인더Binder를 사용해야 한다. 데몬은 android.service.gatekeeper. IGateKeeperService 인터페이스를 통해 노출되어 있으며 이 인터페이스의 주요 클라이언트는 LockSettingsService 이다. 아직 이 데몬의 API는 개발자에게 제공되고 있지는 않지만 일전에 설명한 키 스토어 서비스와 통합되어 있다.

구글은 안드로이드 소스 웹사이트[5]에서 게이트키퍼에 대한 문서를 제공하고 있다. 실제 gatekeeper 구현은 벤더에서 담당하고, 안드로이드는 HAL 모듈만 제공한다. 구글은 "Trusty" TEE OS의 일부로 TrustZone을 위한 모듈을 제공한다. 게이트키퍼 HAL 인터페이스는 HAL의 다양한 추상화 계층과 함께 2권에서 자세히 다룬다.

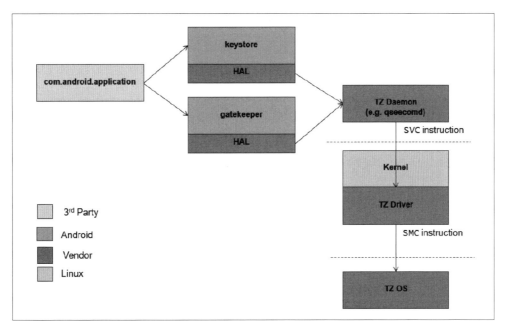

그림 5-12 HAL을 통한 TrustZone과 하드웨어 암호화 간의 상호작용

sdcard

모든 안드로이드 디바이스가 반드시 SD 카드를 지원하는 것은 아니지만 만약 지원을 하는 경우 sdcard 데몬은 퍼미션이 없는 FAT 파일시스템에서 퍼미션을 제공하는 등 사용자 모드를 지원한다. 이는 FUSE^File system in USEr mode라는 메커니즘을 이용하여 지원한다. 이 메커니즘은 스텁 파일시스템을 커널에 등록하고 모든 호출을 사용자 측 데몬(여기서는 sdcard)으로 넘겨준다. FUSE를 사용하면 커널 모드에서 파일시스템을 구현하는 것보다 좀 더 유연하고 안정적이다. 스트럭처를 파괴할 수 있는 (잠재적으로 위험한) 신뢰성 없는 코드가 포함될 수 있는 파일시스템 코드의 복잡성 때문에 파일시스템에 덜 자주 접근되는 경우, FUSE를 사용하는 것이 좀 더 나은 선택이다(이는 커널에서 사용자 모드로 전환할 때나 커널 모드로 되돌아갈 때 중대한 성능 문제를 초래할 수 있다. 또한 FUSE는 다소간의 성능 저하를 초래할 수도 있다.).

그림 5-13은 사용자 모드 클라이언트에서 커널로의 파일시스템 요청 흐름을 나타낸 것이다. FUSE를 통해 sdcard 데몬으로 리다이렉션하고 클라이언트로 되돌아가는 흐름을 나타낸 것이다.

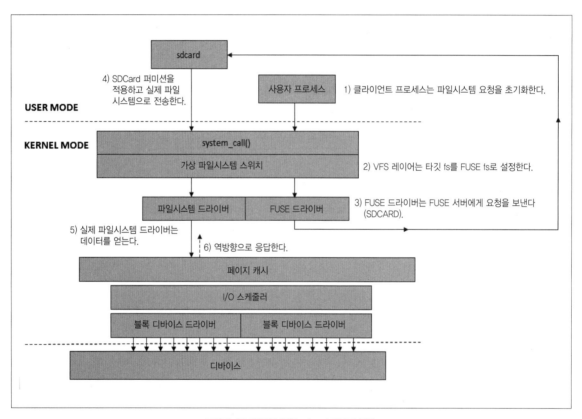

그림 5-13 FUSE를 통한 sdcard 데몬과 동작

sdcard 데몬은 다음 표에 있는 커맨드라인 파라미터를 받을 수 있다.

스위치	목적
-u uid	실행할 유저 id를 지정한다. 일반적으로 1023(AID_MEDIA_RW)이다.
-g gid	실행할 그룹 id를 지정한다. 일반적으로 1023(AID_MEDIA_RW)이다.
-l path	파일시스템의 실제 마운트 포인트를 지정한다.
-t #	스레드 개수를 지정한다(기본 2).

스위치	목적
-l	지정된 마운트는 레거시된 (에뮬레이트된) 마운트이다.
-d	경로에서 퍼미션을 얻는다.
-s	미디어, av 등에서 퍼미션을 분리한다.

실험: sdcard 관찰하기

안드로이드 디바이스는 sdcard 데몬을 사용해 실제로 SD 카드를 가지고 있는지의 여부를 확인한다. /data/media 디렉터리는 sdcard 데몬 인스턴스인 /mnt/shell/emulated를 통해 마운트된다. 디바이스가 물리적인 SD 카드를 가지고 있는 경우, 그 파일시스템도 마운트된다. 이 경우에는 다음 출력과 같이 데몬 인스턴스가 추가로 필요하다.

출력 5-17 sdcard를 가지고 마운트되는 FUSE 파일시스템

```
#
#  마운트된 모든 파일시스템을 조회하기 위해 mount를 사용하고, FUSE만 조회하였다
#
shell@htc_m8wl:/ $ mount | grep fuse
/dev/fuse /mnt/shell/emulated fuse rw,nosuid,nodev,relatime,user_id=1023,group_id=1023, ...
/dev/fuse /storage/ext_sd fuse rw,nosuid,nodev,relatime,user_id=1023,group_id=1023,        ...
#  비지 박스의 ps 도구로 실행되는 명령어를 모두 볼 수 있고(-tv /proc/.../cmdline 을 설정할 수 있다.)
#
shell@htc_m8wl:/ $ busybox ps | grep sdcard
 844 1023 0:02 /system/bin/sdcard -u 1023 -g 1023 -l /data/media /mnt/shell/emulated
1599 1023 0:10 /system/bin/sdcard -u 1023 -g 1023 -w 1023 -d /mnt/media_rw/ext_sd /storage/ext_
```

sdcard를 관찰하는 작업은 조금 까다롭다. 이는 이번 장에서 몇 번이나 살펴보았다. 가장 강력한 도구인 strace는 sdcard를 관찰할 때 자주 사용되지만, 메인 스레드를 트레이스(trace)할 경우에는 아무것도 보지 못할 가능성도 있다. sdcard의 스레드는 FUSE 요청을 통해 만들어질 수 있다. 즉, 이는 /proc/$SDCARD_ pID/task를 통해 먼저 스레드가 만들어졌는지 확인하고, 이들을 대상으로 strace를 사용해야 한다는 것을 의미한다(스레드는 strace가 부착되기 전에 생성되기 때문에 편리한 -f 옵션은 여기서 사용될 수 없다.). 또 sdcard를 관찰하는 좋은 방법 중 하나는 두 개의 adb 세션을 사용하는 것이다. 한 세션은 sdcard 스레드를 트레이스하고 다른 세션은 FUSE 마운트를 운용한다(예를 들면 ls -l). 이렇게 하면 클라이언트 요청이 내부 시스템 호출로 번역되어 들어가도록 데몬에서 프록시되었을 때, /dev/fuse 파일 디스크립터로 전달되거나 나오는 데이터를 볼 수 있다. 예를 들면 다음 출력에서는 ls -l /storage/ext_sd의 실행 결과를 트레이스할 경우 어떻게 되는지를 보여주고 있다.

출력 5-18 sdcard를 통해 ls -l 트레이스한 결과

```
#  클라이언트에서 stat() 요청을 얻는다.
read(3, "8\0\0\3\0\0\07P\1\0\0\0\0\0\1\0\0\0\0\0\0\0\0\0\0\0\0\0"..., 262224) = 56
#  파일시스템에서 stat()를 실행한다.
lstat64("/mnt/media_rw/ext_sd", {st_mode=S_IFDIR|0770, st_size=32768, ...}) = 0
#  클라이언트에 전달한다.
writev(3, [{"x\0\0\0\0\0\0\07P\1\0\0\0\0\0", 16},  .....  = 120
#  클라이언트에서 getdents64() 요청을 얻는다.
read(3, "P\0\0\0\34\0\0\07P\1\0\0\0\0\0\1\0\0\0\0\0\0\0\0\0\0\0\0\0\0"..., 262224) = 80
#  요청을 실행한다.
lseek(5, 0, SEEK_SET)               = 0
getdents64(5, /* 60 entries */, 4200)  = 2216
#  클라이언트에 전달한다.
writev(3, [{"0\0\0\0\0\0\0\07P\1\0\0\0\0\0", 16},
          {"7777\0\0\0\0\n\0\0\0\0\0\0\07\0\0\0\4\0\0\0Android\0", 32}], 2) = 48
```

sdcard는 커맨드라인 파라미터를 처리한 뒤에 /dev/fuse 노드를 열고 FUSE를 마운트하기 위해 mount(2) 시스템 호출을 사용한다. 이때 시스템 호출은 fd=/dev/fuse/##, rootmode=40000, default_permissions, allow_other, user_id=,group_id=gid로 하드 코딩되어 있다. 권한이 드롭될 때(-u/-g 지정된 ID), 데몬은 적절한 이름의 `ignite_fuse()`를 호출하고 메시지 루프에 집어 넣어 /dev/fuse fd에서 들어오는 요청을 처리한다.

데몬에서 제공하는 SD 카드 파일시스템은 2장에서 설명하였다. 위 실험은 FUSE를 통한 SD 카드 파일시스템의 요청에 대한 흐름의 전형적인 예제이다.

자이고트[64]

마지막으로 자이고트^{zygote}를 다룬다. 이 서비스는 다른 서비스들과 비교했을 때 중요성이 결코 떨어지지 않는다. 이는 안드로이드 프레임워크 런타임 서비스를 위한 핵심 지원 기능을 제공한다. 이 지원 기능은 메인 클래스 로딩만 중단된 초기화된 빈 달빅 머신의 형태로 제공된다. 다음은 /init.rc 내의 `zygote` 정의이다.

리스트 5-23 /init.rc 내의 Zygote 정의

```
service zygote /system/bin/app_process -Xzygote /system/bin \
                                    --zygote --start-system-server
    class main
    socket zygote stream 660 root system
    onrestart write /sys/android_power/request_state wake
    onrestart write /sys/power/state on
    onrestart restart media
    onrestart restart netd
```

리스트 5-22에서 알 수 있는 바와 같이 zygote의 "진짜 이름"은 `app_process`이다. 하지만 "zygote"라는 이름은 "수정란"이라는 의미 그대로 프로세스를 모방하여 만드는 역할을 한다. 생물학적인 "zygote"처럼 이 프로세스는 무한한 잠재력을 가지고 있다. 지정된 달빅 클래스를 적재할 수 있고, 임의의 사용자가 될 수도 있다. 하지만 이는 한 방향 프로세스(생물학에서의 평행 진화처럼)이다. 나머지 커맨드라인은 인자를 제공한다. 이 중 파선을 제외한 모든 명령어는 달빅 VM에 직접 전달된다. 마지막 인자 두 개는 app_process 자체에서 처리하고, 그 결과 `Zygote` 클래스 VM에 적재되며, system_server 프로세스를 시작하기 위해 포크(fork())된다.

`system_server` 프로세스는(다음 장에서 상세히 논의한다.) 안드로이드 런타임 프레임워크를 모두 적재한다. 반면, Zygote는 들어오는 요청을 리스닝하기 위해 소켓(/dev/socket/zygote)을 바인드한다. 요청 내에는 적재할 클래스 이름이 포함되어 있고, Zygote는 클래스를 포크(fork())하고 적재한다. 이렇게 하면 새로운 앱이 생성된다. 즉, 새로운 "생명"이 태어나는 것이다. Zygote 자신을 포함한 모든 앱들은 리눅스의 관점에서 보았을 때 단지 app_process의 일종이다. app_process의 이름은 앱에 따라 변경된다(`ls -l /proc/pid/exe`를 수행하면 확인할 수 있다.).

Zygote는 잠재적으로 모든 프로세스에 적용될 수 있기 때문에 오든 옵션을 열려 있는 상태로 남겨 놓아야 한다. 또한 루트 권한 및 무제한의 기능을 가지고 있어야 한다. 하지만 Zygote는 포크하기 이전에 모든 권한을 버리고 앱의 AID인 것처럼 가장하기 위해 `setuid(2)/setgid(2)`를 호출한다. 이 모든 작업이 앱 코드가(VM 및 네이티브) 적재되기 전에 끝나기 때문에 이 설정은 안전하다. 하지만 Zygote는 과거에 취약성 때문에 공격을 받은 적이 있으며(프로요의 Zysploit은 `setuid(2)`의 반환 결과를 확인하지 않기 때문에 취약했다.), 최근에는 포크밤 서비스 거부 공격을 받기도 했다.

모든 앱은 Zygote를 통해 생성되어야 한다. 한 가지 예외가 있다면 커맨드라인으로 `app_process`를 직접 호

출하는 경우가 있다는 것이다(예를 들면 2장에서 설명한 업콜 스크립트). 이는 디바이스에서 ps 명령어의 출력을 확인해보면 쉽게 알 수 있다. 프로세스는 init(PID 1번)의 자식이거나 Zygote에서 생성된다. init는 모든 프로세스의 홀더이고, Zyogte는 다른 PID의 PPID(여기서는 분명 Zygote의 PID)이다.

Zygote가 있는 이유

이 시점에서 독자는 "이렇게 많은 문제를 겪으면서 겨우 새로운 앱을 적재하기 위해 Zygote를 사용해야 하는지 의아해할 수 있다. 하지만 이러한 노력들은 많은 이익을 준다. Zygote를 사용하는 이유는 크게 두 가지이다.

- 애플리케이션 시작 시간을 크게 감축시킨다: 실제 앱에 상관없이 모든 가상 머신은 동일하게 초기화되어야 한다. 앱의 클래스를 적재하는 작업은 이 프로세스의 마지막 순서인데, 실제 오버헤드는 안드로이드 리치 프레임워크의 런타임 클래스 다수가 적재될 때 발생한다. 앱 적재를 '경주'라고 가정했을 때 Zygote를 사용하면 안드로이드가 "결승선에 자리잡도록" 해주고 마지막 구간을 달릴 수 있게 해준다. 이 구간은 상대적으로 매우 짧기 때문에 적재 시간을 단축시킬 수 있다.

- 메모리 공유를 최적화할 수 있다: 모든 가상 머신은 Zygote에서 포크되기 때문에 커널에서 수행하는 메모리 공유 기능을 암묵적으로 이용할 수 있다. 특히 각 app_process 인스턴스는 자신만의 가상 메모리를 가지더라도 메모리의 대부분(읽기 전용 - 클래스 코드)은 RAM 내의 물리적인 영역의 한군데에만 보관될 수 있다. 나머지 메모리는(클래스 데이터, 읽기 쓰기용) 절대적으로 필요할 경우(copy-on-write라고 하는 기술) 추가 페이지에 보관될 수 있다. 그래서 안드로이드 앱은 암묵적으로 그들의 메모리 80~90%를 다른 앱(그리고 VM의 실제 인스턴스 중 가장 첫 번째 뜨는 system_server)과 공유한다. 이렇게 하면 메모리 사용량을 극대화할 수 있고, 상대적으로 작은 메모리를 가진 디바이스라고 하더라도 상당수의 앱을 RAM에 "상주"시킬 수 있다. 메모리 진단 결과를 제공해주는 procrank 및 librank 유틸리티를 사용하는 것을 보여주는 실험인 출력 7-14로 넘어간다면 이에 대한 예제를 볼 수 있다.

Zygote의 독특한 설계 방식은 자바가 실패한 곳에서 승리를 안겨준다. Zygote는 자바 가상 머신 자체를 최적화할 수 있다(예를 들면 오브젝트의 분리된 참조 카운트를 유지한다.). 하지만 여기서는 프로그래밍적인 관점에서 더욱 깊이 설명해봐야 의미가 없고, 이는 2권에서 자세히 다룬다. 또한 Zygote에서 애플리케이션 시작 단계를 차례대로 볼 수 있다.

Zygote가 전혀 결점이 없는 것은 아니다. 8장에서 설명하겠지만, 동일한 바이너리를 모든 애플리케이션에서 포크한다면 ASLR^Address Space Layout Randomization을 약화시킬 수 있다. 여기서 ASLR은 코드 인젝션 공격을 막는 중요한 계층이다. 즉, 성능이 보안 문제보다 더욱 중요하게 취급된다. 최근 학계 연구자들은 새로운 아키텍처로 Morula(생물학적 용어)[5]를 제안하고 있다. 이 아키텍처는 ASLR의 결점을 해결할 수 있지만, 안드로이드에 적용할 수 있는 방법은 아직 만들어지지 않았다.

안드로이드 런타임^Android RunTime으로 오면서 미리 적재된 클래스는 미리 컴파일되기 때문에 Zygote의 아키텍처는 더욱 중요해졌다. 하지만 32비트와 64비트 레이아웃은 서로 호환되지 않기 때문에 미리 컴파일하는 것은 복잡한 문제가 되었다.

Zygote32 및 Zygote64

64비트 컴퓨팅으로 전환되면서 다른 한편으로는 32비트 호환성을 유지해야 할 필요가 있다. 안드로이드는 두 가지 버전의 Zygote를 유지하고 있다. 64비트 아키텍처에서 "보조 zygote"는 32비트 프로세스이다. 이는 app_process32의 인스턴스로 시작된다. "메인 zygote" 인스턴스는 zygote 소켓을 점유하고 있기 때문에 보조 자이고트는 추가 소켓이 필요하다. 이는 리스트 5-23에서 볼 수 있다.

리스트 5-24 /init,zygote64_32.rc 내의 Zygote32 정의

```
service zygote /system/bin/app_process -Xzygote /system/bin \
service zygote_secondary /system/bin/app_process32 -Xzygote /system/bin \
                                --zygote --socket-name=zygote_secondary
    class main
    socket zygote_secondary stream 660 root system
    onrestart restart zygote
```

사용자 애플리케이션에서는 비록 적재되는 라이브러리가 다를 수 있지만, 이때 어떤 자이고트가 사용되는지를 전혀 감지하지 못한다. 32비트 자이고트 인스턴스는 /system/lib를 사용하고, 64비트 자이고트 인스턴스는 /system/lib64를 사용한다. 프로세스 주소 공간을 살펴보면(cat/proc/pid/maps), 다른 매핑들을 볼 수 있다. 이는 7장에서 더욱 자세히 논의한다.

요약

이번 장에서는 안드로이드 네이티브 서비스를 다루었다. 네이티브 서비스들은 /init.rc 파일에 있는 다양한 service들을 init에서 생성하는 데몬 프로세스이다. 또한 네이티브 프로세스는 기본적인 시스템 프레임워크 지원과 같은 간접적인 관리 작업을 수행한다.

하지만 프레임워크 서비스는 네이티브 서비스와 완전히 다르다. 매우 많은 서비스가 있고 이들을 자세히 다룰 내용이 많기 때문에 2권에서 이를 다룬다. 설사 그렇다고 하더라도 다음 장에서 프레임워크 서비스를 공부하기 전에 필요한 내용을 다룬다. 특히 servicemanager 및 system_server를 심도 있게 다루면서 시스템 아키텍처 전반에 대한 개관을 제공한다. system_server 프로세스는 모든 서비스의 컨테이너로 사용되고, bootanimation에서 UI를 대체한다.

이번 장에서 설명한 파일들

섹션	파일/디렉터리	내용
adb	system/core/adb	클라이언트와 서버의 adb의 구현체
	f/b/s/ja/com/and/ser/usb/UsbDebuggingManager.java	system_server에서 사용되는 USB 디버깅 매니저 서버
vold	f/b/s/ja/com/and/ser/MountService.java	system_server에서 사용된 마운트 서비스 매니저
debuggerd	/system/core/debuggerd	debuggerd의 소스
installd	f/native/cmds/installd	installd의 소스
bootanimation	f/base/cmds/bootanimation/BootAnimation.cpp	부트애니메이션 소스
sdcard	sys/core/sdcard/sdcard.c	sdcard의 소스

참조 ————

1. 안드로이드 디스크 암호화: http://source.android.com/devices/tech/encryption/android_crypto_implementation.html

2. 안드로이드 탐구: http://nelenkov.blogspot.com/2012/08/changing-androids-disk- encryption.html

3. 부트애니메이션 모음: http://www.NewAndroidBook.com/bootanimations/

4. 안드로이드 개발자, 키스토어 문서: http://developer.android.com/reference/java/security/KeyStore.html

5. 안드로이드 소스 "GateKeeper": https://source.android.com/security/authentication/gatekeeper.html

6. 조지아 테크, "From Zygote to Morula": https://taesoo.gtisc.gatech.edu/pubs/2014/morula/morula.pdf

6

프레임워크 서비스
아키텍처

앞 장에서는 안드로이드 런타임 서비스 중 일부만 설명하였다. 앞 장에서 자세히 설명한 서비스는 C/C++로 구현된 네이티브-레벨 프로세스가 전부였고, 프로그래밍상에서 자바 레이어로 직접 인터페이스하지는 않았다. 네이티브-레벨 프로세스는 엄밀한 의미에서 운영시스템 자체를 지원하는 서비스로 분류할 수 있다. 애플리케이션은 전용 인터페이스를 통해 달빅 프레임워크에서 제공하는 완전히 다른 서비스를 사용한다. 이 서비스들은 자바 언어 인터페이스를 가지고 있고 대부분 한 프로세스(system_server)로 실행되며 servicemanager를 이용해 접근할 수 있다.

servicemanager 및 system_server는 이전 장에서 모두 소개하였다. 서비스 매니저는 핵심 서비스와 함께 다루었고, 자이고트의 하위 세트로 sytem_server를 설명하였다(예를 들면 --start-system-server 인자가 제공되었을 때 자이고트에 의해 시작되는 프로세스). 하지만 양쪽 모두 이들이 제공하는 서비스 및 안드로이드 프레임워크 서비스 아키텍처의 맥락에서 좀 더 깊게 살펴볼 필요가 있다. 이들은 이번 장에서 모두 다룰 내용들이다.

가장 먼저 엔드포인트 매퍼(서비스 위치 및 호출 시 필요) 역할을 제공하는 servicemanager부터 살펴보자. 서비스는 자신을 servicemanager에 등록해 클라이언트에서 볼 수 있도록 하고, 클라이언트상의 포인트를 이용해 servicemanager에 접근함으로써 서비스에 연결(또는 핸들러)을 요청한다. 모든 프레임워크 서비스는 이러한 방식의 서비스 호출 패턴으로 호출되며(이와 관련된 내용은 다음에 다시 설명한다.), 두 개의 핵심 컴포넌트를 가지고 있다.

첫 번째는 다른 서비스에서 추출되는 인터페이스를 제공하는 AIDL(Android Interface Definition Language)이고, 두 번째는 커맨드라인으로 인터페이스를 디버깅하고 테스트할 수 있는 기능을 제공하는 service 유틸리티이다.

안드로이드의 내부에서는 서비스 커뮤니케이션을 위한 통로로서 바인더^{Binder} 메커니즘을 사용한다. 이 메커니즘은 /dev/binder를 통해 애플리케이션에 접근할 수 있다. 이는 단순한 디바이스 노드처럼 보이지만, 사실 이는 정교하게 설계된 IPC 프레임워크이고 메시지를 전송하거나 오브젝트, 디스크립터 등을 전달하며 신뢰성과 보안성을 함께 제공한다. 서비스 내부에 근접해 살펴보면서 IPC 프레임워크를 설명한다.

마지막으로 호스트 프로세스의 서비스 역할을 하는 system_server에 대해 살펴본다. 대부분의 서비스*는 스레드로 구현되어 있다. 중요한 프로세스의 시작, 동작 및 내부 모습도 자세히 살펴본다. 서비스 자체는 2권에서 자세히 설명한다.

---

* SurfaceFlinger 및 미디어 서비스의 경우에는 예외이다. 이 애플리케이션(서드파티) 서비스는 스레드가 아닌 자체 프로세스로 실행된다.

188

서비스 매니저 다시 살펴보기 ————

이전 장에서 배웠던 내용을 회상해보면, init에 의해 "핵심" 클래스로 분류된 서비스들 중 하나는 servicemanager이다. 다른 핵심 서비스는 servicemanager에 의존하고, servicemanager가 중단되면 모두 다시 시작해야 한다. 더 나아가 servicemanager는 매우 중요한 기능으로 지정되어 있기 때문에 servicemanager가 실패하는 경우, init는 servicemanager를 공격적으로 재시작하고 복구를 위해 부팅한다.

servicemanager가 특히 중요한 이유는 그 자체가 가지고 있는 기능 때문이다. servicemanager는 운영체제상의 다른 시스템을 위해 로케이터 또는 디렉터리로 제공된다. 애플리케이션 또는 시스템 컴포넌트가 다른 서비스를 사용하는 경우에는 핸들handle을 얻기 위해 맨 처음 servicemanager를 찾는다. 서비스도 자신을 등록하기 전까지는 클라이언트의 연결을 기대할 수 없다. 따라서 매니저가 재시작되는 경우에는 등록된 모든 서비스가 영향을 받는다. 결국 servicemanager가 재시작하게 되면 처음부터 다시 구성해야 하고, 모든 서비스를 다시 등록해야 한다. 또한 servicemanager가 동작하지 않으면 IPCInter Process Communication도 동작하지 않는다.

안드로이드의 IPC 모델은 이번 장의 후반부에 설명한다. 지금 당장은 'IPC는 전용 커널 컴포넌트(바인더)로 제공된다.' 정도만 알고 있으면 된다. 사용자 모드 서비스는 캐릭터 디바이스 노드인 /dev/binder를 통해 IPC 바인더에 접근한다. /dev/binder에는 모든 프로세스에서 손쉽게 접근(읽거나 쓸 수)할 수 있다. 한 번에 하나의 사용자 모드 프로세스만이 바인더를 이용해 컨텍스트 매니저context manager로 등록을 요청할 수 있다. 그리고 그 시점부터 다른 모든 프로세스(클라이언트와 서버 모두)를 위한 중심 포인트가 된다. 서버는 그들의 서비스 이름을 등록해야 하고, 컨텍스트 매니저와 인터페이스해야 하며, 클라이언트는 서비스를 찾고 룩업lookup하기 위해 컨텍스트 매니저에게 물어보아야 한다.

servicemanager는 단순한 동작만을 수행하는 매우 작은 바이너리이다. binder_open을 호출해 /dev/binder 디스크립터를 얻고 위치를 설정하기 위해 binder_become_context_manager를 호출한다. servicemanager는 그 뒤에 무한 루프인 binder_loop로 들어간다. 이 루프는 트랜젝션(예를 들면 클라이언트에서의 호출)이 발생할 때까지 디스크립터를 블록시킨다. 트랜젝션이 발생하면 프로세스를 깨우고 svcmgr_handler 콜백을 호출해 트랜젝션을 처리한다.

서비스 룩업은 어떻게든 등록할 수 있어야 한다. 다시 말해서 servicemanager는 전역적으로 접근할 수 있어야 하고, 서비스는 여기에 등록될 수 있어야 하며, 클라이언트는 서비스들을 찾을 수 있어야 한다. 네이티브 레벨에서 서비스, 클라이언트와 비슷하게 defaultServiceManager()를 호출해 servicemanager를 처리하기 위한 핸들을 얻을 수 있다(기술적으로 servicemanager의 인터페이스인 sp<IServiceManager>). 인터페이스(IserviceManager.h에 정의된)에는 트랜젝션 요청 코드의 세트가 존재한다. 표 6-1은 요청들과 요청에 구현된 네이티브 레벨의 호출을 보여주고 있다. 다만, 서비스를 제거할 수 있는 API는 존재하지 않는다. 서비스들은 프로세스가 죽으면 바인더가 이를 감지해 프로세스가 죽었다는 알림을 보내기 때문에 자동적으로 제거된다.

표 6-1 servicemanager 요청 및 이들을 호출하기 위한 방법

요청 코드	API	설명
SVC_MGR_ADD_SERVICE	addService(name,service,allowI solated)	servicemanager에 서비스를 등록하기 위해 서버에서 사용된다. 서버들은 서비스들이 isolated(sandboxed) 프로세스의 연결을 허용할 것인지의 여부를 결정할 수 있다.
SVC_MGR_GET_SERVICE SVC_MGR_CHECK_SERVICE	checkService(name)	name에 지정된 서비스의 핸들을 얻는다.
SVC_MGR_LIST_SERVICES	listServices()	모든 서비스의 벡터(목록)를 반환한다. 프레임워크에서 사용되지는 않지만 service list에서는 사용된다.

addService 기능에는 약간의 제한이 있다. UID 0 또는 UID 1000(AID_SYSTEM)의 서비스들은 자유롭게 등록할 수 있지만, 다른 시스템 서비스에의 자유로운 등록이 제한되어 있다. 킷캣 때까지 등록이 제한된 서비스 목록은 allowed 리스트에 하드 코딩되어 있다. 표 6-2는 이를 나타낸 것이다.

표 6-2 하드 코딩되어 있는 등록 제한 서비스

AID_MEDIA	media.audio_flinger,media.log,media.player,media.camera,media_audio_policy
AID_DRM	drm.drmManager
AID_NFC	nfc
AID_BLUETOOTH	bluetooth
AID_RADIO	radio.phone,radio.sms,radio.phonesubinfo,radio.simphonebook
AID_RADIO*	phone, sms, iphonesubinfo, simphonebook
AID_MEDIA	common_time.clock, common_time.config
AID_KEYSTORE	android.security.keystore

롤리팝에서 하드 코딩된 리스트는 SELinux의 /service_contentxt 파일로 옮겨졌다. 이 방식이 서비스를 제어하는 데 있어서 훨씬 더 많은 확장성을 제공해준다. system_server.c 코드는 check_mac_ perms()를 호출하고 selinux_check_access()를 호출함으로써 간소화되었다. 서비스 등록과 룩업은 이러한 방식으로 모든 서비스에게 적용될 수 있었다. 또한 이 방식을 통해 디바이스 벤더가 코드를 다시 컴파일하지 않고 그들만의 서비스를 추가할 수도 있다.

리스트 6-1 /service_contexts SELinux 정책 파일

```
#line 1 "external/sepolicy/service_contexts"
accessibility                      u:object_r:system_server_service:s0
..
android.security.keystore          u:object_r:keystore_service:s0
..
batteryproperties                  u:object_r:healthd_service:s0
batterypropreg                     u:object_r:healthd_service:s0
..
bluetooth                          u:object_r:bluetooth_service:s0
..
common_time.clock                  u:object_r:mediaserver_service:s0
common_time.config                 u:object_r:mediaserver_service:s0
..
display.qservice                   u:object_r:surfaceflinger_service:s0
..
drm.drmManager                     u:object_r:drmserver_service:s0
..
inputflinger                       u:object_r:inputflinger_service:s0
..
media.audio_flinger                u:object_r:mediaserver_service:s0
media.audio_policy                 u:object_r:mediaserver_service:s0
media.camera                       u:object_r:mediaserver_service:s0
media.log                          u:object_r:mediaserver_service:s0
media.player                       u:object_r:mediaserver_service:s0
media.sound_trigger_hw             u:object_r:mediaserver_service:s0
nfc                                u:object_r:nfc_service:s0
..
*                                  u:object_r:default_android_service:s0
```

190

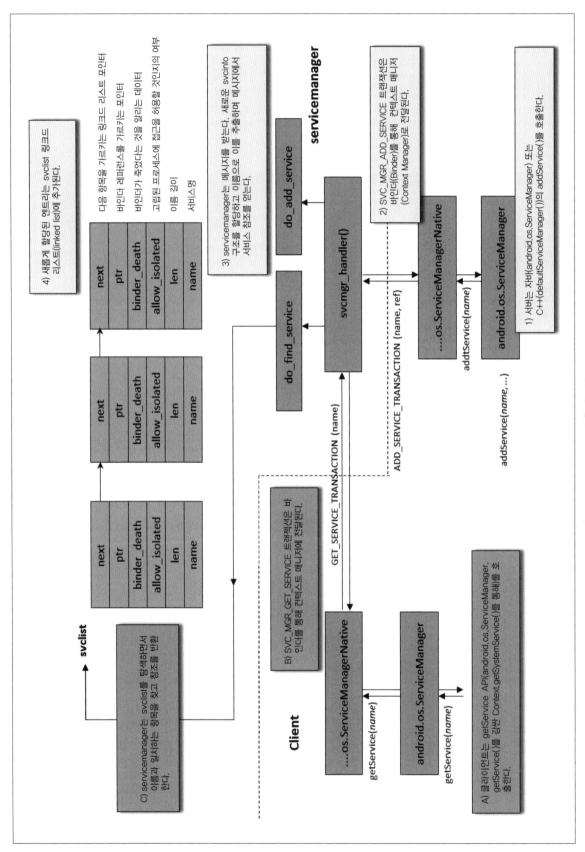

그림 6-1 servicemanager 호출 및 흐름도

실험: service 명령어를 사용해 servicemanager와 인터페이스하기

안드로이드는 servicemanager와 인터페이스하는 유틸리티로, service 명령어를 제공한다. 이 유틸리티를 사용하면 서비스를 쿼리하는 프로그램에서 사용하는 API를 볼 수 있다. service list 명령어를 사용하면 등록된 모든 서비스 목록 및 배포된 인터페이스 목록(이번 장의 후반부에 설명한다.)을 볼 수 있고, service check를 사용하면 서비스가 연결되었는지 확인할 수 있다.

출력 6-1은 넥서스 5 안드로이드 L 버전에서의 service list 출력 결과를 나타낸 것이다. 모든 디바이스에서 이 명령어를 사용할 수 있고, 디바이스에 따라 출력 결과가 다를 수 있기 때문에 이 책에서는 L에서 새롭게 나온 서비스를 위주로 출력 결과를 표시하였다.

출력 6-1 넥서스5 안드로이드 L에서 service list를 사용한 결과

```
root@generic# service list
Found 93 services:  # 에뮬레이터에는 87개의 서비스가 있고, KK에는 75개의 서비스가 있다.
1    sip: [android.net.sip.ISipService                        # Not in emulato
2    phone: [com.android.internal.telephony.ITelephony
3    iphonesubinfo: [com.android.internal.telephony.IPhoneSubInfo
4    simphonebook: [com.android.internal.telephony.IIccPhoneBook
5    isms: [com.android.internal.telephony.ISms
6    nfc: [android.nfc.INfcAdapter]                           # Not in emulato
7    telecomm: [com.android.internal.telecomm.ITelecommService]   # L
8    launcherapps: [android.content.pm.ILauncherApps
9    trust: [android.app.trust.ITrustManager]            #
10   media_router: [android.media.IMediaRouterServic
11   tv_input: [android.media.tv.ITvInputManager]       #
12   hdmi_control: [android.hardware.hdmi.IHdmiControlService]  #
13   media_session: [android.media.session.ISessionManager]   #
14   print: [android.print.IPrintManage
15   assetatlas: [android.view.IAssetAtla
16   dreams: [android.service.dreams.IDreamManage
..
20   voiceinteraction: [com.android.internal.app.IVoiceInteractionManagerService]
21   appwidget: [com.android.internal.appwidget.IAppWidgetService]
22   backup: [android.app.backup.IBackupManager]
23   jobscheduler: [android.app.job.IJobScheduler]  # L
...
38   ethernet: [android.net.IEthernetManager]     # Not in emulat
39   wifiscanner: [android.net.wifi.IWifiScanner]  # L
40   wifipasspoint: [android.net.wifi.passpoint.IWifiPasspointManager] # L
41   wifi: [android.net.wifi.IWifiManager]
42   wifip2p: [android.net.wifi.p2p.IWifiP2pManager]
43   netpolicy: [android.net.INetworkPolicyManager]
44   netstats: [android.net.INetworkStatsService]
45   network_score: [android.net.INetworkScoreService]  # L
...
55   bluetooth_manager: [android.bluetooth.IBluetoothManager]  # Not in emulator
..
87   display.qservice: [android.display.IQService]   # owned by SE,Not in Emulator
#
# 서비스가 살아 있는 경우에 "service check"를 사용하면 서비스 이름을 볼 수 있다.
#
root@generic# service check media.camera
Service media.camera: found
```

명령어의 결과는 디바이스별로 다양할 수 있다. 일부 서비스들은 디바이스의 형태에 따라 명확한 차이가 있지만(폰 서비스는 태블릿에서 찾을 수 없다.), 벤더나 안드로이드 버전에 따라 달라지는 서비스도 존재할 수 있다.

IBinder 인터페이스는 dumpsys 명령어에서 사용되는 dump() 메서드를 정의한다. dump() 메서드는 서비스의 진단 상태를 알려준다. Dumpsys를 인자가 제공되지 않는 상태로 호출하면 service list로 출력된 서비스들을 모두 반복하면서 각각의 덤프를 차례대로 뜬다. 어떤 경우 각각의 서비스별로 다양한 인자가 제공될 수 있다. 어떤 서비스에서는 dumpsys –c 또는 dumpsys –checkin 명령어를 사용해 "체크인" 메서드를 사용할 수 있다.

API들은 프레임워크 클래스인 `android.os.ServiceManagerNative`로 둘러싸여 있다. 이는 `android.os.ServiceManager`로 한 번 더 둘러싸여 있다. 앱에서는 이를 직접 사용할 수 없고, `ContextgetSystemService()`를 호출해 시스템 서비스를 룩업할 수 있으며, 서드파티 서비스를 위한 인텐트를 사용할 수 있다. 어느 쪽으로든 서비스(시스템 또는 서드파티 서비스 모두)와 커뮤니케이션을 하려면 서비스 디렉터리로 제공되는 `servicemanager` 및 바인더 메시지를 통해 수행해야 한다.

서비스 호출 패턴

안드로이드 프레임워크의 서비스들은 `system_server` 스레드 내에 구현되어 있다. 애플리케이션은 자신들을 호출하기 위해 IPC^{Inter Process Communication}에 응답해야 한다. 안드로이드 전용 IPC 메커니즘은 바인더^{Binder}를 통해 이루어진다. 애플리케이션은 엔드포인트 디스크립터를 얻고, 원격 서비스에 연결하기 위해 자신의 프로세스 내에서 바인더^{Binder}를 호출해야 한다. 메서드는 IPC 메시지를 통해 호출될 수 있다. 이는 RPC^{Remote Procedure Call}라는 메커니즘으로도 알려져 있다.

IPC와 RPC의 차이점

IPC와 RPC라는 용어는 종종 혼용되기도 한다. 이들은 안드로이드 서비스에서 필수적이기 때문에 차이점을 명확하게 알고 있는 것이 좋다.

- IPC(Inter Process Communication): IPC는 각 프로세스들이 통신하는 모든 형태를 일컫는 용어이다. 이에는 다양한 형태의 메시지 전달 방식, 공유 자원에 병렬로 접근했을 때 안전을 보장해주는 오브젝트 동기화(뮤텍스 등)와 리소스 공유 방식(셰어드 메모리)이 포함된다[예를 들면 두 개의 라이터(writer)가 동일 데이터를 변경하고자 했을 때 충돌을 막아준다. 이는 리더(reader)와 라이터(write) 사이의 경합 조건(race condition)이 발생했을 경우이다].
- RPC(Remote Procedure Call): RPC는 IPC의 방식 중 한 가지를 가르키는 용어이다. 이는 프로시저(메서드) 호출 내부 간의 내부 통신을 숨겨준다. 클라이언트는 다른 머신에 존재할 수 있는 원격 서버와 IPC를 처리하는 로컬 메서드를 호출한다. 메서드는 인자와 함께 메시지로 직렬화되고, 서버의 메서드로 전송된다. 인자는 역직렬화되어 사용되고, 리턴 값을 전달할 때에도 동일한 과정을 겪게 된다.

모든 RPC 메커니즘 또한 IPC 메커니즘이지만(전자는 후자의 특별한 형태가 될 수 있다.), 모든 IPC 메커니즘이 RPC 메커니즘은 아니다. 안드로이드 서비스 호출 패턴은 RPC를 구현하고 있다(이번 장의 후반부에 자세히 다룬다.). 표 6-3은 동시대의 OS에 사용된 RPC 메커니즘을 비교하고 있다.

표 6-3 일반적인 운영체제의 RPC 메커니즘 비교

OS	메커니즘	범위	디렉터리	프리프로세서	전달 방식
유닉스	SunRPC	Local/Remote	portmapper	rpcgen	UDP/TCP
OS X/iOS	Mach	Local(Remote)	launchd(mach_init)	mig	Mach message
안드로이드	Binder	Local*	servicemanager	aidl	/dev/binder

위 테이블에서 RPC 메커니즘은 다음과 같은 공통분모를 가지고 있다.
- 범위: RPC가 호스트 간(원격)에서 사용될지, 로컬 호스트 전용으로 사용될지를 의미한다.
- 디렉터리: 로케이팅 서비스(locating service)를 위한 룩업(lookup) 기능을 제공하는 서버이다.

---

* 설계상 안드로이드의 바인더는 로컬 스코프(scope)이다. 로컬 프록시 프로세스를 설정함으로써 TCP 및 UDP 소켓을 통해 들어오는 요청을 직렬화, 역직렬화할 수 있기 때문에 해킹이 매우 쉽다. 따라서 바인더 스코프를 확대할 수 있는 기능은 RAT(Remote Access Tool)에게 매우 유용하다.

- 프리프로세서: 메시지를 위한 코드를 직렬화 및 역직렬화하는 데 사용하는 도구이다.
- 전달 방식: 메시지 전달을 위한 매개체이다.

바인더를 다룰 때 RPC에 대한 내용을 좀 더 자세하게 설명할 것이다.

안드로이드 개발자는 내부적으로 서비스 호출이 어떻게 되는지에 대한 상세한 구현 내용을 알지 못한다. 그 대신 대부분의 개발자는 Context 오브젝트의 getSystemService() 메서드를 호출하는 데 익숙하다. getSystemService() 메서드를 이용하면 서비스 이름을 이용하여 불투명한opaque 객체를 얻을 수 있다. 반환된 객체는 특정 서비스 오브젝트로 캐스팅할 수 있고, 이를 통해 서비스 메서드를 호출할 수 있다.

그림 6-2는 대부분의 서비스 메서드가 호출되는 일반적인 패턴을 나타낸 것이다. 이 그림은 매우 단순화되어 있지만(예를 들면 시스템 서비스 핸들은 캐시되어 있다.), 흐름은 잘 표현되어 있다. android.os.ServiceManager를 호출하면, 서비스 프로세스에 의해 서비스가 등록된다. 이 클래스를 재호출하면 자바 인터페이스가 servicemanager에 제공된다.

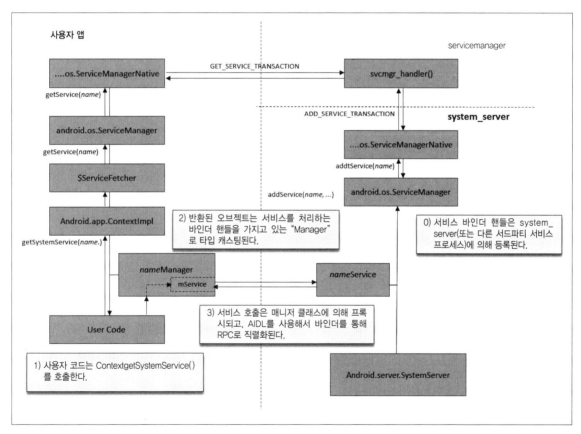

그림 6-2 안드로이드 시스템 서비스 호출 패턴

장단점들

안드로이드 시스템 서비스 아키텍처는 iOS 등과 같은 OS에서 일반적으로 사용되는 로컬 클라이언트/서버 패턴을 따르고 있다. iOS의 경우 바인더는 없지만 '마하Mach 메시지'라고 하는 메시지 전달 아키텍처를 자체적으로 구현해 사용하고 있다. servicemanager(예를 들면 엔드포인트 상태)의 역할은 iOS의 launchd 프로세스와 같다고 볼 수 있고, 그중 하나에서 Android /init가 한 것처럼 PID 1 번을 처리한다.

이 아키텍처상에서 눈에 띄는 단점은 IPC의 오버헤드이다. 특히 메시지를 직렬화 및 역직렬화할 때 외에도 오버헤드가 프로세스 간에 상호 교환할 때, 필요한 컨텍스트를 스위치할 때 IPC 오버헤드가 발생된다. 이러한 단점은 성능에 많은 영향을 미친다.

이러한 단점을 고려해보면, 상당한 정도 이상의 이점 및 동등한 정도의 이점으로 이 단점을 상쇄시켜야 한다. 실제로 이러한 단점을 극복할 수 있는 장점이 매우 많다. 클라이언트/서버 아키텍처는 깔끔한 설계 및 권한의 분리 이외에도 보안이 강하다. 클라이언트 프로세스(정의상 신뢰할 수 없는 사용자 앱)는 전혀 권한을 가지고 있지 않고, 작업을 수행하기 위해서는 서비스 호출에 전적으로 의존해야 한다. 네이티브 레벨에서 보면, 앱이 디바이스나 데이터스토어에 접근하지 못하고 샌드박스 내에서만 실행될 수 있다는 것을 의미한다. 실제로 iOS는 샌드박스 모델을 사용하지만, 안드로이드는 대부분의 프로세스가 접근하는 것을 제어하기 위해 파일시스템 퍼미션permission을 사용한다.

서버 프로세스는 항상 신뢰되며, 클라이언트가 필요한 퍼미션을 가질 수 있도록 모든 보안 점검을 수행한다. 두 라이벌인 iOS와 안드로이드는 매우 비슷하다. iOS는 인타이틀먼트entitlement(바이너리 코드 서명 내에 포함)를 사용하고, 안드로이드는 애플리케이션 매니페스트 파일을 사용한다. 양쪽 모두 퍼미션이 애플리케이션 런타임 스코프의 바깥에 선언되어 있다. 예를 들면 설치할 때 퍼미션은 검증될 수 있지만, 앱에서 이를 변경할 수는 없다. 특히 iOS의 Entitlement는 커널 영역에 저장되지만(캐시된 코드 서명 블롭의 일부로 저장), 안드로이드 퍼미션은 PackageManager에서 관리한다.

직렬화와 AIDL

디자인 패턴 용어로 getSystemService에서 제공되는 오브젝트를 "프록시Proxy 패턴"이라고 한다. 내부적으로 실제 서비스의 참조를 가지고 있으면서, 바인더 호출을 통해 서비스를 가져온다. 오브젝트에서 가져온 메서드는 실제로 단지 스텁stub일 뿐이고, 이 스텁에 인자를 전달할 수 있으며, 바인더 메시지를 통해 직렬화되는데, 이를 "Parcel"이라고 한다. 이러한 방식으로 직렬화된 메서드와 오브젝트는 AIDL을 사용하여 지정될 수 있다.

AIDLAndroid Interface Definition Language은 실제 언어가 아니라 aidl SDK 유틸리티가 이해할 수 있는 자바에서 파생된 언어 형태이다. aild SDK 유틸리티는 빌드 프로세스가 .aild 파일을 만나게 되었을 때 호출된다. aidl은 바인더 메시지에 파라미터를 직렬화하고 리턴 값을 추출해야 하는 자바 소스 코드에서 자동으로 생성된다. 이 코드는 "보일러플레이트"이다. 예를 들면 정의 파일에서 자동으로 생성될 수 있고, 이 파일은 완벽히 컴파일된다는 것이 보장된다. 리스트 6-2에서 샘플 .aidl 파일을 나타낸 것이다.

리스트 6-2 샘플 .aidl 파일

```
package com.NewAndroidBook.example;  // Creates java directory structure
import  com.NewAndroidBook.whatever; // Dependencies, if any

interface ISample {

 // Published interface - will be shown as com.NewAndroidBook.example.ISample
 // The numbers are the ones used when serializing (and using service call)

 /* 1 */ void    someFunc   (int     someArg); // no return value, integer argument
 /* 2 */ boolean anotherFunc(String someArg); // returns boolean, string argument

 // ... etc.. etc..

}
```

리스트 6-2에서 알 수 있는 바와 같이 .aidl 파일은 헤더 파일과 비슷하다. 메서드(그리고 가능한 오브젝트)에 대한 정의만 존재하고, 상세한 구현 내용은 없다. 이 책의 후반부에서 개별 프레임워크 서비스를 좀 더 자세하게 살펴볼 것이다. 이때 좀 더 많은 AOSP의 실제 .aidl 예제를 볼 수 있을 것이다.

aild 툴은 개발자에게 안드로이드 IPC의 상세한 구현 사실을 알려주지 않는다. 사실 대부분의 개발자는 바인더의 역할이나 존재 여부조차도 잘 알지 못한다. 하지만 이 작업은 분명히 바인더의 역할이다. 이번 장의 후반부에 바인더를 소개하고, 2권에서 상세히 다룬다.

파워 유저도 바인더의 존재에 대해 알지 못할 수 있다. 특히 커맨드라인에서 안드로이드 서비스 메서드를 호출할 수 있는 service 유틸리티와 같은 강력한 도구를 사용할 때에도 바인더의 존재에 대해 모를 수 있다. 다음 실험에서 service 명령어를 볼 수 있다.

실험: service 명령어를 사용해 서비스 호출하기

이전 실험에서 servicemanager와 인터페이스하는 방법의 일환으로 service 커맨드라인 유틸리티의 기본적인 사용법을 살펴보았다. service 커맨드의 진짜 강력한 기능은 서비스 자체를 호출할 수 있다는 점이다.

서비스를 호출할 때는 service call을 사용하는 서비스명과 메서드 번호를 지정하면 된다. 내부적으로 서비스의 .aidl 파일 내에 메서드를 지정하는 번호가 할당되어 있다. 메서드에 따라 선택적으로 추가 인자가 공급될 수 있다. service 유틸리티는 두 개의 인자 타입, 즉 정수 값을 나타내는 i32 및 유니코드 문자열을 나타내는 s16을 지정한다. 하지만 실제로 이 정수에는 32비트 값(예를 들면 float)도 올 수 있고, 문자열(유니코드)은 모든 오브젝트로 직렬화될 수 있다.

인터페이스(괄호 내에 지정)가 포함된 service list(출력 6-1) 명령어를 통해 볼 수 있는 모든 서비스들은 이와 비슷한 방식을 통해 호출할 수 있다. 각 인터페이스는 해당하는 AOSP .aidl 파일을 가지며, 이에는 메서드와 인자가 상세히 정의되어 있다. 여기에 정의된 메서드와 인자를 알면 호출 번호 및 적절한 인자를 전달해 원하는 메서드를 마음대로 호출할 수 있다. 표 6-4에 몇 가지 예제가 기재되어 있다.

실험: service 명령어를 사용해 서비스 호출하기(계속)

표 6-4 service call 명령어

서비스 호출	인터페이스	메서드	액션
phone 2 s16 "foo" s16 "555-1234"	ITelephony	call(String callingPackage, String number)	지정된 번호로 전화를 건다.
statusbar 1	IStatusBarService	expandNotificationsPanel( )	노티피케이션을 가져온다.
statusbar 9		expandSettingsPanel( )	설정을 가져온다.
statusbar 2		collapsePanels( )	모든 패널을 숨긴다.
dream 1	IDreamManager	dream( )	스크린세이버(설정된 경우)
power 10(< 4.4.1) power 11(> 4.4.2)	IPowerManager	iScreenOn( )	화면이 잠긴 경우, 0을 반환하거나 1을 반환한다.

> ⚠ 메서드에 할당된 호출 번호는 안드로이드 버전에 따라 다를 수 있다(동일한 API 버전 내에서도, 예를 들면 킷캣에서 IDisplayManager 및 IPowerManager의 경우). 드물기는 하지만 이러한 경우가 있을 수 있다. 일반적으로 하드 코딩된 번호에 의존하는 것은 좋은 생각이 아니다. 툴을 만들거나 내부 API를 사용하는 앱을 만들 경우에는 업데이트된 .aidl 파일과 함께 컴파일하는 것이 좋다.

이러한 방식의 호출은 파셀(Parcel, 바인더의 반환 메시지)을 결과로 받게 된다. 각각의 파셀은 최소한 32비트 리턴 값(0x00000000은 성공을 의미하고, 그렇지 않은 경우에는 에러 메시지가 들어 있다. 예를 들면 호출 번호가 정의된 범위에 있지 않은 경우에는 0xffffffff 또는 0xffffffb6("데이터 메시지가 없습니다.")와 같은 에러 메시지가 들어 있다. AIDL의 정의에 따라 정수 값(i32) 또는 데이터 길이가 오고, 그다음에는 불투명 오브젝트가 온다(필수는 아니지만 일반적으로 존재하며, 이는 문자열이다.). 바인더와 마찬가지로 service는 불투명 오브젝트에 무엇이 들어 있는지 모르기 때문에 od 명령어와 같은 방식으로 그 결과를 ASCII 덤프와 함께 헥사(hex) 덤프 형태로 나타낸 것이다.

배포된 인터페이스([괄호] 내에 지정된)를 가진 서비스만이 호출될 수 있다. 반드시 모든 서비스가 이러한 호출 형태에 적합한 것은 아니다. 서비스 호출 요청은 각각의 서비스 내에 다르게 구현된 보안 정책에 따라 거부될 수 있다. 이러한 경우에는 service call 호출의 결과로 다음과 같은 유니코드 에러 메시지가 출력된다.

출력 6-2 service call에서 반환된 에러 메시지

```
#  MODIFY_ pHONE_STATE를 요청하는 cancelMissedCallsNotification() 호출을 한다.
#  (루트로 실행해 다른 권한 검사와 마찬가지로 이 작업을 통과시킬 수 있다.)
#
shell@htc_m8wl:/ $ service call phone 13
Result: Parcel(
  0x00000000: ffffffff 00000050 0065004e 00740069  '....P...N.e.i.t.'
  0x00000010: 00650068 00200072 00730075 00720065  'h.e.r. .u.s.e.r.'
  0x00000020: 00320020 00300030 00200030 006f006e  ' .2.0.0.0. .n.o.'
  0x00000030: 00200072 00750063 00720072 006e0065  'r. .c.u.r.r.e.n.'
  0x00000040: 00200074 00720070 0063006f 00730065  't. .p.r.o.c.e.s.'
  0x00000050: 00200073 00610068 00200073 006e0061  's. .h.a.s. .a.n.'
  0x00000060: 00720064 0069006f 002e0064 00650070  'd.r.o.i.d...p.e.'
  0x00000070: 006d0072 00730069 00690073 006e006f  'r.m.i.s.s.i.o.n.'
  0x00000080: 004d002e 0044004f 00460049 005f0059  '..M.O.D.I.F.Y._.'
  0x00000090: 00480050 004e004f 005f0045 00540053  'P.H.O.N.E._.S.T.'
  0x000000a0: 00540041 002e0045 00000000            'A.T.E......'
```

퍼미션을 건너뛰면(예를 들면 root로 실행), 안드로이드의 모든 프레임워크 기능과 역량에 걸쳐 이러한 방식으로 service call을 사용할 가능성이 매우 높아진다. 이 책에서 프레임워크 서비스를 하나씩 다룰 때 각각의 AIDL 정의와 관련된 호출 번호를 함께 보여줄 것이다.

바인더 ─────

지금까지 바인더^{Binder}에 대해 몇 번 언급하기는 했지만, 단순히 하이 레벨의 관점에서만 살펴보았다. 실제로 하이 레벨의 관점에서 보면 바인더를 서비스에 연결되는 특별한 형태의 파일 디스크립터(설사 전용 커널 드라이브를 가지고 있다고 하더라도)라고 생각해도 된다. 이는 리눅스에서 /proc/pid/fd 디렉터리를 통해 프로세스를 살펴볼 때에 사용하는 방법이다. 시스템상의 거의 모든 프로세스는(몇 개의 네이티브 프로세스 제외) 가상으로 /dev/binder의 핸들을 연다.

바인더에서 일어나는 작업 중 상당수는 내부의 모습을 들여다볼 수 없다. 아마도 대부분의 개발자에게는 이를 모르고 넘어가는 게 좋을 수도 있다. 바인더 내부를 자세히 알고 싶은 사람들은 결국 항상 소스를 열게 될 것이기 때문이다. 이와 같은 이유 때문에 이 책이 다루는 범위 내에서 바인더의 감춰진 부분을 소스를 들여다보지 않고 바인더의 기능 위주로 자세히 설명하는 것이 더 좋을 것 같다.

짧은 역사

안드로이드 바인더의 메커니즘은 다른 모바일 운영체제인 BeOS에서 그 뿌리를 찾을 수 있다. 바인더는 BeOS의 풍부한 프레임워크 세트의 상호 연결을 지원하는 역할을 한다. BeOS는 "다음 세대 운영시스템"으로 여겨졌지만, 일부 팬을 제외하고는 많은 관심을 얻지 못하고 있다가 결국 팜^{palm}에 인수되었다. BeOS라는 이름을 들어본 적이 있을 것이다. 팜이 출시한 파일롯은 마지막 밀레니엄이 끝날 무렵에 크게 유행하였고, 팜이 쪼개지기 전에 3COM을 크게 성장시켰다. 팜은 결국 HP에 인수되었고 BeOS는 "WebOS"의 바탕이 되었다.

하지만 바인더는 살아남았다. 바인더는 PalmOS 이외에 다른 운영시스템에 포팅되었다. 물론 여기에는 리눅스도 포함되어 있다. 리눅스에 포팅된 버전은 오픈소스화된 것이다(http://openbinder.org/이며, 이 웹사이트는 중단된 지 꽤 오래되었지만 일부 미러 사이트들은 그대로 존재한다.). 바인더를 최초 개발한 사람들은 모두 팜을 떠나 안드로이드에 합류하였고, 안드로이드에 바인더를 심었다. 바인더 개발자 중 치프 개발자인 다이앤 핵크본^{Dianne Hackborn}은 매우 유명한 개발자이며, 오늘날 안드로이드를 이끌고 있는 핵심 인재 중 하나이다. 2006년에 OSNews와 가진 그녀의 인터뷰에는 OpenBinder의 기본 정신이 잘 드러나 있다.

안드로이드의 바인더 구현체는 OpenBinder보다 구체적이고, 원래 BeOS에서의 역할처럼 모든 프레임워크 지렛대로서의 역할을 수행한다.

그러면 정확하게 바인더는 무엇일까?

바인더는 리모트 프로시저 호출^{Remote Procedure Call} 메커니즘이다. 이는 애플리케이션이 프로그램적으로 통신할 수 있게 도와준다. 그러면서도 프로그램에서는 메시지를 주고받을 때 사용하는 방법에 신경을 쓰지 않아도 된다. 애플리케이션의 관점에서(서버 또는 클라이언트) 이를 위해 필요한 것은 메서드를 호출(클라이언트)하거나 메서드를 제공(서비스)하는 것뿐이다. 클라이언트가 메서드를 호출하면 해당하는 메서드가 서비스 내에서 호출된다. 이 과정은 바인더에 의해 "투명하게", "상세히" 모두 처리된다. 이 과정의 "세부사항"들은 다음과 같다.

- 서비스 프로세스 로케이팅: 대부분의 경우에 클라이언트와 서비스는 모두 다른 프로세스이다(system_server임에도 불구하고). 바인더는 메시지를 전달하기 위해 서비스 프로세스를 클라이언트에 위치시킨다. 이 "로케이션 서비스"(또는 "엔드포인트 매핑"이라고 알려져 있다.)는 이전에 설명한 바와 같이 기술적으로 servicemanager에 의해 처리된다. 하지만 servicemanager는 서비스 디렉터리만 관리하는 책임 및 인터페이스명을 바인더 핸들에 매핑하는 책임을 가지고 있다. "핸들"은 바인더에서 servicemanager로 전달되는 불투명한 식별자이고, 바인더만이 서비스가 위치한 내부 PID를 알고 있다.

- 메시지 딜리버리: AIDL은 앞에서 설명한 바와 같이 호출되는 메서드의 파라미터를 가져와서 직렬화(예

를 들면 메모리 구조에 그들을 묶는 작업)하거나 역직렬화(구조화된 패키지에서 파라미터로 다시 푸는 작업)하는 코드를 생성하는 데 사용된다. 하나의 프로세스에서 다른 프로세스로 직렬화된 구조체를 전달하는 작업은 바인더 자체 내에서 처리된다. 클라이언트는 바인더를 통해 메시지를 전송하고 응답이 리턴될 때까지 블록하는 BINDER_WRITE_READ ioctl(2)를 호출한다.

- 오브젝트 딜리버리: 바인더는 오브젝트를 전달하는 데도 사용된다. 앞에서 설명하였던 서비스 핸들은 바인더가 전달할 수 있는 오브젝트 중 한 가지 타입이다. 파일 디스크립터(유닉스 도메인 소켓과 같은)도 이와 마찬가지이다. 이 중 디스크립터를 전달하는 기능은 매우 중요하다. 왜냐하면 이는 신뢰 프로세스(system_server와 같은)에서 비신뢰 프로세스(사용자 앱)를 위해 디바이스 또는 소켓을 개방할 수 있게 해주기 때문이다(비신뢰 프로세스는 퍼미션이 필요하다는 가정하에 앱의 메니페이스 파일 내에 지정되어 있다.).

- 자격credential 지원: IPC는 근본적으로 보안적인 관점에서 중요하다. 메시지 수령자는 전송자의 신원을 검증해야 한다. 그렇지 않으면 전체 시스템 보안을 깨뜨릴 수 있기 때문이다. 바인더는 유저의 자격(PID 및 UID)을 알고 있고, 이들을 안전하게 메시지에 추가한다. 각 피어들이 적절한 보안 수준에 맞게 작업할 수 있는 이유는 바로 이 때문이다.

바인더 사용하기

바인더는 모든 애플리케이션에서 사용할 수 있다. 코드에서 바인더 작업을 하기 위해서는 그림 6-3과 같이 세 가지 단계가 필요하다.

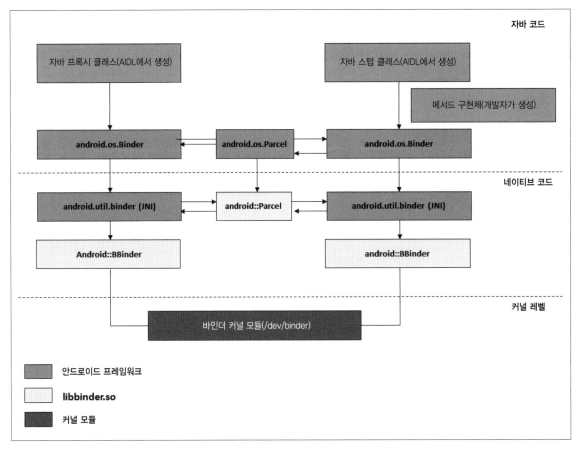

그림 6-3 바인더를 사용해 클라이언트와 서버 간의 메시지 흐름

그림 6-3은 파워 유저의 관점에서 쉽게 이해될 수 있도록 표현하려고 노력하였다. 자바 오브젝트, AIDL, 네티이브 및 커널에 대한 상세한 정보는 2권에서 다룬다.

바인더 추적하기

/dev/binder 커넥션은 동일한 파일 디스크립터를 통해 몇 개의 서비스 커넥션을 다중 사용한다. 다시 말해서 프로세스는 서비스 하나가 연결되든, 다수의 서비스가 연결되든 상관하지 않는 디스크립터를 가지고 있다. 실제로 프로세스는 이 디스크립터를 가질 수 있고, 어떠한 서비스에도 연결되지 않을 수도 있다.

정확하게 주어진 핸들에 연결된 서비스가 어떤 것인지 간단하게 볼 수 있는 방법은 없다. 리눅스의 debugfs 파일시스템(/sys/kernel/debug/binder)을 통해 바인더 디버그 기능이 활성화된 경우, bindump 툴(이 책의 관련 웹사이트에 있다.)을 사용하여 누가 어디에 연결되어 있는지 알 수 있다. bindump 툴 사용법은 다음 실험에서 볼 수 있다.

실험: bindump 툴을 사용해 열려진 바인더 핸들을 찾아보기

이 책의 관련 웹사이트에서 찾을 수 있는 bindump 툴은 service 명령어의 간단한 파생물 이상은 아니다. service 명령어를 통해 선택된 시스템 서비스 핸들을 얻고, /sys/kernel/debug/binder/proc 디렉터리 내의 자신의 엔트리를 조사한다. 바인더를 사용하는 각각의 프로세스는 다양한 통계가 담긴 가상의 파일을 가지고 있고, 연결된 다른 쪽의 PID가 담긴 node 엔트리가 있다. 모든 바인더 데이터는 전역적으로 읽을 수 있기 때문에 이 툴은 루팅되지 않는 디바이스에서 사용할 수 있다.

출력 6-3 bindump 유틸리티를 사용해 바인더 엔드포인트 나타내기

```
#
#  월페이퍼 서비스에 대해 질의한다.
shell@htc_m8wl:/ $ /data/local/tmp/bindump wallpaper
Service: wallpaper node ref: 2034
User:  PID  1377        com.htc.launcher
User:  PID  1194        com.android.systemui
Owner: PID  1008        system_server
User:  PID   368        /system/bin/servicemanager
#
#  batterypropreg 서비스는 누가 소유하고 있나?
shell@htc_m8wl:/ $ /data/local/tmp/bindump owner batterypropreg
Service: batterypropreg node ref: 105785
Owner: PID  8153        /sbin/healthd
```

또한 이 책의 관련 웹사이트에서는 strace()의 특수 버전을 제공한다. 이 툴은 바인더 메시지를 파싱하는 기능들과 같은 강화된 기능을 가진 리눅스 시스템을 호출하거나 추적한다(예를 들면 ioctl(2) 코드 및 페이로드를 복호화한다.).

system_server

안드로이드 디바이스들은 다수의 서비스, 다수의 벤더 및 사용자 설치 앱을 가지고 있고, 이 조합들은 대략 100개가 넘는다. 다행스럽게도 대부분의 프레임워크 서비스들은 자신만의 전용 프로세스를 요청할 수 없는 대신, 스레드로 실행될 수 있다. 이 스레드들이 실행되기 위해서는 호스트 프로세스가 필요한데, system_server에서 바로 이 기능을 제공한다.

system_server는 윈도우의 svchost.exe와 비슷하게 컨테이너 프로세스가 있는 셸에 불과하다. svchost.exe는 DLL(Dynamically Linked Libraries)을 서비스로 적재하고, system_server는 자바 클래스 파일을 서비스로 적재한다. 안드로이드에서는 한층 더 중요한 기능을 제공한다. 달빅 VM은 공유에 최적화되어 있지만, 동일한 VM에서 서비스들이 서로 함께 수행되면, 리소스를 좀 더 절약할 수 있다. 이러한 방식이 전혀 위험하지 않다고 말할 수는 없다. 오동작하는 서비스는 다른 서비스에 영향을 미칠 수 있다. 대개 이는 안드로이드 시스템 서비스에서만 문제가 될 수 있고, system_server 내에서 실행되는 벤더나 추가적인 앱들에서는 문제를 일으키지 않는다.

system_server는 네이티브 앱이 아니다. 이 코드는 대부분 자바로 작성되어 있고, 네이티브 서비스를 시작해야 하는 곳에서 일부 JNI를 호출한다. 여기에 적재되는 서비스 또한 자바로 구현되어 있고, 서비스 중 다수는 JNI를 사용하여 하드웨어 컴포넌트와 상호작용할 수도 있다. Zygote는 /init.rc가 --start-system-server 스위치와 함께 실행될 때, 자동으로 system_server를 시작한다. 이 스위치는 Zygote가 startSystemServer()를 호출하도록 만든다. 이때 인자로 그룹 멤버십(--setgroups), "서비스명"(system_server), 적재할 클래스인 com.android.server.SystemServer 등이 들어간다. system_server는 루트 권한으로 실행되지는 못하지만, 루트와 근사한 권한인 system:system으로 실행된다. 이 권한은 강화된 능력을 가지고 있고, 세컨더리 그룹 멤버십의 호스트이다. system_server의 보완 관점(GID와 능력)은 8장에서 다시 설명한다.

시작 및 흐름

전체 시스템을 지탱하는 중요한 system_server는 좀 더 단순한 흐름을 가지고 있다. Zygote로부터 포크되었을 때, 자식 프로세스는 그 권한을 떨어뜨리고, 앞에서 설명하였던 기능을 토글한다. 그런 다음, 프레임워크 서비스가 인스턴스화되기 전에 main()이 기본적인 초기화(특히 VM의 한계를 끌어올리고 libandroid_servers.so를 적재해 JNI 컴포넌트 초기화를 수행)를 수행하는 코드를 가진 클래스를 로드한다. 모든 서비스가 생성되면 (그리고 그들의 스레드가 늘어지고), 메인 스레드가 끝없는(시스템이 중지되지 않으면) 루프로 들어가게 되고, 더 이상 할 일이 없어지게 된다. 하이 레벨 관점의 흐름이 그림 6-4에서 볼 수 있다.

시스템 서비스는 여러 개가 있고 system_server는 하나씩 차례대로 그들을 초기화한다. 안드로이드 L에서는 이 흐름을 리팩토링해 몇 개의 단계로 구분하였다. 대부분은 그대로 남아 있지만, 비슷한 분류의 서비스끼리 그룹핑하였기 때문에 흐름이 이전 버전보다 단순해졌다. 현재는 세 개의 "클래스"들이 있다.

부트스트랩 서비스: 여기에는 Installer, ActivityManagerService, PowerManagerService, DisplayManagerService, PackageManagerService 및 UserManagerService가 포함되어 있다. 이 밖에도 디바이스의 /data 파티션 암호화 여부 또는 암호화 절차를 확인한다. 암호화 여부를 확인하는 이유는 "핵심 앱"으로 설계된 앱을 시작할 때 영향을 미칠 수도 있기 때문이다.

코어 서비스: 여기에는 LightsService, BatteryService, UsageStatsService 및 WebViewUpdateService 등이 있다. 마지막 서비스는 L에서 등장한 새로운 서비스이며, 주기적으로 브라우저를 확인한다.

- "다른" 서비스: 기본적으로 다른, 모든 서비스이다. 이 클래스에는 수십 개의 서비스들이 있다(소스에 보면 "아직 리팩토링되거나 그룹핑되지 않는 다양한 물건이 포함되어 있다."라고 표현되어 있다.).

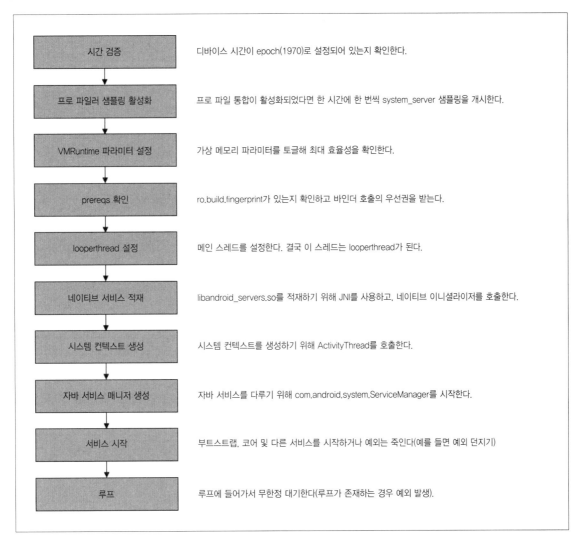

그림 6-4 System_Server의 흐름

애플리케이션에서 모든 서비스를 볼 수 있는 것은 아니다. Installer와 같은 일부 서비스는 내부용이고, service list 또는 앱에서도 볼 수 없다. 앱 또는 내부에서만 볼 수 있는 모든 서비스는 다음 장에서 하나씩 설명한다.

SystemServer는 서비스가 시작될 때 메인 스레드에서 전혀 할 것이 없다. 스레드는 루프로 들어가 무한정 반복한다. 우리가 "희망적"이라고 말하는 이유는 루프가 갑자기 종료될 수 있기 때문이고, 비정상적으로 종료될 경우 런타임 예외가 발생된다. 루프는 내부적으로 블록되며, 들어오는 메시지를 알기 위해 파일 디스크립터(특히 바인더의 핸들)를 폴링한다. 메시지를 받으면 각각의 타깃에 메시지를 전달한다.

시작 동작 변경하기

`system_server`의 흐름 및 서비스의 클래스는 시스템 속성을 설정함으로써 변경할 수 있다.

핵심 파라미터는 디바이스가 "공장 테스트" 모드로 설정되었는지 정의하는 `ro.factorytest` 시스템 속성이다. 이 속성에는 다음 표 6-5의 값이 올 수 있는데, 이는 `system_server`의 시작에 영향을 미친다.

표 6-5 공장 테스트 값 및 시작에 끼치는 영향

값	#define	내용
0(기본)	FACTORY_TEST_NONE	일반 시작
1	FACTORY_TEST_LOW_LEVEL	블루투스, 입력, 접근성, 잠금 설정 없이 시작
2	FACTORY_TEST_HIGH_LEVEL	공장 테스트 애플리케이션을 위한 UID 0

또 다른 중요한 파라미터는 `ro.headless` 시스템 속성이다. 이 속성이 설정되어 있으면 바탕화면 서비스 및 시스템 UI 서비스가 비활성화된다. config류의 속성들은 표 6-6과 같이 선택적으로 서브 시스템들을 비활성화할 수 있다.

표 6-6 시스템 서비스에 영향을 미치는 config 속성

config 속성	비활성화 서비스
disable_storage	MountService
disable_media	AudioService, WiredAccessoryManager,CommonTimeManagementService
disable_bluetooth	BluetoothManagerService
disable_telephony	Unused
disable_location	LocationManagerService,CountryDetectorService
disable_systemui	StatusBarManagerService
disable_noncore	UpdateLockService,LockSettingsService,TextServicesManager,SearchManagerService, WallpaperManagerService, DockObserver,UsbService
disable_network	NetworkStatsService,NetworkPolicyManagerService,WifiP2pService,WifiService,ConnectivityService, NsdService,NetworkTimeUpdateService,CertBlacklister

system_server 및 여기에 있는 스레드를 살펴볼 수 있는 것은 리눅스의 /proc 파일시스템 덕분이다. 파일 디스크립터를 살펴보는 것은 거의 무의미하다. 왜냐하면 어떤 스레드에 어떤 파일 디스크립터가 속해 있는지 알 수 없기 때문이다. 그리고 파일 디스크립터의 대부분은 소켓이나 파이프이다. 하지만 스레드를 반복하여 살펴보는 것은 매우 유용하다. 다음 실험을 통해 검증해보자.

실험: system_server 스레드 풀어서 보기

달빅의 스레드 오브젝트는 생성될 때 명명될 수 있다. 스레드의 명명은 내부적으로 prctl(2)를 호출하여 작업한다. 이 프로세스는 거의 알려져 있지는 않지만, 커널 레벨에서 스레드나 프로세스의 이름을 변경할 때 매우 유용하다. 변경된 이름은 스레드의 status 프로세스 엔트리 내에 있는 /proc 파일시스템을 통해 볼 수 있다. 이 방법을 사용하면 스레드 이름이 최대 16개 글자만 보이기 때문에 완벽한 방법은 아니다. 하지만 랜덤 스레드 식별자보다는 보기가 좋기 때문에 16개의 글자만으로 스레드의 역할이 무엇인지 유추해보자.

기본 스크립트를 사용하면(안드로이드의 한정된 셸을 사용하여) 스레드를 쉽게 열거할 수 있고, 각각의 이름을 얻을 수 있다(스레드 각각의 디렉터리에 포함된 task/ 디렉터리를 for로 반복하면 모든 프로세스에 적용할 수 있다.). 바인더 스레드 및 스레드 풀은 출력 6-4에서 제외되었다.

출력 6-4 스레드를 반복하여 열거하기

```
root@flounder:/proc/507/task # for t in *; do echo Thread $t `grep Name: $t/status`; done
507: Name:   system_server    #  메인 스레드(동일한 PID)
512: Name:   Heap thread poo   #  L: ART 힙 스레드 풀
514: Name:   Signal Catcher    #  달빅 시그널 캐처
515: Name:   ReferenceQueueD   #  달빅 레퍼런스 큐 데몬
516: Name:   FinalizerDaemon   #  달빅 오브젝트 파이널라이저
517: Name:   FinalizerWatchd   #  달빅 파이널라이저 워치독
518: Name:   HeapTrimmerDaem   #  L: ART 힙 트리머(trimmer) 데몬
519: Name:   GCDaemon          #  가비지 콜렉터(L: ART에서 "GCDaemon")
524: Name:   SensorService
525: Name:   SensorEventAckR
526: Name:   android.bg
527: Name:   ActivityManager
529: Name:   FileObserver      #  FileObserver$Thread
530: Name:   android.fg
531: Name:   android.ui
532: Name:   android.io
533: Name:   android.display
534: Name:   CpuTracker        #  ActivityManager에 의해 생성
535: Name:   PowerManagerSer   #  PowerManagerService에 의해 생성
537: Name:   BatteryStats_wa
562: Name:   PackageManager    #  PackageManage에 의해 생성
594: Name:   PackageInstalle   #
596: Name:   AlarmManager      #  AlarmManagerService에 의해 생성
597: Name:   InputDispatcher   #  InputManager에 의해 생성
598: Name:   InputReader       #  InputManager에 의해 생성
599: Name:   MountService      #  MountService에 의해 생성
600: Name:   VoldConnector     #  MountService에 의해 생성
602: Name:   NetdConnector     #  ConnectivityManager에 의해 생성
603: Name:   NetworkStats
604: Name:   NetworkPolicy
605: Name:   WifiP2pService
606: Name:   WifiStateMachin
607: Name:   WifiService
608: Name:   ConnectivitySer   #  ConnectivityManager에 의해 생성
609: Name:   NsdService        #  네이버(Neigbor) 서비스 디렉터리(State Machine Thread)
610: Name:   mDnsConnector     #  NsdService에 의해 생성
611: Name:   ranker            #  NotificationManagerService에 의해 생성
613: Name:   AudioService      #  AudioService$AudioSystemThread에 의해 생성
622: Name:   UEventObserver    #  커널 uevent 옵서버(많은 서비스에서 공유)
623: Name:   backup            #  BackupManagerService에 의해 생성
626: Name:   WifiWatchdogSta
627: Name:   WifiManager
628: Name:   WifiScanningSer
629: Name:   WifiRttService
630: Name:   EthernetService
634: Name:   LazyTaskWriterT   #  ActivityManager의 TaskPersister
635: Name:   UsbService host
844: Name:   watchdog
845: Name:   SoundPool         #  ActivityManager의 TaskPersister
846: Name:   SoundPoolThread   #  AudioService$SoundPoolListenerThread
906: Name:   NetworkTimeUpda   #  NetworkTimeUpdateService의 HandlderThread
```

실험: system_server 스레드 풀어서 보기(계속)

```
984: Name:   IPC Thread
1009: Name:  WifiMonitor
1507: Name:  SyncHandler-0
1513: Name:  UsbDebuggingMan
```

TID는 일반적으로 미리 알 수 없다. 하지만 system_server의 프로세스가 순차적으로 시작되기 때문에 ID만 살펴보면 시스템 프레임워크의 시작 순서를 알 수 있다.

요약

이번 장에서는 안드로이드 프레임워크 서비스 아키텍처에 대해 설명하였다. 특히 RPC(Remote Procedure Call)를 통한 IPC(Inter Process Communication)의 내부 메커니즘과 servicemanager 및 service 유틸리티를 집중적으로 살펴보았다. 그런 다음 자바로 구현된 안드로이드의 다수 프레임워크에 호스트로 제공되는 system_server 프로세스를 집중적으로 살펴보았다.

이번 장에서 다룬 내용 중에는 더욱 자세히 파고들어 살펴볼 내용이 많다. 수십 개의 서비스 및 바인더와 RPC에 대한 내용은 2권에서 자세히 다룬다.

이번 장에서 사용된 파일

컴포넌트	파일	내용
ServiceManager	f/native/cmds/servicemanager/service_manager.c	servicemanager 몸체
	frameworks/native/cmds/servicemanager/binder.[ch]	바인더 인터페이스
SystemServer	f/b/services/java/com/android/server/SystemServer.java	SystemServer 클래스

참조

1. OpenBinder 문서(미러): http://www.angryredplanet.com/~hackbod/openbinder/docs/html/

2. OSNews, 다이앤 핵크본 인터뷰: http://www.osnews.com/story/13674/

7

리눅스 렌즈를 이용해
안드로이드 살펴보기

안드로이드 개발자는 이전 장에서 설명했던 안드로이드 생명주기의 관점으로 그들의 애플리케이션을 살펴보는 방식에 익숙하다. 하지만 리눅스의 관점에서 보면 안드로이드 애플리케이션은 리눅스 프로세스이고, 시스템의 다른 프로세스와 크게 다르지 않다.

이번 장에서는 바로 이와 같은 관점에 대해 집중적으로 다룬다. 우선 첫 번째로 2장에서 다루었던 /proc 파일시스템을 이용하여 프로세스를 모니터링하고 추적하기 위해 리눅스에서 제공되는 기능을 살펴본다. 이번 장에서는 /proc에 대해서도 좀 더 자세하게 살펴본다. 여기서는 프로세스별, 스레드별 /proc/pid 엔트리를 설명한다. 이 엔트리를 통해 실시간 통계를 폴링할 수 있다. 이 작업은 top, ps 및 lsof와 같은 다양한 리눅스 유틸리티를(및 안드로이드 toolbox/toybox) 사용하여 수행한다. 첫 번째로 작업 디렉터리를 알려주는 심볼릭 링크를 설명하고, 열려진 파일 디스크립터의 정확한 모습을 제공하는 fd/ 및 fdinfo/ 서브 디렉터리를 살펴보는 데 집중한다. 다음으로는 프로세스의 하이 레벨 뷰를 제공해주는 status 엔트리에 대해 다룬다. 특히 스레드의 상태 및 가상 메모리를 집중적으로 설명한다.

가상 메모리는 매우 중요한 성능 진단을 위한 주요 지표이기 때문에 다음 섹션에서 사용자 메모리 관리의 기본에 대해 집중적으로 다룬다. 이론적인 개념뿐만 아니라 smaps 프로세스 엔트리 및 procrank와 librank라는 두 개의 도구도 함께 설명한다. procrank와 librank는 정확한 메모리 통계를 얻는 데 매우 유용한 도구이다. 그런 다음 아웃-오브-메모리Out-Of-Memory 상태, 안드로이드 애플리케이션 생명주기에 관련된 문제, 예측할 수 없는 앱 종료 문제에 대해 설명한다.

마지막으로 toolbox ps 도구, wchan의 프로세스 엔트리 및 syscall 그리고 능동적인 추적을 할 수 있는 강력한 도구인 strace를 살펴보면서 시스템 호출에 대해 설명한다.

이번 장을 공부하면서 운영체제 이론의 기본적인 개념을 설명하고, 매우 중요한 이 개념을 좀 더 자세하게 이해하기 위한 실험을 해본다. 이번 장에서 보여주는 방식과 실험은 리눅스 커널 기능을 기반으로 한다. 여기서 다루는 내용들은 안드로이드뿐만 아니라 리눅스 시스템에도 적용될 수 있기 때문에 '리눅스 디버깅 팁'이라 생각해도 좋다.

안드로이드 M의 toolbox는 toolbox의 "top" 보다 낫지만 리눅스의 top 보다는 편리하지 않다. 이 책의 웹사이트에 있는 프로세스 탐색 툴(Process Expolorer tool)에서 위에서 언급한 모든 도구를 설명하고 있고 안드로이트 특화된 도구도 함께 설명하고 있다.

/proc, revisited

/proc 파일시스템은 2장에서 이미 공부하였다. 2장에서 자세히 다루기는 했지만, 매우 중요한 파일시스템을 처음부터 자세히 다루지는 않았다. 특히 애플리케이션 내부 동작에 대한 실시간 진단 정보를 많이 가지고 있는 /proc 내의 프로세스(및 스레드) 디렉터리에 대해서는 자세히 다루지 않았다.

프로세스별 디렉터리를 이해하기 위해서는 프로세스를 객체 지향적인 관점에서 생각해야 한다. 프로세스 하나는 프로세스 클래스의 인스턴스이고, 모든 인스턴스는 동일한 속성을 가지고 있다(물론 속성값들은 조금씩 달라질 수 있다.). 프로세스별 디렉터리 내의 가상 파일에서 속성값들을 볼 수 있고, 속성값에 쓰기가 가능한 경우에는 이 속성들을 변경할 수 있다.

출력 7-1의 안드로이드 셸에서 프로세스 디렉터리 내의 항목들을 보여준다($$는 현재 셸의 프로세스 ID를 의미한다. ls 자체로 볼 수 있기 때문에 /proc/self를 사용하지 않았다.). cut 필터는 선택사항이고 가독성을 위해 사용되었다.

출력 7-1 L(3.10 커널)에서의 프로세스별 엔트리들(주석 포함)

```
shell@flounder: /data$ ls -l /proc/$$ | cut -c1-10,55-
dr-xr-xr-x attr                    # Attr
-r-------- auxv                    # 바이너리 형태의 ELF 보조 벡터
-r--r--r-- cgroup                  # 프로세스의 제어 그룹 멤버십
--w------- clear_refs              # 클리어 페이지는 smaps의 비트를 참조한다.
-r--r--r-- cmdline                 # 커맨드라인(argv[])은 NUL로 구분되어 있다.
-rw-r--r-- comm                    # 16-바이트 argv[0]
lrwxrwxrwx cwd -> /data            # 프로세스의 현재 작업 디렉터리(심볼릭 링크)
-r-------- environ                 # 환경 변수(getevn() 또는 set 사용), NUL로 구분되어 있다.
lrwxrwxrwx exe -> /system/bin/sh   # 실행 파일의 전체 경로(심볼릭 링크)
dr-x------ fd                      # 오픈 파일 디스크립터가 포함된 디렉터리(심볼릭 링크)
dr-x------ fdinfo                  # 오픈 파일 디스크립터의 메타데이터가 포함된 디렉터리
-r--r--r-- limits                  # ulimit 또는 setrlimit(2)당 프로세스 hard/soft 리미트
-r--r--r-- maps                    # 프로세스 주소 공간 메모리 맵
-rw------- mem                     # 프로세스 가상 메모리(가상 파일)
-r--r--r-- mountinfo               # 마운트 된 파일시스템(프로세스는 파일시스템을 볼 수 있다.)
-r--r--r-- mounts                  # 마운트 된 파일시스템이다. 약간 다른 포맷이다.
-r-------- mountstats              # 마운트 된 파일시스템이다. 약간 다른 포맷이다.
dr-xr-xr-x net                     # 프로세스 네트워크 네임스페이스의 네트워크 통계이다.
dr-x--x--x ns                      # 이 프로세스의 네임 스페이스(심볼릭 링크)
-rw-r--r-- oom_adj                 # 아웃-오브-메모리(old) 점수 조정으로, ActivityManager에서 사용한다.
-r--r--r-- oom_score               # 아웃-오브-메모리 점수이다. OOM에서 프로세스가 죽을 가능성을 결정한다.
-rw-r--r-- oom_score_adj           # 아웃-오브-메모리(new) 점수 조정이다. ActivityManager에서 사용한다.
-r--r--r-- pagemap                 # 프로세스의 페이지 맵
-r--r--r-- personality             # OS의 특성이다. 일반적으로 00000000이다.
lrwxrwxrwx root -> /               # 프로세스 루트 디렉터리이다. chroot(2)를 사용하지 않는 한 항상 /로 심볼릭 링크된다.
-rw-r--r-- sched                   # 이 프로세스의 CFS 통계이며, 사람이 읽을 수 있는 형태이다.
-r--r--r-- schedstat               # 이 프로세스에 대한 추가적인 CFS 통계이다.
-r--r--r-- smaps                   # 메모리 리전당 좀 더 자세한 정보를 담고 있다.
-r--r--r-- stack                   # 프로세스의 커널 스택(기술적으로는 메인 스레드)
-r--r--r-- stat                    # 통계(stack_struct에서) 기계가 읽을 수 있는 형태이다.
-r--r--r-- statm                   # 더 많은 통계이며, 기계가 읽을 수 있는 형태이다.
-r--r--r-- status                  # 통계(task_struct)이며, 사람이 읽을 수 있는 형태이다.
-r--r--r-- syscall                 # 현재 시스템 호출 및 인자이다.
dr-xr-xr-x task                    # 서브 디렉터리는 프로세스 스레드를 위한 항목을 가지고 있다.
-r--r--r-- wchan                   # 커널에서 채널을 기다린다.
```

위 출력에는 실제 물리적으로 존재하는 파일이 없다. 이는 다음 두 가지 내용을 의미한다.

- 정확한 파일 목록은 커널 버전에 따라 변경될 수 있다: 일반적으로 새로운 커널일수록 더욱 많은 가상 파일을 가지고 있을 수 있고, 이들 중 일부는 커널이 컴파일될 때 사용되지 않을 수도 있다.

- 파일들은 요청할 때까지 실제로 그곳에 존재하지 않는다: 이는 파일을 요청할 때마다 실제로는 다른 콘텐츠를 받을 수 있다는 점을 의미한다. 커널은 ls를 사용할 때, 파일의 크기를 알려주지 않는다. 따라서 모든 파일의 크기가 0으로 보인다(cut 필터 없이 명령어를 사용해보자).

두 번째 사항은 매우 중요하다. 실제 파일은 완전히 가상으로 존재하기 때문에 /proc 엔트리를 유지하는 데 있어 오버헤드가 전혀 없다. 커널은 /proc 엔트리가 정상적으로 동작하는 동안의 모든 통계 정보를 유지한다. 이 파일은 "가짜"로 존재하기 때문에 사용자가 파일을 요청하면 실시간으로 통계를 수집하고 가상 파일 형태로 제공한다. /proc 파일시스템은 이러한 방식 덕분에 시스템 및 프로세스를 추적하기 위한 매우 강력한 메커니즘을 가지게 되었다(단, 사용된 방식이 폴링^{polling}인 경우).

폴링으로 추적한다는 의미는 추적 프로그램 또는 스크립트가 명시적으로 특정 /proc 엔트리에 주기적으로 요청한다는 의미이다. 왜냐하면 /proc 엔트리는 변경되었을 때 콜백^{callback}을 지원하지 않기 때문이다(지금까지는). 이러한 방식은 폴링 주기가 길어지는 경우에 가로채고자 하는 정확한 이벤트를 놓칠 수 있다는 약점을 지닌다. 하지만 오버헤드가 전혀 없다는 강점은 이러한 약점을 충분히 감쇄시킨다. 사람이 읽을 수 있고, 쉽게 분석할 수 있는 형태의 가상 파일은 이와는 또 다른 장점이다. 이번 장에서 이를 증명할 것이다.

커널은 자주 변경되기 때문에 가상 파일들에 대한 문서(리눅스 시스템의 proc(5))는 변경되지 않은 채로 남아 있을 수 있고, 문서가 항상 적절한 상태로 존재하지도 않는다. 다음 번에는 시스템을 프로 파일링하거나 디버깅할 때 쉽게 사용할 수 있는 가상 파일의 중요 부분을 좀 더 자세히 살펴본다.

심볼릭 링크: cwd, exe, root

출력 7-1을 살펴보면 눈에 띄는 세 가지 항목이 있다. 바로 cwd, exe 및 root이다. 이들이 다르게 보이는 이유는 다른 항목들은 가상 파일인 반면, 이들은 심볼릭 링크이기 때문이다.

이 항목들이 심볼릭 링크로 표시되는 이유는 가독성 때문이다. 세 가지 항목 모두 파일 또는 디렉터리를 가르키고 있고, 사용자는 가상 파일의 항목을 첫 번째로 표시하고 다음 명령의 출력을 심는 것보다 심볼릭 링크를 사용해 링크의 타깃(대부분의 명령어는 자동으로 따라온다.)에 좀 더 쉽게 파일 작업(예를 들면 cat(1), ls(1))을 할 수 있다.

다음은 프로세스에 대한 하이 레벨 통계를 제공하는 세 가지 항목에 대한 설명이다.

- cwd – 현재 작업 디렉터리를 표시한다. 출력 7-1에서 셸이 작업하는 디렉터리는 /data이며, cwd 링크가 여기를 가르키고 있다는 사실을 알 수 있다. 여기서 재미있는 사실은 원하는 디렉터리로 이동할 수 있는 cd이다. cd로 이동한 뒤에 ls -l /proc/$$/cwd를 입력하면 명령어가 실행되지만, 제대로 실행되지는 않는다. 커널은 cwd 엔트리 쿼리를 사용할 때마다 바로 그 순간의 작업 디렉터리를 반환한다. 이는 항상 올바른 디렉터리를 얻을 수 있다는 것을 의미한다.

- exe – 이 프로세스를 시작하는 데 사용된 실행 가능한 전체 경로를 표시한다(즉, execve(2) 시스템 호출에 의해 적재되는 곳이다.). 대부분의 프로세스는 이름이 변경될 수 있기 때문에 이는 매우 유용하다. 프로세스 이름은 프로세스가 떠 있는 동안 ps 명령어를 입력하면 볼 수 있다. 프로세스의 이름은 변경되지만, 그들의 엔트리는 변경되지 않는다.

- root – 루트 디렉터리를 표시한다. 일반적으로 실제 루트 디렉터리(/)가 보인다. 애플리케이션이 루트를 chroot(2), 신규 루트로 정의된 서브 디렉터리로 변경할 수 있다면 이는 엔트리에서 보인다.

208

cwd 및 root 엔트리는 fuser나 lsof와 같은 툴에서 사용된다. 이 툴들은 파일이나 디렉터리를 애칭^{fuser}으로 열거나 프로세스^{lsof}로 열 수 있다. 셸 스크립트에서 fuser나 lsof와 같은 도구가 미리 설치되어 있지 않은 시스템에서 이 도구들을 셸 스크립트로 구현하는 것은 매우 쉬운 일이다. 다음 실험을 통해 덜 중요할 것 같은 exe 엔트리를 사용해 이 도구들과 비슷한 기능을 하는 셸 스크립트를 만들어 본다.

실험: 안드로이드 앱이 32비트인지, 64비트인지 결정하기

처음에는 exe와 같은 엔트리는 언뜻 보기에는 쓸모가 없어 보일 수 있다. 하지만 결국 실행 이름은 프로세스가 떠 있는 동안 변경될까? 아니면 변경되지 않을까?

정답은 '때에 따라 다르다.'이다. 안드로이드에서의 좋은 예제는 자이고트(Zygote)에서 생성되는 다양한 달빅 앱들이다. 이들은 실행 중인 적재된 클래스의 것으로, 프로세스의 이름을 모두 변경한다. 이는 prctl(PR_SET_NAME…) 시스템 호출을 사용해 인자 argv[0]에 전달된 값으로 변경하기 때문에 가능하다. 이 앱들의 실제 이름은 /system/bin/app_process에 있다. 여기에는 그들을 적재한 VM의 "실제" 인스턴스가 있다. L에서 32비트 앱은 app_process32에 있고, 64비트 앱은 app_process64에 있기 때문에 이는 좀 더 유용하게 사용된다. 다음 예제는 셸 스크립트를 사용하는 방법을 나타낸 것이다.

출력 7-2 exe 프로세스 엔트리를 사용해 32/64비트 앱을 알아내기

```
root@flounder:/# cd proc; for p in [0-9]*; do
> if ls -l $p/exe | grep app_process32 > /dev/null; then  # 32비트만 분리한다. 출력은 무시된다.
> echo `cat $p/cmdline` \(PID $p\) is a 32-bit app
> fi
> if ls -l $p/exe | grep app_process64 > /dev/null; then  # 64비트만 분리한다. 출력은 무시된다.
> echo `cat $p/cmdline` \(PID $p\) is a 64-bit app
> fi
> done
com.google.process.location (PID 10446) is a 64-bit app
com.google.android.inputmethod.latin (PID 10702) is a 64-bit app
... 기타 .. 기타 ..
com.google.android.apps.maps (PID 14610) is a 32-bit app
com.google.android.talk (PID 15219) is a 32-bit app
zygote64 (PID 211) is a 64-bit app
zygote (PID 212) is a 32-bit app
system_server (PID 511) is a 64-bit app
com.android.systemui (PID 691) is a 64-bit app
com.android.server.telecom (PID 930) is a 64-bit app
com.android.phone (PID 988) is a 64-bit app
```

이 스크립트를 좀 더 이해하기 위해서는 사용된 패턴을 살펴보아야 한다.

1. /proc 디렉터리로 cd한다: 여기서부터 살펴본다.
2. [0-9]* 엔트리를 반복한다: /proc의 루트에는 프로세스 엔트리와 함께 추가 파일이 포함되어 있다. 우리에게는 프로세스별 디렉터리만 필요하기 때문에 엔트리들을 숫자로 걸러낸다. PID 이터레이트에 $p를 설정해서 루프를 실행시킨다.
3. exe /proc 엔트리를 살펴보면서 확인한다: grep을 사용한다는 점에 주목하자. 출력은 버려진다(〉 /dev/null). 우리는 if로 분기된 곳에서 출력 결과(grep의 반환 결과)가 있는지의 여부에만 관심이 있다. 실제로는 여기에 세 가지 케이스(app_process32, app_process64 또는 이 둘에 속하지 않는 경우)가 있기 때문에 if/else 구분을 사용하지 않고 두 개의 if만 사용하였다.
4. 사용자가 볼 수 있도록 출력한다: cmdline을 사용한 cat(1)의 실행 결과에서 argv[0]에 있는 부분만 출력되도록 NUL−구분의 장점을 십분 활용하였다. 이는 16 바이트로 잘라 버리는 comm보다 낫다. $p를 사용해 이터레이터에서 PID를 받았다(이는 나중에 중요성이 부각되는 초창기 cd(1)과 같이 보인다.).

처음에는 스크립트를 실행하는 아이디어 때문에 일부 독자가 책을 읽는 것을 좀 더 일찍 단념할 수도 있을 것이라 생각했다. 이는 충분히 이해할 수 있다. 특히 셸 스크립트의 엄격한 구문을 생각해보면 더욱 당연할 수 있다(이는 실험을 도입한 이유이다. 독자는 스스로 한 번은 실험을 해보려고 시도했을 것이다.). 하지만 모든 스크립트들은 쉽게 파일에 넣을 수 있고, chmod(2) + x를 사용해 실행시킬 수도 있으며, 나중에 우리의 무기가 될 수 있다는 점을 기억해야 한다. 이와 같은 동일한 패턴이 안드로이드와 리눅스 시스템 모두에서 커스텀 셸 및 재사용 가능한 툴을 생성하는 데 적용될 수 있다.

불투명 오브젝트이다. 이는 커널에서만 진정한 의미를 가지고, 어떤 점에서 핸들은 오브젝트 배열의 인덱스로 해석될 수 있다.

따라서 어떤 디스크립터가 실제로 사용되는지를 알아내는 것이 중요하다. 이를 위한 몇 가지 좋은 도구가 있는데, 이 중에서 가장 중요한 도구는 'lsof(list open file)'이다. 이 도구는 프로세스별로 열려진 파일 및 매핑된 다른 것들과 함께 덤프한다. lsof를 사용하는 것보다 /proc/pid/fd에서 직접 정보를 얻는 것이 더욱 편리할 수 있다.

fd/ 서브 디렉터리는 이전 섹션에서 설명했던 cwd, exe 및 root 엔트리와 같은 심볼릭 링크 규칙에 따른다. 이는 어떤 파일이 사용 중인지를 알기 위해 PID의 fd/ 디렉터리를 ls -l로 탐색할 때 매우 편리하다. 이전 섹션에서 이 테크닉의 중요성을 몇 번에 걸쳐 보여주었다. 이보다 더 간단한 방법은 없지만, 프로세스(/proc/pid/fd 디렉터리)의 오너가 아니라면 디스크립터 목록을 조회하는 데에는 루트 권한이 필요하다.

출력 7-3 /proc/pid/fd를 통해 프로세스(자이고트)의 파일 디스크립터 조회

```
root@flounder:/proc/151/fd # ls -l
lrwx------ root     root             2015-01-04 10:19 0 -> /dev/null
lrwx------ root     root             2015-01-04 10:19 1 -> /dev/null
lrwx------ root     root             2015-01-04 10:19 10 -> socket:[11955]
lrwx------ root     root             2015-01-04 10:19 11 -> socket:[6639]
lr-x------ root     root             2015-01-04 10:19 12 -> /dev/alarm
lrwx------ root     root             2015-01-04 10:19 13 -> socket:[11986]
lrwx------ root     root             2015-01-04 10:19 2 -> /dev/null
lrwx------ root     root             2015-01-04 10:19 3 -> socket:[10409]
l-wx------ root     root             2015-01-04 10:19 4 -> /sys/kernel/debug/tracing/trace_marker
lr-x------ root     root             2015-01-04 10:19 5 -> /system/framework/framework.jar
lr-x------ root     root             2015-01-04 10:19 6 -> /system/framework/core-libart.jar
lrwx------ root     root             2015-01-04 10:19 7 -> socket:[11323]
lr-x------ root     root             2015-01-04 10:19 8 -> /system/framework/framework-res.apk
lr-x------ root     root             2015-01-04 10:19 9 -> /dev/__properties__
```

정규 파일인 경우에는 이것이 매우 정확하지만, 소켓을 확인하는 경우에는 무의미하다. 소켓은 파일시스템을 표현(일부 유닉스 소켓)할 수 없기 때문에 심볼릭 링크도 존재하지 않는다. 소켓의 경우 IP 또는 도메인 소켓 문자열과 같은 가짜 심볼릭 링크를 쉽게 추가할 수도 있다. 하지만 이 책을 쓰는 시점에서 리눅스 커널에는 최소한의 경로만 적용되어 있다. 디스크립터를 조회해보면 소켓과 관련된 아이노드iNode 숫자가 나온다. 위의 출력 7-3에서의 7, 10, 11에서는 디스크립터를 볼 수 있고, 13에서는 소켓 번호를 볼 수 있다. 하지만 소켓이 어디에 연결되어 있는지는 알 수 없다.

다행스럽게도 이 문제는 procfs 내의 가상 파일을 이용해 해결할 수 있다. 다음 실험은 유닉스와 IP 모두에서 소켓 파일 디스크립터 문제를 해결하는 방법을 나타낸 것이다.

> **실험: /proc/net을 통해 inode로 소켓 이름 찾기**
>
> 소켓을 포함한 모든 디스크립터를 자동으로 해결하기 위해 lsof(1)과 같은 도구 및 "치트"를 함께 사용할 수 있다. 하지만 이를 위해서는 리눅스 procfs 파일에 대한 약간의 지식이 있어야 한다. 이는 그다지 어렵지 않게 얻을 수 있다. 리눅스나 안드로이드 소켓은 다음 타입 중 한 가지이다.
>
> - 유닉스 도메인 소켓: 로컬 내부 통신에만 사용된다. 이 소켓 중 일부에는 이름이 있다. 예를 들면 파일시스템 식의 이름을 가지고 있다. 실제로 이들은 파일이 아니다. 도메인 소켓은 인-메모리 커널 구조체이고, 파일 이름은 시스템 내부에서 사용될 수 있도록 식별성을 부여하는 데 사용된다. 안드로이드의 경우 소켓은 "@" 이름 규칙을 사용하는 추가 소켓 형태로, /dev/socket에 존재한다. 다른 소켓들은 이름이 없다. 커널은 도메인 소켓 통계를 /proc/net/unix에 유지한다.
> - IP 기반 소켓: IPv4 및 IPv6 위에서 사용되는 소켓이다. 리눅스(및 안드로이드)는 주소 패밀리로 구분하고 프로토콜 타입(udp, tcp)으로 구분한다. 결과적으로 tcp6, udp6, tcp 및 udp 4개의 파일로 구성되어 있다.
> - 넷링크 소켓: 커널-사용자 간의 효과적인 알림 메커니즘으로 사용된다. 이는 리눅스에만 있고, 멀티캐스트 기능 때문에 매우 인기가 있다. 예를 들면 그룹의 멤버들 간에 소켓을 공유할 수 있고, 즉시 이들에게 메시지를 전송할 수도 있다. 통계는 /proc/net/netlink 내에 있다.
>
> IP 기반 소켓의 경우 가장 간단한 방식은 다양한 /proc/net 통계 파일 내에서 inode 숫자를 찾아보는 것이다. 4개의 파일이 있기 때문에 grep(1)을 이용하면 빠르게 찾을 수 있다. 출력 7-4에서 grep의 결과를 볼 수 있다.
>
> **출력 7-4** /proc/net에서 IP 소켓 찾기
>
>
> busybox netstat 또는 busybox lsof와 같은 도구(toolbox와 같은 도구는 아니다.)는 결과를 분석할 수 있다. 하지만 이를 수작업으로 하는 경우에는 헥사를 조금 다룰 수 있어야 한다. 라인의 포맷은 다음과 같다.
>
> ```
> ##: Loc_v6/v4:Port Rem_v6/v4 state .. inode# .. pname pid comm
> ```
>
> 위 포맷에는 우리에게 필요한 내용이 모두 담겨 있다.
>
> 유닉스 도메인 소켓을 매핑하는 작업은 항상 간단하게 끝나지 않을 수 있다. 때로는 grep을 사용한 /proc/net/unix에서 소켓의 이름을 가져와야 한다. 하지만 종종 소켓의 이름이 없는 경우도 있다. 이렇게 되면 소켓 끝에 어떤 클라이언트가 연결되어 있는지를 찾기 어려워진다. 어떤 경우에는 숫자 하나를 내리거나 올림으로써 역시 이름이 없는 다른 쪽 소켓을 찾을 수도 있다. ls -lR /proc/[0-9]*/fd를 살펴보면 소켓의 다른 쪽 끝을 찾을 수 있다. 하지만 이는 완벽한 방법이 아니다. 왜냐하면 때로는 소켓이 항상 한 쌍으로 생성되지 않기 때문이다. 하지만 커널 심벌의 부재와 /proc/kcore를 이용하면 간단하게 유추할 수 있다.

fdinfo

fdinfo 디렉터리는 fd와 마찬가지로 별다르지 않게 보인다. 하지만 여기에는 심볼릭 링크가 없다(또는 화려한 색깔). 하지만 fdinfo에 포함된 내용은 /fd만큼 중요하다. 어쩌면 더욱 중요할 수도 있다.

모든 파일 디스크립터는 파일에 대한 정보를 해당 fdinfo/## 엔트리에 담고 있다. 디바이스 드라이버 및 파일 시스템 구현자들은 파일 디스크립터의 현재 상태를 사용자 공간으로 옮기기 위해 사용한다(실제로 이러한 경우는 드물 수도 있다.). 여기에는 커널 자체에서 관리되는 기본 정보만 남겨둔다. 특히,

---

* 이는 로우(raw) 소켓으로, 자주 볼 수 있는 타입이 아니다. 이에 대한 통계는 다른 파일에서 관리된다.

** 기술적으로 소켓이 네임스페이스를 포함하고 있을 수 있기 때문에 /proc/pid/net/family를 읽는 것이 좀 더 정확하다. /proc/net는 전역적 네임스페이스를 제공하며, 여기에도 동일하게 적용된다.

- flags: 플래그flags는 파일을 열거나 생성할 때 open(2) 시스템 호출에서 사용된다. 이는 〈fcntl.h〉 헤더 파일에 정의되어 있다.
- pos: "파일 포인터"의 현재 지점이다. 예를 들면 파일 내에서 읽거나 쓰이는 다음 바이트의 오프셋이다.

pos 통계는 매우 중요하다. 이를 이용하면 현재 프로세스를 모니터링할 수 있고 프로세스의 타임라인이 대략 어디쯤 있는지 알 수 있기 때문이다. 약간의 셸 스크립트를 짜면 이 통계를 이용해 조건에 따라 프로세스상에서 동작시킬 수 있는 커스텀 도구를 리스트 7-1에서와 같이 만들 수 있다.

리스트 7-1 프로세스에서 파일 위치를 감시하고 조치를 취하는 셸 스크립트

```
PID=$1                          # PID는 첫 번째 인자이다.
FD=$2                           # FD는 두 번째 인지이며 감시할 대상이다.
OFFSET=$3                       # OFFSET은 세 번째 인자이다.
CUT_COMMAND='busybox cut'       # toolbox는 내장 cut 명령이 없기 때문에 필요하다.

# $FD의 fdinfo 엔트리에서 오프셋만큼 떼어낸다.

#         데이터를 가져온다       | pos 줄을 떼어낸다     | 숫자 값만큼 떼어낸다.
CUROFF=`cat /proc/$PID/fdinfo/$FD |     grep pos       |  $CUT_COMMAND -d':' -f2`

if [[ $CUROFF -gt $OFF ]]; then
  echo Do something
 # 여기에 트리거할 명령을 넣는다.
else
  echo Nothing to do.
fi
```

위 스크립트의 한 가지 단점은 알림을 사용하지 않고, 폴링을 해야 한다는 점이다. 간단히 말해서 잠재적으로 이 결과는 실행 때마다 변할 수 있고, 찾고자 하는 정확한 오프셋을 놓칠 수 있다. 이 문제는 일정한 간격으로 스크립트를 실행시키고, OFFSET 파라미터를 변경해서 어느 정도 해결할 수 있다(예를 들면 실제로 얻은 오프셋 전으로 오프셋을 설정하고, 이 지점부터 디버깅을 시작한다.).

위 스크립트는 데이터를 수집하기 위해 procfs 전반에 걸쳐 사용될 수 있고, 수집된 값을 기반으로 작업을 수행할 수 있는 패턴을 가진 예제이다. procfs는 가상 파일로 데이터를 추출하기 때문에 정확한 파일명을 가져올 수 있고, 커스터마이즈된 도구를 만들기 위해서는 유닉스 필터(cut, grep, sort 및 ilk)에 대해 잘 알고 있어야 한다. 사실 우리가 알고 있는 대부분의 도구는 procfs 및 프로세스나 /스레드 엔트리를 반복해서 필요한 작업을 넣는 방식으로, 스크립트 형태로 구현될 수 있다(특히 stat 또는 status).

status

status 프로세스 엔트리는 프로세스를 하이 레벨의 관점에서 살펴보는 데 필요한 모든 정보를 제공해준다. 우리가 알아야 할 것 같은 정보뿐만 아니라 커널이 필요한 정보도 함께 제공한다. /status는 PCB(process control block)로 제공되는 커널 내의 맘모스 구조인 task_struct 덤프를 사람이 읽을 수*** 있도록 만든 버전이다. 출력 7-5는 프로세스를 처리할 때 커널이 보이는 구조이다.

*** 프로세스 엔트리별로 stat 및 statem은 상태에 대한 정보를 동일한 값을 포함하고 있지만, 분석하는 형태가 다르다.

출력 7-5 /proc/pid/status 엔트리(주석 포함)

```
shell@flounder:/proc $ cat /proc/511/status
Name:    system_server     # /proc/511/comm과 같다
State:   S (sleeping)       # 또는 R - 실행, T - 멈춤, D - 중단할 수 없는 (깊은) 슬립
Tgid:    511               # 스레드 그룹 ID: 실제 프로세스 ID
Pid:     511               # 스레드, 프로세스 ID가 아니다.
PPid:    211               # 부모 스레드 그룹 ID
TracerPid:      0          # strace, db 또는 debuggered와 같이 모든 ptrace(2)를 프로세스에 붙인다.
Uid:     1000    1000    1000    1000    # Real, Effective, Set 및 파일 시스템 UID
Gid:     1000    1000    1000    1000    # Real, Effective, Set 및 파일 시스템 UID
FDSize:  2048                            # 허용된 파일 디스크립터의 최대 #
Groups:  1001 1002 1003 1004 1005 1006 1007 1008 1009 1010 1018 1032 3001 3002 3003 3006 3007
VmPeak:   2367448 kB     # 가상 메모리 하이-워터 마크
VmSize:   2258636 kB     # API에서 mlock(2)하는 가상 메모리
VmLck:          0 kB     # 핀된 메모리
VmPin:          0 kB     # RSSPeak
VmHWM:     178100 kB     # 예를 들면 거주 메모리 풋 프린트 하이-워터 마크
VmRSS:     151600 kB     # 거주 메모리 풋 프린트, 사전 조정되어 있다.
VmData:    230448 kB     # 데이터 세그먼트 사이즈(힙 메모리)
VmStk:       8192 kB     # 프로세스 스레드 스택 크기
VmExe:         16 kB     # 실행 파일 크기
VmLib:     120016 kB     # 공유 라이브러리(.so) 파일에서 사용되는 메모리
VmPTE:        968 kB     # 페이지 테이블 엔트리에서 사용되는 메모리
VmSwap:         0 kB     # 스와프 내 프로세스에서 사용되는 메모리
Threads:       82        # 스레드 개수. 1 이상이면 멀티 스레드 프로세스이다.
SigQ:    3/6826          # 처리된 시그널 및 시그널 큐의 크기
SigPnd:  0000000000000000 # 펜딩 시그널의 비트마스크
ShdPnd:  0000000000000000 # 프로세스의 공유된 펜딩 시그널
SigBlk:  0000000000001204 # 블록된 시그널의 비트마스크(SIG_BLOCK에 의해)
SigIgn:  0000000000000000 # 무시된 시그널의 비트마스크(SIG_IGN에 의해)
SigCgt:  00000002000094f8 # 잡힌 시그널의 비트마스크(핸들러에 의해)
CapInh:  0000000000000000 # 상속된 케이퍼빌리티의 비트마스크
CapPrm:  0000001007813c20 # 허용된 케이퍼빌리티의 비트마스크
CapEff:  0000001007813c20 # 효과적인 케이퍼빌리티의 비트마스크
CapBnd:  0000000000000000 # 케이퍼빌리티 바운드 세트의 비트마스크
Cpus_allowed:    3        # 허용된 CPU 비트마스크(3=0011)
Cpus_allowed_list: 0-1    # 허용된 CPU 목록
voluntary_ctxt_switches:        40684 # 자발적인 컨텍스트 스위치(유도된 시스템 호출)
nonvoluntary_ctxt_switches:     13471 # 비자발적 컨텍스트 스위치(유도된 선점)
```

여기에는 방대한 양의 내용이 포함되어 있기 때문에 분명하지 않은 필드는 단계별로 차근차근 살펴보아야 한다.

pid, tid, tgid 및 ppid 정리하기

"pid"라는 용어는 프로세스 ID를 의미한다고 생각할 수 있다. 프로세스 ID가 맞을까? 이는 프로세스 ID가 아니다. 실제로 리눅스에서는 PID를 프로세스 ID로 사용했다. 하지만 PID는 다른 운영시스템들이 리눅스에 합쳐지기 시작하는 밀레니엄 시기부터 스케줄링 스레드의 ID를 의미하였다. Pid는 정확히 말하면 프로세스 ID가 아니라 스레드를 가르키고 있다. 프로세스는 동일한 리소스(가상 메모리, 파일 디스크립터 등)를 공유하는 스레드들의 그룹이며, Tgid 필드에 있는 것이 '프로세스'를 의미한다.

일부 독자들은 이러한 점 때문에 조금 혼동을 겪을 수 있다. 특히 Tgid 필드와 Pid 필드에 동일한 값이 있는 위 예제를 보면 더욱 혼동될 수 있다. 하지만 위 예제에서 잘못된 점은 없다. 프로세스의 메인 스레드는 Pid와 Tgid 값이 항상 같다. 이는 프로세스의 main_thread를 가장 쉽게 결정하는 방법이다. 즉, 스레드 그룹의 첫 번째 스레드를 메인 스레드로 정한다. 하지만 자식 스레드는 Pid가 변경되지만 Tgid는 변경되지 않는다.

이와 같은 방식으로 Ppid[Parent Process Identifier] 필드는 부모 스레드 그룹 식별자[Parent Thread Group IDentifier]이다.

PTGID는 기억하기 쉽지 않아 보이기 때문에 여전히 'PPID'라고 통칭된다. 부모 스레드는 자식 스레드의 반환 코드(main()에서 반환되거나 exit()가 호출될 때 반환된다.)를 수집하는 책임이 있기 때문에 부모 스레드와 자식 간의 혈통을 아는 것은 매우 중요하다. 일부 부모 스레드는 자신들이 죽을 때 모든 자식 스레드를 죽인다.

대부분의 유닉스 툴은 메인 스레드 통계만 보기 위해 "조건"을 넣을 수 있고, 이는 프로세스에도 잘 적용될 수 있다. 이번 섹션에서는 이에 대해 설명한다. ps 명령어는 예전 버전과 호환성을 유지하기 위한 방편으로 PID를 Tgid로 거짓 사용하고, (리눅스의 ps -L에서 스레드가 표시될 때) 실제로는 Pid를 LWP로 사용한다. 안드로이드 ps(-t 옵션으로 스레드를 표시)는 이 부분을 전혀 신경 쓰지 않고 PID 필드를 호출한다. 스레드 그룹 내의 스레드들은 task/ 서브 디렉터리에서 볼 수 있다. 이는 다음 실험을 통해 검증할 수 있다.

실험: /proc 내의 스레드와 프로세스 살펴보기

이 작업은 멀티 스레드를 가진 프로세스 내에서 스레드를 꼼꼼히 살펴보는 시스템 관리자 또는 디버거에게 유용하다. /proc 파일시스템은 스레드별 통계를 제공한다. 리눅스의 ps와 달리 멀티 스레드를 가진 프로세스(BSD 모드에서)를 나타내는 'l' 구문을 제공하지만, 안드로이드의 ps는 모든 스레드를 표시하기 위한 -t 옵션만 제공한다. 안드로이드 top(1)은 다수의 스레드를 조회하는 데 사용된다.

출력 7-6 toolbox top을 사용해서 다수의 스레드 보기

```
shell@flounder:/$ top
User 0%, System 1%, IOW 0%, IRQ 0%
User 3 + Nice 0 + Sys 8 + Idle 609 + IOW 0 + IRQ 0 + SIRQ 0 = 620

  PID PR CPU% S  #THR      VSS      RSS PCY U        Name
19213  0   1% R     1    4088K     1340          top
    1  1   0% S     1    1004K      544          /init

  154  1   0% S    14   82016K   37568K  fg system  /system/bin/surfaceflinger
  198  0   0% S     5    4764K     320K     shell
  202  0   0% S     9   12872K    1852K      root
  203  0   0% S     1    1732K     732K      root
  204  1   0% S     1    3556K    1532K      root
  205  0   0% S     2   13932K    5460K  fg drm
  206  0   0% S    11  113916K   24788K  fg media
  211  0   0% S     6 2080384K   81204K      root
  212  1   0% S     6 1488620K   59788K      root
  511  1   0% S    82 2258636K  150116K  fg system  system_server
  691  0   0% S    25 2166460K  141436K  fg u0_a20   com.android.systemui
19129  1   0% S    29 2128380K   57220K  bg u0_a16   com.android.vending
```

이전의 예제에서 배웠던 프로세스들을 순환하면서 살펴본 패턴을 여기에 적용하면 스레드 그룹의 스레드를 순환하면서 살펴볼 수 있다. cd 명령어를 /proc/tgid/task로 이동하면 그룹 내의 모든 스레드에 해당하는 숫자로 지정된 서브 디렉터리(메인 스레드 포함)를 찾을 수 있다. 그런 다음 개별 task/ 서브 디렉터리로 이동해보면, 메인 스레드 엔트리와 비슷하다는 사실을 알 수 있다(/proc/tgid/task/ tgid로 완전히 동일하다.). 프로세스별 및 스레드별 엔트리는 본질적으로 동일하다(리눅스는 프로세스가 아니라 스레드를 본다.). 거의 모든 프로세스 레벨의 속성(maps, fd 등)은 동일하지만 일부(syscall, wchan 및 다른 속성)는 스레드별로 달라질 수 있다.

실험: /proc 내의 스레드와 프로세스 살펴보기(계속)

status 엔트리는 특히 혼란스럽게 느껴질 수 있다. 왜냐하면 이 엔트리의 대부분은 스레드 그룹에 적용(그리고 모든 스레드에 동일하게 적용)될 수 있지만, 다른 것들은 개별 스레드별로 변경될 수 있기 때문이다. 예를 들면 Tgid는 다음 출력과 같이 실제 프로세스 ID로 제공될 수 있다.

출력 7-7 TGID 대 PID

```
shell@flounder:/proc/211/task $ for t in *; do
> echo -n "PID $t: "; grep Tgid: $t/status;
> done
PID 19130: Tgid:      211
PID 19131: Tgid:      211
PID 19132: Tgid:      211
PID 19133: Tgid:      211
PID 19134: Tgid:      211
PID 211: Tgid:   211
```

안드로이드의 개별 스레드 명명 규칙 덕분에 대부분 멀티 스레드 프로세스의 개별 스레드를 순환하면서 각각의 스레드를 구별할 수 있다. 이는 달빅 앱(출력 6-4에서 살펴본 시스템 서버) 또는 자이고트 자체에서도 매우 유용하다. 예를 들면 다음과 같다.

출력 7-8 이름이 있는 스레드 살펴보기

```
shell@flounder:/proc/211/task $ for t in *; do
> echo -n "PID $t: "; grep Name: $t/status;
> done
PID 19130: Name:      ReferenceQueueD
PID 19131: Name:      FinalizerDaemon
PID 19132: Name:      FinalizerWatchd
PID 19133: Name:      HeapTrimmerDaem
PID 19134: Name:      GCDaemon
PID 211: Name:  main
```

거의 알려지지 않은 사실 중 하나는 cd를 통해 스레드로 직접 들어갈 수 있다는 것이다. /proc 를 조회하면 메인 스레드(또는 커널 스레드)만 볼 수 있고, cd를 이용해서 유효한 TID로 들어가면 스레드별 통계에 간단하게 들어갈 수 있지만, /proc/tgid/task/tid에 접근해도 이와 동일하게 스레드별 통계에 들어갈 수 있다. 리스트를 실행하면 procfs는 자식 프로세스를 필터링해서 가져온다. cd를 이용해서 직접 들어가면 procfs는 전혀 상관하지 않기 때문에 바로 통계를 가져올 수 있다(유효한 스레드, 자식 스레드, 메인 스레드 또는 커널을 지정한 경우).

스레드 상태 및 컨텍스트 스위칭 ─────

스레드가 최적의 상태로 항상 구동되어야 한다고 생각할 수 있지만, 대개는 그럴 필요가 없다. 때로 스레드는 그들의 생명주기를 실행하는 데에 시간을 보내지만, 대개는 그들은 기다리는 데 시간을 보내지 않는다. 이벤트, 사용자 입력, I/O는 상호 배제 상태이거나 실행될 수 있는 상태일 수도 있다. 왜냐하면 모든 CPU 또는 코어는 곧 다른 스레드에 의해 점유되기 때문이다. 특정 시점에 커널은 스레드의 목록을 관리하고 이들 각각의 상태를 기록한다.

프로세스 자체는 실행 가능한 엔티티가 아니다. 따라서 프로세스별 엔트리에서 볼 수 있는 상태 및 컨텍스트 스위칭 통계는 실제 메인 스레드의 것이다.

/proc/status 내의 State: 필드는 안드로이드 ps 툴(또는 리눅스의 ps, BSD 문법)에서 보는 상태와 동일하다. 여기서 사용된 상태는 다른 유닉스(다윈 및 다른 BSD)와 비슷하고, 윈도우(명명법은 전혀 다르다.)와 같은 다른 운영체제들과도 다르지 않다. 다음 다이어그램은 상태 간의 전이를 묘사한 것이다.

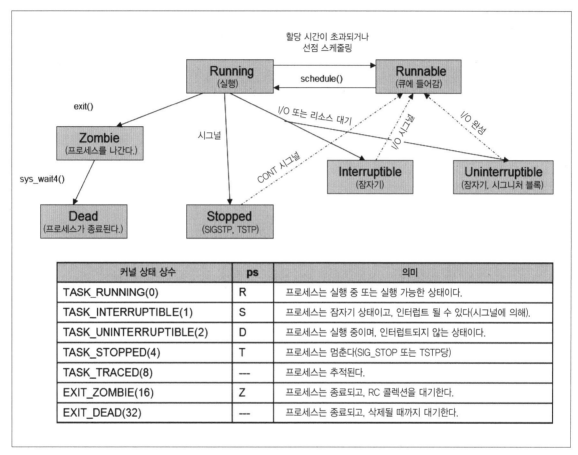

커널 상태 상수	ps	의미
TASK_RUNNING(0)	R	프로세스는 실행 중 또는 실행 가능한 상태이다.
TASK_INTERRUPTIBLE(1)	S	프로세스는 잠자기 상태이고, 인터럽트 될 수 있다(시그널에 의해).
TASK_UNINTERRUPTIBLE(2)	D	프로세스는 실행 중이며, 인터럽트되지 않는 상태이다.
TASK_STOPPED(4)	T	프로세스는 멈춘다(SIG_STOP 또는 TSTP당)
TASK_TRACED(8)	---	프로세스는 추적된다.
EXIT_ZOMBIE(16)	Z	프로세스는 종료되고, RC 콜렉션을 대기한다.
EXIT_DEAD(32)	---	프로세스는 종료되고, 삭제될 때까지 대기한다.

그림 7-1 리눅스 스레드 상태

Running 상태(예를 들면 코어나 하이퍼스레드에서 현재 실행 중인 상태)와 Runnable 상태(실행 큐에 있지만 가용한 CPU를 기다리는 상태)는 위 다이어그램과 마찬가지로 명확한 차이가 없다. 양쪽 모두 커널의 관점에서 보면 동일한 상태이다. 스레드는 다음 두 가지가 발생할 때까지 가능한 시간 동안 계속 실행된다.

- 선점Preemption: 외부의 인터럽트로 인해 발생한다. 커널은 스레드 퀀텀(할당된 사용 시간)이 초과하게 되거나 더 높은 우선순위의 스레드가 runnable 상태인지 확인한다. 양쪽 모두 스레드는 연장 실행의 이익을 얻을 수 있지만, 대체될 스레드가 현재의 스레드를 쫓아낸다. 이를 '컨텍스트 스위치ontext switch'라고 한다. 이는 현재 스레드의 입장에서 보면 스레드가 원하는 방향이 아니기 때문에 이를 '비자발적nonvoluntary'이라고 할 수 있다.

- 잠자기/대기: 스레드가 현재 아무것도 하지 않을 경우에 발생한다. 이는 다음과 같은 몇 가지 이유 때문에 발생한다.
  - 사용자가 스레드를 멈췄다: STOP 시그널을 사용해 사용자가 스레드를 멈추는 경우이다. 유닉스 사용자는 CTRL-Z 키 조합에 익숙할 것이다. 이 키 조합을 사용하면 터미널 드라이버가 메인 스레드에게 시그널을 전송하고, 커널은 전체 스레드 그룹 또는 프로세스로 알려진 것을 멈춘다. 중단된 스레드 또는 그룹은 CONT 시그널로 재개될 수 있다. CONT 시그널은 fg 또는 bg에서 전송한다. 물론 kill -STOP pid 및 kill -CONT pid를 실행해서 수작업으로 스레드를 멈추거나 재개할 수도 있다.
  - 터미널 드라이버가 스레드를 멈췄다: 백그라운드에서 풀 스크린 명령어를 실행하거나, 입력에 백그라운드 명령어를 사용하거나, stty +tostop이 설정되어 있을 때가 이 경우에 해당한다. 여기에 전송되는 시그널은 TSTP이지만, 다른 경우에는 STOP과 비슷하게 동작한다.
  - 스레드가 CPU를 넘겨줬다: 스레드에서 sleep(2)를 호출하거나 다른 형태의 지연 작업(좀 더 일반적으로는 스레드가 IPC 오브젝트를 기다릴 때)이 발생할 때가 이에 해당한다. 이는 스레드가 즉시 서비스될 수 없는 I/O 호출(존재 하지 않는 버퍼 또는 페이지 캐시)을 만들 때 암묵적으로 발생한다. 이 I/O에는 스토리지 또는 사용자의 입력이 필요하다. 이는 CPU보다 느린 명령이다. 그러므로 I/O 시스템 호출은 스레드를 유지하거나 I/O 대기 큐에 넣는 방식을 선택한다. I/O가 완료(인터럽트를 통해)되었을 때, 스레드는 다른 스레드가 선점할 수 있도록 재스케줄링할 수 있다. 하지만 이러한 경우, 스레드는 컨텍스트 스위치를 "동의"(또는 최소한 묵인)한다. 따라서 이를 '자발적voluntary 컨텍스트 스위치'라고 한다.*

자발적 및 비자발적 컨텍스트 스위치의 차이는 매우 중요하다. status 엔트리 내의 필드에서 이와 관련된 통계들을 찾을 수 있는 이유는 바로 이 때문이다. 높은 우선순위의 비자발적 컨텍스트 스위치를 가진 스레드는 필요한 경우, 다른 스레드가 사용 중인 CPU를 점유할 수 있다. 이는 스레드가 증가된 우선순위로 이득을 얻을 수 있다는 것을 암시한다.

다이어그램에서 마지막 두 개의 상태인 Zombie와 Dead는 사실 상태가 아니다. 유닉스 프로세스는 exit(2) 시스템 호출에서 제공되는 리턴 코드 또는 main() 함수에서 나온 리턴 값을 가진다. 이 코드는 부모 프로세스가 가지고 간다. 그러기 위해서는 부모의 역할이 필요한데, 리턴 코드를 수집하기 위해 wait#(2) 시스템 호출(자식의 SIGCHLD 알림을 얻은 뒤에) 중 하나를 호출하는 형태이다. 메인 스레드는 종료되거나 main(2) 함수에서 리턴될 때, 부모가 그를 종료시키기를 기대하면서 Zombie 상태로 들어간다. 부모가 의무를 제대로 수행하지 못한 경우에는 (시그널을 무시하거나 fork() 뒤에 wait#(2) 호출을 잃어버린 경우, 일반적으로 프로그래머가 할 수 있는 실수) 워킹 데드Walking Dead 상태로 들어간다. 다행스럽게도 유닉스의 좀비는 상당히 얌전하다. 실제로 프로세스 테이블 엔트리를 제외하고는 리소스(메모리, CPU 및 다른 자원)를 전혀 소비하지 않는다. 좀비는 그들의 부모가 죽었을 때(또는 종료를 당했을 때), 항상 wait#(2)를 호출하고 진혼곡을 제공하는 init()(PID 1)을 사용해 평화를 찾을 수도 있다.

하이 레벨 메모리 통계

/proc/pid/status 엔트리는 프로세스 메모리 사용량에 대한 가치 있는 통계를 제공한다(리소스는 스레드 레벨이 아닌 프로세스 레벨로 처리되기 때문에 "스레드"보다는 "프로세스" 단위를 사용한다.). 다양한 통계 정보는 표 7-1과 같다.

---

* TASK_INTERRUPTIBLE(시그널을 받거나) 또는 TASK_UNINTERRUPTIBLE(시그널을 펜딩) 중에 어떤 것을 선택할 것인지는 시스템 호출 또는 (정확하게는) 서비스를 담당하는 드라이버가 결정한다.

표 7-1 /proc/**pid**/status에 있는 하이 레벨 메모리 통계

매트릭	설명
VmPeak	가상 메모리의 가장 높은 값이다. 프로세스가 살아 있는 동안 가장 높은 VmSize 값이다.
VmSize	현재 순간의 가상 메모리 크기이다.
VmLck	mlock(2) API에서 잠겨지는 메모리이다. 대부분의 애플리케이션에서 이 값은 0이다.
VmPin	고정된 메모리이다. 대부분의 애플리케이션에서 이 값은 '0'이다.
VmHWM	거주하는 메모리의 가장 높은 값이다. 이 프로세스가 살아 있는 동안 가장 높은 VmRSS 값이다.
VmRSS	현재 시점의 거주 메모리 값이다.
VmData	데이터 세그먼트의 크기이다. 이는 프로세스 힙(heap) 메모리 크기이다.
VmStk	프로세스 스레드 스택의 크기이다.
VmExe	실행 파일의 크기이다.
VmLib	셰어드 라이브러리(.so) 파일에서 사용된 메모리이다.
VmPTE	페이지 테이블 엔트리에서 사용된 메모리이다.
VmSwap	프로세스에서 스와프 시에 사용된 메모리이다(안드로이드 스와프가 없기 때문에 이 값은 '0'이고, 다른 경우는 'ZRAM'으로 스와프한다.).

하이 레벨 통계를 잘 살펴보면, 메모리 독점 문제를 빠르게 해결할 수 있는 진단을 제공한다는 사실을 알 수 있다. 특히 VmRss의 하이 레벨이 중요하다. 메모리 문제에 대해 좀 더 많은 통찰력을 얻고 싶다면, /proc/pid/smaps에 대한 통계 데이터를 더 많이 살펴보아야 한다.

사용자 모드 메모리 관리 ────

프로그래머는 메모리에 관심을 기울이고 싶어 하지 않는다. 각각의 프로세스는 자신만의 주소 공간을 가지고 있고, 필요에 따라 메모리를 자유롭게 할당할 수 있다. 이때에는 커널이 모든 사항을 처리할 것이다. 주소 공간은 해당 프로세스에만 속한 전용(private)이며, 가상(virtual, 커널 및 메모리 관리 유닛에서 실제 RAM을 추상화)이다.

하지만 메모리는 애플리케이션이 직면할 수 있는 가장 핵심적인 병목 지점 중 하나이다. 부적절한 메모리 관리는 프로세스뿐만 아니라 전체 시스템에도 좋지 않은 영향을 미칠 수 있다. 이러한 부정적인 효과는 안드로이드에서 더욱 심해진다. RAM을 많이 사용하는 리눅스의 메모리 할당은 스와프에 의해 뒷받침될 수 있지만, 안드로이드는 스와프 메모리가 없고, 결과적으로 아웃-오브-메모리 상황을 발생시키지 않으며, RAM을 사용하는 것이 불가능하다. 이 시점에서 RAM을 복구할 수 있는 방법은 RAM을 차지하고 있는 프로세스를 종료하는 것이다.

안드로이드는 가용한 메모리를 최적화하고 스와프의 부재를 보충하기 위해 매우 놀라운 작업을 수행한다. 달빅 가상 머신은 가능한 한 많은 가상 메모리를 공유하는 데에 초점을 맞춰 설계되었다. 전통적인 자바 VM의 여러 인스턴스는 인스턴스당 100+ MB 정도의 메모리 없이는 사용할 수 없다. 이와 반대로 달빅 VM 인스턴스는 거의 모두를 공유하고 개별 앱별로 상당히 작은 메모리 풋 프린트를 제공한다.

가상 메모리 분류 및 생명주기

"모든 가상 메모리는 동일하다."라고 여길 수 있지만, 이는 사실과 다르다. 가상 메모리는 그 용법 또는 릴리즈에 따라 네 가지 타입으로 분류할 수 있다. 페이지는 자신만의 생명주기를 가지고 그림 7-2에 묘사되어 있다.

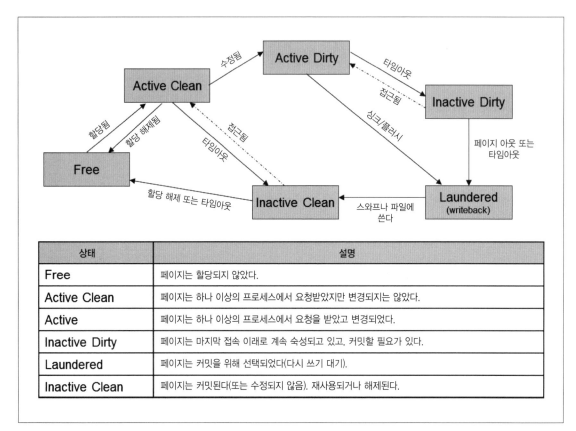

상태	설명
Free	페이지는 할당되지 않았다.
Active Clean	페이지는 하나 이상의 프로세스에서 요청받았지만 변경되지는 않았다.
Active	페이지는 하나 이상의 프로세스에서 요청을 받았고 변경되었다.
Inactive Dirty	페이지는 마지막 접속 이래로 계속 숙성되고 있고, 커밋할 필요가 있다.
Laundered	페이지는 커밋을 위해 선택되었다(다시 쓰기 대기).
Inactive Clean	페이지는 커밋된다(또는 수정되지 않음). 재사용되거나 해제된다.

그림 7-2 페이지 생명주기

네임드(named) 대 익명(anonymous)

메모리 페이지를 분류하는 첫 번째 방법은 소스로 분류하는 방식이다. 매핑된 페이지는 스토리지의 파일에서 가져온 것이다(디스크, 플래시 또는 네트워크 파일시스템). 이 페이지는 파일에 적재되고(커널의 페이지 캐시를 통해) 프로세스의 가상 메모리로 들어간다. 파일명은 메모리에서 사용될 이름으로 제공된다. 이 때문에 매핑된 페이지는 '네임드named'라고 한다.

이와 반대로 일부 메모리는 파일이 지원되지 않고 프로세스가 필요할 때마다 애드혹adhoc으로 생성된다. 이에는 프로그램이 스택 프레임을 설정하거나 malloc(3)을 호출할 때, 스택 또는 힙에서 사용된 메모리가 포함된다. 이 메모리들은 파일에 보관되지 않기 때문에 이름이 없다. 따라서 이러한 종류의 메모리를 '익명anonymous 메모리'라고 부른다.

프로세스별 maps 프로세스 엔트리는 매핑된 모든 메모리를 나타낸 것이다. 네임드 매핑은 디바이스와 아이노드Node 번호 및 해당하는 파일명이 나와 있기 때문에 보기가 쉽다. 익명 파일 매핑은 번호가 없지만, 스택 또는 힙과 같은 "특별한" 익명의 매핑을 볼 수 있다.

Clean 대 Dirty

페이지가 메모리에 적재될 때 불변 상태로 되거나(읽기 전용 메모리로 사용된 경우), 프로세스가 변경할 수 있는 상태가 될 수도 있다. 변경되지 않는 메모리는 "클린clean" 메모리라고 하고, 변경되는 메모리는 "더티dirty" 메모리라고 한다.

시스템은 페이지가 더티 상태인지, 클린 상태인지를 알아야 한다. 페이지가 메모리에서 매우 많은 시간을 소비하고 있을 때 해야 할 작업을 알아야 하고, 이것이 공유에 미치는 영향을 알아야 한다. 더티와 클린의 차이는 다음 분류를 이해하는 데 도움을 준다.

Active(레퍼런스) 대 Inactive

가상 메모리 페이지는 RAM에 매핑될 때 "나이^{age}"를 가지고 있다. 커널 및 MMU는 LRU$^{Least\ Recently\ Used}$ 페이지를 추적하는 참조 메커니즘을 유지하기 위해 함께 동작한다. 페이지가 접근하면 즉시 활성^{Active} 상태로 표시된다. 주어진 주기보다 더 오랫동안 사용되지 않은 상태로 남아 있다면, 이 상태는 비활성^{inactive} 상태로 남아 있게 된다.

활성/비활성 상태를 아는 것은 퍼징^{purging} 및 라이트백^{writeback}의 목적상 매우 중요하다. 퍼징은 페이지가 더 이상 필요하지 않은 경우, 폐기된 페이지의 프로세스를 참조한다. 페이지가 비활성화되어 있고, 클린 상태라면 제로 페이지이거나 스토리지에 저장된 페이지라는 것을 의미한다. 어떤 경우에도 다른 프로세스의 가상 메모리 페이지 요청을 위한 공간을 만들기 위해 페이지는 즉시 제거될 수 있다.

라이트백은 더티 페이지를 가진 프로세스를 참조하고 스토리지(일반적으로 기존 페이지 파일 이지만, 익명 메모리인 경우 스와프)에 이들을 다시 쓴다. 매핑된 페이지는 특히 적절한 시간 내에 다시 쓰는 것이 중요하다. 왜냐하면 시스템은 예상하지 못한 전력 손실(또는 충돌)에 직면할 수 있기 때문이다. 쓰이지 않는 매핑 페이지는 데이터 손실을 야기할 수 있다. 따라서 커널은 페이지 만료 파라미터를 /proc/sys/vm에 관리한다. 익명 페이지는 스와프에 쓴다(압축된 RAM, 안드로이드에서 이를 지원한다.). 다시 쓸 스와프가 없는 경우(또는 압축된 RAM), 시스템은 아웃-오브-메모리 상태에 직면하게 된다(나중에 다시 설명한다.).

Private 대 Shared

프로세스에서만 전용으로 사용되는 메모리를 '전용^{private}'이라 한다. 이는 '하나의 프로세스만 해당 메모리 페이지에 접근할 수 있고, 다른 프로세스는 물리적으로 그 메모리 페이지에 접근할 수 없다는 것'을 의미한다. 일반적으로는 프로세스가 MAP_ pRIVATE 플래그와 함께 mmap(2)를 사용해서 파일 매핑을 요청하거나 (좀 더 일반적으로는) malloc(3) 또는 new를 사용해 익명 메모리 할당이 된 경우에 발생한다.

또한 메모리는 두 개 이상의 프로세스 간에 공유^{shared}될 수도 있다. 보통은 프로그래머가 MAP_SHARED 플래그 및 mmap(2)와 같은 메모리 공유 호출 또는 다른 메커니즘(시스템 V의 shm*API 또는 안드로이드의 /dev/ashmem) 이용해 일부러 메모리 공유를 하는 상황이다. 이는 프로세스가 특히 커널 또는 다른 프로세스에게 '이 메모리를 공유하고 싶다.'라고 알려주기 때문에 'explicit sharing'이라고 한다.

공유 메모리는 프로세스 A와 B에서 각각 다른 가상 주소에 매핑될 수 있지만, 이들 모두 물리적으로 동일한 페이지를 바라보게 된다. 이는 '시스템 내 공유 메모리의 물리적인 복사본은 단 한 개만 존재한다는 것을 의미한다. 어쨌든 정확하게 동일한 내용을 보관하는 데 있어 두 개의 RAM 페이지를 낭비하는 것일까? 이는 변경 시에 여러 개의 메모리 복사본을 갱신해서 공유를 유지해야 하는 커널의 부담을 줄여준다. 모든 프로세스에 하나의 복사본만 매핑되어 있는 경우, 복사본에 변경이 발생하면 즉시 모든 프로세스에 적용된다.

조금 복잡한 경우를 생각해보자. 때로는 프로세스가 전용 메모리를 요청하지만, 시스템은 프로세스에게 알리지 않고 메모리를 공유하기로 결정할 수 있다. 이를 '암묵적인 공유$^{implicit\ sharing}$'라고 한다. 많은 예제에서 대부분의 메모리는 별도로 표시되지 않는 한 암묵적인 공유를 사용한다. 예를 들면 라이브러리나 프레임워크를 생각해보자. 각 프로세스는 그들의 복사본이 필요하지만, 대부분의 프로세스는 변경되지 않은 복사본을 사용한다. 라이브러리 및 프레임워크 코드는 읽기 전용으로 매핑되어 있고, 정의상 그들은 변경될 수 없다. 모든 복사본들이 동일하다면 라이브러리들의 개별 복사본을 매핑하는 것(특히 바이오닉처럼 일반적으로 사용되는 것들은)은 앞뒤가 맞지 않는 이야기다. 이러한 경우 프로세스가 MAP_ pRIVATE로 요청하면 커널은 기본적으로 "좋다."라고 응답하지만, 어쨌든 공유한다. 프로세스에게는 완벽하게 거짓말을 했지만, 프로세스는 전혀 알지 못하는 상태로 남아 있다.

이 정교한 방식을 유지하기 위해서는 커널에 약간의 오버헤드가 필요하다. 메모리가 암시적으로 공유된 상태이고, 프로세스 중 하나가 이를 변경하려고 시도한다면 커널은 구성원들이 다른 구성원들에게 영향을 미치지 않고 메모리를 수정할 수 있도록 해야 한다. 커널의 쓰기 시도를 가로채서(페이지 틀림에 의해), 쓸 수 있는 새로운 복사본을 생성하고, 프로세스 가상 메모리에 복사본을 원본 대신 재매핑하면 다른 구성원들의 메모리 공간에 변경되지 않은 상태로 매핑이 남아 있게 된다. 이를 복사-후-쓰기copy-on-write라고 한다.

실험: /proc/pid/maps를 통해 주소 공간 매핑 조사하기

프로세스별 procfs의 maps 엔트리는 프로세스 주소 공간에 대한 전체 레이아웃을 제공한다. 이를 이용하면 익명의 메모리 지역과 함께 어떤 파일을 매핑할 것인지 빠르게 결정할 수 있다. 출력 7-9는 셸(64비트)에서의 항목들을 나타낸 것이다.

출력 7-9 /proc/pid/maps를 통해 프로세스 주소 공간(예를 들면 셸) 조사하기

```
shell@flounder:/ $ cat /proc/$$/maps
#  대부분의 실행 파일은 세그먼트 세 개에 매핑된다.
#                          쓰기
#                        읽기/실행
# 주소 범위                 |||      오프
5579579000-55795bc000    r-xp 00000000 103:0d  495          # 코드(텍스트), 읽기 전용
55795cb000-55795cd000    r--p 00042000 103:0d  495          # 데이터, 읽기 전용
55795cd000-55795ce000    rw-p 00044000 103:0d  495          # 데이터, 읽기-쓰기
55795ce000-55795cf000    rw-p 00000000 00:00  0             # 익명: 예약
559e8f6000-559e90c000    rw-p 00000000 00:00  0             # 익명: 힙

7f8298b000-7f82a12000    r-xp 00000000 103:0d  1275  /system/lib64/libc.so    # 바이오닉 코드
7f82a12000-7f82a22000    ---p 00000000 00:00  0                               # 가드
7f82a22000-7f82a26000    r--p 00087000 103:0d  1275  /system/lib64/libc.so    # 바이오닉 상수
7f82a26000-7f82a29000    rw-p 0008b000 103:0d  1275  /system/lib64/libc.so    # 바이오닉 데이터

7ff66d9000-7ff66fa000    rw-p 00000000 00:00  0                               [stack]
                                |
                         매핑 타입( p = MAP_ pRIVATE, s = MAP_SHARED)
```

프로세스 엔트리별 smaps를 해보면, 좀 더 상세한 내용을 볼 수 있다. maps를 수행하더라도 동일한 정보를 제공하지만, smaps를 사용하면 매 지역별로 분류하여 볼 수 있다. 이는 다음 실험에서 자세히 설명한다.

시스템 전체의 레벨에서 메모리 통계를 보기 위해서는 /proc/meminfo 파일을 살펴보면 된다. 이 파일(top 또는 vm_stat와 같은 유틸리티에서 사용되는)에서는 동일한 명명법 및 분류법이 사용된다.

출력 7-10 /proc/meminfo를 가지고 시스템 전체 메모리 사용량 조사하기

```
shell@flounder:/ $ cat /proc/meminfo
MemTotal:                          # 시스템의 물리적 메모리(2GB에서 예약분을 뺀 값)
MemFree: Buffers:   177452  kB     # 프리(free) 메모리
Cached:                336  kB     # 버퍼 캐시(로 디바이스 블록을 캐시한다.)
SwapCached:         488156  kB     # 페이지 캐시(I/O에 기반을 둔 파일시스템을 캐시한다.)
Active: Inactive:       52  kB     # 스와프 내의 익명 메모리
Active(anon):       570104  kB     # 활성화 메모리 계
                    338552  kB     # 비활성화 메모리 계
                    303228  kB     # 익명 활성화 메모리 계
Inactive(anon):     130684  kB     # 익명 비활성화 메모리 계
Active(file):       266876  kB     #  활성화 mmap(2) 메모리 계
Inactive(file):     207868  kB     # 비활성화 mmap(2) 메모리 계
Unevictable:          1836  kB     # 삭제 불가능/스와프 가능한 잠김 메모리
Mlocked:                 0  kB     # 스와프: 64 비트 L, 압축된 RAM을 스와프한다.
SwapTotal:          520908  kB     # 가용한 스와프
SwapFree:           496780  kB     # 더티 페이지 계
Dirty:                 324  kB     # 파일/스와프으로 다시 쓰이도록 스케줄된 합계
Writeback:               0  kB     # 현재의 익명 메모리 계
AnonPages:          422024  kB     # 현재의 매핑된 메모리 계
Mapped:             227664  kB     # 명시적으로 매핑된 메모리 계
Shmem:               11912  kB     # 시스템의 명시적인 공유 메모리 계
# ... 파일의 나머지에서 커널과 관련된 메모리 통계를 볼 수 있다.
```

메모리 메트릭

메모리 통계를 계산하기 위해서는 메모리의 상주 여부, 공유 여부 및 다른 파라미터와 같은 몇 가지 요소를 고려해야 한다. 다음과 같은 간단한 공식에서부터 시작해보자.

VmSize = VmRSS + VmFileMapped + VmSwap + VmLazy

프로세스의 가상 메모리는 다음 네 가지 카테고리로 분류할 수 있다.

- VmRSS: RSS는 'Resident Set Size'의 약자이다. 이는 현재 물리적인 RAM 페이지에 의해 지원되는 가상 메모리 페이지이다. 이는 페이지가 최근에 활성화되었거나, 프로세스(또는 커널)가 페이지를 메모리에 묶어 놓을 필요가 있기 때문이다. 상주 메모리는 Unique(이 프로세스 전용) 또는 Shared(하나 이상의 프로세스가 공유)의 서브 카테고리로 분류될 수 있다.

- VmFileMapped: mmap(2) 시스템 호출을 사용해서 파일에서 가져온 페이지는 언제든지 파일에 다시 쓸 수 있다. 사실 대부분의 경우에 페이지가 깨끗한 것이(또는 변경되지 않은) 남아 있는 경우에는 간단히 폐기될 수도 있고, 필요한 경우 플래시/디스크에 있는 파일에 다시 적재될 수도 있다. 카테고리 내의 페이지 크기는 /proc/pid/status에 직접 보고되지 않지만, /proc/pid/smaps를 통해 알아낼 수 있고 시스템 전체 레벨의 경우 /proc/meminfo를 통해 알아낼 수도 있다.

- VmSwap: 메모리 할당(예를 들면 malloc(3) 또는 비슷한 유틸리티)을 통해 만들어진 페이지는 파일에 의해 지원되지 않는다. 페이지를 지원하는 파일의 이름이 없기 때문에 이는 익명 페이지로 알려져 있다. 이 페이지들을 다시 쓸 수 있는 방법은 전혀 없다. 리눅스에서 스와프 공간은 이 문제를 해결하는 데 도움을 줄 수 있다. 왜냐하면 스와프 공간 중 일부를 익명 페이지를 보관하는 데 떼어두기 때문이다. 안드로이드의 경우에는 스와프가 없다. 그러므로 시스템이 압축된 RAM(ZRAM)으로 스와프되지 않는다면 이 값은 거의 '0'이다.

- VmLazy: 프로그래머는 매우 욕심이 많기 때문에 종종 필요 이상의 메모리를 할당한다. 커널은 메모리 할

당을 위해 지연^{Lazy} 접근 방법을 사용한다. 여기서 지연 접근 방법이란, 페이지가 실제로 요청될 때까지 "서류상에만 존재하는" 상태로 페이지를 일부 떼어놓는 것을 의미한다. 이 페이지들은 프로세스 페이지 테이블 엔트리(VmPTE로 /proc/pid/status에서 볼 수 있다.)에 할당되지만, 실제 할당은 페이지를 가르키는 포인 터의 참조가 해제될 때까지 연기된다. 그런 다음, 커널은 MMU로부터 페이지 폴트^{fault}를 보고받는다. 이는 '페이지가 더 이상 존재하지 않는다.'는 것을 의미한다. 그다음으로 커널은 페이지를 실제로 할당하는 작 업을 진행한다. 지연 할당을 사용하면 메모리를 크게 절약할 수 있지만, 성능에 미치는 영향은 미미하다. 가용할 물리적인 페이지가 없거나 디스크에 다시 쓸 수 있는 방법이 없어서 페이지 폴트가 발생하면 최악 의 시나리오가 발생한다. 이러한 상태를 아웃-오브-메모리^{OOM, Out-Of-Memory}가 발생했다고 하는데, 이는 이 번 장의 후반부에 논의한다.

RAM 전체의 풋 프린트를 계산하기 위해서는 모든 프로세스의 VmRSS의 합계를 구하면 될 것 같다. 하지만 이렇게 하면 잘못 계산될 수 있다. 왜냐하면 프로세스의 상주 메모리 중 일부는 사실 다른 프로세스와 공유할 수도 있기 때문이다. 이 경우 단순한 합계는 공유 메모리가 더 많이 합산되게 만들 수 있다. 따라서 좀 더 정확한 메모리 측정이 필요하다. 리눅스에서는 PSS^{Proportional Set Size} 통계를 제공한다. 이를 수학적으로 말하면 PSS는 다음과 같은 공식이라고 할 수 있다.

$$PSS = USS + \sum_{i=1}^{s} \frac{Shared_i}{p_i}$$

범례:
s = 공유 지역의 #
$Shared_i$ = 공유 지역 i의 크기
P_i = 공유 지역의 프로세스 번호 i

시그마 기호를 다시는 사용하지 않겠다고 스스로 약속했던 독자를 위해 위 공식을 다음과 같이 풀어서 설명할 수 있다.

- PSS는 전용 메모리(USS) 1K당 1K로 계산한다. 즉, 프로세스가 전용 메모리 페이지를 가지고 있다면, PSS 풋 프린트를 계산하기 위한 목적으로 전부 빠짐없이 계산된다.

- PSS는 공유 메모리 1K당 $\frac{1}{n}$K만큼 계산한다. 여기서 n은 이 메모리를 공유하는 프로세스의 개수이다. 보통 여러 공유 메모리 지역이 있을 수 있기 때문에 시그마 기호가 필요하다. 기본적으로 설명하면, 첫 번째로 발견된 메모리 지역을 위한 $\frac{1}{n1}$을 추가하고, 두 번째로 발견된 메모리 지역을 위한 $\frac{1}{n2}$를 추가한다(n2 공유 자라고 가정된다.).

처음에는 좀 이상하게 생각할 수 있지만, 시스템 전체 프로세스의 PSS 합계를 구하면 수학적으로 모든 공유 지역이 계산되고, 정확하게 한 번씩만 계산되기 때문에 메모리 풋 프린트를 정확하게 계산할 수 있다(이 방식의 정 확도를 알고 싶다면 (이중) 시그마 기호를 이용해 계산할 수도 있다.).

다행스럽게도 이 방식의 PSS 측정법은 대수 방정식보다 효과적으로 메모리를 측정하고 /proc/pid/smaps 파일에서 쉽게 결과를 얻을 수 있다. 다음 실험을 통해 알아보자.

실험: /proc/pid/smaps를 통해 RSS, USS 및 PSS 관찰하기

프로세스별 smaps 엔트리는 maps 엔트리에서 메모리 지역을 잘게 나누고, 각각 상세한 정보를 제공한다. 이번 실험을 위해서는 또 다른 프로세스를 동시에 실행할 수 없고, 조기에 종료되지 않는 바이너리를 찾아야 한다. 이번 예제에 적합한 프로세스는 바로 'ping'이다. ping은 실제 바이너리(toolbox 툴이 아니다.)이고, 무한정 실행할 수 있다.

IP 주소를 이용해 ping을 시작한다. IP 주소가 제대로 연결되는지의 여부는 상관없이 ping이 실행되기만 하면 된다. 다른 바이너리를 선택해도 괜찮다. 바이너리의 종류는 이번 실험과는 전혀 상관없다. 중요한 것은 바이너리가 적재되고 프로세스 인스턴스가 생성된 뒤에 서스펜드될 수 있느냐의 여부이다. 바이너리가 실행되고 있을 때 CTRL-Z를 눌러 서스펜드시키고 프롬프트로 되돌아가거나 백그라운드로 실행되도록 만들어 본다. 그런 다음 처음 10줄 또는 smaps 엔트리에 해당하는 줄을 살펴본다. ping을 사용했다면 다음과 같은 결과를 볼 수 있다.

 실험: /proc/pid/smaps를 통해 RSS, USS 및 PSS 관찰하기(계속)

이전의 예제에서 initramfs를 푸는 방법을 배웠다. gzip 이미지로 리패킹(repacking)하는 작업은 언패킹(unpacking)하는 작업 만큼이나 간단하다. cpio 명령어를 -i 옵션(input)이 아니라 -o 옵션(output)를 사용해서 실행한 뒤 gzip으로 압축하면 된다. 또한 AOSP의 system/core/cpio 디렉터리에서 mkbootfs 툴을 사용하면 이와 동일한 작업을 할 수 있다.

출력 7-11 (a) 주어진 바이너리 단일 인스턴스의 USS, RSS 및 PSS 살펴보기

```
#  백그라운드로 바이너리 시작 - PID 수집
shell@flounder:/system/bin $ ping 1.1.1.1 > /dev/null &
[1] 20117
shell@flounder:/system/bin $ more /proc/20117/smaps # 핑의 smaps 엔트리 조사
55705e3000-55705ec000  r-xp 00000000 103:0d 463          /system/bin/ping
Size:                36 kB
Rss:                 32 kB
Pss:                 32 kB
Shared_Clean:         0 kB
Shared_Dirty:         0 kB
Private_Clean:       32 kB
Private_Dirty:        0 kB
Referenced:          32 kB
Anonymous:            0 kB
AnonHugePages:        0 kB
Swap:                 0 kB
KernelPageSize:       4 kB
MMUPageSize:          4 kB
Locked:               0 kB
VmFlags: rd ex mr mw me
dw ..
```

출력에서 무엇을 볼 수 있나?

- 첫 번째 메모리 지역은 디스크상의 /usr/bin/ping에 적재되었다. 메모리 지역은 읽을 수 있고, 실행될 수 있으며, (외견상) 전용(r-xp)이다. 디바이스 103, 0d, 아이노드 #463에 적재되었다.
- 이 메모리 지역의 VmSize 크기는 36kb이다. 4k는 즉시 해제된다. 왜냐하면 RSS가 32k이기 때문이다. 이는 ELF 헤더의 일부를 합친 크기이고, 런타임 동안 사용되지 않는다.
- RSS의 32k는 모두 전용이고 깨끗한 상태이다. 여기서 전용은 '이 프로세스에서만 사용되고(예를 들면 USS) 적재된 이후에는 변경되지 않는다.'는 것을 의미한다. 모든 32k는 ping이 실행된 뒤 최근에 활성화(참조)되었다. 페이지는 익명이 아니다(왜냐하면 이들은 파일에 매핑되어 있기 때문이다.).
- 결과적으로 PSS는 32k이고 공유 메모리는 없으며, USS 중 4k는 PSS 4k와 매핑되어 있다.

이 상태로는 별 이상 없이 잘 동작한다. 하지만 또 다른 ping 인스턴스가 실행되면 어떻게 될까(또는 다른 프로세스)? 또 다른 프로세스를 실행시키고 난 뒤 첫 번째 smaps 엔트리를 살펴보면 내용이 바뀌었다는 사실을 알 수 있다.

224

 실험: /proc/pid/smaps를 통해 RSS, USS 및 PSS 관찰하기(계속)

출력 7-11 (b) 동시에 실행되는 주어진 바이너리의 두 개 인스턴스 중 첫 번째 USS, RSS 및 PSS 살펴보기

```
# 다시 한 번 바이너리를 백그라운드로 시작한다.
shell@flounder:/system/bin $ ping 1.1.1.1 > /dev/null &
[2] 20130
shell@flounder:/system/bin $ more /proc/20117/smaps
55705e3000-55705ec000 r-xp 00000000 103:0d 463          /system/bin/ping
Size:               36 kB  # VmSize는 바뀌지 않았다.
Rss:                32 kB  # RSS는 바뀌지 않았다.
Pss:                16 kB  # PSS는 반으로 줄어들었다.
Shared_Clean:       32 kB  # 모두 32k가 지금 공유되고 있다.
Shared_Dirty:        0 kB
Private_Clean:       0 kB
Private_Dirty:       0 kB
Referenced:         32 kB
Anonymous:           0 kB
AnonHugePages:       0 kB
Swap:                0 kB
KernelPageSize:      4 kB
MMUPageSize:         4 kB
Locked:              0 kB
VmFlags: rd ex mr mw me
dw
```

두 개의 출력 7-11을 비교해보면 원래 프로세스의 메트릭은 변경되지 않았다는 사실을 알 수 있다. VmSize는 여진히 36k이고, RSS는 32k이다. 하지만 RSS가 두 개의 바이너리 인스턴스 간에 모두 공유되어 있기 때문에 PSS는 반(16k)으로 떨어져 있다.

다른 프로세스 인스턴스와 함께 이번 예제를 실행해보면 PSS는 10k까지(좀 더 구체적으로는 10.6k) 떨어지고, 네 개의 인스턴스를 함께 실행하면 8k(정확히 32k를 4로 나눈 결과)로 떨어진다. 인스턴스를 죽이면 공유자의 숫자가 줄어들고, PSS 값은 다시 증가한다.

> 메모리 지역은 외관상 전용으로 남아 있다(양쪽 출력에서 모두 r-xp이다.). smaps는 분명히 메모리 지역이 공유 중이라는 것을 보여주기 때문에 이는 명백한 오류이다. 이러한 역설은 p의 의미를 전용(private)이 아니라 MAP_ pRIVAT로 간주하면 쉽게 해결된다(예를 들면 mmap(2) 내에 인자로 MAP_pRIVATE를 넘겨서). 이는 이전에 전용/공유 메모리를 설명할 때 사용했던 것과 동일한 "방법"이다. 부연 설명을 하면, 프로세스는 전용으로 이 지역을 매핑하고 운영체제도 이에 동조된다. 하지만 다른 프로세스가 동일한 지역에 매핑할 경우, 커널은 (두 프로세스가 이 지역에 쓰지만(더티) 않으면) 이 지역을 두 프로세스 간의 암시적 공유 지역으로 만들 권리가 있다. 그런데 만일 여기에 쓰기가 발생하면 쓰는 프로세스는 copy-on-write 실패를 트리거하게 된다. 커널은 기존의 복사본이 훼손되면 안 되기 때문에 실제로 페이지의 다른 복사본을 할당한다. 's'는 p와 달리 명시적 공유를 의미한다(예를 들면 mmap(2) 내에 인자로 MAP_SHARED를 넘겨서). 이는 이 지역이 오염될 수 있고, 하나의 복사본으로 공유될 수 있다는 것을 의미한다.

위 실험은 PSS를 계산하는 매우 간단한 예제로 제공되어 있다. 여기서 '간단한'이라고 표현한 이유는 모든 메모리가 공유된 상태이고, USS를 "0"으로 줄여서 PSS가 직관적으로 계산될 수 있었기 때문이다. 다른 지역의 경우에는 전용 및 공유 메모리들이 섞여 있을 수 있다. 이렇게 되면 PSS 계산은 좀 더 어려울 수 있지만, 다행스럽게도 smaps가 이를 자동으로 계산해준다.

/proc/pid/smaps를 직접 파싱해서 메모리를 계산해보지 않고도 다음 실험에서 살펴볼 두 개의 도구를 사용하면 쉽게 계산할 수 있다.

실험: procrank 및 librank를 통해 RSS, USS 및 PSS 살펴보기

AOSP는 메모리 통계를 보여주는 두 개의 유용한 도구, 즉 procrank 및 librank를 제공한다. 이들은 대부분의 제품화된 디바이스에 존재하지 않지만, 에뮬레이터 이미지에서 디바이스로 복사하면 간단하게 추가할 수 있다. 복사를 할 때에는 /system/lib/libpagemap.so와 같이 이들이 의존하는 라이브러리도 함께 추가된다. 이는 다음 출력에서 볼 수 있다.

출력 7-12 에뮬레이터에서 실제 디바이스로 바이너리 복사하기

```
morpheus@forge (~/tmp)$ adb -s emulator-5554 pull /system/xbin/procrank
morpheus@forge (~/tmp)$ adb -s emulator-5554 pull /system/xbin/librank
morpheus@forge (~/tmp)$ adb -s emulator-5554 pull /system/lib/libpagemap.so
# 에뮬레이터를 죽이거나 -s옵션과 디바이스 시리얼 번호 사용한다.
morpheus@forge (~/tmp)$ adb push librank /data/local/tmp
morpheus@forge (~/tmp)$ adb push procrank /data/local/tmp
morpheus@forge (~/tmp)$ adb push libpagemap.so /data/local/tmp
```

디바이스에서 바이너리를 chmod(1)를 사용해 실행 가능한 상태로 만든 뒤에 이들을 실행한다. 라이브러리는 /data/local/tmp도 필요하고, /system/lib[64]도 찾기 때문에 라이브러리 적재 경로를 바꿔줘야 한다. 루팅된 디바이스에서는 /system/lib로 라이브러리 의존성을 추가할 수 있기 때문에 이 작업은 필요하지 않다.

출력 7-13 에뮬레이터에서 실제 디바이스로 바이너리 복사하기

```
# 디바이스
shell@htc_m8wl:/ $ chmod 755 /data/local/tmp/procrank
shell@htc_m8wl:/ $ /data/local/tmp/procrank

shell@htc_m8wl:/data $ LD_LIBRARY_PATH=/data/local/tmp /data/local/tmp/procrank
  PID       Vss       Rss       Pss       Uss  cmdline
  234    331600K    89211K    61314K    49124K  system_server ..
```

procrank 및 librank가 복사되었을 때(또는 에뮬레이터에서만 이들을 수행할 때)는 이들의 출력 내용을 이용해 분석할 수 있다. 이 도구들은 프로세스별로 순환하면서 smaps 통계(pagemap 엔트리를 가지고 새로운 버전을 작업)를 작업하지만, 이들이 출력하는 통계는 조금씩 다르다. procrank는 프로세스의 메모리 사용량 역순으로 보여주고, librank는 통계를 프로세스 메모리 지역 순으로 정렬한다. 이 출력에 통해 안드로이드 메모리 사용량(최적화)에 대해 많이 배울 수 있다. pagemap:부터 시작해보자.

출력 7-14 L 에뮬레이터에서 procrank의 출력

```
root@generic:/ # procrank
  PID       Vss       Rss       Pss       Uss  cmdline
  354    631600K    99212K    60712K    48784K  system_server
  709    578240K    91200K    45218K    24512K  com.android.systemui
  581    565940K    72876K    43295K    38940K  com.android.launcher
   52    102852K    47784K    24356K     2132K  /system/bin/surfaceflinger
  538    540284K    44108K    16408K    13284K  com.android.phone
   66    508532K    46416K    14799K     8948K  zygote
  955    531912K    30760K     6756K     4700K  com.android.calendar
  843    522168K  30364K264K            4396K  com.android.providers.calendar
 1077    521044K  28308K499K            3668K  com.android.browser
  978    520144K  29004K311K            3336K  com.android.deskclock
 1037    520732K  27380K082K            3484K  com.android.exchange
```

226

실험: procrank를 통해 RSS, USS 및 PSS 살펴보기(계속)

출력에서 볼 수 있듯이 프로세스는 Vss 역순으로 정렬된다(기본으로 −v; −p(SS), −r(SS), −u(SS)를 이용해서 정렬할 수 있다.). 좀 더 고급 옵션으로는 −c(캐시 페이지) 또는 −C(캐시 안한 페이지) 등을 들 수 있다. 좀 더 많은 옵션을 보고 싶다면 −h를 이용하면 된다.

출력을 살펴보면 Vss가 매우 크거나(런처에 565M가 할당), 실제 RSS 크기가 매우 작은(폐기된 매핑이 굉장히 많다는 것을 의미) 경우가 눈에 띈다. 하지만 PSS의 크기는 여전히 매우 작다. 앱에서 사용하는 평균 전용 풋 프린트는 몇 MB가 되지 않는다. 앱 평균 RSS의 85~90% 정도는 항상 공유되고, PSS는 급격히 줄어든다. 이 공유성(shareability)은 공유된 메모리를 최대화하는 자이고트 및 달비 VM(ART 포함)의 구조 때문에 발생한다. 이는 자바는 절대 할 수 없는 방식이다(하지만 여전히 iOS만큼 효율적이지는 않으며, 이 부분은 논쟁의 여지가 있다.).

RSS에서 측정된 USS 값을 빼서 얼마나 많은 메모리가 공유되는지를 살펴보려면 꽤 오랜 시간이 걸린다. PSS에서 USS를 빼면 보정된 공유 지역의 평균 값이 나오고, 공유 메모리 크기를 이 평균 값으로 나누면 얼마나 많은 프로세스가 동일한 지역을 공유하고 있는지를 대략 알 수 있다. 이는 PSS를 합쳤을 때 일부를 뺀 대략적인 값일 뿐이다. 다른 지역 공유자의 개수는 다를 가능성이 있다.

메모리 지역으로 정렬된 librank 툴의 출력은 조금 다르다. 하지만 용어들은 모두 동일하다. 다음 출력을 통해 ART 내에 미리 컴파일된 프레임워크 클래스를 가진 boot.oat 공유 지역의 사용량을 볼 수 있다.

출력 7-15 librank의 출력은 ART에서 미리 컴파일된 클래스의 공유 지역을 보여준다

```
root@generic:/ # librank
 RSStot      VSS      RSS      PSS      USS  Name/PID
..
27179K                                       /data/dalvik-cache/arm/system@framework@boot.oat
         48556K   19576K    6468K    3268K  system_server [354]
         48556K   13488K    3982K    2112K  zygote [66]
         48556K   13984K    3802K    2192K  com.android.phone [538]
         48556K   14800K    3164K     744K  com.android.systemui [709]
         48556K   11880K    1933K     324K  com.android.launcher [581]
         48556K   10544K    1302K     160K  com.android.inputmethod.latin [500]
         48556K    9268K     958K     104K  android.process.media [766]
         48556K    9048K     861K      64K  com.android.email [997]
         48556K    8200K     826K      96K  com.android.server.telecom [532]
         48556K    8628K     759K      20K  com.android.calendar [955]
         48556K    7960K     655K      12K  com.android.providers.calendar [843]
         48556K    7280K     588K      24K  com.android.deskclock [978]
         48556K    7220K     566K      20K  com.android.browser [1077]
         48556K    6772K     474K       0K  com.android.exchange [1037]
         48556K    6132K     429K       0K  com.android.dialer [1061]
         48556K    5796K     405K       4K  com.android.sharedstoragebackup [1096]
```

librank는 메모리 공유의 효율성을 나타낸 것이다. boot.oat와 관련된 VSS는 48MB 정도이다. 하지만 실제로는 24MB보다 적게 존재하고, oat 내의 프로세스에서 전용 메모리 풋 프린트는 수 KB이다.

새로운 버전의 안드로이드는 리눅스 커널의 KSM^{Kernel SamePage Merging} 메커니즘을 사용하지만, 좀 더 스마트한 메모리 공유 방식을 사용한다. 이 기능은 메모리에서 매핑되지 않는 유일한 물리적 페이지를 감지한다(해시를 이용해서). 이러한 페이지가 감지되면, 페이지는 copy-on-merge 제한을 하는 조건으로 병합된다. KSM은 리눅스 커널 2.6.27 이후에 추가된 기능이고, 최근 안드로이드에 추가되었다.

아웃 오브 메모리 조건

안드로이드에서는 KSM, ZRAM과 같은 기능을 사용해서 메모리 공유를 확대했음에도 불구하고, 실제 스와프 공간의 부족은 필연적인 문제이다. 스와프과 플래시는 플래시 메모리의 제한된 P/E$^{Program/Erase}$ 사이클로 인해 잘 어울리지 않는다. 따라서 이는 안드로이드의 문제라고 단정지을 수 없다. 특정 시점에 메모리 부족이 발생할 위험은 항상 존재한다.

리눅스 커널은 오래전부터 메모리 부족을 다루기 위한 메커니즘을 가지고 있었다. 'OOM(Out-Of-Memory)'이라고 부르는 이 메커니즘은 메모리 요청을 처리할 수 없는 상태일 때에 시작된다. 시스템의 스와프 공간이 부족해지는 저 메모리 상태인 경우는 드물지만, 리눅스에서는 이러한 일이 가끔 발생한다. 시스템의 RAM이 부족하거나 OOM이 시작될 정도로 스와프 공간이 부족할 때만 발생한다.

OOM은 스레드가 아니며, 페이지 폴트 다음에 나타나는 코드 경로에 구현되어 있다. 이 코드는 프로세스 목록처럼 보이고, 시스템을 위해 메모리를 뺏어올 가장 적합한 대상자를 찾는다. 모든 프로세스가 이 "죽음의 열"의 대상자이고, 이들은 'oom_score'라는 점수로 정렬되어 있다. 이 점수는 커널에서 관리하는 경험적^{heuristically} 점수이다. oom_score는 프로세스별로 읽기 전용 가상 파일인 /proc/pid/oom_score에서 볼 수 있다.

경험적^{heuristic} 방법은 항상 문제를 내포하고 있다. 이 방식은 신뢰할 수 있을 정도로 동작하지 않는다. 종종 무고한 프로세스가 잘못된 시점에, 잘못된 점수로 인해 희생될 수 있다. 이 작업은 즉시 실행되며, 아무것도 저장할 수 없는 kill -9와 같은 작업이기 때문에 희생자 프로세스는 이 작업이 실행되면 할 수 있는 것이 아무것도 없는 상태로 죽어야 한다.

이 때문에 안드로이드 애플리케이션의 생명주기에는 시기에 맞지 않는 죽음을 맞이할 수 있는 위험이 항상 존재한다. 애플리케이션은 지속성에 대한 아무런 보장을 받을 수 없고, 그 대신 상태를(android.os.Bundle로) 저장할 수 있는 콜백이 주어진다. 그래서 애플리케이션이 죽게 되면 저장된 번들을 이용해서 환생하게 된다. 애플리케이션에서는 자신들이 언제 종료될 것인지를 예측할 수 있는 방법이 없다. 안드로이드용 애플리케이션은 iOS의 젯섬^{jetsam}(비슷한 기능을 설계한 메커니즘)과 달리 툼스톤^{tombstone}조차도 남길 수 없다(하지만 일부는 커널 로그에 저장된다.).

리눅스는 결정론을 경험론으로 바꿔보려는 노력의 일환으로 사용자의 공간에서 점수를 조절하는 방법을 제공한다. 첫째, /proc/pid/oom_adj 및 /proc/pid/oom_score_adj로 조절할 수 있다. 이 파일들을 이용하면 사용자 프로세스에 점수를 위한 변경자^{modifier}를 추가할 수 있다. 네거티브 변경자는 점수를 감소시키고(이렇게 되면 프로세스가 죽을 가능성이 줄어든다.), 포지티브 변경자는 증가시킨다(프로세스가 자살할 확률이 높아진다.).

안드로이드 시스템 프로세스는 이 메커니즘을 그들이 죽지 않도록 하는 데 이용한다. /init 및 이와 관련된 .rc 파일들은 oom_adj 값을 −16에서 −17 정도로 준다(이 정도의 값을 주면 OOM을 완전히 비활성화시킨다.). 새로운 커널에서는 oom_score_adj를 '−1000'으로 설정해야 비슷한 결과를 얻을 수 있다.

잘못된 경우 이 값은 앱에서 남용(불멸의 유혹에서 벗어날 수 있는 사람이 있을까?)할 수는 있지만, 안드로이드의 ActivityManager에서는 애플리케이션의 생명주기에 맞춰 점수를 자동으로 조정한다(2권에서 자세히 설명한다.). 안드로이드 L에서는 이 조절 파일이 루트의 소유이기 때문에 ActivityManager는 lmkd(5장에서 설명)에 의존한다.

안드로이드는 lmk^{LowMemoryKiller}라는 또 다른 예방법을 가지고 있다. 이는 실제 OOM 상태가 시작되기 전에 예방적으로 프로세스를 종료하는, 강화된 OOM이자 안드로디즘이다. 이전의 안드로이드 버전에서 init는 시작 시에 sysfs를 통해 모듈 파라미터를 설정한다. L에서 init는 lmkd에게 작업을 맡겨 sysfs 가상 파일의 파일 퍼미션을 보장한다.

실험: OOM 메모리 조정해보기

애플리케이션이 실행되는 동안 procfs 엔트리를 살펴보면, 실시간으로 OOM 스코어의 조정 점수를 관찰할 수 있다. 이를 실험하기 위해 앱이 실행되는 동안 ADB 셸을 연다. 예를 들면 크롬 웹 브라우저를 사용한다면 다음과 같이 보인다.

출력 7-16 (a) 활성화된 애플리케이션의 OOM 점수 조회

```
root@flounder:/ # ps | grep chrome
u0_a34    12079 211    2295800 167140 ffffffff a7058b1c S com.android.chrome
root@flounder:/ # cat /proc/12079/oom_score_adj
0
root@flounder:/ # cat /proc/12079/oom_adj
0
root@flounder:/ # cat /proc/12079/oom_score
70
```

애플리케이션이 백그라운드로 들어가면 자동으로 OOM에 반영된다. oom_adj가 증가하고 점수가 급격히 커진다.

출력 7-16 (b) 비활성화된 애플리케이션의 OOM 점수 조회

```
root@flounder:/ # cat /proc/12079/oom_adj
6
root@flounder:/ # cat /proc/12079/oom_score_adj
411
root@flounder:/ # cat oom_score
470
```

안드로이드 L에서는 애플리케이션 생명주기 이벤트 동안 이 트레이스를 lmkd에 추가해 ActivityManager에서 lmkd로 들어오는 메시지를 볼 수 있고, 점수도 조절할 수 있다. 이는 5장의 실험에서 볼 수 있었다(특히 출력 5-6). lmkd가 중단되면(kill –STOP을 통해) 모든 OOM의 변경이 금지된다.

시스템 호출 추적하기

실제로 사용자 모드 스레드에서 수행되는 "의미 있는" 작업은 커널의 개입이 필요하다. 파일을 다루거나, 소켓을 열거나, 프로세스가 할당받은 가상 메모리 밖의 리소스를 이용해서 작업하기 위해서는 사용자 모드 프로세스가 커널에 서비스를 요청해야 하는데, 이를 '시스템 호출'이라고 한다.

시스템 호출은 우선 커널 모드로 탐색하기 위해 사용자 모드 프로세스를 요청한다. 이 방식은 아키텍처마다 다르지만, 항상 특별한 머신 명령[(ARM은 SVC(SWI로 알려져 있다.), 인텔은 SYSENTER(또는 SYSCALL)]을 포함한다. 이 명령어는 프로세서 모드를 관리자[supervisor] 제어 권한을 system_call로 이전시킨다. 모든 시스템 호출은 하나의 함수로 모아진다. 시스템 호출 번호(ARM의 r12 또는 인텔의 EAX에서 전달)는 내부 테이블을 참조해 특정 시스템 호출 구현체로 재전송하는 데 사용된다.

위의 내용을 모두 종합해보면 프로세스를 디버깅하거나 추적할 때, 시스템 호출이 특별한 주목을 받는 이유가 명확해진다. 주로 프로세스 내의 내부 동작들(이 변수, 지 변수를 변경하는)은 그게 흥미롭지 않다. 왜냐하면 변수는 매우 많고, 추적하기는 어렵기 때문이다. 하지만 파일 및 소켓에서의 작업들은 시스템 호출을 가지고 간단한 방법으로 동작을 추적할 수 있기 때문에 특히 흥미롭다.

toolbox ps 툴

toolbox ps 툴은 조금 불편하기도 하지만, 시스템 호출과 관계된 두 개의 중요한 필드, 즉 wchan 및 PC를 제공한다. 여기서 wchan은 "대기 채널Wait Channel"을 의미하는데, 이는 엔트리가 있는 현재 커널의 주소이다. 이 값이 결정될 수 없는 상태라면 -1(0xffffffff)이 된다(ps 출력의 각 라인들은 커널 스레드 또는 프로세스의 메인 스레드다. ps -t 로 사용하지 않았다면 말이다.). 두 번째 PC는 리턴 주소(사용자 공간에 있는)이다. 이곳은 시스템을 호출한 뒤에 실행을 재개하는 장소이다. 커널 주소를 분석하기 위해서는 몇 가지의 수작업이 필요하다. 다음 실험을 통해 알아보자.

실험: toolbox ps의 WCHAN 값을 수작업으로 분석해보기

WCHAN 주소를(또는 다른 커널 주소) 분석하기 위해서는 /proc/kallsyms를 사용하고, 이를 읽기 가능한 기호로 변형하기 위해서는 여기에 있는 간단한 방법을 사용할 수 있다. 여기서는 정확한 주소로 시작해보자. kallsyms내의 엔트리에는 엔트리 포인트가 하나 밖에 없고, WCHAN은 이 함수 내에 있기 때문에 사실 정확한 주소로 시작할 수 없다. 이번에는 최하위 비트를 제거해서 뒤로 돌아가보자. 정확한 항목을 찾기 위해 grep의 능력을 이용한다. 어느 순간에 grep은 하나 이상의 일치하는 주소를 찾는다. 가장 근접하게 체크된 것이 커널 내에 있는 함수의 이름이다.

출력 7-17 /proc/kallsyms를 사용해 커널 주소 분석하기

```
# 전제 조건 - 비활성된 커널 포인터를 숨김(0 - 완전 비활성, 1 - 루트만)
root@generic:/# echo 0 > /proc/sys/kernel/kptr_restrict
# 이제 주소를 얻어온다. 처음 몇번의 시도는 실패했다.
1|root@generic:/data # grep c0029d4 /proc/kallsyms
1|root@generic:/data # grep c0029d /proc/kallsyms
1|root@generic:/data # grep c0029 /proc/kallsyms
c00294f0 T exit_signals

# 결과가 매우 많다면 - 1 핵사 디지트(이전 문자)를 사용해 되돌아갈 수 있다(예를 들면 d - 1 = c)
root@generic:/data # grep c0029c /proc/kallsyms
c0029c14 T do_sigtimedwait      # Got it!
```

이 주소를 찾기 전에 찾는 주소와 가장 가까운 심벌을 찾아야 한다는 사실을 명심해야 한다. 때로는 (이 예제처럼) 근접한 심벌이 감싸고 있을 수 있고, 이와 다른 경우에는 grep이 우리가 필요한 심벌을 놓치고 다른 결과를 반환하기도 한다.

 안드로이드 M의 toolbox 및 toybox는 /proc/⟨pid⟩/wchan을 검토해서 자동적으로 WCHAN 주소를 심볼에 매핑한다. 이 실험은 커널 주소를 분석하는 방법을 보여주고 있다.

---

wchan 및 syscall

/proc 파일은 시스템 호출 추적 메커니즘을 함께 제공한다. toolbox ps로 출력되는 스레드 엔트리별 wchan은 스레드가 잠자고 있는 커널 모드의 위치를 보여줄 뿐만 아니라 이전 예제에서 근접한 심벌을 찾는 문제도 해결해준다. 더욱이 /proc/kallsyms 파일이 주소를 제한해도 잘 동작한다.

일부 커널에서 스레드별 엔트리 syscall은 좀 더 자세한 내용을 제공한다. 폴링 시에 스레드의 시스템 호출 번호를 가져온다. 이는 출력 7-18을 통해 알 수 있다.

230

출력 7-18 syscall 및 wchan procfs 엔트리

```
root@flounder:/proc/12079 # cat syscall
# num   Arg1       Arg2       Arg3   Arg4   Arg5     Stack Pointer      Program Counter
22      0x10 0x7fc139b110 0x10 0x2324a 0x0 0x8 0x7fc139b040    0x7fa7058b1c
# syscall 22 in ARM64 is epoll_wait, as confirmed by wchan:
root@flounder:/proc/12079 # cat wchan
SyS_epoll_wait
```

toolbox의 ps 시에 PC로 표시되는 값인 program_counter는 특정 범위 내의 주소(/proc/pid/maps)에 포함된 오브젝트 파일을 덤프해서 찾을 수 있다. 하지만 시스템 호출 번호로 통보되면 이 번호가 아키텍처 전체에 걸쳐 상수로 남아 있으리라는 보장은 없다. 인텔 및 ARM의 시스템 호출 번호는 당연히 다르고, 의외로 32비트 및 64비트도 때로는 다르다. platform/android-APIversion/arch-arch/usr/include/asm/unistd.h 내의 안드로이드 NDK 아키텍처로(arch를 arm, arm64, x86 또는 x86_64로 변경) 인해 특별한 시스템 호출 파일이 필요할 수 있다. 다행스럽게도 syscall procfs 엔트리를 가진 커널은 일반적으로 wchan을 가지고 있기 때문에 wchan을 통해 시스템 호출 숫자를 찾을 수 있다. 이는 앞에서 증명하였다. 대부분의 커널은 커널 스택을 상세히 묘사한 stack 엔트리를 가진다.

strace 툴

지금까지 사용된 메서드는 폴링을 사용한다. 예를 들면 시스템 호출을 정확히 읽을 수는 있지만, 우리가 직접 읽기를 초기화해야 할 책임도 있고, 한 번에 단 하나의 결과만 얻을 수 있어야 한다. 이는 응답이 없고 행이 걸린 프로세스를 진단하는 경우에 매우 유용하다. 대부분 시스템 호출 추적은 가능한 드러나지 않는 프로세스가 붙어 있으면서 매 번의 시스템 호출에서 알림을 얻는 지속-동작에서 가장 좋은 성능을 낸다.

여기는 strace가 작동하는 곳이다. strace는 이 책에서 지금까지 많이 사용된 바이너리이고, 동작 내부에 대해서도 몇 번이나 설명하였다. 이 툴은 추적할 때 매우 유용한 도구이다. 이 사용법에 대한 완벽한 예제는 그것 자체만으로도 한 장이 나온다. 표 7-2에서는 좀 더 유용한 옵션만을 요약한 것이다.

표 7-2 starce에서 사용되는 유용한 옵션

옵션	사용
-i	Syscall이 호출될 때 인스트럭션 포인트를 출력한다.
-t[t [t]]	타임스탬프를 출력한다.
-f	clone() 시스템 호출 다음에 온다. 자식 프로세스/스레드에 자동으로 추가된다.
-o file	출력을 file에 저장한다.
-v [v]	다양한 syscall 인자를 위한 버보스(Verbose) 모드이다.

strace는 시스템 호출 인자를 이해하기에 좋다(-v/-vv 옵션을 사용한다고 해도). 이 책을 쓰는 시점에서는 안드로이드 웨어 버전이나 ARM64 호환 버전에서 strace는 존재하지 않았다. jtrace 도구는 strace의 복제본이다. jtrace 위 문제들을 모두 해결할 수 있고, 다른 개선사항도 제공한다.

요약 ──────

이번 장에서는 /proc 파일시스템의 사용법을 집중적으로 살펴보았다. 특히 /proc/pid 내의 프로세스별 엔트리와 /proc/pid/task/tid 내의 스레드별 엔트리를 집중적으로 살펴보았고, 프로세스를 추적하고 디버깅하는 데 도움을 주는 다량의 정보를 집중적으로 살펴보았다. procfs는 리눅스 커널에 통합된 부분이기 때문에 검증된 이 방법은 동일한 방식으로 리눅스의 주류에 적용되었다.

이번 장에서 사용된 참조 및 설명한 파일 ──────

참조	제공하는 것
/proc/pid/fd /proc/pid/fdinfo	프로세스를 위해 파일 디스크립터를 여는 데 필요한 정보
/proc/pid/maps	프로세스의 주소 공간, 매핑 또는 익명 지역의 목록이다.
/proc/pid/smaps	/proc/pid/maps에 따라 리전별 통계를 가진다.
/proc/pid/status	프로세스 또는 스레드 컨트롤 블록(커널의 task_struct)에서 온 정보이다.

1. www.kernel.org/doc/Documentation/filesystems/proc.txt는 procfs 파일시스템 엔트리에 대한 문서이다.

8

안드로이드 보안

안드로이드는 다른 운영 측면과 마찬가지로 기본적인 보안에 리눅스의 기능을 사용한다. 하지만 대부분의 앱에서는 보안에 필요한 추가 레이어를 달빅 가상 머신에서 제공한다. 따라서 안드로이드 보안은 VM 및 네이티브에서의 보안을 혼합해서 사용한다.

이번 장은 스레드 모델에 대해 단시간 내에 깊게 살펴보는 것으로 시작한다. 보안 전문가에 의해 만들어진 예제를 통해 디바이스를 위험하게 할 수 있는 공격 경로와 위협을 시도해보고 분석해본다. 악의적인 앱 및 절도는 생각해볼 수 있는 여러 가지 위협 중 두 가지일 뿐이고 모바일 보안에서는 데스크톱 보안의 "전통적인" 단점을 모두 다루고 있다.

계속해서 우리는 리눅스 유저 모델을 살펴보면서 이를 안드로이드 환경에 적용시켜본다. 가장 먼저 네이티브 리눅스 퍼미션부터 살펴보고, 앱에 사용되는 ID 및 그룹 멤버십의 효과적인 사용법을 살펴본다. 그런 다음 가장 눈에 띄는 기능이자, 안드로이드에서 광범위하게 사용되지만 종종 간과되는 기능들에 대해 살펴본다. 이 기능은 리눅스 전통 모델에서 만능인 루트root uid를 사용해 상속 제한을 피하는 데 사용된다. 다음으로 설명할 내용은 SELinux 및 4.3에서 소개하였고 4.4에서 자세히 설명한 MAC^{Mandatory Access Control} 프레임워크이다. 마지막으로 애플리케이션 보안의 골칫거리인 코드 인젝션injection에 대항하는 다양한 방법을 살펴본다.

달빅 레벨에서는 간단하지만 가상 머신 및 패키지 매니저에서 관리되는 효과적인 퍼미션 모델과 함께 리눅스 레벨로의 바인딩도 함께 살펴본다. 여기까지가 리눅스와 달빅 모두에서 애플리케이션 레벨 보안으로 생각될 수 있는 곳이다.

우리는 다음으로 사용자 레벨의 보안에 대해 살펴본다. 디바이스 잠금으로 인간 사용자로부터 디바이스를 보호한다. 디바이스 잠금 방법은 이제 더 이상 간단한 PIN이나 간단한 패턴이 아니라 더욱 획기적으로 변하고 있고, 개인 생체 정보를 이용하는 방식으로 확대되고 있다. 안드로이드는 젤리빈에서 여러 명의 사용자가 하나의 디바이스를 공용으로 사용할 수 있다. 사용자 각각은 자신의 데이터를 가질 수 있고, 자신만의 애플리케이션을 설치할 수 있다. 이번 장에서는 멀티 사용자 기능도 함께 다룬다.

이 시점에서 우리는 안드로이드 암호화를 자세히 살펴본다. 키 관리를 시작으로 키스토어 서비스의 내부 동작 및 디바이스에서 인증서 유지관리에 대해 자세히 설명한다. 그런 다음 안드로이드 스토리지 암호화 기능(허니콤에서 소개) 및 리눅스 dm-verity(킷캣에서 소개)를 사용해 파일시스템 인증을 살펴본다.

마지막으로 집중적으로 살펴볼 부분은 바로 '디바이스 루팅^{rooting}'이다. 이 부분에 대한 언급 없이는 안드로이드 보안에 대한 논의를 끝낼 수 없다. 루팅은 파워 유저에게 엄청난 이익을 가져다주지만, 비통하게도 애플리케이션 및 시스템 보안에 극단적인 영향을 미칠 수도 있다. 루팅을 위한 두 가지 방법인 "boot-to-root" 및 "one-click"를 자세히 설명하고 비교해본다.

모바일 보안 위협 모델링 ───────

해킹의 발전을 생각해보면 논리적인 진행 상황을 볼 수 있다. 해킹의 주요 타깃은 서버들이다. 이따금씩 접속되는 데스크톱(접속한다고 하더라도 낮은 대역폭의 모뎀을 사용)을 해킹하는 것보다는 항상 인터넷에 연결되어 있는 서버를 해킹하는 것이 "손쉬운 먹잇감"이었다.

그런데 브로드밴드 커넥션의 갑작스러운 증가 및 LAN$^{Local Area Network}$이 부상하면서 상황이 변하였다. 갑자기 잠재적인 수백만 개의 타깃이 인터넷에 출현하였다. 데스크톱 머신의 보안은 서버보다 취약하다. 위험한 기본 설정 및 과도한 사용자 친화적(그리고 복잡한) 운영체제인 윈도우는 해커들의 온상이 되었고, 웜과 멀웨어가 넘쳐났다.

공격 경로

모바일 디바이스는 어떤 면에서 데스크톱과 비슷하지만, 데스크톱과는 다른 보안상의 위협 환경을 가지고 있다. 모바일 디바이스의 이동성은 분실 및 절도 등과 같은 위험에 쉽게 노출되었다. 이러한 환경 때문에 데스크톱에 적용된 키(또는 키카드)로 접근을 막는 디지털 보안은 무력화되었고, 디바이스를 획득하게 된 공격자들은 여러 번의 물리적인 접근을 시도해 디바이스를 열 수 있게 되었다.

하지만 더욱 슬프게도 모바일 디바이스는 데스크톱과 달리 좀 더 개인화되어 있고, 사용자 개인 데이터를 더욱 많이 가지고 있을 가능성이 높다. 사용자 개인 데이터는 돈벌이가 되는 해킹의 타깃이다. 공격 프로 파일은 원격에서 디바이스를 완전히 제어하는 권한을 획득(해커들은 이를 "pwning"이라고 한다.)하는 것보다 사용자 데이터에 접근하기만 해도 충분(인터넷 연결을 사용해 원격 서버로 데이터를 몰래 전송)하도록 변화되었다.

사기 앱

모바일 디바이스의 주된 공격 경로는 내부에 있다. 바로 사기 앱$^{Rouge Application}$이다. 사용자는 좀 더 많은 앱을 설치해서 그들이 가진 디바이스의 기능을 확장하고 싶어한다. 하지만 고의로 사기를 치는 앱은 사용자 개인 정보에 접근하거나 폰의 기능 탈취를 시도할 수 있다(예를 들면 터무니 없는 가격으로 프리미엄 SMS 메시지를 전송). 일반적으로 이는 로컬 권한 상승$^{local privilege escalation}$으로 분류된다. 일반적으로 애플리케이션은 이미 설치되어 있고 로컬 디바이스에서 구동되고 있지만, 권한은 제한되어 있다. 로컬 권한 상승은 이 권한을 상승시키려는 시도이다.

안드로이드에서 이를 방지하기 위해서는 모든 애플리케이션을 용의자로 간주해야 한다. 기본적으로 애플리케이션에는 최소한의 퍼미션 세트만 주어지고, 다른 것들은 제한된다. 최소한의 세트에는 반드시 필요한 부분이라고 하더라도 잠재적으로 위험할 수 있는 모든 부분은 포함되지 않는다. 예를 들면 네트워크 접속은 디바이스에서 외부로 정보를 빼내는 통로로 악용될 수 있다. 따라서 최소한 세트 이외의 퍼미션은 명시적으로 매니페스트를 이용해 애플리케이션에서 요청해야 한다. 자신의 UID를 가지는 각각의 애플리케이션은 다른 애플리케이션과 서로 분리되어 있고, 애플리케이션 간에 이야기할 것도 없으며, 애플리케이션의 루트 접근은 말할 필요도 없다.

안드로이드는 젤리빈부터 SELinux를 이용한 애플리케이션 제한을 한층 강화하였다. SELinux는 매우 신뢰받는 프로세스를 제외한 모든 프로세스를 효과적으로 샌드박스로 만드는 MAC^{Mandatory Access Control} 프레임워크이다.

하지만 이것만으로는 충분하지 않다. 안드로이드는 운영체제 내에서 공격을 당하기 쉬운 컴포넌트를 공격하려는 악의적인 애플리케이션의 시도로부터 자신을 보호해야 한다. 이러한 전례가 없지는 않다. 애플리케이션의 동작을 대신하는 운영체제의 권한 컴포넌트(특히 루트로 수행되는 경우)를 부당하게 이용하는 경우가 있을 수 있다. 안드로이드 프레임워크에는 매우 방대한 양의 코드가 있고, 리눅스 커널의 내부에도 더욱 많은 코드가 있기 때문에, 이는 매우 중대한 위협이다. 과거의 취약점은 대부분 그들의 권한을 올리는 데 집중되어 있었다.

사기 유저(Rogue User)

사용자를 실제 위협의 요소로 생각하기는 어렵다(iOS 또한 이와 마찬가지이다.). 하지만 디바이스를 도난 당한 경우, 디바이스의 입장에서 볼 때 누가 유효한 사용자인지 알 수 없다. 그러므로 시스템은 항상 보안되어 있어야 한다. 특히 사용자의 손에 있지 않을 때 보안이 잘되어 있어야 한다.

가장 첫 번째 방어 수단은 '잠금 화면'이다. 잠금 화면은 강력한 인증 증명서와 손쉬운 잠금 동작 사이에서 균형을 잘 맞춰야 한다. 어느 누구이든 화면의 잠금을 풀기 위해 대소문자를 구분하면서 20개의 글자를 직접 입력하고 싶지는 않을 것이다. 따라서 인증 메커니즘을 선택하거나 여기에 적용된 타임아웃을 선택하는 등의 "적당한" 인증 방법을 결정하는 것은 사용자의 몫이다.

안드로이드는 잠금을 빨리 푸는 방법의 일환으로 얼굴 인식을 소개하였고(안전하지 않을 수 있지만), 롤리팝부터는 iOS와 마찬가지로 지문 인증도 지원한다. 또한 롤리팝에서는 페어링(페어된 디바이스가 있을 때, 블루투스를 통해, 주로 안드로이드 웨어에서 사용된다.)된 디바이스를 통해 잠금을 풀 수 있도록 지원한다.

디바이스는 항상 분실되거나, 꺼지거나, 재부팅될 위험이 존재한다. 따라서 안드로이드에서는 부트 프로세스를 안전하게 지켜야 한다. 그렇지 않으면 누군가가 부트로더를 오버라이드하고 덜 안전한 다른 설정으로 재시작할 수 있다. 이러한 이유 때문에 부트로더는 기본적으로 잠겨 있고, 언록되면 가장 먼저 /data 파티션을 지운다.

마지막으로 사용자 데이터는 암호화되어야 한다. 암호화되지 않으면 공격자가 간단히 로^{raw} 플래시 스토리지에 접근하고 연 뒤에 이를 꺼낼 수 있다. 안드로이드는 허니콤 초기부터 암호화를 제공하였지만, iOS를 따라 롤리팝부터 기본으로 암호화를 활성화하였다. 암호화 키는 디바이스 내의 아무데나 두지 말아야 하고, 사용성을 위해 사용자 잠금 코드에서 파생되어야 한다.

원격 코드 인젝션

모바일 디바이스에서 서버 및 데스크톱과 동일하게 공격을 받는 루트는 원격 코드 인젝션이다. 오염된 데스크톱으로 공격하는 취약점은 모바일 디바이스에도 동일하게 적용된다. 공격자들은 인터넷을 통해 취약한 타깃 디바이스를 찾는다. 이는 무작위로 "차량에 의해"(멀웨어 스팸 또는 악의적인 배너) 또는 "목표 공격(일반적으로 이메일)을 통해" 찾는다.

안드로이드 브라우저 및 웹 뷰의 기본으로 제공되는 웹킷은 끊임없는 공격 대상이다. 웹킷은 오염된 HTML, CSS, Javascript의 조합을 실행시키는 도구가 된다. 구글은 기본 브라우저를 크롬^{Chrome}으로 바꾸었지만, 이렇게 자주 발생하는 코드 기반 취약점의 잠재성이 매우 크기 때문에 롤리팝부터는 자동으로 나머지 OS와는 상관없이 모두 크롬으로 업데이트했다.

코드 인젝션 공격은 부트로더 단계에서도 일어날 수 있기 때문에 주목해야 한다. 이런 류의 공격은 부트로더를 언록하는 것과 같은 효과를 낼 수 있다. 예를 들면 사용자 데이터를 지우지 않고도 원하는 설정으로 부팅한 뒤에 사용자 데이터를 꺼낼 수 있다.

죠수아 드레이크[Joshua Drake]("Android's Hacker Handbook"의 저자이자, 보안 컨설턴트)는 2015년 7월에 안드로이드에서 가장 중대한 잠재적 취약점인 스테이지프라이트[StageFright]를 발견하였다. 기형 비디오 메시지를 MMS를 통해 목표 디바이스에 전송해 비디오가 열리면 원격 코드가 자동으로 실행된다. 기본 뷰어인 행아웃을 이용하면 사용자에게 묻지도 않고 메시지를 자동으로 미리보기 때문에 악성 코드는 디바이스의 취약점을 렌더링한다. 비록 루트 권한을 얻을 수는 없지만, 2105년 BlackHat에서 발표한 이후 KEEN팀 덕분에 또 다른 악용 사례가 발견되었다. 이는 로컬 권한 상승을 위해 내부 리눅스 커널을 이용하는 방법이고, "핑퐁" 루팅 도구에서 사용되었다(IPPROTO_ICMP 소켓에서 취약점이 발견되었기 때문에 붙여진 이름이다.).

로드맵

위에서 이전에 설명했던 공격 루트는 해커들이 일반적으로 사용하던 것이다. 하지만 종종 성공적인 공격은 하나가 아니라 정밀한 작업이 필요한 일련의 단계를 거쳐 이루어지는 경우가 있다. 그림 8-1은 이러한 공격 과정을 단순화시켜 묘사한 것이다.

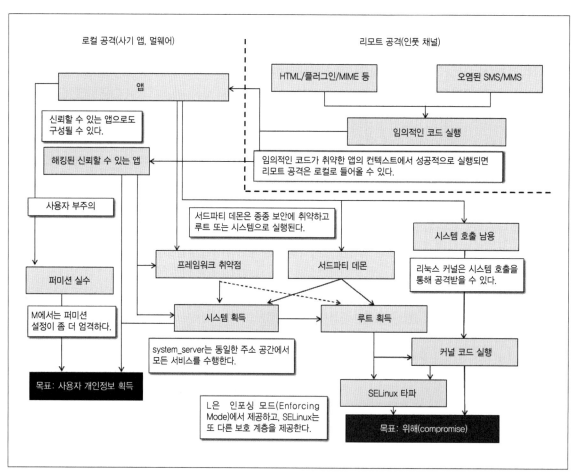

그림 8-1 안드로이드 공격에서 일어나는 일련의 단계

위 그림에서 보면 안드로이드의 복잡성으로 공격할 수 있는 루트가 굉장히 많아지기 때문에 나중에 발목을 잡히게 될 수도 있다. 안드로이드의 취약점은 다음과 같은 여러 원인에서까지 비롯된다.

- 안드로이드: 안드로이드의 취약점은 AOSP 자체에 내포되어 있다. 즉, 취약점이 프레임워크 또는 내부 시스템 데몬 자체에 존재하는 것이다. 대부분의 안드로이드 데몬은 루트로 실행되지 않도록 재작성되어 있기 때문에 시스템의 AID를 가진다. 안드로이드 L부터는 SELinux 프로 파일(이번 장의 후반부에 설명한다.)을 이용해 개선되었지만, 일부 데몬(예를 들면 vold 및 lmkd)은 여전히 루트로 실행된다. 여기서 발생한 취약점은 모든 디바이스, 모든 벤더에 영향을 미친다.

- 벤더: 2장에서 알아보았던 벤더 특화 데몬과 마찬가지로 벤더가 추가한 코드 및 서비스에서 발생한 취약점이다. 이곳에서 결함을 발생시키는 원인은 권한을 상승시키거나 충분하지 않은 보안을 가진 컴포넌트이다.

- 서드파티: 안드로이드는 매우 많은 외부 프로젝트에 의존하고 있다. 이들은 시스템 데몬뿐만 아니라 다양한 네이티브 라이브러리도 제공한다(예를 들면, wpa_supplicant, mdnsd, racoon 등). 이곳에는 방대한 분량의 코드가 존재하며, 이들은 과거에도 취약점이 발견되기도 하였다.

- 리눅스: 안드로이드는 리눅스에 많이 의존하고 있고, 이 점은 보안적인 관점에서 매우 큰 부담으로 작용한다. 안드로이드는 리눅스와 커널을 공유할 뿐만 아니라 가장 중요한 컴포넌트이기도 하다. 따라서 리눅스 커널의 모든 취약점은 잠재적으로 안드로이드의 취약점이 된다.

과거에 안드로이드에서 많이 발견되었던 취약점에 대한 사례 및 참조 자료는 안드로이드 해커스 핸드북^{Android} ^{Hacker's Handbook}에서 찾을 수 있다. 하지만 대부분의 책과 마찬가지로 여기서 언급한 취약점은 모두 "옛날 뉴스"이고 이들은 모두 패치되었다. 하지만 좀 더 많은 취약점이 매년 발견되고 있고, 이 사이클은 영원히 끝나지 않을 것 같다. 표 8-1은 가장 광범위하게 퍼진 취약점을 발견된 날짜순으로 나타낸 것이다.

표 8-1 안드로이드 역사상 가장 중요한 취약점

CVE/이름	영향을 받는 버전	원인 제공자	경로	영향도
CVE-2013-6636	1.0~4.1	서드파티	리모트	안드로이드의 기본 브라우저뿐만 아니라 애플리케이션 웹 뷰에서 사용되는 자바스크립트를 안전하지 않게 처리하는 웹 뷰
CVE-2014-7911	1.0~4.x	안드로이드	로컬	luni/src/main/java/java/io/ObjectInputStream. java 의 부적절한 역직렬화를 통해 system으로 로컬 코드가 실행
CVE-2014-4322	4.x	벤더(msm)	로컬	퀄컴 QSEECOM 드라이버의 안전하지 않은 ioctl(2)가 퀄컴 디바이스에서 임의의 커널 메모리를 덮어쓴다.
CVE-2014-3153	4.x	리눅스	로컬	리눅스 커널의 futex(2) 시스템 호출은 임의의 커널 메모리를 덮어쓰는 버그를 가지고 있다 (Towelroot).
WeakSauce	4.x	벤더(HTC)	로컬	dmagent는 안전하지 않게 로컬 권한을 상승시킬 수 있는 파일을 복사한다(이 책의 관련 웹사이트에서 심도 있는 설명을 제공한다.).
CVE-2015-1805	4.x 및 이상	리눅스	로컬	임의적 메모리 덮어쓰기(구글은 2016년 3월에 패치하였다.)
CVE-2015-3636	4.x~6.0	리눅스	로컬	리눅스 커널의 use-after-free 버그는 임의의 커널 메모리를 덮어쓸 수 있다(핑퐁 루트를 사용하여).

CVE/이름	영항을 받는 버전	원인 제공자	경로	영향도
CVE-2015-3824	4.x–5.x	안드로이드	리모트	stagefright 프레임워크의 취약점은 오염된 MMS 또는 비디오 파일을 통해 mediaserver 내의 임의의 코드 실행을 허용한다.
CVE-2016-0728	4.4 및 이상	리눅스	로컬	키링(keyring) 도구의 정수 오버플로는 권한 상승을 유발할 수 있다(5.0부터는 SELinux 때문에 이 위험은 사라졌다.).
CVE-2016-0819	4.4–6.0.1	벤더(msm)	로컬	퀄컴의 특정 드라이버에 대한 취약점이며, 임의의 커널 메모리를 덮어쓸 수 있다.

구글은 https://source.android.com/security/advisory에서 취약점 및 패치된 취약점에 대한 정보를 공지한다. 위에서 언급한 취약점들이 모두 패치되었다고 해서 무시하거나 그냥 넘어가서는 안 된다. 상당수의 벤더가 폰이 출시되고 2년 이내에 지원을 그만두고 있고, Wi-Fi를 통한 자동 업데이트 및 수작업 업데이트는 더욱 불안하다. 또한 일부 취약점은 여전히 패치되지 않는 상태로 남아 있다(특히 CVE-2015-3824 및 CVE-2015-1805이다. 후자의 경우 발견된 지 거의 1년동안 패치되지 않고 있다.).

보안에 대한 안드로이드의 접근

두 가지 요소가 조합되면 보안이 더욱 강화된다. 두 가지 요소 중 하나만 취약해도 전체 시스템이 위태로워진다. 안드로이드는 상대적으로 짧은 시간 동안 이러한 사실을 알게 되었다. 안드로이드는 각 버전별로 많은 개선을 했지만, 보안은 매우 취약했다. 표 8-1에서 알 수 있듯이 때로는 안드로이드 자체에 취약점이 있었고, 리눅스 내부 커널에 취약점도 있었으며, 서드파티 코드에도 취약점이 있었다. 그러므로 안드로이드 보안은 리눅스, 안드로이드를 모두 포함해야 하고, 가능한 한 효과적으로 협력해야 한다.

리눅스 레벨의 보안 ─────

안드로이드는 리눅스를 기반으로 리치 프레임워크를 만들었다. 하지만 이 프레임워크의 핵심은 여전이 리눅스에 의존한다. 리눅스에서 제공되는 보안 기능은 안드로이드에도 적용된다. 퍼미션, 케이퍼빌리티capabilities, SELinux 및 로우 레벨 보안 장치 등이 이에 해당한다.

리눅스 퍼미션

리눅스 보안 모델은 표준 유닉스 보안 모델을 그대로 가지고 왔다. 40년 전에 만들어져서 지금까지 크게 변함이 없는 이 모델은 다음과 같은 주요 특성을 지니고 있다.

- 모든 유저는 정수형 유저 아이디를 가진다: 일부 사용자 이름username은 시스템 사용자(설정 파일 및 디렉터리의 오너)를 위해 예약될 수 있지만, 실제 사용자 이름은 큰 의미가 없다. 두 명의 유저는 동일한 아이디를 공유할 수 있다. 시스템이 혼동하지 않은 선에서 username/password의 조합으로 한 명의 사용자를 식별하기 때문이다.
- 모든 유저는 정수형 주 그룹 아이디를 가진다: 사용자 이름username과 마찬가지로 그룹명은 큰 의미가 없으며, 일부 GID는 시스템에서 사용하기 위해 미리 예약되어 있다.
- 유저는 다른 그룹에 멤버십을 가질 수 있다: 추가된 그룹 멤버십은 /etc/group 파일에 존재한다. 그룹 내에는 멤버가 그룹명, 그룹 아이디 및 GID로 나열되어 있다.

- 파일의 퍼미션은 특정 유저, 그룹 및 "other"에게 부여될 수 있다: 이는 퍼미션(읽기, 쓰기 또는 실행)을 사용자, 그룹 및 나머지로 매핑하는 "ls -l" 출력 결과와 비슷하다. 파일 및 디렉터리 양쪽 모두 매우 제한된 이 모델을 따른다. 따라서 파일에 접근하기 위해서는 특별한 형태의 그룹이 만들어져야 한다.

- (거의) 모든 유닉스에는 파일의 형태로 접근해야 한다: IPC 오브젝트, 유닉스 도메인 소켓 및 디바이스와 같은 시스템 리소스로의 접근은 파일 퍼미션 형태와 비슷하다. 즉, 리소스들은 파일시스템의 형태를 띠고 있기 때문에 chown/chgrp/chmod처럼 파일에서 사용할 수 있는 명령어를 사용할 수 있고, 퍼미션과 동일한 형태를 가지고 있다.

- UID 0번은 만능이다: 퍼미션이 구현된 방식 때문에 "0"은 모든 파일 및 리소스에 접근할 수 있다. UID 0("루트" 유저)은 시스템에 막강한 파워를 휘두를 수 있다.

- SetUID 또는 SetGID 바이너리는 실행되는 동안 다른 UID로 가장할 수 있도록 해준다(다른 그룹에 조인): 퍼미션을 Set[ug]id 바이너리를 이용해 실행하면 자동으로 특별한 권한을 부여할 수 있다. 설계상의 결함으로 보이는 이 메커니즘도 UID(su) 및 패스워드(passwd)를 변경하는 것과 같은 실제 권한 작업에 사용된다. 이러한 권한 작업들은 (정의상) UID 0번만 수행할 수 있지만, 루트 유저가 특정 바이너리에 권한을 주면(SetUID 및 SetGID에 chmod 4xxx 및 2xxx) 활성화될 수 있다. 바이너리를 보안책으로 복사하거나 이동하면 비트를 제거할 수 있다.

안드로이드는 전통적인 모델을 가져온 뒤(리눅스 내부 시스템의 것을 그대로 차용) 이를 자연스럽게 차용하였지만, 일부는 다르게 제공하고, 어떤 면에서는 참신하게 해석해 제공한다. 안드로이드의 "사용자"는 개별 애플리케이션에 권한을 부여한다. 여기서 "사용자"는 사람을 의미하지 않으며, 하나의 유닉스 서버를 공유하는 사람인 "사용자"와 마찬가지로 구획을 가지고 격리되어 있다. 애플리케이션도 이와 동일하게 격리된다. 사용자는 다른 사용자의 파일, 디렉터리 또는 프로세스에 접근할 수 없고, 애플리케이션은 이러한 고립 방식을 사용해 서로 함께 실행되지만 서로 간에 영향을 미치지 않는다. 이는 안드로이드만의 독특한 방식이다. iOS는 모든 애플리케이션이 하나의 UID(mobile 또는 501)으로 실행되고, 애플리케이션을 서로 격리시키기 위해 커널에서 제공하는 샌드박스 모델에 의존한다.

패키지 매니저는 애플리케이션이 처음 설치될 때 유일한 사용자 아이디를 할당한다. 이는 당연히 애플리케이션 아이디로 사용된다. 이 아이디는 10000~90000 사이의 번호를 가지며, 바이오닉(안드로이드 C 런타임 라이브러리)에서 자동으로 사람이 읽을 수 있는 이름(app_XXX 또는 u_XXXX) 형태로 매핑된다.

안드로이드는 SetID의 지원을 완전히 끊을 수 없다. 왜냐하면 SetUID을 사용하지 않으려면 커널 및 변경 내역을 다시 컴파일해야 하기 때문이다. 하지만 SetUID 바이너리는 젤리빈 4.3부터 기본으로 설치되고, /data 파티션은 nosuid 옵션으로 마운트된다.

AID가 정의된 시스템

안드로이드의 사용자 아이디는 1000-9999까지 비교적 낮은 번호대를 사용한다(시스템에서 전용으로 사용한다.). 이 범위의 서브 셋이 실제로 사용되는 곳은 android_filesystem_config.h뿐이다. 표 8-2는 안드로이드에서 정의하거나 사용되는 UID를 나타낸 것이다. 이들 대부분은 GID로도 사용된다. system_server, adb, installd 등과 같은 시스템 프로세는 세컨더리 그룹과 결합해 파일과 디바이스에 접근할 수 있는 권한(그룹에서 소유한 권한)을 얻는다. 이 방법은 매우 간단하고 효과적인 전략이다.

표 8-2 안드로이드 AID 및 기본 홀더

GID	#define	멤버	허용
1001	AID_RADIO	system_server	/dev/socket/rild(라디오 인터페이스 레이어 데몬) net.*, radio.* 속성에 접근
1002	AID_BLUETOOTH	system_server	블루투스 설정 파일
1003	AID_GRAPHICS	system_server	/dev/graphics/fb0 프레임 버퍼
1004	AID_INPUT	system_server	/dev/input/*, 입력 디바이스를 위한 디바이스 노드
1005	AID_AUDIO	system_server	/dev/eac 또는 다른 오디오 디바이스 노드 /data/misc/audio에 접근하고 /data/audio를 읽는다.
1006	AID_CAMERA	system_server	카메라 소켓에 접근한다.
1007	AID_LOG	system_server	/dev/log/*
1008	AID_COMPASS	system_server	나침반과 위치 서비스
1009	AID_MOUNT	system_server	/dev/socket/vold, VOLume 데몬의 다른 쪽
1010	AID_WIFI	system_server	와이파이 설정 파일(/data/misc/wifi)
1011	AID_ADB	(예약)	ADBD를 위해 예약. /dev/android_adb를 소유
1012	AID_INSTALL	installd	일부 애플리케이션 데이터 디렉터리를 소유
1013	AID_MEDIA	mediaserver	/data/misc/media에 접근하고 media.* 서비스에 접근한다.
1014	AID_DHCP	dhcpcd	/data/misc/dhcp에 접근한다. dhcp 프로퍼티에 접근한다.
1015	AID_SDCARD_RW		에뮬레이트된 SD 카드의 그룹 오너
1016	AID_VPN	mtpd racoon	/data/misc/vpn, /dev/ppp
1017	AID_KEYSTORE	keystore	/data/misc/keystore(시스템 키스토어)에 접근한다.
1018	AID_USB	system_server	USB 디바이스
1019	AID_DRM		/data/drm에 접근한다.
1020	AID_MDNSR	mdnsd	멀티캐스트 DNS 및 서비스 찾기
1021	AID_GPS		/data/misc/location에 접근한다.
1023	AID_MEDIA_RW	sdcard	/data/media의 그룹 오너 및 실제 SD 카드
1024	AID_MTP		MTP USB 드라이버 접근(mtpd와 무관하다.)
1026	AID_DRMRPC		DRM RPC
1027	AID_NFC	com.android.nfc	NFC 지원: /data/nfc 및 nfc 룩업 서비스
1028	AID_SDCARD_R		외장 스토리지 읽기 접근
1029	AID_CLAT		CLAT(IPv6/IPv4)
1030	AID_LOOP_RADIO		라이오 디바이스 루프
1031	AID_MEDIA_DRM		DRM 플러그인. /data/mediadrm에 접근
1032	AID_ pACKAGE_INFO		패키지 정보 메타데이터
1033	AID_SDCARD_ pICS		SD 카드의 PICS 폴더
1034	AID_SDCARD_AV		SD 카드의 Audio/Video 폴더
1035	AID_SDCARD_ALL		모든 SD 카드 폴더

안드로이드 시스템의 속성은 접근을 제어하기 위한 UID에 의존한다. init의 property_service는 4장에서 배웠던 속성 네임스페이스로의 접근을 제어한다. 서비스 매니저는 모든 IPC의 가장 중요한 부분으로, 기본적인 보안

을 제공한다. 바인더의 보안은 uid/pid 모델을 통해 제공한다. servicemanager는 uid 0 또는 시스템이 등록을 허용한다고 하더라도 주어진 uid에는 잘 알려진 서비스명의 룩업을 제한할 수 있다. 킷캣 전까지 리스트 8-1 처럼 하드 코딩된 allowed 배열을 사용하였다.

리스트 8-1 킷캣의 하드 코딩된 서비스 퍼미션(service_manager.c)

```
/* TODO:
 * These should come from a config file or perhaps be
 * based on some namespace rules of some sort (media
 * uid can register media.*, etc)
 */
static struct {
    unsigned uid;
    const char *name;
} allowed[] = {
    { AID_MEDIA, "media.audio_flinger" },
    { AID_MEDIA, "media.log" },
    { AID_MEDIA, "media.player" },
    { AID_MEDIA, "media.camera" },
    { AID_MEDIA, "media.audio_policy" },
    { AID_DRM,   "drm.drmManager" },
    { AID_NFC,   "nfc" },
    { AID_BLUETOOTH, "bluetooth" },
    { AID_RADIO, "radio.phone" },
    { AID_RADIO, "radio.sms" },
    { AID_RADIO, "radio.phonesubinfo" },
    { AID_RADIO, "radio.simphonebook" },
/* TODO: remove after phone services are updated: */
    { AID_RADIO, "phone" },
    { AID_RADIO, "sip" },
    { AID_RADIO, "isms" },
    { AID_RADIO, "iphonesubinfo" },
    { AID_RADIO, "simphonebook" },
    { AID_MEDIA, "common_time.clock" },
    { AID_MEDIA, "common_time.config" },
    { AID_KEYSTORE, "android.security.keystore" },
};
  // ........
int svc_can_register(unsigned uid, uint16_t *name)
{
    unsigned n;

    if ((uid == 0) || (uid == AID_SYSTEM)) return 1;

    for (n = 0; n < sizeof(allowed) / sizeof(allowed[0]); n++)
        if ((uid == allowed[n].uid) && str16eq(name, allowed[n].name))
            return 1;
    return 0;
}
```

SELinux가 느리기는 하지만, 안드로이드에 점차 많이 적용됨에 따라 하드 코딩 방식은 점차 사라지고 있다. SELinux의 정책으로 통합되고 있으며, init의 속성도 동일한 방식으로 변화되고 있다. 어찌되었든 SELinux는 중요한 보안 레이어가 되었다. servicemanager는 신뢰되지 않은 AID가 서비스에 등록되는 것을 거부한다. (나중에 설명하겠지만) 바인더는 클라이언트 및 서버 양쪽에 추가적인 퍼미션 체크를 허용하고, 달빅-레벨의 퍼미션도 사용된다.

242

패러노이드(Paranoid) 안드로이드 GID

CONFIG_pARANOID_ANDROID가 설정되어 있는 경우, 3000부터 3999까지의 안드로이드 GID는 커널에서 사용한다. 커널 소켓 핸들링 코드에서 별도의 체크를 하기 때문에, 이 GID에서의 모든 네트워크는 제한된다. netd는 root로 실행되기 때문에 이 설정을 덮어쓴다. 표 8-3은 알려진 네트워크 id를 나타낸 것이다.

표 8-3 안드로이드 네트워크 관련 AID 및 홀더

GID	#define	멤버	허용
3001	AID_BT_ADMIN	system_server	AF_BLUETOOTH 소켓 생성
3002	AID_NET_BT	system_server	sco, rfcomm 또는 l2cap 소켓 생성
3003	AID_NET_INET	system_server	/dev/socket/dnsproxyd 및 AF_INET[6](IPv4, IPv6) 소켓
3004	AID_NET_RAW	system_server,mtpd,mdnsd	TCP/UDP 및 멀티캐스트를 사용하지 않는 원시 소켓 생성
3005	AID_NET_ADMIN	racoon,mtpd	인터페이스 및 라우팅 테이블 설정
3006	AID_NET_BW_STATS	system_server	대역폭 통계 읽기
3007	AID_NET_BW_ACCT	system_server	대역폭 통계 변경

격리된 서비스

격리isolated 서비스라는 개념은 젤리빈(4.1) 안드로이드부터 도입되었다. 이 기능은 서비스가 다른 서비스(별도의 프로세스 및 별도의 UID를 가진)에 영향을 미치지 않도록 서비스를 구획해 독립적으로 실행되도록 하는 형태이다(iOS의 XPC와 비슷). 격리 서비스는 99000부터 99999까지의 UID를 사용하고(AID_ISOLATED_START부터 AID_ISOLATED_END까지), servicemanager는 모든 요청에 대해 이들을 거부한다. 결과적으로 그들은 시스템 서비스를 찾을 수 없고, 메모리 동작을 효과적으로 제한한다. 이는 특히 웹브라우저와 같은 애플리케이션에 유용하고, 실제로 크롬은 이 메커니즘을 사용하는 첫 번째 케이스이다. 출력 8-1에서 알 수 있는 바와 같이 격리 서비스는 u##_i##으로 마킹되어 있다.

출력 8-1 크롬의 격리 서비스

```
shell@htc_m8wl:/$ ps | grep chrome
u0_a114   4577  384  1178728 118528 ffffffff 4007941c S com.android.chrome
u0_i0     5510  384  1283624  89788 ffffffff 4007941c S com.android.chrome:sandboxed_process0
#
# Chrome.apk를 호스트에 가져와서 매니페이스트를 덤프한다.
#
morpheus@Forge (/tmp)$ /aapt d xmltree Chrome.apk  AndroidManifest.xml
....
  E: service (line=285)
    A: android:name(0x01010003)="org.chromium.content.app.SandboxedProcessService0"
    A: android:permission(0x01010006)="com.google.android.apps.chrome.permission.CHILD_SERVICE"
    A: android:exported(0x01010010)=(type 0x12)0x0
    A: android:process(0x01010011)=":sandboxed_process0"
    A: android:isolatedProcess(0x010103a9)=(type 0x12)0xffffffff      0xffffffff="true" 이기 때문에 격리
  # ... 12 more entries
  E: service (line=298)
    A: android:name(0x01010003)="org.chromium.content.app.PrivilegedProcessService0"
    A: android:permission(0x01010006)="com.google.android.apps.chrome.permission.CHILD_SERVICE"
    A: android:exported(0x01010010)=(type 0x12)0x0
    A: android:process(0x01010011)=":privileged_process0"
    A: android:isolatedProcess(0x010103a9)=(type 0x12)0x0           0x0="false" 이기 때문에 비격리
...
```

루트가 소유한 프로세스

안드로이드에서 루트 유저(uid 0)는 리눅스와 같이 여전히 만능이다. 루트의 사용은 최소한으로 제한되어 있고, 이 최소한의 범위마저도 안드로이드 버전이 올라갈수록 줄어들고 있다. 이전 버전의 안드로이드에서는 루트-소유의 프로세스(계속 애용된 vold)가 공격의 대상이 되었고, 이러한 프로세스의 숫자가 줄어들어 공격 경로가 크게 감소될 수 있기를 바랐다. installd는 이러한 프로세스 중 하나이다. installd는 루트가 소유하고 있고, 젤리빈에서는 루트 권한이 제거되었다.

루트가 소유한 모든 프로세스를 제거하는 것은 불가능하다. 적어도 init는 Zygote처럼(fork()는 다른 uid로 가정하고, 일부는 uid 0에서만 할 수 있다.) 루트 권한을 유지해야 한다. 디바이스 콘솔에 다음과 같이 입력하면 루트가 소유한 프로세스를 볼 수 있다.

```
ps | grep ^root | grep -v " 2 "
```

(grep -v는 PPID가 2인 커널 스레드는 무시한다.)

표 8-4는 킷캣에서 여전히 루트로 실행되는 서비스들을 나타낸 것이다(하지만 실제 디바이스에는 벤더가 추가한 서비스들도 있기 때문에 루트 소유의 서비스가 더 많을 수 있다.).

표 8-4 루트로 실행되는 안드로이드 서비스

서비스	사유
Init	누군가는 시스템에서 루트 권한을 가지고 있어야 하고, 다른 서비스를 시작해주어야 한다.
ueventd(init)	최소 동작
Healthd	최소 동작
zygote[64]	APK가 적재될 때 AID를 변경하기 위해 setuid()가 필요하고 system_server를 위한 기능을 유지한다.
debugger[64]	툼스톤을 생성할 때에는 프로세스 메모리를 읽거나 ptrace(2)를 사용하기 위해 루트 권한이 필요하다.
adb	개발자는 적법한 루트 접근이 필요할 수 있다. ro.debuggable이 '0'이거나 ro.secure가 '1'인 경우, 시스템은 shell로 권한을 떨어뜨리기 위해 ADB를 사용한다.
vold	파일시스템을 마운트 [해제]한다.
netd	인터페이스를 설정하고 IP 및 DHCP 등을 설정한다.
lmkd	OOM 설정을 조절하고 다른 프로세스를 종료한다.

2장에서 설명한 바와 같이 벤더에서 만든 바이너리는 안드로이드의 주요 해킹 경로가 된다. 특히 그들이 루트로 실행되는 경우에는 이와 같은 상황이 심각해진다. AOSP 바이너리는 오픈소스로 남아 있기 때문에 누구나 보안을 위해 쉽게 읽고 분석할 수 있는 반면, 벤더 바이너리는 비공개 소스이고, 일부 벤더는 기능을 위해 보안을 희생하기도 한다. 특정 안드로이드 버전이 아니라 특정 디바이스(HTC One M8)에 취약점이 있다는 이야기가 나오면 십중팔구 벤더 바이너리의 취약점 문제일 가능성이 높다.

결국 안드로이드의 경우, 루트가 필요한 서비스를 최소한으로 남겨둘 것이고, 다른 서비스들은 installd이 겪었던 단계를 따를 것이다. 이와 아울러 안드로이드는 다른 중요한 리눅스 보안 기능도 점차 많이 사용하게 될 것이다.

리눅스 케이퍼빌리티

POSIX.1e 드래프트(모든 유닉스의 표준으로 채택) 원본에서 케이퍼빌리티^{Capabilities}는 커널 2.2 라인의 초기에 적용되어 있었다. POSIX는 결국 폐기되었지만, 케이퍼빌리티는 리눅스에 그대로 구현되었고, 점차 향상되고 있다. 리눅스 배포판은 이 케이퍼빌리티를 전부 사용하지는 않지만, 안드로이드에서는 이들을 매우 폭넓게 사용한다.

케이퍼빌리티의 뒤에 있는 아이디어는 루트 유저의 "이것-아니면-저것" 모델을 깨는 것이다. 루트 유저는 완전히 만능인 반면, 다른 모든 사용자들은 완전히 무력하다. 이 때문에 사용자가 권한이 필요한 동작을 하려면 SetUID에 의지한다(작업을 하는 동안 uid를 '0'으로 만들고 작업이 끝나면 슈퍼 유저의 권한을 내려놓고 원래의 권한으로 되돌린다.). 이 방식은 상대적으로 간단한 작업에 적합할 뿐만 아니라 시스템 시간을 설정하거나, 권한이 필요한(〈1024) 네트워크 포트를 바인딩하거나, 특정 파일시스템을 마운팅하는 작업에도 적합하다. 결과적으로 유닉스 시스템은 매우 많은 SetUID 바이너리를 가지게 되었다.

SetUID 바이너리가 신뢰될 수 있는 경우, (이론상) 모델이 잘 동작한다. 하지만 실제로는 SetUID는 보안상의 위험을 초래한다. SetUID 바이너리가 악용되면 루트 권한으로 속일 수 있다. 일반적인 트릭에는 심볼릭 링크^{symlink}, 경쟁 조건(시스템 파일을 덮어쓰게 만든다.), 코드 인젝션(바이너리를 루트 셸로 실행할 수 있도록 하기 때문에 인젝션된 코드를 "셸코드"라고 한다.)이 포함된다.

케이퍼빌리티는 루트 권한의 힘을 여러 개로 쪼개 별개 지역에 보관함으로써 이러한 문제에 대한 해결책을 제공한다. 쪼개진 각 권한은 비트마스크의 비트로 표현되고, 비트마스크를 토글함으로써 이 지역 내에서만 권한이 필요한 작업을 허락하거나 제한한다. 이는 최소한의 권한 법칙을 구현하도록 만들었다. 여기서 최소한의 권한 법칙은 "애플리케이션 및 사용자는 작업에 꼭 필요한 권한 이상을 주지 말아야 한다."라는 의미로, 보안 세계의 교리이다. 그림 8-2는 케이퍼빌리티에 대한 논리적인 뷰를 나타낸 것이다.

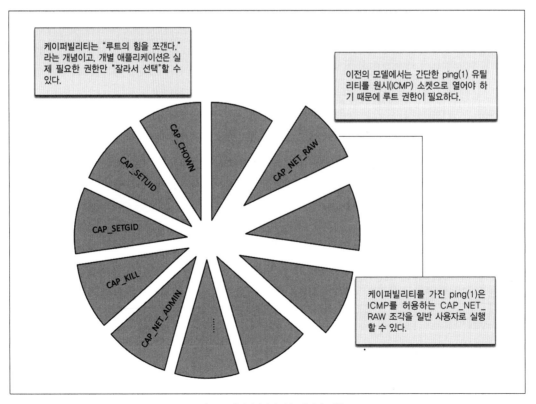

그림 8-2 케이퍼빌리티의 논리적인 표현

반드시 필요하거나 허가된 권한만으로 제한하고, 나머지 권한을 부여하지 않으면 보안이 크게 강화된다. 주어진 애플리케이션 및 사용자는 악의적으로 변할 수 있지만(코드 인젝션으로 어둠의 경로로 회유하다.), 이 경우 손상의 범위는 구분될 수 있다. 케이퍼빌리티 자체는 설계상 애플리케이션이 필요한 동작만 할 수 있게 만들고, 시스템 보안 전체를 위험에 빠뜨리지 않도록 만든 샌드박스와 비슷하다. 사실 케이퍼빌리티의 좋은 부작용(?)은 루트 유저 자체를 제한하는 데 사용할 수 있는 것이다. 이는 UID를 사용하는 사용자를 믿지 못할 경우에 해당한다.

init는 대부분의 안드로이드 프로세스를 루트 계정으로 시작시키고, 이 프로세스는 완전한 케이퍼빌리티 비트 마스크(0xffffffffffffffff)를 가진다. 이 프로세스들은 실제 작업을 하기 전에 그들은 그들이 가진 권한을 모두 버리고 그들이 필요한 케이퍼빌리티만 유지한다. 최소한의 권한 법칙이 적용된 좋은 예는 installd에서 볼 수 있다. 다시 말해서, 모든 권한을 버리고 패키지 설치에 필요한 권한만 얻는다.

리스트 8-1 installd에서 케이퍼빌리티 사용

```
static void drop_privileges() {

  // Ask the kernel to retain capabilities, since we setgid/setuid next
  if (prctl(PR_SET_KEEPCAPS, 1) < 0) {
      ALOGE("prctl(PR_SET_KEEPCAPS) failed: %s\n", strerror(errno));
      exit(1);
  }

  // Switch to gid 1012
  if (setgid(AID_INSTALL) < 0) {
      ALOGE("setgid() can't drop privileges; exiting.\n");
      exit(1);
  }

  // Switch to uid 1012
  if (setuid(AID_INSTALL) < 0) {
      ALOGE("setuid() can't drop privileges; exiting.\n");
      exit(1);
  }

  struct __user_cap_header_struct capheader;
  struct __user_cap_data_struct capdata[2];
  memset(&capheader, 0, sizeof(capheader));
  memset(&capdata, 0, sizeof(capdata));
  capheader.version = _LINUX_CAPABILITY_VERSION_3;
  capheader.pid = 0;


  // Request CAP_DAC_OVERRIDE to bypass directory permissions
  // Request CAP_CHOWN to change ownership of files and directories
  // Request CAP_SET[UG]ID to change identity
  capdata[CAP_TO_INDEX(CAP_DAC_OVERRIDE)].permitted |= CAP_TO_MASK(CAP_DAC_OVERRIDE
  capdata[CAP_TO_INDEX(CAP_CHOWN)].permitted        |= CAP_TO_MASK(CAP_CHOWN);
  capdata[CAP_TO_INDEX(CAP_SETUID)].permitted       |= CAP_TO_MASK(CAP_SETUID);
  capdata[CAP_TO_INDEX(CAP_SETGID)].permitted       |= CAP_TO_MASK(CAP_SETGID);

  capdata[0].effective = capdata[0].permitted;
  capdata[1].effective = capdata[1].permitted;
  capdata[0].inheritable = 0;
  capdata[1].inheritable = 0;

  if (capset(&capheader, &capdata[0]) < 0)
    { ALOGE("capset failed: %s\n", strerror(errno)); exit(1); }
}
```

케이퍼빌리티를 가장 많이 사용하는 곳은 system이 소유한 'system_server'이다. 하지만 나머지 일반 동작에서는 루트 권한이 필요하다. 표 8-5는 리눅스 케이퍼빌리티 및 이들을 사용하는 안드로이드 프로세스를 나타낸 것이다.

표 8-5 안드로이드 프로세스에서 사용하는 리눅스 케이퍼빌리티

케이퍼빌리티	#define	유저	허용
0x01	CAP_CHOWN	installd	파일 및 그룹 오너십을 변경한다.
0x02	CAP_DAC_OVERRIDE	installd	파일과 디렉터리의 접근 제어를 재정의한다.
0x20	CAP_KILL	system_server	동일한 UID에 속하지 않는 프로세스를 종료한다.
0x40	CAP_SETGID	installd	setuid(2), seteuid(2), setfsuid(2)를 허용한다.
0x80	CAP_SETUID	installd	setgid(2), setgroups(2)를 허용한다.
0x400	CAP_NET_BIND_SERVICE	system_server	1024 아래의 로컬 포트를 바인딩한다.
0x800	CAP_NET_BROADCAST	system_server	브로드캐스팅 및 멀티캐스팅
0x1000	CAP_NET_ADMIN	system_server	인터페이스 및 라우팅 테이블 설정
0x2000	CAP_NET_RAW	system_server	원시 소켓
0x10000	CAP_SYS_MODULE	system_server	모듈을 커널에 삽입하거나 제거한다.
0x80000	CAP_SYS_NICE	system_server	프로세스의 우선순위를 설정한다.
0x100000	CAP_SYS_RESOURCE	system_server	프로세스를 위한 리소스 제한을 설정한다.
0x200000	CAP_SYS_TIME	system_server	시계를 설정한다.
0x400000	CAP_SYS_TTY_CONFIG	system_server	tty 디바이스를 설정한다.
0x40000000	CAP_SYSLOG	dumpstate	커널 링(ring) 버퍼 로그를 설정한다(dmesg).
0x400000000	CAP_MAC_OVERRIDE	system_server	MAC 정책을 덮어쓴다(실제로는 무시)

표 8-5는 리눅스 케이퍼빌리티 중에서 일부만 보여주었다. 리눅스와 안드로이드가 발전함에 따라 더욱 많은 케이퍼빌리티가 추가될 가능성이 높다. 다음 실험은 프로세스에서 사용되는 케이퍼빌리티를 조회하는 방법을 나타낸 것이다.

실험: 케이퍼빌리티와 그룹 멤버십 조회

/proc/${PID}/status를 살펴보면(${PID}는 프로세스의 pid로 변경), system_server의 케이퍼빌리티 및 그룹 멤버십을 쉽게 조회할 수 있다.

출력 8-2 system_server의 케이퍼빌리팅 및 그룹 멤버십 조회

```
root@generic:/ # cat /proc/${SS_PID}/status
Name:   system_server
State:  S (sleeping)
Tgid:   372
Pid:    372
PPid:   52
TracerPid:      0
Uid:    1000    1000                    # AID_SYSTEM
Gid:    1000                            # AID_SYSTEM
...     # 세컨더리 그룹 멤버십
Groups: 1001 1002 1003 1004 1005 1006 1007 1008 1009 1010 1018 1032 3001 3002 3003 3006 3007
```

실험: 케이퍼빌리티와 그룹 멤버십 조회(계속)

```
...
CapInh:  0000000000000000        #  상속(Inherited)
CapPrm:  0000000007813c20        #  허가(Permitted)
CapEff:  0000000007813c20        #  적용(Effective)
CapBnd:  ffffffe000000000        #  바운딩 세트(Bounding set)
```

위 출력에서는 케이퍼빌리티 비트마스크를 네 개나 볼 수 있다. 이들은 자식 프로세스에 상속될 수 있고, 이 케이퍼빌리티들은 이 프로세스에 잠재적으로 허용되어 있으며, 사실상 활성화되어 있다(프로세스에서 명시적으로 요청하고 허용한 경우와 마찬가지로). 바운딩 세트는 (리눅스 2.6.25에서 추가)는 capset(2)의 사용을 제한하는 비트마스크이다.

PID를 /proc 내에서 살펴보면 케이퍼빌리티를 사용하는 프로세스를 뽑아낼 수 있다. 이때에는 다음 출력과 같이 약간의 셸 스크립트를 만들어야 한다.

출력 8-3 케이퍼빌리티를 가진 프로세스 보기

```
root@htc_m8wl:/proc # for p in [0-9]*;            \   # 모든 PID를 반복 순환
          do CAP=`grep CapPrm $p/status |         \   # 허가된 케이퍼빌리티를 얻어옴.
             grep -v -v fffff |                    \   # 루프 프로세스 배제
             grep -v 0000000000000000`;            \   # 케이퍼빌리티가 없는 프로세스 배제
             if [[ ! -z $CAP ]]; then              \   # 케이퍼빌리티가 발견되면 프로세스 이름,
             grep Name $p/status;                  #     PID 및 케이퍼빌리티 마스크를
             echo PID $p - $CAP;                   #     출력
             fi; \
          done
Name:    system server
PID 13662 - CapPrm: 0000000007813c20
Name:  wpa_supplicant
PID 13907 - CapPrm: 0000000000003000
Name:  rild
PID 368 - CapPrm: 0000000000003000
Name:  netmgrd
PID 375 - CapPrm: 0000000000003000
Name:  installd
PID 387 - CapPrm: 00000000000000c3
Name:  dumpstate
PID 389 - CapPrm: 0000000400000000
Name:  dumpstate
PID 390 - CapPrm: 0000000400000000
Name:  qseecomd
PID 398 - CapPrm: 0000000000222000
Name:  qseecomd  # A secondary thread of qseecomd, therefore same capabilities
PID 510 - CapPrm: 0000000000222000
```

위에서 알 수 있는 바와 같이 케이퍼빌리티는 표 8-4와 일치한다. 일부 벤더는 케이퍼빌리티를 가진 자신들의 프로세스를 추가할 수 있다.

Zygote는 젤리빈(4.3)이 나오면서 케이퍼빌리티가 자식 프로세스(예를 들면 사용자 앱)에 추가될 수 없도록 prctl(PR_CAPBSET_DROP) 및 prctl(PR_SET_NO_NEW_ pRIVS)를 호출한다. 앞으로 vold 및 netd의 루트 권한을 삭제하고 케이퍼빌리티를 사용할 가능성이 높다. 이는 특히 취약점이 많이 발견된 vold의 사례를 볼 때 매우 중요하다.

SELinux

SELinux^{Security Enhanced Linux}는 표준 유닉스를 넘어서는 리눅스의 진화의 일부이다. NSA에서 개발된 SELinux는 패치 형태로 리눅스 커널 메인스트림에 편입된 이후, 꽤 오랜 시간이 지 났다. SELinux는 미리 정의된 정책으로 동작을 제한할 수 있는 MAC^{Mandatory Access Control} 프 레임워크이다. 케이퍼빌리티로서의 SELinux는 최소한의 법칙을 좀 더 세밀하게 구현하였 다. 이는 정의된 작동 범위 밖에 있는 동작이 프로세스를 건드릴 수 없도록 만들어 시스템 의 보안을 크게 강화했다. 프로세스가 잘 동작하기만 한다면, 이는 전혀 문제될 것이 없다.

그림 8-6 SELinux 로고

하지만 SELinux는 프로세스가 오동작하는 경우(멀웨어 또는 코드 인젝션 때문에), 이 범위 밖의 모든 작업을 차단해버 린다. 이러한 접근 방법은 비록 구현 방식이 다르지만, iOS의 샌드박스(TrustedBSD MAC 프레임워크로 구축된)와 비 슷하다.

SELinux는 오래전부터 리눅스에 포함되어 있었지만(케이퍼빌리티처럼 기본으로 구현되어 있지는 않다.), 안드로이 드에서는 젤리빈(4.3)부터 소개되었다. 초기에는 보안 정책 위반만 검사하는 허용^{permissive} 모드 상태로 출시되었 다. 하지만 킷캣부터는 SELinux가 기본적으로 일부 안드로이드 서비스(특히 `installd`, `netd`, `vold` 및 `zygote`)에는 강 제^{enforcing} 모드로 출시되었다(다른 서비스는 여전히 허용 모드이다.). 강제 모드를 적용하기 전에 도메인별로 허용 모드 를 사용하는 것은 좋은 방법에 속하기 때문에 장차 출시될 다음 버전의 안드로이드에서는 강제 모드가 확대될 것 으로 보인다.

안드로이드에 포팅된 SELinux는(일반적으로 "SEAndroid"라고 한다.) NSA의 스몰리와 크레이그가 처음으로 발표[1a], [1b]하였다(2014년 안드로이드 빌더 서밋에서 SEAndroid를 발표하였다.)[1c]. 구글은 안드로이드 소스[2]에 대한 기본적인 문서 를 제공하였다. 리눅스의 메인 라인 배포자인 레드햇은 초기부터 SELinux를 적용하였고, 이에 대한 종합적인 가 이드[3]를 제공하였다.

SEAndroid는 SELinux와 동일한 법칙을 따르지만, 안드로이드에 특화된 기능(시스템 프로퍼티 및 바인더(커 널 후크))에 맞춰 좀 더 확장되었다. 삼성은 SEAndroid를 더욱 확장한 "KNOX" 자체 보안 플랫폼을 사용한다. KNOX("obKNOXious"라고도 한다.)는 모든 프로세스(init 및 커널 스레드)에 보안을 강제하는 강력한 보안 정책을 자랑 한다. 다음 섹션에서는 리눅스와 안드로이드에서 공통적으로 사용하는 "SELinux"의 기능에 대해 설명하고, 그 이 후에는 안드로이드에서만 사용하는 "SEAndroid"에 대해 공부한다.

SELinux의 주된 법칙은 (그리고 대부분의 MAC 프레임워크는) '라벨링^{labeling}'이다. 라벨은 타입을 리소스(오브젝트) 및 프로세스의 보안 도메인^{domain}에 할당한다. SELinux는 동일한 도메인의 프로세스만 리소스에 접근할 수 있도 록 허용한다(일부 MAC 프레임워크는 리눅스의 네임스페이스 개념과 비슷하게 안 보이는 라벨을 붙인 리소스를 만든다.). 도메 인은 정책에 따라 제한되기 때문에 허용은 되었지만, 프로세스는 리소스에 접근할 수 없다. 정책은 다른 레이어의 퍼미션(ACL 파일)에 의해 독립적으로 시행된다. 신뢰된 프로세스가(예를 들면 자이코트)가 비신뢰된 프로세스(사용자 앱)를 생성해야 하는 경우, 정책은 재라벨링될 수 있다.

SELinux 라벨은 네 개의 튜플 `user:role:type:level` 형태의 문자열로 구성되어 있다. 동일한 라벨을(동일한 도 메인) 가진 모든 프로세스는 동등하다. SEAndroid는 타입만 정의한다. 예를 들면 라벨은 항상 `u:r:domain:s0`와 같 은 형태이다. SEAndroid 정책은 킷캣에서 모든 데몬에 각각의 도메인을 정의하였다(예를 들면 각각 데몬은 자신만의 퍼미션 및 보안 파일을 갖는다.). 표 8-6은 데몬에 할당된 도메인을 나타낸 것이다.

표 8-6 안드로이드 4.4에서 애플리케이션 클래스 도메인

라벨(도메인)	앱	제한
u:r:kernel:s0	커널 스레드를 위해 예약됨.	제한 없음(God 모드).
u:r:isolated_app:s0	격리된 프로세스	사전에 연결된 익명 유닉스 소켓, 읽기/쓰기
u:r:media_app:s0	미디어 키로 서명	네트워크 접근 허용
u:r:platform_app:s0	플랫폼 키로 서명	
u:r:shared_app:s0	셰어드 키로 서명	
u:r:release_app:s0	릴리즈 키로 서명	
u:r:untrusted_app:s0	기타	ASEC, SDCard, TCP/UDP 소켓 및 PTY들

표 8-5에서 언급된 키들은 /system/etc/security/mac_ permissions.xml에 정의되어 있다. 이 파일은 MMAC(미들웨어 MAC)의 일부이다. 패키지 매니저는 서명된 앱에 사용된 키를 인식하고, 그에 맞춰 애플리케이션에 라벨을 붙인다(SELinuxMMAC.assignSeinfoValue를 호출해서). 이 작업은 패키지 스캐닝을 하는 동안에 수행된다(2권에서 설명할 패키지 설치의 일부이다.). 미들웨어라는 용어는 안드로이드 시스템 컴포넌트에서 사용자 모드 내에서 엄격히 수행되는 라벨링에 적용되는 말이다.

appdomain을 기반으로 상속받은 _app 도메인은 바인더를 사용한 액션, 자이고트와의 통신 서피스플린저 등과 같은 기본적인 애플리케이션 프로 파일을 허용한다. AOSP의 external/sepolicy 디렉터리 내에서 모든 도메인에 대한 상세한 정의가 포함된 타입 강제type enforcement 파일을 찾을 수 있다. 이 파일에서 사용되는 문법은 키워드와 매크로temacros의 혼합이다. 이를 이용하면 리스트 8-3에서와 같이 도메인에서 동작을 허용 또는 거부할 수 있다.

리스트 8-3 샘플 te 파일(debuggerd.te)

```
# debugger interface
type debuggerd, domain;
permissive debuggerd;
type debuggerd_exec, exec_type, file_type;

init_daemon_domain(debuggerd)      # init가 이를 생성했을 때 자동으로 전이되도록 강제한다.
unconfined_domain(debuggerd)       # 지금은 debuggerd를 제한하지 않는다.
relabelto_domain(debuggerd)        # 이 도메인으로 전이를 허용한다.
allow debuggerd tombstone_data_file:dir relabelto;    # 툼스톤 파일용
```

external/sepolicy 내의 파일들은 일종의 기준선baseline 역할을 한다. 모든 디바이스에서 이 파일을 상속받아 사용한다. 구글은 벤더들에게 정책에서의 파일을 추가, 삭제, 재정의하기 위해 이 파일을 변경하는 것보다는 네 가지 특별한 변수인 BOARD_SEPOLICY_[REPLACE|UNION|IGNORE] 및 BOARD_SEPOLICY_DIRS를 BoardConfig.mk 파일에 추가하는 것을 장려한다. BOARD_SEPOLICY_DIRS는 파일에 포함된 디렉터리의 검색 경로를 제공한다. 이렇게 하면 파일 에러 또는 의도하지 않은 정책 변경으로 인해 보안에 구멍이 뚫릴 위험성이 감소된다. 디렉터리에는 mac_permissions.xml 템플릿 및 keys.conf에서 볼 수 있는 키가 포함되어 있다.

스톡stock 타입 강제 파일은 모두 /sepolicy 결과 파일 내에 연결되거나 컴파일되어 있다. /sepolicy 파일은 루트 파일시스템에 위치하고 있는 바이너리 파일이다. 이렇게 하면 루트 파일시스템이 디지털 서명된(그래서 쉽게 변조가 어렵다.) bootimg의 일부인 initramfs에서 마운트되기 때문에 보안이 좀 더 강화된다. 컴파일은 최적화의 일부로 이루어지고, 결과 파일은 쉽게 디컴파일될 수 있다. 다음 실험에서 이를 확인할 수 있다. 바이너리 정책 파일은 /sys/fs/selinux를 통해 적재될 수 있다(init는 libselinux.so를 통해 수행된다.).

250

실험: 안드로이드 /sepolicy 파일 역컴파일하기

리눅스 호스트를 가지고 있는 경우, /sepolicy를 디컴파일 하는 작업은 sedispol 명령어를 이용한다. sedispol 명령어는 checkpolicy 패키지 내에 있다. 페도라 및 비슷한 리눅스를 사용하는 경우에는 패키지를 먼저 받는다.

출력 8-4 checkpolicy 패키지 얻기

```
root@Forge (~)# yum install checkpolicy
Loaded plugins: langpacks, refresh-packagekit
--> Running transaction check
---> Package checkpolicy.x86_64 0:2.1.12-3.fc19 will be installed
--> Finished Dependency Resolution

Installed:
  checkpolicy.x86_64 0:2.1.12-3.fc19
root@Forge (~)# rpm -ql checkpolicy
/usr/bin/checkmodule
/usr/bin/checkpolicy
/usr/bin/sedismod
/usr/bin/sedispol    # 정책을 디컴파일하는 도구이다.
/usr/share/man/man8/checkmodule.8.gz
/usr/share/man/man8/checkpolicy.8.gz
```

명령어를 수행할 때에는 정책을 호스트로 옮기고 명령어를 실행한 뒤에 조사를 시작하면 된다. 정책이 /sepolicy 내에 정의되어 있지만 sysfs를 통해 정책을 적재할 수 있다. /sys/fs/selinux 디렉터리는 매우 흥미로운 항목들을 가지고 있고, 이들은 SELinux를 설정하는 데 사용된다. Policy는 이 항목들 중 하나이다.

출력 8-5 액티브 정책의 디컴파일/디어셈블링

```
root@htc_m8wl:/ # ls -l /sys/fs/selinux/policy /sepolicy
-r--------  root     root           74982 1970-01-01 01:00 policy
-rw-r--r--  root     root           74982 1970-01-01 01:00 sepolicy
root@htc_m8wl:/ # cp /sys/fs/selinux/policy /data/local/tmp
root@htc_m8wl:/ # chmod 666 /data/local/tmp/sepolicy
#
# 호스트에 재연결
#
morpheus@Forge (~)$ adb pull /data/local/tmp/sepolicy
2750 KB/s (74982 bytes in 0.026s)
morpheus@Forge (~)$ sedispol sepolicy
Reading policy...
libsepol.policydb_index_others: security:  1 users, 2 roles, 287 types, 1 bools
libsepol.policydb_index_others: security:  1 sens, 1024 cats
libsepol.policydb_index_others: security:  84 classes, 1333 rules, 1 cond rules
binary policy file loaded

Select a command:
1)  display unconditional AVTAB

Command ('m' for menu): 1
allow qemud installd : udp_socket { ioctl read write create getattr setattr lock relabelfrom
 relabelto append bind connect listen accept getopt setopt shutdown recvfrom sendto recv_msg
 send_msg name_bind node_bind };
allow system installd : udp_socket { ioctl read write create getattr setattr lock relabelfrom
 relabelto append bind connect listen accept getopt setopt shutdown recvfrom sendto recv_msg
 send_msg name_bind node_bind };
allow keystore ctl_dumpstate_prop : property_service { set };
allow keystore ping : peer { recv };
     # 실제 터미널 버퍼에는 더 많은 출력 내용이 있을 것이다. - 파일 출력을 보려면 "f"를 사용하면 된다.
```

이제 남은 부분은 contexts를 통해 리소스에 라벨을 할당하는 프로세스를 정의하는 일이다. SELinux에서 인지할 수 있는 리소스는 리눅스 파일 오브젝트(소켓, 디바이스 노드 및 파일 형태의 다른 오브젝트)이고, SEAndroid는 프로퍼티에서 이를 사용할 수 있도록 기능을 확장하였다.

애플리케이션 컨텍스트

/seapp_contexts 파일은 애플리케이션과 도메인의 매핑을 제공한다. 이는 UID 기반의 라벨 프로세스 및 seinfo 필드(/system/etc/security/mac_permissions.xml과 관련된 서명 패키지에 따라 패키지 매니저에서 설정)에 사용된다. 툴박스의 ps -Z를 가지고 프로세스 라벨링을 볼 수 있다.

출력 8-6 ps –Z를 가진 SELinux 프로세스 컨텍스트

```
shell@htc_m8wl:/ $ ps -Z | grep platform_app
u:r:platform_app:s0    u0_a42      7343   7129   com.android.systemui
u:r:platform_app:s0    smartcard   7717   7129   org.simalliance.openmobileapi.service:remote
u:r:platform_app:s0    u0_a42      30131  7129   com.android.systemui:recentapp
u:r:platform_app:s0    fm_radio    30405  7129   com.htc.fmservice
#
#  seapp_contexts와 비교
#
shell@htc_m8wl:/ $ grep platform_app /seapp_contexts
user=_app seinfo=platform domain=platform_app type=platform_app_data_file
user=smartcard seinfo=platform domain=platform_app type=platform_app_data_file # PID 7717
user=felicarwsapp seinfo=platform domain=platform_app type=platform_app_data_file
user=irda seinfo=platform domain=platform_app type=platform_app_data_file
user=fm_radio seinfo=platform domain=platform_app type=platform_app_data_file  # PID 30405
```

파일 컨텍스트

SE-Linux는 보안 컨텍스트를 모든 파일과 조합할 수 있다. /file_context 파일은 파일을 위한 컨텍스트를 제공하고, toolbox의 ls -Z를 이용해서 이들을 볼 수 있다(출력 8-7 참조).

출력 8-7 ps –Z를 이용해 SELinux 파일 컨텍스트 확인

```
shell@htc_m8wl:/ $ ls -Z /dev | grep video_device
drwxr-xr-x root      root       u:object_r:video_device:s0 video
crw-rw---- system    camera     u:object_r:video_device:s0 video0
crw-rw---- system    camera     u:object_r:video_device:s0 video1
crw-rw---- system    camera     u:object_r:video_device:s0 video2
crw-rw---- system    camera     u:object_r:video_device:s0 video3
crw-rw---- system    camera     u:object_r:video_device:s0 video32
crw-rw---- system    camera     u:object_r:video_device:s0 video33
crw-rw---- system    camera     u:object_r:video_device:s0 video34
crw-rw---- system    camera     u:object_r:video_device:s0 video35
crw-rw---- system    camera     u:object_r:video_device:s0 video38
crw-rw---- system    camera     u:object_r:video_device:s0 video39
#
# /file_context 정의와 비교
#
shell@htc_m8wl:/ $ grep video_device /file_contexts
/dev/nvhdcp1          u:object_r:video_device:s0 # NVidia 디바이스가 아니더라도
/dev/tegra.*          u:object_r:video_device:s0 # external/sepolicy/file_context에서 남은 것이다.
/dev/video[0-9]*      u:object_r:video_device:s0 # 정규식 표현으로 위 모든 내용을 가져올 수 있다.
```

프로퍼티 컨텍스트

4장에서 설명한 바와 같이 하드 코딩된 uid 테이블은 특정 속성의 네임스페이스에 접근하는 것을 제한할 수 있다. 이는 매우 엄격한 메커니즘이고, 새로운 버전의 안드로이드에 추가된 프로퍼티나 네임스페이스로 확장할 수 없다.

SELinux는 실행 컨텍스트라는 개념을 제공하기 때문에 이들을 프로퍼티까지 확장해서 적용하는 것은 쉽다. /init는 젤리빈부터 check_mac_ perms()를 사용해서 프로퍼티 접근을 보호한다. 함수는 /data/security/property_contexts 및 /property_contexts에서 프로퍼티 컨텍스트를 적재한다.

출력 8-8 SELinux 프로퍼티 컨텍스트

```
shell@htc_m8wl:/ $ cat /property_contexts
#line 1 "external/sepolicy/property_contexts"
###########################
# property service keys
#
#
net.rmnet0              u:object_r:radio_prop:s0
..
sys.usb.config          u:object_r

ril.                    u:object_r:rild_pro

net.                    u:object_r:system_pro
dev.                    u:object_r:system_pro
runtime.                u:object_r:system
hw.                     u:object_r:system_prop
sys.                    u:object_r:system_pro
sys.powerctl            u:object_r:powe
service.                u:object_r:system
wlan.                   u:object_r:system_pr
dhcp.                   u:object_r:system_pr
bluetooth.              u:object_r:bluetoo

debug.                  u:object_r:shell_p
log.                    u:object_r:shell_pro
service.adb.root        u:object
..
```

4장으로 되돌아가보면 프로퍼티 컨텍스트가 테이블의 정의와 동일하다는 사실을 알 수 있다. 하지만 가장 큰 차이점은 /init를 재컴파일하지 않더라도 프로퍼티를 변경할 수 있는 확장성을 제공한다는 것이다.

init 및 툴박스 명령어

안드로이드 /init는 명령어를 매우 많이 가지고 있다. 그리고 이 명령어는 각각의 .rc 파일에서 사용될 수 있다. SELinux가 소개되면서 SELinux 컨텍스트에서 사용할 수 있는 명령어가 추가되었다. 이와 마찬가지로 툴박스는 셸을 통해 SELinux 컨텍스트에서 사용할 수 있도록 변경되었다.

표 8-7 SELinux의 init 및 toolbox 명령어

init	toolbox	사용법
N/A	getenforce	SELinux의 적용 상태를 가져온다.
setcon SEcontext	N/A	SELinux 컨텍스트를 설정(변경)한다. init는 u:r:init:s0을 사용한다.
restorecon path	restorecon [-nrRv] pathname	path를 위한 SELinux 컨텍스트를 복구한다.
setenforce [0|1]	setenforce [Enforcing|Permissive|1|0]	SELinux 적용 여부를 토글한다.
setsebool name value	setsebool name value	불리언 값을 토글한다(0/false/off 또는 1/true/on).

/sys/fs/selinux 내의 파일에 접근해서 SELinux 명령어 대부분의 기능을 사용할 수 있다. 이들을 사용할 때에는 루트 접근 및 제한 없는 도메인이 필요할 수도 있다. /init는 보안에 제한을 받지 않고 프로세스에 라벨을 다시 붙일 수 있다(seclabel 옵션을 가진 서비스 및 정책을 재 적재할 수 있도록 selinux.reload_policy 프로퍼티를 제공). SELinux를 끄는 작업을 할 때에는 /sys/fs/selinux/disable을 이용하거나 커널 명령어에 selinux=0을 추가할 수도 있다(일부 벤더는 판매되는 제품에서 이 옵션을 제외하기도 한다.).

주목할 만한 다른 특징들

리눅스는 안드로이드에서 사용할 수 있는 또 다른 설정을 가진다. 이 설정들은 안전하지 않은 일부 기본 설정을 강화시켜줌으로써 보안을 향상시킨다.

AT_SECURE

리눅스 커널에서 ELF 이미지의 메타데이터를 제공하기 위한 로더에는 보조 경로가 존재한다. 이 경로에는 /proc 파일시스템(/proc/pid/auxv)을 통해 접근할 수 있다. 이 항목들 중 하나인 AT_SECURE는 set[ug]id 바이너리, 케이퍼빌리티를 가진 프로그램 및 SELinux 도메인이 적용된 프로그램을 위한 속성을 0이 아닌 값으로 설정한다. 이러한 경우 바이오닉의 링커(/system/bin/linker)는 "안전하지 않은" 환경 변수를 버리도록 설정된다(bionic/linker/linker_environ.cpp 내의 __is_unsafe_environment_variable 함수에 하드 코딩되어 있다.). 이 변수들 중 가장 중요한 것은 LD_LIBRARY_pATH 및 LD_pRELOAD이다. 이들은 라이브러리 인젝션에 자주 사용된다.

ASLR(Address Space Layout Randomization)

코드 인젝션 공격은 주요 놀이터로 타깃 프로세스의 주소 공간을 사용하고, 메모리 주소, 지역 및 보호에 대한 깊은 지식을 바탕으로 해킹에 성공하기도 한다. 코드 인젝션은 기존 프로그램에 코드를 직접 추가하거나 기존 지역으로 점프하기 위해 프로그램 실행을 방해한다. 양쪽의 경우 모두 레이아웃에 대한 지식은 필수적으로 있어야 한다. 잘못된 주소로 점프하면 고장이 날 수 있기 때문이다. 보통 프로세스는 사설 메모리 주소를 이용해 시작되기 때문에 해커는 "한 번만 디버그하면 어디에서나 해킹할 수 있다."(이는 '한 번 작성하고 어디에서나 실행한다.'라는 자바의 오래된 구호에서 인용했다.)

ASLR(Address Space Layout Randomization)은 '무작위화'라는 개념을 도입해 인젝션 공격을 더욱 어렵게 만들었다. 여기서 무작위화는 메모리 이전의 레이아웃을 섞어 그들의 주소를 예측하기 어렵게 만든 기술이다. 이렇게 함으로써 해킹의 타깃이 된 코드는 메모리 내에서 "이동"될 가능성이 증가하였고, 악의적인 코드에 좀 더 안전한 대신 충돌 가능성이 좀 더 증가하였다.

리눅스는 /proc/sys/kernel/randomize_va_space(또는 sysctl.kernel.randomize_va_spcae)를 통해 무작위화 기능을 제공한다. 값이 "0"이면 무작위화를 사용하지 않고, "1"이면 스택 무작위화를 지정하며, "2"이면 스택과 힙 모두에 무작위화를 지원한다. "2"가 기본 설정값이다. 실행 파일은 PIE^Position-Independent-Executable 옵션(-pie 스위치)을 사용해서 컴파일될 수 있다. PIE 옵션은 안드로이드 L부터 필수가 되었다(Android.mk 파일에 APP_ pIE로 정의).

실험: ASRL 테스트하기

ASLR의 효과를 보기 위해서는 /proc로 이동한 뒤에 다음 셸 스크립트를 사용해야 한다. 스크립트는 모든 프로세스를 반복하면서 libc.so의 위치를 찾고, libc.so가 발견되면 PID와 함께 표시한다.

출력 8-9 ASLR 효과 보기

```
root@htc_m8wl:/# cd /proc
root@htc_m8wl:/proc # for x in [0-9]*; do \
                    lc=`grep libc.so /proc/$x/maps| grep r-x`; \
                    if [[ ! -z "$lc" ]]; then echo $lc in PID $x; fi; \
                    done | sort
400c6000-40111000 r-xp 00000000 b3:2e 1492 /system/lib/libc.so in PID 28686
.. # 모든 안드로이드 앱은 동일한 메모리 공간을 공유한다.
400f7000-40142000 r-xp 00000000 b3:2e 1492 /system/lib/libc.so in PID 9615
b6de0000-b6e2b000 r-xp 00000000 b3:2e 1492 /system/lib/libc.so in PID 7470
b6e5a000-b6ea5000 r-xp 00000000 b3:2e 1492 /system/lib/libc.so in PID 375
```

위의 출력에서 볼 수 있듯이, 라이브러리는 무작위화되어 있지만, 일부 프로세스는 여전히 libc 라이브러리와 같은 지역을 공유하고 있다. 이들은 자이고트에서 생성된 프로세스이고, 클래스를 적재하기 위해 fork()를 호출하지만, exec()는 호출하지 않는다. 그래서 동일한 주소 공간 레이아웃에 남아 있게 된다.

커널-공간 ASLR은 아직 안드로이드에 적용되지 않았다(이 책을 쓰는 시점까지). iOS 6.0에서는 처음 소개되었고, 3.14 버전(이 책을 쓰는 시점)이 리눅스에 적용되었다. 킷캣 이후 버전의 안드로이드에 ASLR이 소개될 가능성이 큰 것은 바로 이 때문이다.

> ⚠️ ASLR은 입력 벡터를 통해 코드 인젝션을 방어하는 계층을 제공한다. 이미 해커가 실행 권한을 얻은 경우, 다른 프로세스의 메모리 주소 공간을 얻고, 원격에 있는 스레드를 인젝트하기 위해 강력한 ptrace(2) API를 호출한다. 다행스럽게도 이를 위해서는 루트 권한을 획득해야 한다. SELinux는 ptrace(2)에 접근하는 것을 금지할 수 있다.

커널 하드닝(Hardening)

안드로이드 커널은 주류 리눅스와 달리 /proc/kcore를 기본으로 제공하지 않는다. 이 설정은 커널이 사용자 모드에서(루트로) 읽기 전용 메모리 접근을 할 수 있도록 해준다. /proc/kallsyms는 여전히 대부분의 디바이스에 남아 있지만(그리고 기본적으로 전역에서 읽기 가능하다.), 모든 주소가 표시되지 않도록 kernel.kptr_restrict sysctl이 '2'로 설정되어 있기 때문에 보호된다. 이와 마찬가지로 커널 링-버퍼 주소(dmesg를 통해)는 kernel.dmesg_restrict에 의해 보호된다.

스택 보호(protection)

공격자들은 여전히 프로그램 흐름의 전체를 파괴할 수 있는 함수 포인터 오버라이딩 방식을 사용한다. 모든 프로그램에서 함수 포인터를 사용하는 것은 아니지만, 이들은 함수 호출 중에 스택에 저장된 리턴 주소를 활용한다.

대부분의 현대적인 컴파일러는 스택을 보호하기 위한 조치 중 하나로, 카나리아^{canary}의 도움으로 자동화된 스택 보호 장치를 제공한다. 탄광 내의 카나리아와 마찬가지로, 스택 카나리아는 함수 엔트리의 스택에 쓰여진 랜덤값이고, 함수가 실행되기 전에 유효한지를 검증받는다. 이 값이 유효하지 않는 경우에는 스택이 변질된 것으로 여기고 프로그램을 스스로 중단한다.

안드로이드에서도 gcc의 -fstack-protector 옵션을 이용하면 이러한 방식으로 보호를 할 수 있다. 반환된 주소 이외에도 함수 포인터를 이용해서 코드를 인젝션할 수 있기 때문에(C++ 메서드는 이러한 방식이 가능) 이 방식이 만능은 아니라는 점을 명심해야 한다.

데이터 실행 방지

코드 인젝션 공격은 입력 내에 삽입된 공격 코드로 실행된다(사용자가 직접 심거나 다른 소스에서 심어질 수 있다.). 여기서 입력은 데이터와 "실행될 수 없음"이라고 표기된 데이터가 사용하는 메모리를 의미한다. 전통적인 트램블린기술(포인트를 오버라이팅하거나 인젝트 코드의 주소를 가진 리턴 주소 스택)을 사용하면, 인젝트된 코드가 데이터 세그먼트 내에 있는 경우 동작하지 않기 때문에 이러한 방식의 공격은 복잡하다.

불행하게도 (대부분의 경우-) 데이터를 실행할 수 없도록 만들면 간단한 공격이나 매우 발전된 공격조차 어렵게 만든다. 현재 많이 발생하는 공격은 'ROP$^{Return-Oriented-Programming}$'이다. 이는 스택 위에서 함수 호출을 시뮬레이팅하는 프로그램 코드의 기존 부분으로 콜백의 "가젯^{gadget}"을 모두 연결해 이용하는 오래된 기술("return-to-libc에 대한 논문"에서 솔라 디자이너가 소개하였다.)이다. 이들은 코드로 들어가기 때문에 실행할 수 없도록 만들어도 아무 소용이 없고, 해킹에 대한 보호를 상당히 우회할 수 있다.

컴파일러 레벨 보호

앞에서 언급한 호호 방법은 어떤 면에서 볼 때 질병을 치료한다기보다 증상을 치료하는 방법이었다. 결국 메모리 변조를 악용하는 코드 인젝션 코드와 싸울 수 있는 적절한 방법은 입력값을 검증하고 메모리 동작의 엄격한 범위 확인을 포함한 디펜시브 코딩을 실행하는 것이다. 안드로이드의 새 버전에서는 메모리 복사 함수 확인 및 포맷 문자열 공격을 금지하는 FORTIFY_SOURCE 및 -Wformat-security과 같은 컴파일된 소스를 제공한다.

달빅 레벨의 보안 ————

달빅 레벨 퍼미션

네이티브 코드가 아니라 가상 머신 레벨에서 작업하면 동작을 모니터링하고 보안을 강화하는 데 있어 수많은 이점을 얻을 수 있다. 네이티브 레벨에서 중요한 리소스에 접근하기 위해서는 시스템 호출을 모니터링해야 한다. 하지만 시스템 호출이 가지고 있는 문제점은 그들의 호출 주기가 부정확하다는 점이다. 파일에 접근하기는 매우 쉽지만(open/read/write/close), 여러 개의 시스템 호출이 동시에 일어나기 때문에 다른 동작들을 모니터링하기는 매우 어렵다. 바로 여기에 가상 머신의 장점이 있다. 대부분의 작업은 미리 제공된 패키지 및 클래스 의해 수행되며, 퍼미션 체크가 내장되어 있다.

실제로 안드로이드는 이보다 한 단계 더 진화해 있다. 정상적인 자바 클래스에서는 악의적인 개발자가 퍼미션 체크를 피하기 위해 JNI를 사용하거나, 처음부터 기능을 구현하거나, 다른 클래스를 임포트할 수 있다. 하지만 안드로이드에서는 거의 불가능하다. 사용자 애플리케이션은 리눅스 레벨에서의 케이퍼빌리티 및 퍼미션이 없기 때문에 시스템 내부 리소스에 접근할 때 바로 블록화된다. 애플리케이션 외부에 영향을 미치는 모든 동작을 실행하기 위해서는 getSystemService()를 호출한 뒤 system_server를 사용해야 한다.

어떤 앱들이나 system_server는 자유롭게 호출할 수 있지만, system_server가 체크해야 하는 정의된 퍼미션에는 자유롭게 접근할 수 없다. 체크 작업은 애플리케이션 프로세스 외부에서 수행되기 때문에 애플리케이션에 이 퍼미션이 미리 할당되지 않았다면, 애플리케이션에서 이 퍼미션을 가져올 방법이 없다. 퍼미션 할당 작업은 애플리케이션이 적재되거나 설치될 때 수행된다. 사용자는 애플리케이션에서 필요한 권한을 요청받은 뒤에(아주 긴 목록을 읽고), 요청을 승인한다("OK" 버튼을 누른다.). 런타임 중에 요청된 퍼미션이 취소된 경우(예를 들면, AppOps 서비스 또는 pm revoke를 통해)에는 시큐리티 익셉션Security Exception이 던져진다(보통의 경우, 개발자가 이러한 예외를 잡지 않으면 애플리케이션이 고장 난다. 이러한 경우에 예외로 처리하거나, 퍼미션이 필요하다는 팝업창을 띄우거나, 조용히 실패한다.).*

퍼미션 자체는 특별한 데이터 구조나 복잡한 메타데이터가 필요하지 않다. 달빅 내의 퍼미션은 단순한 상수 값 외에 아무것도 아니다. 퍼미션은 매니페스트 내에서 애플리케이션에 권한을 부여하고, 매니페스트 내에 <uses-permission>으로 선언되어 있다. 애플리케이션은 자신만의 상수를 정의할 수 있다(매니페이스 파일 내의 <permission> 태그를 이용). 패키지 매니저가 앱을 설치할 때에는 퍼미션을 "퍼미션 데이터베이스"에 추가한다. 이 데이터베이스는 실제로 패키지 데이터베이스인 /data/system/packages.xml의 일부이다. 이 데이터베이스는 퍼미션보다 훨씬 가치 있는 정보(공개 키 등)를 담고 있다(2권에서 자세히 설명한다.). 표 8-8은 그 일부 내용을 나타낸 것이다.

표 8-8 패키지 데이터베이스에서 퍼미션에 적용되는 엘리먼트들

엘리먼트	내용
permission-trees	트리 items의 배열이다. 퍼미션 네임스페이스를 지정하고, 네임스페이스를 정의하는 패키지를 지정한다.
permissions	퍼미션 item들의 배열이다. 각각의 정의는 다음과 같다. • Name: 원래의 permission 엘리먼트에 지정된 퍼미션 상수명 • package – 이 퍼미션 내에 지정된 패키지(SDK 퍼미션을 위한 "android"를 가지고) • protection – PermissionInfo 클래스에 정의된 퍼미션 보호 레벨 및 플래그이다. 퍼미션 레벨은 0(PROTECTION_NORMAL), 1(.._DANGEROUSE), 2(.._SIGNATURE) or 3(.._SIGNATURE_OR_SYSTEM)이고, 플래그는 각각 SYSTEM(0x10) 및 DEVELOPMENT(0x20)이다. 이 값은 16진수이지만 십진수로 출력된다.
package	설치된 각각의 애플리케이션은 name 속성으로 식별되고, AID는 userId 속성을 통해 할당된다. 애플리케이션에 부여된 퍼미션은 〈perms〉의 하위 항목으로 열거되어 있다.
shared-user	두 개 이상의 애플리케이션에서 공유하는 AID들은 userId 속성에 지정되어 있고, 권한은 하나 이상의 퍼미션에 부여되어 있다. 〈perms〉의 하위 항목으로는 AID가 지정되어 있다.

---

* 안드로이드 M에서는이 허술한 보안 모델을 iOS와 같이 런타임 동안 퍼미션을 사용자에게 물어보는 방식으로 변경하였다. 이 작업은 프로세스 외부의 도움으로 수행된다(iOS에서는 TCC 데몬이 이를 처리한다.).

패키지 데이터베이스를 살펴보면(루트로), <permissions> 요소가 커스텀 퍼미션(설치된 앱으로 선언되어 있다.) 및 시스템 퍼미션 요소를 모두 포함하고 있다는 것을 알 수 있다. 내장 시스템 퍼미션은 /system/framework/ framework-res.apk에 지정되어 있다. 이 apk 파일은 다음 출력 8-10과 같이 aapt를 사용해서 조사할 수 있다.

출력 8-10 넥서스 9의 /system/framework/framework-res.apk 덤프

```
morpheus@Forge (~/tmp) % adb pull /system/framework/framework-res.apk
6343 KB/s (19250841 bytes in 2.963s)
morpheus@Forge (~/tmp) % aapt d xmltree framework-res.apk AndroidManifest.xml | more
N: android=http://schemas.android.com/apk/res/android
 E: manifest (line=20)
  A: android:sharedUserId(0x0101000b)="android.uid.system" (Raw: "android.uid.system")
  A: android:versionCode(0x0101021b)=(type 0x10)0x15
  A: android:versionName(0x0101021c)="5.0-1573874" (Raw: "5.0-1573874")
  A: android:sharedUserLabel(0x01010261)=@0x1040104          # resources.arsc로 링크
  A: package="android" (Raw: "android")
  A: coreApp=(type 0x12)0xffffffff (Raw: "true")
  E: uses-sdk (line=0)
   A: android:minSdkVersion(0x0101020c)=(type 0x10)0x15      # 안드로이드 L, 21
   A: android:targetSdkVersion(0x01010270)=(type 0x10)0x15   # 안드로이드 L, 21
  E: eat-comment (line=27)
  E: protected-broadcast (line=29)
   A: android:name(0x01010003)="android.intent.action.SCREEN_OFF"
  E: protected-broadcast (line=30)
   A: android:name(0x01010003)="android.intent.action.SCREEN_ON"
   . . .
  # 퍼미션 그룹, pm list permission-groups로 결과를 볼 수 있다.
  E: permission-group (line=315)
   A: android:label(0x01010001)=@0x1040109                   # UI 또는 pm .. -s
   A: android:icon(0x01010002)=@0x1080532                    # UI 표시를 위해
   A: android:name(0x01010003)="android.permission-group.MESSAGES"
   A: android:priority(0x0101001c)=(type 0x10)0x168
   A: android:description(0x01010020)=@0x104010a             # pm list permissions -s 를 위해
   A: android:permissionGroupFlags(0x010103c5)=(type 0x11)0x1  # FLAG_ pERSONAL_INFO
  E: permission (line=323)
   A: android:label(0x01010001)=@0x1040161
   A: android:name(0x01010003)="android.permission.SEND_SMS"  # UI 또는 pm .. -s
   A: android:protectionLevel(0x01010009)=(type 0x11)0x1      # NORMAL(0), DANGEROUS(1), 기타
   A: android:permissionGroup(0x0101000a)="android:permission-group.MESSAGES"
   A: android:description(0x01010020)=@0x1040162              # pm list permissions -s 를 위해
   A: android:permissionFlags(0x010103c7)=(type 0x11)0x1      # FLAG_COSTS_MONEY
   . . .
```

위에서 보는 바와 같이 퍼미션은 그룹으로 묶여 있다. 퍼미션은 그룹 레벨(android.content.pm.Permission GroupInfo) 및 개별 퍼미션 레벨(android.content.pm.PermissionInfo)로 정의된다. 번들링 및 카테고라이징이 퍼미션을 관리하기 위해 pm 업콜 스크립트를 사용하는 파워 유저에게는 쉽게 느껴질 것이다.**

** 현재 이 예제에서는 FLAG_pERSONAL_INFO(group) 및 FLAG_COSTS_MONEY(permission)만 사용된다. 하지만 이 스키마는 향후 확장성을 고려하고 있다.

실험: pm 명령어 사용하기

안드로이드 프레임워크 또는 서드파티 애플리케이션의 퍼미션을 보기 위해 pm list permission 명령어를 사용할 수 있다. 다음과 같이 해보자.

출력 8-11 pm을 사용해 퍼미션 출력하기

```
root@htc_m8wl:/# pm list permissions -f | more
All Permissions:
+ permission:android.permission.GET_TOP_ACTIVITY_INFO
  package:android
  label:get current app info
  description:Allows the holder to retrieve private information about the current applicatio
             in the foreground of the screen.
  protectionLevel:signature
  # 애플리케이션은 AndroidManifest.xml파일에 퍼미션을 선언하였다.
+ permission:com.facebook.system.permission.READ_NOTIFICATIONS
  package:android
  label:null
  description:null
  protectionLevel:signature
```

pm 명령어와 함께 사용할 수 있는 유용한 스위치는 −s(사용자의 로케일로 사람이 읽을 수 있도록 보기 좋게 출력), −g(퍼미션 그룹) 가 있다. pm 명령어는 퍼미션을 허가하거나 폐기(pm [grant|revoke] PACKAGE PERMISSION)하는 데 사용할 수도 있고, 퍼미션을 강제 하거나 삭제할 수도 있다(pm set-permission-enforced PERMISSION [true|false]). pm 명령어에 대한 완벽한 문법 및 안드로이드 M 에서 변화된 이 명령어에 대한 내용은 2권에서 설명한다.

AppOps 서비스(2권에서 상세히 설명)는 애플리케이션 퍼미션을 세밀하게 튜닝하거나 추적하고 싶은 사용자를 위한 GUI를 제공한 다. GUI는 킷캣 4.4.2의 "보안 업데이트"에서 삭제되었지만, 서비스는 여전히 살아 있다. 롤리팝에서는 애플리케이션의 퍼미션을 허 용, 거부, 무시, 리셋할 수 있는 appops 업콜 스크립트가 소개되었지만, 유감스럽게도 특정 일부 작업(android:[coarse|fine|monitor]_ location 및 android:get_usage_stats 및 android:activate_vpn)에만 허용되었다. 하지만 android.app.AppOpsManager를 재컴파일 하면 48개 작업 전체를 세트로 확장할 수 있다. 다만, AppOps는 퍼미션의 최상단에 있는 또 다른 계층을 사용하고 출력 8-12와 같이 별도의 데이터베이스(/data/system/appops.xml)를 사용한다는 점을 명심해야 한다.

출력 8-12 L에서 appops 업콜 스크립트 사용하기

```
shell@flounder:/ $ appops
usage: adb shell appops set <PACKAGE> <OP> <allow|ignore|deny|default> [--user <USER_ID>]
  <PACKAGE> an Android package name.
  <OP>       an AppOps operation.
  <USER_ID> the user id under which the package is installed. If --user is not
            specified, the current user is assumed.
shell@flounder:/ $ appops set com.android.musicfx android:get_usage_stats allow
# AppOps 데이터베이스에 반영되었는지를 확인하려면 root가 필요하다.
shell@flounder:/ $ su
root@flounder:/ # cat /data/system/appops.xml | grep -A 4 musicfx
<pkg n="com.android.musicfx">
<uid n="10014" p="true">
<op n="0" />
<op n="43" m="0" />   # android.apps.AppOpsManager.OP_GET_USAGE_STATS = 43
</uid>
```

퍼미션을 리눅스 UID로 매핑하기

/system/etc/permissions/platform.xml 파일은 달빅 레벨 퍼미션과 리눅스 권한 사이의 가교 역할을 한다. 이 파일은 AOSP소스 내에 포함되어 있고, 정리 또한 잘되어 있기 때문에 필요한 퍼미션이나 AID를 (조심스럽게) 추가할 수 있다. 매핑은 주어진 <permission>의 <group>에 멤버십을 부여하도록 설정하는 방식과 <assign-permission>을 사용해 주어진 이름의 퍼미션을 uid에 할당하는 방식으로 이루어진다. 리스트 8-4에서 이 파일의 샘플을 살펴본다.

리스트 8-12 /system/etc/permissions/platform.xml 파일 예제

```
...

  <!-- This file is used to define the mappings between lower-level system
  user and group IDs and the higher-level permission names managed
  by the platform.

    Be VERY careful when editing this file!  Mistakes made here can open
    big security holes.
-->
<permissions>

  <!-- The following tags are associating low-level group IDs with
       permission names.  By specifying such a mapping, you are saying
       that any application process granted the given permission will
       also be running with the given group ID attached to its process,
       so it can perform any filesystem (read, write, execute) operations
       allowed for that group. -->

  <permission name="android.permission.BLUETOOTH_ADMIN">
      <group gid="net_bt_admin" />
  </permission>

  <!-- ================================================================ -->

  <!-- The following tags are assigning high-level permissions to specific
       user IDs.  These are used to allow specific core system users to
       perform the given operations with the higher-level framework.  For
       example, we give a wide variety of permissions to the shell user
       since that is the user the adb shell runs under and developers and
       others should have a fairly open environment in which to
       interact with the system. -->

  <assign-permission name="android.permission.MODIFY_AUDIO_SETTINGS" uid="media"/>
      ...

    <!-- This is a list of all the libraries available for application
         code to link against. -->

  <library name="android.test.runner"
          file="/system/framework/android.test.runner.jar" />

</permissions>
```

디바이스의 /system/etc/permissions/ 디렉터리를 살펴보면, 빌드 프로세스 동안 AOSP 파일에서 복사되는 android.hardware.* 및 android.software.*와 같이 몇 개의 XML 파일 및 벤더에서 제공하는 파일을 찾을 수 있다.

달빅 코드 서명

퍼미션 자체만으로는 쓸모가 없다. 결국 모든 앱은 AndroidManifest.xml에 필요한 퍼미션을 선언해야 하고, 사용자에게 퍼미션 허용 여부를 물어보았을 때 사용자가 잘 모르고 "OK"버튼을 누를 가능성이 높다. 따라서 구글은 애플리케이션을 플레이스토어에 올릴 때 개발자를 식별하고, 책임을 부여하기 위해 디지털 서명을 요구한다.

이러한 이유 때문에 모든 안드로이드 애플리케이션은 디지털 서명되어 있어야 한다(이 프로세스는 2권에서 자세히 다룬다.). 구글은 애플을 따라잡기 위해 플레이스토어를 오픈했기 때문에 개발자에게 이점을 제공하고 싶었다. 그래서 앱 배포 절차를 더욱 간소화하였다. 구글은 모든 앱을 심사하고, 디지털 서명되어 있어야 통과를 시키는 애플의 매우 긴 검증 프로세스와는 달리, 누구나 앱 서명을 위한 키 쌍을 만들고, 공개 키를 배포하고, 개인 키를 사용해서 그들의 APK 파일을 서명할 수 있도록 하였다. 구글이 이렇게 한 이유는 이렇게 하면 비슷한 수준으로 APK 소스를 식별할 수 있고, 앱 스토어에 애플리케이션을 제출하는 프로세스를 크게 간소화할 수 있기 때문이다.

실제로는 이 때문에 플레이스토어에 멀웨어가 폭발적으로 증가하였다. 구글의 대처 방법은 멀웨어가 발견되고 보고되면 스토어에서 이를 삭제하는 식이었고, 멀웨어 앱의 공개 키를 블랙 리스트로 등록하였다. 멀웨어 제작자의 측면에서는 멀웨어가 발견될 때까지 계속 퍼지기 때문에 "퍼미션을 요청하는 것보다는 용서를 구하는 편이 좋은" 케이스였다. 멀웨어 개발자들은 보안 모델에 영향을 받지 않도록 항상 새로운 키 쌍을 생성하였다. RSA 2014[4]에서 발간된 최근의 연구 조사에 따르면 "의심스러운 앱은 2011년부터 2013년까지 388%가 증가하였지만, 구글에서 삭제한 의심스러운 앱의 삭제율은 2011년 60%에서 2013년 23%로 매년 떨어지고 있다."라고 한다. 앱스토어에 등록된 앱 8개 중 1개는 실제 의심스러운 앱이라고 보아도 된다.

안드로이드 "마스터 키" 취약점

안드로이드에서 발견된(2013년) 가장 중대한 취약점 중 하나는 "마스터 키 취약점"이다(일부는 잘못 알려진 것도 있다.). 이 취약점은(BlueBox security[5a]에서 발견하고 iOS Cydia를 만든 Saurik[5b]가 개선하였다.) 이름이 중복된 파일을 포함하는 APK를 잘못 다뤄 발생한 문제이다. APK 및 ZIP 파일 및 일반적인 대부분 유틸리티(aapt 포함)는 동일한 zip 파일에 중복된 파일명을 사용할 수 없다. 하지만 기술적으로는 가능하고, 이상한 취약점이라 소개되었다. 파일 서명 증명은 APK 내의 첫 번째 동일 항목에 대해서만 수행되고, 압축을 풀면 두 번째 동일 항목도 같이 풀리게 된다. 이러한 이상한 점은 하나의 동일한 작업을 수행하는 두 개의 다른 라이브러리(자바 및 달빅 네이티브 구현체) 때문에 발생했다. 결과적으로 어느 누구든 유효한 서명이 포함된 APK 파일을 얻을 수 있고, 원본 파일과 동일한 이름의 파일을 추가할 수 있다(class.dex 포함). 이 방식을 사용하면 APK에 대한 안드로이드의 서명 유효 검증을 효과적으로 통과할 수 있다. 이 버그는 기술적인 지식이 거의 없어도 해킹을 할 수 있다는 사례를 보여준 가장 대표적인 사례로 알려져 있다.

안드로이드 "페이크 ID" 취약점

2014년에는 "마스터 키"에 필적할 만한 취약점인 "페이크 ID 취약점"이 발견되었다. 이번에 발견된 취약점은 안드로이드 인증서 유효성 결함이었다. 이 취약점을 통해 고의로 깨진 인증서 체인을 공급함으로써 애플리케이션의 유일 식별성을 위조할 수 있었다. 이는 실제 앱과 함께 악의적인 앱을 함께 묶을 수 있다. 결과적으로 악의적인 앱은 신뢰된 앱의 퍼미션을 모두 상속받을 수 있었다(대표적으로 어도비 컴포넌트를 흉내 내어 스스로 웹킷 플러그인이 된 사례가 있다.).

이 취약점(BlueBox에서 발견)[6] 2014년 블랙 햇 컨퍼런스에서 큰 이슈가 되었고, 특히 4년 동안 계속 이용할 수 있는 취약점으로 여겨졌다. 왜냐하면 킷캣을 포함한 모든 디바이스에 영향을 미칠 수 있었기 때문이다. 구글은 결국 이를 패치하였고, L에서는 더 이상 이슈가 되지 않았다. 하지만 L 또한 (아주 많은 예제와 함께) 많은 보안상의 취약점을 보여주었다.*

사용자 레벨 보안 ─────

이번 장에서는 지금까지 애플리케이션 레벨의 보안을 집중적으로 살펴봤다. 안드로이드는 합법적인 디바이스 사용자의 접근만 허용할 수 있도록(특히 민감한 데이터에 대해) 사용자 레벨에서의 보안도 필요하다. 안드로이드는 젤리빈부터 멀티 유저를 지원하였다. 이는 보안 문제를 좀 더 복잡하게 만들었다.

잠금 화면

잠금 화면은 물리적으로 의심스러운 접근 또는 도둑으로부터 디바이스를 지켜낼 수 있는 첫 번째 수단이자, 유일한 방어선이다. 또한 잠금 화면은 디바이스를 깨울 때 사용자가 자주 볼 수 있는 화면이다. 따라서 잠금 화면은 한편으로 탄력적이어야 하고, 또 한편으로는 자연스럽고 빨라야 한다. 대부분의 안드로이드 기능과 마찬가지로 벤더는 이 잠금 화면도 안드로이드에서 제공하는 구현체를 이용해 커스터마이징한다.

패스워드, 핀 및 패턴

기본적인 안드로이드 잠금 화면은 패스워드, 핀 또는 "패턴"도 허용한다. 패턴은 실제로 PIN이며, 사용자는 숫자를 기억하는 대신 점의 그리드(일반적으로 3X3)를 스와이프한다. 사용자는 실제 PIN을 사용할 수도 있다. 이는 최대 16개의 숫자를 사용할 수 있기 때문에 기술적으로 패턴보다는 더욱 강력하고, 같은 숫자도 반복해서 사용할 수 있다. 패스워드는 서로 다른 숫자와 문자를 섞어 사용할 수 있기 때문에 PIN보다 더욱 강력한 보안을 제공한다.

---

* 숨겨진 비화로, 애플 또한 iOS 6.x~7.0.4까지 SSL "goto fail"이라는 버그 때문에 고생한 적이 있다. 이 버그는 건너뛴 SSL 인증서 유효성 검사로 인해 발생했다. 애플은 "유리집에 사는 사람들은 돌은 던지면 안된다."라는 속담(역지사지)을 스스로 증명한 셈이 되었다.

262

실제 잠금 화면은 com.android.keyguard 패키지에 구현된 하나의 액티비티이다. 이 패키지에는 잠금 화면 및 메서드가 포함된 시스템의 주요 클래스들이 담겨 있다. 표 8-9는 이 패키지의 주요 클래스를 나타낸 것이다.

표 8-9 com.android.keyguard 패키지 내의 클래스

클래스	제공하는 것
BiometricSensorUnlock	생체 방식 인증을 위해 사용된 인터페이스이다(예를 들면 FaceUnlock)
Keyguard[PIN|SimPin|Password]View	PIN 또는 패스워드 인증을 위한 기본 프롬프트 창을 표시한다.
KeyguardSecurityView	Keyguard 뷰에 의해 구현되었다(액티비티 생명 주기를 에뮬레이트한다.).
KeyguardService	Keyguard 서비스 구현
KeyguardSecurityCallback	KeyguardHostView에 의해 구현된 인터페이스
KeyguardViewMediator	Keyguard 뷰로 이벤트를 준다.

잠금 화면 호출은 파워 관리자가 디스플레이를 깨우면서 시작되고 WindowPolicyManager 구현체에게 알려준다. 이렇게 되면 KeyguardServiceDelegate의 onScreenTurnedOn이 호출되고, KeyGuard가 대기한다. 그러면 KeyGuard가 잠금 화면을 그리고(일부 액티비티를 이용), 사용자가 선택한 잠금 메커니즘을 처리한다. 시스템 정책이 자동 잠금으로 설정되었을 때는 잠금 화면이 DevicePolicyManager의 lockNow 메서드에서 호출된다.

잠금을 처리하는 실제 로직은 system_server 스레드인 LockSettingsService에서 호출되는 LockPatternUtils에 의해 수행된다. 결과적으로 서비스는 LOCK_ pATTERN_FILE(gesture.key) 또는 LOCK_pASSWORD_FLE(password.key PIN 및 패스워드와 비슷한)를 가지고 입력 내용을 검증한다. 패턴이든, 패스워드이든 양쪽 모두 실제로는 파일에 저장하지만, 그들의 해시는 저장하지 않는다. 서비스는 추가로 locksetting.db 파일을 사용한다. 이 파일은 SQLite 데이터베이스이며, 잠금 화면을 위해 다양한 설정을 담고 있다. 표 8-10은 locksettings.db 데이터베이스 키를 나타낸 것이다.

표 8-10 locksettings.db 데이터베이스 키

LockPatternUtils 상수	키 이름(lockscreen.*)
LOCKOUT_ pERMANENT_KEY	lockedoutpermanently
LOCKOUT_ATTEMPT_DEADLINE	lockedoutattempteddeadline
PATTERN_EVER_CHOSEN_KEY	patterneverchosen
PASSWORD_TYPE_KEY	password_type
PASSWORD_TYPE_ALTERNATE_KEY	password_type_alternate
LOCK_ pASSWORD_SALT_KEY	password_salt
DISABLE_LOCKSCREEN_KEY	disable
LOCKSCREEN_BIOMETRIC_WEAK_FALLBACK	biometric_weak_fallback
BIOMETRIC_WEAK_EVER_CHOSEN_KEY	biometricweakeverchosen
LOCKSCREEN_ pOWER_BUTTON_INSTANTLY_LOCKS	power_button_instantly_locks
LOCKSCREEN_WIDGETS_ENABLED	widgets_enabled
PASSWORD_HISTORY_KEY	passwordhistory

그림 8-4는 앞에서 배운 내용들을 모두 종합해서 디바이스가 언록되는 과정을 간략화하여 나타낸 것이다.

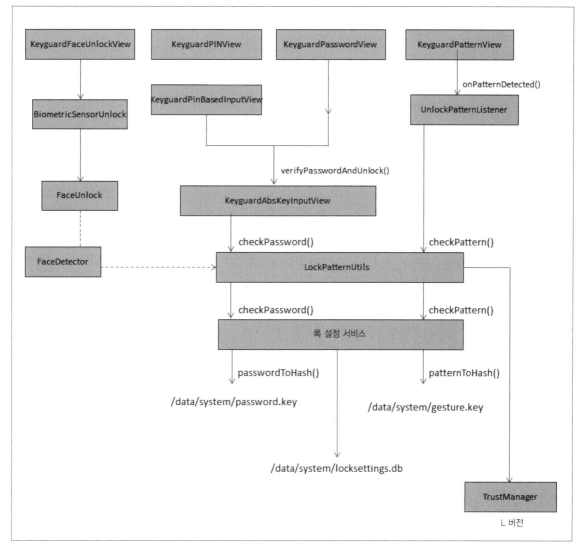

그림 8-4 디바이스 언록

패턴을 사용하지 않고 블루투스 동글이나 다른 디바이스를 이용해서 디바이스 언록을 도와주는 TrustManager 는 L 버전부터 존재한다.

실험: locksettings.db 살펴보기

디바이스가 루팅되어 있고 SQLite3 바이너리가 설치된 경우에는 locksetting.db 파일을 살펴볼 수 있다. 또한 adb를 사용하면 locksettings.db를 호스트로 가져올 수 있다.

출력 8-13 잠금 설정 데이터베이스 조회

```
root@htc_m8wl:/data # sqlite3 /data/system/locksettings.db
SQLite version 3.7.11 2012-03-20 11:35:50
Enter ".help" for instructions
Enter SQL statements terminated with a ";"
sqlite> .dump
PRAGMA foreign_keys=OFF;
BEGIN TRANSACTION;
CREATE TABLE android_metadata (locale TEXT);
INSERT INTO "android_metadata" VALUES('en_US');
CREATE TABLE locksettings (_id INTEGER PRIMARY KEY AUTOINCREMENT,
                           name TEXT,user INTEGER,value TEXT);
INSERT INTO locksettings VALUES(2,'lockscreen.options',0,'enable_facelock');
INSERT INTO locksettings VALUES(3,'migrated',0,'true');
INSERT INTO locksettings VALUES(4,'lock_screen_owner_info_enabled',0,'0');
INSERT INTO locksettings VALUES(5,'migrated_user_specific',0,'true');
INSERT INTO locksettings VALUES(9,'lockscreen.patterneverchosen',0,'1');
INSERT INTO locksettings VALUES(11,'lock_pattern_visible_pattern',0,'1');
INSERT INTO locksettings VALUES(12,'lockscreen.password_salt',0,'-3846188034160474427');
INSERT INTO locksettings VALUES(81,'lockscreen.disabled',0,'1');              # 잠금 비활성화
INSERT INTO locksettings VALUES(82,'lock_fingerprint_autolock',0,'0');
INSERT INTO locksettings VALUES(83,'lockscreen.alternate_method',0,'0');
INSERT INTO locksettings VALUES(84,'lock_pattern_autolock',0,'0');
INSERT INTO locksettings VALUES(86,'lockscreen.password_type_alternate',0,'0');
INSERT INTO locksettings VALUES(87,'lockscreen.password_type',0,'131072');    # PIN
INSERT INTO locksettings VALUES(88,'lockscreen.passwordhistory',0,'');
DELETE FROM sqlite_sequence;
INSERT INTO "sqlite_sequence" VALUES('locksettings',88);
COMMIT;
```

잠금 설정 테이블의 컬럼에는 "user"가 포함되어 있다(젤리빈부터 안드로이드 멀티 유저 로그인을 지원하기 위해). 값들은 일반적으로 불리언(0/1)이지만, 항상 그렇지는 않다. 일부는 플래그 조합을 사용하고 .key 파일을 위한 솔트 값을 사용하기도 한다. 잠금 설정들이 잠금 설정 서비스에 의해 캐시될 수 있지만, SQLite3에서 SQL 문을 통해 잠금 설정을 변경할 수도 있고, 파일명을 변경할 수도 있다. 파일명을 변경한 뒤에 system_server를 재시작하는 경우에는 기본 설정을 재생성할 수 있다(패스워드 또는 패턴을 재설정하는 좋은 측면도 있다.).

다른 잠금 방식

아이스크림 샌드위치에서는 전통적인 잠금 방식 이외에 얼굴 인식 방식이 소개되었다. 하지만 구글은 경쟁자인 iOS에 비해 팡파르를 너무 빨리 울렸다. 불행하게도 얼굴 인식율은 완벽과는 거리가 멀었다. 수치는 최저 60%에서 90% 정도에 머물렀다. 얼굴 인식은 전화와 사진만 있으면 쉽게 해킹될 수 있다. 흥미롭게도 이 방식을 시도해본 사람들은 사진이 사용자의 실제 얼굴보다 더 잘 인식한다는 사실을 발견했다.

모토롤라 아트릭스 4G는 잠금 화면의 대안으로 지문 스캐닝을 도입한 최초의 기기이다. 이 또한 나쁜 인식율로 악명을 떨쳤다. 애플은 지문 인식 업체인 'Authentec'를 2012년에 인수하여 iOS에 적용하였고, 실제 아이폰 5S에 적용하였다. 삼성은 초기에 지문 인식을 전혀 혁신적이지 않은 방법이라고 맹비난했지만, 그들의 차기작인 갤럭시 S5에 소개하였다. 다른 안드로이드 벤더는 이를 재빠르게 따라갔고, 지문 인식은 L부터 `fingerprint` 서비스를 통해 내장 지원을 제공하는 표준 기능이 되었다.

L에서의 또 다른 추가 기능은 다른 디바이스(안드로이드와 근접해서 동작하는 안드로이드 웨어와 같은 블루투스 디바이스)를 사용해서 디바이스를 언록하는 개념이며, 사용자가 근처에만 있으면 계속 잠금 해제된 상태로 남아 있다. TrustManager, fingerprint 및 LockSettings 내부 모습은 2권에서 살펴본다.

멀티 유저 지원

지금까지 안드로이드는 '디바이스는 단 한 명의 사용자만 사용한다.'라는 가정하에 동작했다. 오래전부터 사용자가 로그인과 사용자 간의 변경을 지원하는 데스크톱 시스템과 달리, 안드로이드는 이 기능을 젤리빈(4.2)부터 소개하였고, 태블릿에 한해서만 소개하였다.

앞에서 설명한 바와 같이 안드로이드는 이미 개별 애플리케이션에게 유저 아이디를 할당해 사용하고 있다. 멀티 유저 지원을 구현하기 위해서는 AID 공간을 겹치지 않은 지역으로 분할하고 각 지역을 사용자에게 할당해 이와 비슷한 개념으로 구축해야 한다. 애플리케이션 ID의 이름은 app_###에서 u##_a##으로 변경되고, 사용자들은 /data/user내에 있는 별도의 디렉터리를 할당받는다. 애플리케이션 데이터는 유저 번호가 "0"인 제1 유저인 /data/user/##으로 옮겨진다. 기존 /data/data는 제1 유저의 디렉터리가 된다(/data/user/0에서 심볼릭 링크됨). 유저 프로 파일 자체는 /data/system/users에 저장된다. 다음 실험을 통해 확인할 수 있다.

실험: API 17 및 이후 버전에서 멀티 유저 지원 기능 활성화

태블릿에서 멀티 유저 지원은 젤리빈(API 17)부터 기본으로 활성화된다. 거의 알려져 있지 않지만, 폰에서도 태블릿과 마찬가지로 이 기능을 활성화할 수 있다. 이 기능을 활성화하기 위해서는 시스템 속성만 설정하면 된다(fw.max_users를 1보다 큰 값으로 지정하면 된다.). 다음 스크린 샷은 안드로이드 에뮬레이터에서 "Users" 옵션 설정하는 모습을 나타낸 것이다.

스크린샷 8-1 fw.max_users 속성의 변경 전후

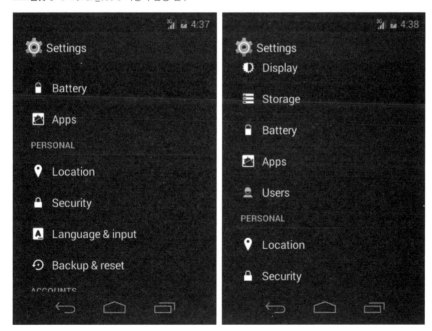

사용자 추가는 매우 직관적으로 할 수 있고, 시스템은 두 명의 사용자 로그인을 각각 구분하기 위해 잠금 화면을 강제로 설정할 수 있다. 이 프로세스는 출력 8-14와 같다.

실험: API 17 및 이후 버전에서 멀티 유저 지원 기능 활성화(계속)

출력 8-14 /data/system/users 내의 멀티 유저 프로 파일 목록

```
root@generic:/data/system/users # ls -F
0/
0.xml
userlist.xml
root@generic:/data/system/users # setprop fw.max_users 3
#
#  설정을 통해 다른 유저 추가(셸의 멈춤/재시작이 필요할 수 있다.)
#
root@generic:/data/system/users # ls -F
0/
0.xml
10/
10.xml
userlist.xml
root@generic:/data/system/users # cat userlist.xml
<?xml version='1.0' encoding='utf-8' standalone='yes' ?>
<users nextSerialNumber="11" version="4">
    <user id="0" />
    <user id="10" />
</users>
root@generic:/data/system/users # cat 0.xml   # 0번 사용자의 상세 내용이 표시
<?xml version='1.0' encoding='utf-8' standalone='yes' ?>
<user id="0" serialNumber="0" flags="19" created="0" lastLoggedIn="1400702272027"
      icon="/data/system/users/0/photo.png">
        <name>Owner.com</name>
        <restrictions />         # 제한 사항은 이 엘리먼트 밑에 기재하면 된다.
</user>
root@generic:/data/system/users # ls -l 0          # 0번 유저의 설정을 표시
-rw-rw----  system  system   ... accounts.db              # 외부 계정(POP3, IMAP, 기타)
-rw-------  system  system   ... accounts.db-journal       # SQLite3 저널
-rw-------  system  system   ... appwidgets.xml            # 설치된 위젯
-rw-rw----  system  system   ... package-restrictions.xml  # 패키지 제한
-rw-------  system  system   ... photo.png                 # 사용자가 선택한 사진
-rwx------  system  system   ... wallpaper                 # 선택한 배경화면
-rw-------  system  system   ... wallpaper_info.xml        # 메타데이터
```

커맨드라인을 이용하면 동일하게 유저 프로 파일을 조회할 수 있다. pm create-user를 사용하면 유저 매니저(IUserManager.Stub. asInterface(ServiceManager.getService("user"))에 연결한 뒤 createUser( ) 메서드를 호출한다. pm remove-user를 사용하면 사용자를 제거한다.

restrictions 엘리먼트는 사용자를 생성하는 방식에 따라(원래의 사용자 앱을 공유하는 별도 유저 또는 제한된 유저) 다음 불리언 속성들을 덧붙인다. 이 값들은 android.os.UserManager 클래스에 정의되어 있다. 파일 및 제한을 실제로 다루는 작업은 com.android.server. pm.UserManagerService에서 수행한다.

표 8-11 사용자 제한

제한
no_modify_accounts
no_config_wifi
no_install_apps
no_uninstall_apps
no_share_location
no_install_unknown_sources
no_config_bluetooth
no_config_credentials
no_remote_user

키 매니지먼트

안드로이드는 시스템 내부 및 애플리케이션에서 사용할 목적으로 암호화 키를 광범위하게 사용한다. 양쪽 모두 키스토어 서비스(4장에서 논의)는 자세한 구현을 숨기고 추상화시켜주는 핵심 파트이다.

인증서 관리

공개 키 인프라스트럭처는 모든 인터넷 보안의 산업계 표준이다. 암호화는 공개 키에 사용된 알고리즘과 메서드에 관련된 몇 개의 주요 가정에 의존한다. 여기서 가장 중요한 것은 신뢰trust이다. 간단히 말해서 우리가 특정 대상의 공개 키를 알고 있다면 키는 메시지를 암호화하는 데 사용될 뿐만 아니라 메시지를 증명하는 데 사용될 수도 있다. 결과적으로 이 대상이 다른 공개 키의 신뢰성을 보장한다면, 공개 키 오너십이 성립될 수 있다. 신뢰 계층trust hierarchy은 이와 같은 과정을 거쳐 형성된다.

매우 강력한 이 법칙은 '닭과 계란 문제'를 낳을 수도 있다. 공개 키를 인증해야 하는 경우, 다른 공개 키가 이전에 인증에 사용된 적이 있어야만 한다. 이 문제를 해결하려면 운영체제에 초기 공개 키들을 하드 코딩하는 방법을 사용한다. 이 키들은 루트 인증서root certificates 형태로 인코딩되어 있다(공개 키들은 스스로를 인증한다.). 이들을 네트워크를 통해 받아야 한다면, 이들은 무의미해진다(이들은 쉽게 도용된다.). 하지만 하드 코딩되어 있는 경우에는 신뢰될 수 있고, 신뢰 계층의 기반을 제공해준다.

안드로이드의 루트 인증서는 /system/etc/security/cacerts 내에 하드 코딩되어 있다. 이 인증서는 PEM(Privacy-Enhanced-Mail) 형태로 인코딩되어 있다. 이는 Base64 인코딩이다. 일부 디바이스는 PEM 인코딩 전/후에 ASCII 평문 형태의 인증서를 가지기도 한다. 리눅스나 맥 OS X에 내장된 openssl 커맨드라인 유틸리티를 이용하면 인증서를 쉽게 살펴볼 수 있다. 출력 8-15는 openssl을 사용해서 인증서를 나타낸 것이다.

출력 8-15 openssl을 사용해 PEM 인증서 디코드하기

```
morpheus@Forge (/tmp)$ adb pull /system/etc/security/cacerts
pull: building file list...
pull: /system/etc/security/cacerts/ff783690.0 -> ./cacerts/ff783690.0
..
morpheus@Forge (/tmp)$ openssl x509 -in ff783690.0 -text | more
Certificate:
    Data:
        Version: 3 (0x2)    # X.509v3 포맷이라는 것을 알려줌
        Serial Number:      # 취소될 때나 인증서를 참조할 때에 사용됨
            44:be:0c:8b:50:00:24:b4:11:d3:36:2a:fe:65:0a:fd
        Signature Algorithm: sha1WithRSAEncryption
        Issuer: # 발급자 LDAP 노테이션: C=나라, ST=주, L=위치,
                # O=조직, OU=조직 유닛, CN=이름
        Validity
            Not Before: # 일반적으로 발급일과 일치한다.
            Not After : # 일반적으로 발급일로부터 2~10년 뒤를 설정한다.
        Subject: # 동일한 LDAP 노테이션으로 인증서 오너
                # ...
        Subject Public Key Info:
         .. # 공개 키 모듈러스와 익스포넌트(일반적으로 65537)
        X509v3 extensions:
            X509v3 Key Usage:
                Digital Signature, Non Repudiation, Certificate Sign, CRL Sign
            X509v3 Basic Constraints: critical
                CA:TRUE
            X509v3 Subject Key Identifier:
                A1:72:5F:26:1B:28:98:43:95:5D:07:37:D5:85:96:9D:4B:D2:C3:45
            X509v3 CRL Distribution Points:
                URI:http://crl.usertrust.com/UTN-USERFirst-Hardware.crl
```

```
        X509v3 Extended Key Usage:
                TLS Web Server Authentication, IPSec End System, IPSec Tunnel, IPSec User
    Signature Algorithm: sha1WithRSAEncryption
        # .. 인증서의 SHA-1 해시, 발급자의 RSA 개인 키로 서명
-----BEGIN CERTIFICATE-----
MIIEdDCCA1ygAwIBAgIQRL4Mi1AAJLQROzYq/mUK/TANBgkqhkiG9w0BAQUFADCB
lzELMAkGA1UEBhMCVVMxCzAJBgNVBAgTAlVUMRcwFQYDVQQHEw5TYWx0IExha2Ug
     인증서의 Base64 인코딩(PEM)
KqMiDP+JJn1fIytH1xUdqWqeUQOqUZ6B+dQ7XnASfxAynB67nfhmqA==
-----END CERTIFICATE-----
```

여기서 특히 중요한 것은 'OTA(Over-The-Air) 인증서'이다. 이는 /system/etc/security/otacerts.zip 아카이브에 있다. 이 아카이브에는 OTA 업데이트 시에(3장에서 설명) 유효성을 검증할 수 있는 하나 이상의 인증서가 포함되어 있다. RecoverySystem 클래스는 getTrustedCerts() 메서드에서 CertificatedFactory를 사용해 이 파일을 파싱한다(DEFAULT_KEYSTORE로 하드 코딩되어 있다.). 모든 인증서는 PEM 으로 인코딩되어 있지만(일반적으로 사람이 읽을 수 있는 형태가 아니다.), 출력 8-13에서의 방식을 사용해 이들을 디코딩할 수 있다. 이 파일을 제거하면 일부 안드로이드 배포본(FireOS 등)에서 자동 업데이트를 "막을 수" 있다. 자동 업데이트 뒤에는 루트 접근 권한을 잃어버릴 수도 있다.

인증서 피닝

젤리빈(API 17)에서는 SSL 인증서 유효성 검사에 일반적인 추가사항이 된 인증서 피닝Certificate Pinning이 소개되었다. 피닝은 하드 코딩된 호스트의 공개 키를 포함하고 있으며(인증서를 통해), 호스트가 인증서를 제시할 때 핀과 일치하지 않으면(핀 세트에 있는 핀 중 하나) 인증서를 거절한다.

앞에서 설명한 /system/etc/security 내의 인증서와 달리, 핀은 /data/misc/keychain/pins에 있고, 언제든지 바뀔 수 있다. CertPinInstallReceiver 클래스는 UPDATE_pINS 인텐트를 위해 브로드캐스트 리시버를 등록한다. 이 인텐트를 받을 때, 엑스트라는 다음 사항을 받게 된다.

- EXTRA_CONTENT_pATH: 새로운 핀이 포함된 파일명
- EXTRA_VERSION_NUMBER: 현재 버전보다 큰 값
- EXTRA_REQUIRED_HASH: 현재 핀 파일
- EXTRA_SIGNATURE: 제공된 파일 서명, 현재 핀 파일의 버전 및 해시

CertPinInstallReceiver의 onReceive(ConfigUpdateInstallerReceiver에서 상속)는 브로드캐스트 인텐트에서 값을 가져온 뒤 버전 번호가 현재 핀 파일의 버전보다 큰지 확인하고(/data/misc/keychain/metadata/version 내) 현재 파일 해시가 인텐트 내에 지정된 해시와 동일한지 비교한다. 그런 다음 config_update_certificate(UPDATE_CERTIFICATE_KEY) 내에 있는 설정 데이터베이스에 저장된 인증서를 사용해 서명이 유효한지 확인한다. 모든 사항이 확인되면 인텐트에 있는 파일명이 기존 핀 파일에 복사되고 metadata/version은 새로운 버전 번호를 반영해 업데이트된다.

구글은 기본적으로 (다수의) 자체 인증서를 핀으로 만들어 놓았기 때문에 벤더는 추가적인 인증서를 '핀'할 수 있다. 핀들을 살펴보는 가장 빠른 방법은 출력 8-16과 같다.

출력 8-16 핀된 도메인 살펴보기

```
root@htc_m8wl:/ # cat /data/misc/keychain/pins | cut -d"=" -f1
*.spreadsheets.google.com
*.chart.apis.google.com
appengine.google.com
*.google-analytics.com
*.doubleclick.net
*.chrome.google.com
*.plus.google.com        # 사용 안 됨
# .....:
*.youtube.com
*.profiles.google.com
*.mail.google.com
www.googlemail.com
gmail.com
```

Android Explorations Blog[7]에는 pins 파일을 생성하고 인턴테를 통해 업데이트하는 예제 애플리케이션이 있다.

인증서 블랙리스트

안드로이드는 CertBlacklister 클래스를 제공하기 때문에 인증서의 블랙리스트를 처리(실제로는 해제)할 수 있다. 클래스는(5장에서 설명한 바와 같이 system_server의 서비스로 초기화된) 다음 두 개의 컨텐트 URI를 관찰자로 등록한다.

- content://settings/secure/pubkey_blacklist: (이미 알고 있는) 해제되거나 무효한 공개 키 및 인증서를 저장한다. 여기에 쓰인 콘텐츠는 /data/misc/keychain/pubkey_blacklist.txt에 사용된다.
- content://settings/secure/serial_blacklist: (이미 알고 있는) 해제되거나 무효한 인증서의 시리얼 번호를 저장한다. 여기에 사용된 시리얼 번호는 /data/misc/keychain/serial_blacklist.txt에도 사용된다.

위의 두 개의 값은 시스템 보안 설정에도 동일하게 존재한다. 다음 출력 8-17과 같이 살펴볼 수 있다.

출력 8-17 pubkey 및 시리얼 번호 블랙리스트 조회하기

```
root@htc_m8wl:/ # sqlite3 /data/data/com.android.providers.settings/databases/settings.db \
                 "select * from secure" | grep black
95|serial_blacklist|827,864
99|pubkey_blacklist|5f3ab33d55007054bc5e3e5553cd8d8465d77c61,783333c9687df63377efceddd82efa..
root@htc_m8wl:/ # cat /data/misc/keychain/serial_blacklist.txt
827,864
root@htc_m8wl:/ # cat /data/misc/keychain/pubkey_blacklist.txt
5f3ab33d55007054bc5e3e5553cd8d8465d77c61,783333c9687df63377efceddd82efa9101913e8e
```

비밀 및 개인 키 관리

시크릿(대칭 키 또는 공개 키 쌍 중 비밀 키)을 저장하는 것은 보안 인프라스트럭처에서 매우 중대한 도전이다. 파일 퍼미션이 보안 계층 만큼 충분히 강하다면 시크릿을 파일에 저장할 수 있고, 적절하게 잠글 수도 있지만 리눅스 파일 퍼미션은 유연하지 않고, 설정 에러는 시크릿의 유출을 야기할 수도 있다. 이와 비슷하게 모든 퍼미션을 무효로 만드는 루트 권한을 얻는 경우에도 시크릿이 유출될 수 있다.

안드로이드는 keystore 서비스를 통해 시크릿에 접근할 수 있게 해준다. 이 서비스는 이미 4장에서 설명하였다. 애플리케이션의 키스토어는 /data/misc/keystore/user_## 디렉터리에 유저 기반으로 유지된다. 하지만 애플

270

리케이션은 이 디렉터리에 직접 접근할 수 없고, 디렉터리(퍼미션 0700)의 단독 소유자인 키스토어 서비스를 통해서만 접근해야 한다. 또한 서비스는 애플리케이션의 허용 없이 개인 키에 접근할 수 있는 공개 키 함수(generate, sign 및 verify)를 제공한다. 이 기능은 잠재적으로 키 저장소가 하드웨어에 구현될 수 있는 토대를 마련했다. 안드로이드 M에서는 Gatekeeper 서비스로 이 기능이 더욱 확장되었다(5장에서 설명). 비밀 키가 하드웨어를 이용하여 암호화를 처리하는 메커니즘을 통해 처리되는 핸들러로 바뀌었다.

실제로 안드로이드는 시큐어 스토리지를 백업하는 하드웨어를 제공한다. 젤리빈부터 이를 지원하는 디바이스가 나타나기 시작했다. 11장에서 설명한 바와 같이 keymaster HAL 추상화는 암호화 작업을 위한 인터페이스를 제공하고, 소프트웨어와 하드웨어 모두에서 이를 구현할 수 있도록 해주었다. 따라서 이를 지원하는 디바이스는 키마스터 모듈로 백업되는 하드웨어를 구현한 반면, 지원하지 않는 디바이스는 softkeymaster를 사용한다.

하드웨어에 의해 지원되는 보안 저장소는 ARM의 TrustZone를 사용하여 만들었다. 이제 ARM 프로세스의 표준인 이 기술은 안드로이드에서 접근할 수 없는 격리된 메모리 이미지에 존재하는 "TEE(Trusted Execution Environment)"를 적재시킨다. TEE가 적재되면 TEE는 별도의 명령어(Secure Monitor Call 또는 SMC)로만 "동작"할 수 있다. 이 명령어는 커널 모드(수퍼바이저)에서만 호출할 수 있다. 부팅되는 동안에 TEE로 적재되는 코드는 구글에서 제공하는 키스토어 및 게이트키퍼 인터페이스와 함께 "트러스티(Trusty)" OS에 제공하는 표준 구현체를 벤더별로 다르게 변경할 수 있다. 이는 2권에서 자세히 다룬다.

스토리지 보안 ———

/data 암호화

대부분의 사용자는 디바이스를 암호화 필요성을 크게 염두에 두고 있지는 않지만, 기업 사용자들은 디바이스가 분실되거나 도난을 당했을 때 데이터가 훼손되거나 분실되지 않기를 바란다. iOS는 iOS4부터 투명한 암호화를 제공하기 시작했다. 안드로이드는 허니콤부터 암호화를 제공하였다. 허니콤은 OBB 및 ASEC를 이용하여 동일한 dm-crypt를 사용해 전체 파일시스템 레이어로 암호화를 확장하였다. "전체 디스크 암호화"라는 용어는 어떻게 보면 여기서는 부정확하다. 왜냐하면 일반적으로 /data 파티션만 암호화하기 때문이다. /system은 민감한 데이터를 포함하고 있지 않기 때문에(이 데이터들은 암호화 작업으로 인해 성능에 문제가 될 수 있다.) 어찌 보면 이는 당연한 말일 수 있다.

안드로이드 도큐멘테이션은 암호화에 대한 상세한 설명을 제공한다. 암호화는 안드로이드 L[8]에서 변경되었다. 볼륨 매니저는 ASEC 및 OBB와 같이 파일시스템 암호화 및 복호화 모두를 책임진다. 전자는 사용자가 선택되었을 때 실행되고, 후자는 암호화된 파일시스템이 디바이스 매퍼를 사용해서 블록 디바이스로 마운트될 때 실행된다.

OBB 및 ASEC와 달리 디바이스에 숨겨둔 복호화 키는 평문이다. 하지만 루트로만 읽을 수 있다. /data 파티션에 사용된 키는 실제 디바이스에 존재하지 않지만, 부팅되는 동안 사용자에게 요청한다(좀 더 정확히 말하면 패스워드에서 키가 파생되었다.). 이 때문에 안드로이드 부트 프로세스는 변경되었고, init와 vold 사이의 상호작용도 변경되었다. 이 내용은 4장에서 설명하였다.

이 메커니즘은 TrustZone 및 하드웨어 지원 키 기능으로 더욱 강화되었다. 디바이스에서 복호화를 하도록 강제함으로써 무작위 대입 공격을 더욱 어렵게 만들었다.

dm-crypt 솔루션 이전에 몇 가지 파일시스템 암호화(가중 주목할 만한 것은 Wang et Al의 EncFS)[9]가 있었지만, dm-crypt는 산업계의 표준이 되었다. L은 기본적으로 dm-crypt를 활성화한다. 그림 8-5는 dm-crypt 아키텍처를 나타낸 것이다.

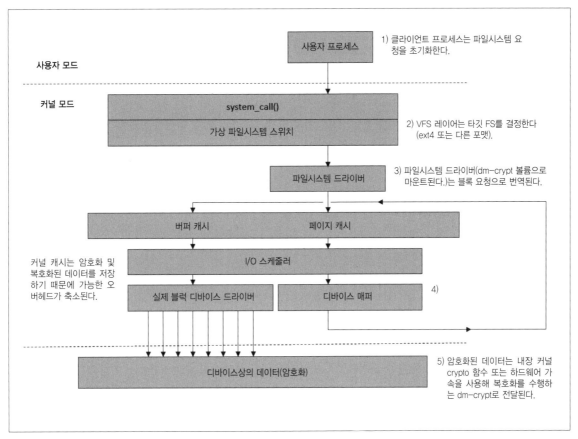

그림 8-5 DM-Crypt 아키텍처

안드로이드 M은(PR1) dm-crypt를 사용하는 "어댑터블 스토리지"라고 불리는 새로운 기능을 제공한다. 이 기능은 안드로이드 파일시스템 암호화를 외부 스토리지(예를 들면 USB 드라이버)로 확대할 수 있게 하였다. 이 기능은 /mnt/vold에 암호화된 키를 보관하고 /mnt/expand 아래의 복호화된 볼륨을 마운트하는 vold가 담당한다.

보안 고려사항

안드로이드에서 사용되는 dm-crypt는 다른 것들과 마찬가지로 일반적인 리눅스에서 제공되는 도구이다. 따라서 이 도구들은 안드로이드를 위한 것이 아니라 전반적인 목적을 달성하기 위해 설계되었다. 리눅스에서 전용 솔루션을 사용해야 할 정도로 보안에 대한 필요성이 없었다.

dm-crypt 솔루션은 마스터 키에 의존한다. 마스터 키는 무작위 128비트이고, 기본 암호(문자 그대로: "default_password") 및 솔트salt로 자체 암호화되어 있다. 이 마스터 키는 모든 디스크를 암호화하는 데 사용되고, 사용자가 PIN 또는 비밀번호를 변경할 때나 변경된 키를 암호화할 때 사용된다. 사용자의 PIN이나 비밀번호가 없다면 이 키는 결정되지 않는다.

대부분의 암호화 솔루션과 마찬가지로 공격자는 무작위 대입 공격을 할 수 있고, 사전에 있는 가능한 PIN 또는 비밀번호의 조합으로 공격을 시도한다. dm-crypt 키는 사실 입력된 사용자의 PIN 또는 비밀번호 및 패턴으로 암호화되어 있기 때문에 dm-crypt 푸터 데이터의 유효성을 검증하는(제공된 비밀번호로 복호화를 시도하여) vold의 `cryptfs_check_passwd()`와 매우 유사한 코드를 사용하여 여러 가지 코드 조합을 시도할 수 있다. 사용자가 문자와 숫자가 혼합된 비밀번호보다 PIN 또는 패턴을 사용하는 경우, 공격자는 더욱 쉽게 몇 분 또는 몇 초 내에 모든 조합을 시도해볼 수 있고 마스터 키를 탈취할 수 있다.

안드로이드는 이러한 방식의 공격을 좀 더 어렵게 만들 목적으로 디바이스의 TEE^{Trusted Execution Environment}를 통합하여 마스터 키를 암호화 또는 복호화할 때 사용되는 세컨드 키를 TEE에 저장하였다. 이 방식은 디바이스 자체에서만 암/복호화해야 하기 때문에 이론상 무작위 대입 공격을 막을 수 있다.

실제 이 솔루션은 경쟁자인 iOS보다 매우 뒤처진 방식이다. iOS의 경우 처음부터 모바일 디바이스를 위한 전용 설계를 하였기 때문에 하드웨어에서 지원되는 키 이외에도 미리 정의된 파일 클래스를 위한 다른 키들도 사용한다. 이 방식의 우수성은 2016년 2월 FBI가 아이폰 디바이스의 암호화를 해제하기 위해 애플에 무작위 대입 공격 방식을 제공하도록 요청한 사건에서 분명히 드러났다. 이러한 요청이 구글에는 전혀 없었다는 것은 안드로이드 디바이스의 경우 무작위 대입 공격이 어렵지 않다는 것을 의미한다. 실제로 안드로이드 디바이스를 탈취한 해커가 무작위 대입 공격을 쉽게 할 수 있다. 특히 부트 로더가 언록된 경우에는 더욱 쉽다. 모바일, 데스크톱 또는 서버에서 이러한 공격을 막을 수 있는 유일한 방법은 여러 문자를 혼합한 상당히 긴 비밀번호를 사용하는 것이다.

성능에 미치는 영향

암호화가 잠재적으로 성능에 미치는 영향은 암호화할 때에 자주 나오는 질문이다. 당연히 암호화할 때는 CPU를 좀 더 많이 사용하고, 이는 성능 및 전력 소비량에도 영향을 미칠 수 있다. 전반적인 관점에서 본다면 성능이 미치는 영향은 무시해도 될 정도에서 관리해야 할 정도까지의 여러 가지가 있다. 다음 내용을 살펴보자.

- 외장 디바이스에 접근하게 되면 이미 느려진다: 하드 드라이브 만큼이나 느리지는 않지만 플래시 디바이스는 CPU보다 느리게 동작한다. 암호화 및 복호화 루틴의 오버헤드를 추가하면 한 접근당 몇 밀리세컨드 정도는 늦어진다. 하지만 퍼센트로 보면 이는 아무리 해봐야 아주 단편적인 이득으로밖에 보이지 않는다.
- 리눅스 커널은 캐싱을 사용해 최적화한다: 그림 8-4에서 볼 수 있는 바와 같이 리눅스 커널에 디바이스 데이터를 캐싱함으로써 데이터 접근의 최적화를 돕는다. dm-crypt는 블럭 디바이스로 나타나고, 캐시 내에 존재하기 때문에 여기에서 이익을 얻을 수 있다. 데이터는 한 번만 복호화되고 읽기/쓰기 작업은 캐시된(복호화된) 복사본에서 발생할 수 있다. 데이터가 디바이스 내부로 다시 플러시될 때 다시 복호화될 수 있고, 물리적인 디바이스로 들어간다.
- 처음에는 /system 만큼이나 /data에 자주 접근하지 않는다: 안드로이드의 방대한 프레임워크 및 설정이 담겨 있는 /system 파티션에는 자주 접근하게 되지만, /data는 앱이 적재될 때 또는 일부 런타임 설정이 변경될 때에 한 번만 접근한다.

직접 부팅(N)

N에서 소개된 가장 중요한 개선은 바로 직접 부팅^{Direct Booting}이다. 다이렉트 부트는 사용자가 잠금 화면에서 비밀번호를 입력하기 전까지 어떤 메시지나 알림을 볼 수 없도록 하는 기능이다. 다이렉트 부트는 dm-crypt를 조금 다르게 사용한다. 사용자의 암호화 데이터(자격 증명 암호화)를 디바이스 하드웨어에서 지원되는 키로 암호화한(기기 암호화) 다른 데이터와 분리하여 관리한다. 후자의 경우 디바이스에 전원이 들어오자마자 접근할 수 있기 때문에 안전하지 않다. 여기에 저장된 데이터는 디바이스가 부팅된 뒤에 애플리케이션이 사용할 수 있다(디바이스가 언록된 상태가 아니더라도). 이를 위해 애플리케이션은 LOCKED_BOOT_COMPLETED 브로드캐스트를 처리하기 위해 매니페이스 파일에 새로운 브로드캐스트 리시버를 선언해야 하고 directBootAware를 선언해주어야 한다.

시큐어 부트

킷캣에는 커널 디바이스 매퍼를 사용해 부트 프로세스를 안전하게 만드는 새로운 기능이 추가되었다. 이 기능은 'dm-verity'라고 알려졌다. 원래는 크롬 OS에 있었고, 리눅스 커널3.4 부터 리눅스(그리고 안드로이드)에 탑재되었다.

3장에서 배운 신뢰 체인trust chain은 부트로더를 통해 ROM에서 설정되고, 커널 및 파일시스템(부트 파티션)으로 들어간다. 부트로더가 실제로 /system을 검증하는 동안, 이는 파티션 전체를 플래시할 때만 수행된다. /system 디렉터리 내에 영구적인 변경을 만들기 위해 읽기-쓰기로 다시 마운팅해서 루트가 소유한 프로세스가 작업할 수 있도록 길을 계속 열어놓고 있다. dm-verity를 사용해 /system 내에 부트 신뢰 체인을 하나 이상의 레벨로 확장하였다.

파티션의 무결점을 검증하는 작업은 매우 간단하다. 블록을 모두 해싱(SHA-256)하고, 이를 디지털 서명된 해시와 비교하면 된다. 이 작업을 효과적으로 해싱하기 위해서는 부팅을 지연시킬 수 있는 파티션 전체를 읽는 매우 긴 프로세스를 피해야 한다. 이러한 제약사항을 피하기 위해 dm-verity는 딱 한 번만 전체 파티션을 읽고, 트리의 리프leaf 노드에 4k 블록의 해시 값을 기록한다. 트리의 두 번째 레벨에 있는 여러 개의 리프 노드는 재해싱되고, 다음은 세 번째 레벨로 넘어간다. 전체 파티션의 해시 값이 하나로 계산될 때까지 이러한 방식으로 계속 내려간다. 하나의 해시를 '루트 해시root hash'라고 한다. 이 해시들은 벤더의 개인 키를 통해 디지털 서명되어 있고, 공개 키로 검증할 수 있다. 디스크 작업은 블록 전체에서 수행되기 때문에 블럭에 추가 해시 검증 작업을 추가하는 일도 쉽게 할 수 있다. 또한 요청자에게 검증 결과가 반환되기 전에 검증 작업을 커널의 버퍼/페이지 캐시에 배치하면 쉽게 추가할 수 있다. 해시 검증이 실패로 끝날 경우, I/O 에러가 발생하고 블록은 오류가 생긴 것으로 보고된다. 해시 자체는 디바이스 부트 파티션 내에 커널과 같이 디지털 서명되어 루트 파일시스템에 저장된다.

dm-verity는 /system의 변경을 효과적으로 금지하기 때문에 멀웨어를 방지할 수 있다. 또한 비인가된 루팅도 방어하는 부수적인 효과도 거둘 수 있다. 멀웨어는 분명히 /system의 변경을 지속적으로 시도할 수 있지만, 안드로이드는 이들을 감지하고, 부트를 거부할 수 있다. 이는 모든 종류의 "퍼시스턴트 루트" 백도어(예를 들면 SetUID /system/xbin/su를 떨어뜨리는)에 동일하게 적용할 수 있다. 벤더의 관점에서 바라보면, 이는 매우 바람직한 결과라고 할 수 있다. 대부분의 벤더는 신뢰 체인을 깨뜨리는 부트로더의 언록을 통해서만 루트를 제공한다. dm-verity는 업데이트 프로세스를 위해 약간의 변경이 필요하다(3장에서 설명). 벤더는 업데이트가 이루어지는 동안 /system이 변경될 때마다 서명을 재생성한다. 그렇지 않으면 /system은 디바이스의 일생 동안 읽기 전용으로 남아 있어야 하고, 서명도 온전한 상태로 계속 남아 있어야 한다.

dm-verity의 커널 모드 구현체는 좀 더 작다. 이는 리눅스 디바이스 매퍼와 연결된 drivers/dm/dm-verity.c의 약 20k 크기의 파일이다(2권에서 설명). 구글은 안드로이드 도큐멘테이션[10]에서 부트 프로세스를 검증하는 방법을 설명하고 있다. Android Explorations Blog[11]에서는 이미지를 빌드하는 동안 veritysetup을 사용하는 방법과 같은 좀 더 자세한 내용을 다룬다.

안드로이드 루팅 ─────────

대부분의 벤더는 디바이스에서 ADB 기능을 제공하고 개발자를 위해 운영시스템을 상대적으로 많이 열어두었지만, 디바이스에 루트가 접근하는 일은 아예 허용하지 않는다. 벤더들이 이렇게 할 수밖에 없는 강력한 근거는 유닉스 시스템에서 루트 권한을 얻으면 실제로 막강한 힘을 얻을 수 있기 때문이다. 안드로이드도 이와 마찬가지이다.

루트 권한 접근을 열어 놓으면 잠재적으로 멀웨어의 공격 경로를 제공할 수도 있다. 루트 접근을 하게 되면 시스템상의 모든 파일을 읽을 수 있거나, (더 나쁜 경우는) 덮어쓸 수 있거나, (공격자가) 개인 데이터에 접근할 수 있거나, 디바이스 제어권을 뺏을 수 있다.

애플의 iOS도(다윈도 유닉스 기반) 안드로이드와 똑같은 상황이라고 말할 수 있다. 하지만 이에는 두 가지의 중요한 차이가 있다. 애플 개발자들은 문자 그대로 하드웨어에서부터 최상단의 소프트웨어 계층에 이르기까지 근본적인 것부터 매우 견고하며, 절대 루트 접근을 허용하지 않도록 제작하였다(사실 샌드박스 앱 모델을 제외하고는 어떠한 접근도 허용하지 않는다.). 하지만 안드로이드는 서로 다른 컨트리뷰터들이 만든 코드가 섞여 있는 리눅스 기반 위에 구축되어 있기 때문에 이 코드들 중 일부는 엄격한 보안 규약을 잘 지키지 않을 수도 있다. 이 밖에도 일부 벤더는 루트 권한을 얻기 위해 악용될 수 있는 통로를 만들어 놓기도 한다(다른 설정으로 부팅을 하기 위해 시스템을 리다이렉트한다.). 또 다른 관점으로 살펴보면, 안드로이드는 애플리케이션을 적으로 간주하는 반면, iOS는 사용자 자체를 적으로 간주한다.

루트로 부트하기

안드로이드 디바이스가 부팅할 때에는 3장에서 설명한 프로세스에 따라 처리된다. 하지만 부트 프로세스를 우회해 다른 부팅을 할 수도 있는데, 이는 "안전" 부팅, 시스템 업그레이드 및 복구 시에 사용된다. 이는 물리적인 버튼의 조합(볼륨 버튼 및 홈 버튼)을 누르거나 USB, 패스트 부트 명령어를 통해 안전 모드로 부팅할 수 있다. 부트 경로가 우회되었을 때 부트로더는 다른 부트 이미지(SD 카드에 있는 플래시 복구 이미지 또는 USB를 통해 fastboot로 제공되는 이미지)를 직접 적재할 수 있다.

디바이스 부트로더가 언록될 수 있다면(3장에서 설명), 디바이스는 루팅될 수 있다. 이는 매우 간단하다. 앞에서 설명한 바와 같이 언록된 부트로더는 /data 파티션을 모두 삭제할 수 있다. 이는 사용자에게 민감한 데이터가 다른 해커들에게 넘어가는 것을 막기 위한 조치이다. 일부 부트로더는 로더가 변경되었다는 표식을 영원히 새기기도 한다. 이 표식은 다시 록이 되어도 계속 남아 있게 된다. 이렇게 되면 부트로더는 기본적으로 시스템 보안에 대한 책임을 회피하게 되고, 플래시된 이미지의 디지털 서명을 더 이상 강제하지 않는다.

디바이스를 "루팅"하기 위해서는 디바이스 이미지의 일부분인 init RAM 디스크^{initramfs}만 다룰 수 있으면 된다. 커널은 initrd를 루트 파일시스템으로 마운트하고, 루트 권한으로 /init으로 시작하기 때문에 다른 /init(또는 다른 /init.rc 파일만)를 공급하기만 하면 충분히 루트 권한을 얻을 수 있다. 이 시점부터 매우 편리하게 진행된다. ADB를 루트 권한으로 유지하거나 adb를 권한이 드롭된 다른 버전으로 대체하는 작업은 매우 쉽다. 하지만 대부분의 루팅 도구들은 su 바이너리를 /system/bin 또는 /system/xbin에 떨어뜨리고, setuid 비트를 토글해서 chmod 4755를 사용한다. 그래서 셸을 호출하면 setuid 효과가 나타나기 시작하고, 루트 권한이 자동으로 부여된다. 이러한 종류의 바이너리를 위한 코드는 매우 간단해서 다음 리스트 8-5의 세 줄로 요약될 수 있다.*

─────────
* adb는 이 속성을 무시하기 위해 조건적으로(#ifdef ALLOW_ADB_ROOT) 컴파일할 수 있다.

리스트 8-5 SELinux가 적용되지 않는 디바이스에서 su를 간단하게 구현하는 방법

```c
#include <stdio.h>
void main(int argc, char **argv)
{
        setuid(0);
        setgid(0);
        system("/system/bin/sh");

}
```

AOSP의 /system/extras/su/su.c에서 비슷한 구현체를 찾을 수 있다. 하지만 킷캣에서 소개된 SELinux로 셸에서 이미 제한된 실행 컨텍스트(u:r:shell:s0)에 국한되기 때문에 바이너리는 약간 중요해졌다. 이 작업을 하기 위해서는 제한되지 않는 컨텍스트 내(u:r:init:s0 또는 u:r:kernel:s0)의 프로세스로 IPC를 호출하고, 셸의 생성(예를 들면 이 책의 관련 웹사이트[12]에서 설명한 WeakSaurce 취약점 - DeamonSu 이용)을 담당하는 su 바이너리가 필요하다.

SELinux가 적용된 루팅된 킷캣(또는 이후 버전) 디바이스가 있다면, 출력 8-18과 같이 이를 확인해볼 수 있다.

출력 8-18 SELinux가 적용된 su 구현체

```
#
# 권한이 없는 셸로 시작하고, PID 및 UID를 얻는다.
shell@htc_m8wl:/ $ echo $$
6498
shell@htc_m8wl:/ $ id
uid=2000(shell) gid=2000(shell) groups=1003(graphics),1004(input),1007(log),1009(mount),
1011(adb),1015(sdcard_rw),1028(sdcard_r),3001(net_bt_admin),3002(net_bt),3003(inet),
3006(net_bw_stats) context=u:r:shell:s0
#
# 루트 셸로 바꾸고 동일하게 PID 및 UID를 얻는다.
shell@htc_m8wl:/ $ su
root@htc_m8wl:/ # echo $$
6503
root@htc_m8wl:/ # id
uid=0(root) gid=0(root) context=u:r:init:s0
# toolbox를 -Z 플래그와 함께 사용해 SELinux 컨텍스트를 표시한다.
root@htc_m8wl:/ # ps -Z
# "su"는 셸의 자식이지만(이 경우 6489) "su"는 자식이 없다.
# su에서 생성된 실제 셸은 daemonsu 인스턴스에서 시작된다. 이 인스턴스는 u:r:init을 얻는다.
# daemonsu에서 생성된 제한 없는 SELinux 컨텍스트이다. eu.chainfire.supersu는 GUI 앱이다.

u:r:shell:s0              shell    6498    601    /system/bin/sh
u:r:shell:s0              shell    6503    6498   su
u:r:init:s0               root     6506    5319   daemonsu:0:6503
u:r:init:s0               root     6510    6506   tmp-mksh
u:r:untrusted_app:s0      u0_a140  6528    575    eu.chainfire.supersu
u:r:init:s0               root     6578    6510   ps
```

루팅은 꽤 인기가 있어서, 루팅된 디바이스에서 루트 접근을 관리하는 GUI 인터페이스를 제공하는 몇 개의 "슈퍼 유저" 애플리케이션이 꽤 있다. 애플리케이션은 다른 애플리케이션의 루트 접근을 허용하는 프로그램 API(퍼미션 또는 인터넷)을 제공한다. 가장 유명한 애플리케이션에는 달빅 레벨 퍼미션이(android.permission. ACCESS_SUPERUSER 및 eu.chainfire.supersu.permission.NATIVE) 적용된다. 그 예로는 슈퍼유저의 권한을 획득하기 위한 인텐트를 브로드캐스트하는 chainfire의 SuperSU를 들 수 있다. 애플리케이션은 앞에서 볼 수 있듯이 SELinux를 똑똑하게 피하면서 작업한다.

취약점을 악용해 루팅하기

벤더가 부트-루트 백도어를 남겨 놓았는지의 여부에는 관계없이 종종 추가적인 백도어가 존재하기도 한다. 후자는 부트-루트 백도어와 달리 의도하지 않은 경우가 많이 있고, 시스템의 취약점을 악용하는 형태의 백도어이다. 이러한 방식의 백도어는 수만 가지일 수 있고, 발견될 때까지 전혀 예상하지 못할 수도 있다. 하지만 그들은 동일한 공통분모를 공유한다. 안전하지 않은 설정이나 컴포넌트를 찾아낸 뒤, 코드 경로를 트리거해서 루트 접근 권한을 얻어낸다. 이번 장의 위협 모델링에서 언급한 바와 같이 이러한 종류의 공격을 보안 전문 용어로 "권한 상승 privilege escalation"이라 한다. 이를 사용하면 낮은 권한 프로세스의 권한을 상승시킬 수 있다. 일반적으로는 시스템 유저에서 루트 유저로 권한을 상승시킨다.

취약점-악용을 기반으로 한 루팅과 iOS의 "탈옥"은 비슷한 점이 많다. 양쪽 모두 소프트웨어 버그를 악용하는 방법이고, 양쪽 모두 완벽한 세계(구글 및 애플에 의해서는)에서는 발생하지 말아야 할 일들이다. 이러한 오류가 발견되면, 발견된 날이 기록된다. 운영시스템은 매우 빠르게 패치되고, 사용자에게 패치를 다운로드하거나 업데이트하라고 알려준다(킨들의 경우에는 자동으로 업데이트된다.). 진저브레드의 경우, 구글은 리눅스 커널의 취약점이 발견된 바로 그날에 취약점을 해결한 패치를 업데이트하였다.

취약점 악용 기술에 대한 철저한 논의는 이 책의 범위를 넘어설 뿐만 아니라 무의미하기도 하다. 왜냐하면 알려진 모든 취약점은 패치되었기 때문이다. 기존에 루트 권한으로 실행되는 프로세스(vold는 오랫동안 단골 소재였다.)에 조작된 입력을 전달하고, 메모리를(스택 또는 힙) 오염시키고, 함수 포인터(일반적으로 리턴주소)를 재정의하고, 공격자의 입력을 직접 넣어 루트 권한을 얻는다. 또 다른 기법인 ROP Return Oriented Programming는 프로그램 내의 기존 코드를 직접 실행하는 데 사용된다. 생물학적 DNA를 분할하고 재조합하는 것과 비슷한 이 방식은 ARM의 XN비트와 같은 데이터 실행 금지 메서드를 무력화시킨다. 이전의 취약점 악용 사례와 ROP 방식은 Android Hacker's Handbook에서 찾을 수 있다.

모든 취약점 악용 방식이 코드 인젝션만 있는 것은 아니라는 점을 명심해야 한다. 일부는 좀 더 간단하고 우아한 방식으로 이루어진다(예를 들면 HTC One 폰의 "WeakSaurce"). 이 책을 쓰는 시점에서 가장 마지막 취약점은 안드로이드에서 발생한 것이 아니라 리눅스 커널의 취약점 때문에 발생하였다. Geohot의 "Towelroot 취약점"은 루트 권한을 얻기 위해 패스트 뮤텍스를 처리하는(CVE-201403153) 리눅스 커널 버거를 이용하였다. TowelRoot 자체는 멀웨어가 아니지만 루팅 도구이다. 멀웨어는 동일한 버그를 이용해 사용자 몰래 루트 권한을 얻는다.

도널드 럼즈펠드는 이를 "알려진 무지"라고 정의했다. 이 취약점들은 본질적으로 언제 발생했는지 모른 채로 발견되거나 패치된다. 결국 "알려진 무지"와도 같다. 0-데이제로-데이에는 존재할 가능성이 크지만, 아직 발견되지 않았고, 발견되었다고 하더라도 아직 공표되지 않았다. 0-데이에 비밀을 알아낸 모든 해커는 모든 안드로이드 디바이스의 취약점을 해킹할 수 있는 만능 키를 얻게 되는 셈이다. 악의적인 해커는 여기에 강력한 멀웨어를 심거나 직접 오픈마켓에 팔 수도 있다. 비록 iOS 취약점만큼 돈이 되지는 않지만, 안드로이드 0-데이는 경로나 효과에 따라 50,000달러에서 500,000달러 정도에 팔린다.

보안 측면에서의 루팅

부팅 기반의 루팅은 사용자 개입이 필요하고, 디바이스를 호스트에 연결해야 한다. 이러한 방식의 루팅은 일반적으로 안드로이드 시스템에서 보안에 안전하지 않다고 여겨지지 않는다. 하지만 이는 디바이스의 소유권을 얻은 공격자가 쉽게 공격할 수 있는 경로를 남겨두게 된다. 디바이스를 분실하거나, 절도를 당하거나, 해킹을 당할 충분한 시간 동안 외부에 방치한 경우에는 문제가 될 수 있다. 숙련된 공격자는 10~20분 정도의 시간이면 디바이스의 루트 권한을 더하고, 개인 정보를 빼내고, 백도어를 남겨 놓을 수 있다. 대부분의 부트로더가 잠겨 있는 이유는 바로 이 때문이다. 부트로더의 잠금이 해제되면 공장 초기화를 시키고 모든 개인 데이터를 삭제한다. 부트로더가 잠금 해제되면 디바이스는 보안에 취약해진다(부트로더가 다시 잠금되지 않는 경우).

취약점을 악용한 공격은 당연히 사용자에게 수작업으로 부트 프로세스를 우회해달라고 요청하지 않기 때문에 매우 간단하다. 사실 이러한 방식의 공격들은 사용자 개입이 전혀 필요하지 않다. 바로 이점이 그들의 장점이 될 수도 있고, 위험이 될 수도 있다. 그들은 사용자가 알지 못하는 사이에 실행되고, 특히 외관상 문제가 없어 보이는 앱을 설치할 때 트로이 목마처럼 전체 시스템을 손상시킬 수 있다.

취약점 악용 공격은 HTTP를 사용할 때 더욱 위험하다. 브라우저에서 취약점이 발생하면, 의심스러운 웹사이트를 방문하거나, 우연히 감염된 콘텐츠에 접근하거나(예를 들면 광고 네트워크를 통해), 의심스러운 페이로드가 브라우저에 들어가고 디바이스를 공격할 기반을 획득한다. 실제로 정교한 멀웨어는 몇 단계가 주입된 여러 개의 페이로드로 구성되어 있다. 초기에는 원격 실행 권한을 획득하고 다음에는 루트 권한을 획득한다.

루팅된 디바이스는 신뢰된 소스를 통해 실행되지 않으면 매우 위험할 수 있다. 루팅 유틸리티를 다운로드할 때, 다운로드 소스가 신뢰되지 않는 경우에는 이 유틸리티에서 주입할 수 있는 추가적인 페이로드나 백도어를 감지하기가 불가능하다. 신뢰되지 않은 도구를 사용하면 이들이 시스템 바이너리나 프레임워크를 변경할 수 있다. 예를 들면 멀웨어 목적으로 달빅 퍼미션 메커니즘을 불능 상태로 만들 수도 있다. 멀웨어는 상대적으로 쉬운 상위 레이어를 해킹할 때 많은 노력을 들이지 않지만, 리눅스 커널에는 항상 루트 킷을 주입한다. 아이러니하게도 슈퍼유저 애플리케이션 자신은 과거에 취약점을 가지고 있었다. 이 취약점은 루팅된 디바이스를 감지하기 위해 악성 애플리케이션을 활성화시켰고, 애플리케이션을 통해 그들의 권한을 상승시켜주었다(CVE-2013-6774).

루팅된 디바이스에서 영향을 받는 것 중 고려해야 할 마지막 사항은 '애플리케이션'이다. 루팅된 디바이스에서는 안드로이드 애플리케이션 보호 메커니즘이 붕괴된다. OBB는 루트에서만 읽을 수 있고, ASEC 스토리지에 키를 저장한다. 하드웨어에서 백업되는 크리덴셜 스토리지가 약간의 저항성을 제공한다고 하더라도 애플리케이션의 암호화는 실패하고, 클라이언트 프로세스의 메모리는 쉽게 읽힐 수 있다(ptrace(2) 메서드). DRM 솔루션 역시 비참하게 실패한다. 불행하게도 실행되는 애플리케이션에서 루팅된 디바이스를 감지하고, 실행을 거절할 수 있는 방법이 없다. 구글에서 이에 대한 노력을 하지 않은 것은 아니다. 구글 플레이 서비스는 좀 더 복잡한 "safetynet" 메커니즘을 가지고 있다. 이 메커니즘은 "root detection"과 같은 Android CTS와의 호환성을 체크하기 위해 다중 런타임 체크를 위해 고안되었다. 이 메커니즘은 루팅된 디바이스에서 동작을 거부할 수 있도록 앱(특히 안드로이드 페이)에서 사용할 수 있다. 하지만 실제로 구글에서 지속적으로 업데이트하지만, 루팅 디바이스 체크는 앞서 설명한 "systemless root"와 같은 발전된 루팅 기술에 의해 쉽게 무력화될 수 있다. "systemless root"는 시스템 흔적을 남기지 않는다.

아마도 틀림없이 탈옥한 iOS에서도 동일한 문제가 발생할 수 있다. 결국 애플의 보호 및 애플리케이션 암호화는 안드로이드보다는 강하겠지만, 마찬가지로 깨지게 된다. 한 가지 명심해야 할 점은 'iOS는 악용 경로(릴리즈 사이에는 난이도가 증가)가 한 가지만 있지만 대부분의 안드로이드 디바이스는 루트-로-부트를 허용한다는 것이다. 루팅은 손쉬운 달빅 코드 디컴파일과 함께 애플리케이션 개발자에게 중대한 위협이 되고 있다.

요약 ————

이번 장에서는 안드로이드의 수많은 보안 기능을 살펴보았다. 리눅스에서 상속받은 보안 기능 및 달빅 레벨에서 구현된 안드로이드의 보안 기능을 함께 살펴보았다. 특히, 안드로이드에 포팅된 SELinux(지금 현재는 전체 기능은 아니지만)를 집중적으로 살펴보았다. 이는 삼성의 KNOX에 이미 적용되었고, 향후 출시되는 안드로이드에서 많은 부분을 차지할 것으로 예상된다.

가능한 한 자세히 살펴보려고 했지만, 안드로이드 보안은 광범위한 주제에 속한다. 보안에 관심이 많은 독자는 니콜라이 엘렌코프의 《Android Security Internal》과 같은 안드로이드 보안을 집중적으로 다룬 책을 참조하기 바란다.

참조 ——————

1. a. SEAndroid – 논문, Smalley/Craig: http://www.internetsociety.org/sites/default/files/02_4.pdf
   b. SEAndroid – 발표 자료, Smalley/Craig: http://www.internetsociety.org/sites/default/files/Presentation02_4.pdf
   c. ABS에서 SEAndroid – Smalley/Craig: http://events.linuxfoundation.org/sites/events/files/slides/abs2014_seforandroid_smalley.pdf

2. 안드로이드 개발자와 SELinux: http://source.android.com/devices/tech/security/se-linux.html

3. 래드햇, RHEL6 및 SELinux: https://access.redhat.com/site/documentation/en-US/Red_Hat_Enterprise_Linux/6/html/Security-Enhanced_Linux/

4. RiskIQ, 구글플레이 모바일 앱: http://www.riskiq.com/company/press-releases/riskiq-reports-malicious-mobile-apps-google-play-have-spiked-nearly-400

5. a. BlueBox, 안드로이드 "마스터 키 취약점": https://bluebox.com/technical/uncovering-android-master-key-that-makes-99-of-devices-vulnerable/
   b. Saurik, 안드로이드 "마스터 키 취약점": www.saurik.com/id/17

6. BlueBox, 안드로이드 "가짜 ID 취약점": http://bluebox.com/technical/android-fake-id-vulnerability

7. 안드로이드 탐험, 4.2에서 인증서 피닝: http://nelenkov.blogspot.com/2012/12/certificate-pinning-in-android-42.html

8. 안드로이드 도큐멘테이션, 디바이스 암호화: https://source.android.com/devices/tech/encryption/index.html

9. Wang et AI의 EncFS: http://cs.gmu.edu/~astavrou/research/Android_Encrypted_File_System_MDM_12.pdf

10. 안드로이드 도큐멘테이션, DM-Verity: https://source.android.com/devices/tech/security/dm-verity.html

11. 안드로이드 탐험, KitKat Verified Boot: http://nelenkov.blogspot.com/2014/05/using-kitkat-verified-boot.html

12. NewAndroidBook.com, WeakSaurce 악용 분석: http://newandroidbook.com/Articles/HTC.html"

13. Android Hacker's Handbook, 윌리 2014, 죠슈아 드레이크 외

14. Towelroot.com, http://www.towelroot.com

15. Android Security Internals, 2014, by 니콜라이 엘렌코프

| 덧붙이는 말 |

지금까지 즐겁게 배웠는가? 이 책을 읽고 안드로이드를 좀 더 알고 싶다는 마음이 들었다면 2권도 함께 읽어보기 바란다. 2권도 곧 출판될 예정이다. 2권에서는 1권에서 설명하지 못한 시스템의 진짜 내부 모습에 대한 이야기, 즉 프레임워크 서비스, 그래픽, 오디오 그리고 멀티미디어와 그 밖의 다른 많은 것들을 프로그래머의 관점에서 살펴보게 될 것이다.

이 책에 대한 느낌과 함께 좋았던 점과 좋지 않았던 점을 알려주면 좋을 것 같다. 또한 NewAndroidBook. com에는 업데이트 사항들과 추가 자료가 많기 때문에 자주 방문하여 확인하기 바란다. 그리고 2권도 꼭 읽어보기 바란다.

| 찾아보기 |

에이콘출판의 기틀을 마련하신 故 정완재 선생님 (1935-2004)

Android Internals Vol.1
파워 유저 관점의 안드로이드 인터널

인 쇄 | 2016년 8월 18일
발 행 | 2016년 8월 26일

지은이 | 조나단 레빈
옮긴이 | 이 지 훈

펴낸이 | 권 성 준
편집장 | 황 영 주
편 집 | 오 원 영
　　　　나 수 지
디자인 | 이 승 미

에이콘출판주식회사
서울특별시 양천구 국회대로 287 (목동 802-7) 2층 (07967)
전화 02-2653-7600, 팩스 02-2653-0433
www.acornpub.co.kr / editor@acornpub.co.kr

한국어판 ⓒ 에이콘출판주식회사, 2016, Printed in Korea.
ISBN 978-89-6077-897-9
ISBN 978-89-6077-083-6 (세트)
http://www.acornpub.co.kr/book/android-internals-vol1

이 도서의 국립중앙도서관 출판시도서목록(CIP)은 서지정보유통지원시스템 홈페이지(http://seoji.nl.go.kr)와
국가자료공동목록시스템(http://www.nl.go.kr/kolisnet)에서 이용하실 수 있습니다.(CIP제어번호: CIP2016019762)

책값은 뒤표지에 있습니다.